現代儒家
三聖（下）

梁漱溟、熊十力、馬一浮論宋明儒學

王汝華 著

目　次

導言

　　自1840年鴉片戰爭開打，連帶震出東與西、舊與新、傳統與現代、保守與激進、釋孔與批孔的另一場激戰，一方是迅雷般猛地竄起的反儒批孔勢力：太平天國的鞭撻孔學，革命民主思潮的排孔無聖，五四新文化運動掀起的儒學革命、排孔浪潮等接踵而興；一方則力圖透過儒學的護衛與改造，重新穩立儒學價值體系：維新變法下的孔子改鑄、守舊復辟下的尊孔與讀經、國故派、學衡派、東方文化派、乃至現代新儒家的返本開新等，相繼蠭起。在劇烈震盪、此消彼長的競逐中，開展出另一個思想史上的春秋戰國。而**梁、熊、馬**三者，作為民初學術界重振儒學的三名大將：**梁漱溟**執持「新孔學」的旗幟，以「行動的儒者」封號，[1]發表《東西文化及其哲學》，提出「文化三路向」之說，為當代新儒學的發展首闢徯徑。而**熊十力**則以《新唯識論》一鳴驚人，右手護衛孔子，左手批判歷代小儒，而獨樹一幟的体用理論與心學立場，成為當代新儒學的陣前先鋒。至於深具隱士性格的**馬一浮**，既被譽為「一代儒宗」、[2]「傳統文化僅存的碩果」，[3]而其致力發皇六藝內涵、調停各家之說，亦成為現代儒學的先驅。

　　何謂「當代新儒家」？其定義與特徵向來多端，如**李澤厚**認為「在辛亥、五四以來的二十世紀的中國現實和學術土壤上，強調繼承、發揚孔孟程朱陸王，以之為中國哲學或中國思想的根本精

---

[1]　景海峰、徐業明：《梁漱溟評傳》（天津：百花洲文藝出版社，1995年5月），頁84。
[2]　梁漱溟讚馬一浮為「千年國粹，一代儒宗」，見《馬一浮先生逝世二十周年紀念特刊》（內部印，1987年）中悼念文字。
[3]　賀麟：《當代中國哲學》（台北，台灣時代書局，1974年6月），頁12。

神，並以它為主體來吸收、接受和改造西方近代思想和西方哲學以尋求當代中國社會、政治、文化等方面的現實出路」者；[4]如**方克立**：「現代新儒家是產生於本世紀二十年代，至今仍有一定生命力的，以接續儒家「道統」、復興儒學為己任，以服膺宋明理學（特別是儒家心性之學）為主要特徵，力圖以儒家學說為主體為本位，來吸納、融合、會通西學，以尋求中國現代化道路的一個思想流派，也可以說是一種文化思潮。」[5]二說均強調當代新儒家對先秦與宋明儒學的繼承、服膺與發揚，並傾向內聖為體、外王為用的思想格局，以及對西學的會通。另如**顏炳罡**則強調當代新儒家其外在價值的兩項創新，一是具備一種自我批判意識，二是明確區分學術的儒學與制度的儒學；以及內在義理的四點創新，一是重新調整儒家文化內聖外王的義理結構，融攝西方的民主與科學，實現道統、政統、學統的三統並建；二是在思維方式上，由原儒家的「圓而神」，融攝西方「方以智」的智慧，重新達到新的「圓而神」；三是強調道德的形上學、道德宗教；四是主張開出「見聞之知」的獨立型態。[6]前二說與後說分別呈現出早期與近期在定義取向上的若干殊別。至於哪些人得躋列當代新儒家之林？如大陸學者**方克立**臚列梁漱溟、熊十力、張君勱、馮友蘭、賀麟、錢穆、馬一浮、方東美、唐君毅、牟宗三、徐復觀、余英時、杜維明、劉述先、成中英等十五名；至於**劉述先**則提出「三代四群」的架構：第一代第一群為梁漱溟、熊十力、馬一浮、張君勱；第一代第二群為馮友蘭、賀麟、錢穆、方東美；第二代第三群為唐君毅、牟宗三、徐復觀；

---

4 李澤厚：〈略論現代新儒家〉，《中國現代思想史論》（台北：三民書局，1996年9月），頁285。

5 方克立：〈關於現代新儒學研究的幾個問題〉，收入方克立、李錦全主編：《現代新儒學研究論集》（一）（北京：中國社會科學出版社，1989年4月），頁2。

6 詳參顏炳罡：〈當代新儒家之定位——論當代新儒家「儒」的特徵與「新」的意義〉，收入陳德和主編：《當代新儒家的關懷與超越》（台北：文津出版社，1997年12月），頁285-315。

第三代第四群為余英時、劉述先、成中英、杜維明等；[7]另**黃克剛**編《當代新儒學八大家集》則選列梁漱溟、熊十力、張君勱、馮友蘭、唐君毅、牟宗三、徐復觀及方東美。雖然諸說不一，然梁、熊躋身當代新儒家之列則眾口歸一，至於馬一浮是否堪列其間，則仍有歧見，端依各家對當代新儒家的定義與衡定標準的寬泛與狹隘而定，[8]因此如方克立、劉述先、樓達人、唐亦男等即將之擇納其間，而黃克剛、顏炳罡、劉樂恆等即將之排除在外。[9]**就本書言**，則採行寬泛定義：凡五四新文化運動之後，能上接孔子的生命與智慧，而其本身亦是一真生命真智慧的真儒；並具豐富強烈的文化意識，能在儒學的現代轉進過程中做出個人獨特貢獻者均屬之，是以本書將**梁、熊、馬**等均納列當代新儒家之林。又誠如方克立所言，

---

[7] 詳參劉述先：〈現代新儒學發展的軌跡與展望〉，收入魏萼等主編：《東方文化與國際社會國際學術研討會論文集》（台北：文史哲出版社，2002年10月），頁21-28。

[8] 對於當代新儒家的定義與規範，余英時曾如是梳理並彙整：「『新儒家』今天至少有三種不同的用法：第一種主要在中國大陸流行，其涵義也最為寬廣，幾乎任何二十世紀中國學人，凡是對儒家不存偏見，並認真加以研究者，都可以被看成『新儒家』，」……第二種比較具體，即以哲學為取捨的標準，祇有在哲學上對儒學有新的闡釋和發展的人，纔有資格取得『新儒家』的稱號。在這標準之下，熊十力、張君勱、馮友蘭、賀麟諸人大概都可以算是『新儒家』，……第三種是海外流行的本義，即以熊十力學派中人纔是真正的『新儒家』。此外有私淑熊氏之學而又為熊門所認可者，如聶雙江之於王陽明，當然也可以居『新儒家』之名而不疑。」語出〈論熊十力與新儒家〉，蕭萐父主編：《熊十力全集》（全十卷）（武漢：湖北教育出版社2001年8月）附卷下，頁1263。

[9] 贊成與否端繫於其對當代新儒家的定義鬆緊，贊成者定義多趨寬泛，不贊成者則多趨嚴格。以後者言，如大陸學者顏炳罡：「他守成有餘而開新不足，沿馬先生的義理方向開不出當代新儒家來」，又曰：「馬一浮先生的傳統色彩特顯，而開新不足，與其說是當代新儒家，不如說他是中國當代儒家。當代儒家與當代新儒家並不是價值判斷，只是描述判斷，也就是說這裏並沒輕視馬先生之虞。馬先生不僅是儒家，而且還是當代儒家的典範，是當代儒家的楷模。」語出〈當代新儒家之定性與定位——論當代新儒家「儒」的特徵與「新」的意義〉，《當代新儒學的關懷與超越》，頁306-307。另劉樂恆則提出現代新儒學具「提倡儒學之第三期發展」、「對傳統學術進行哲學化之建構」、「突出東西文化之對立」、「具有現代大學之背景」等四點特徵，馬一浮因未完全具備，故不入列，詳參〈馬一浮與現代新儒家〉，《浙江社會科學》2006年第3期，頁152-157。

當代新儒家的特徵之一，是服膺宋明理學，特別是儒家心性之學為主要特徵，檢視三者學術，宋明儒學正是其學術生命的臍帶，供給其豐沛養分殆無疑議，而三者亦均致力於原始儒家及宋明儒學的心性之學的闡揚，因此牟宗三稱梁漱溟「開啟了宋明儒學復興之門」；[10]賀麟稱熊十力為「陸、王心學之精微化系統化最獨創之集大成者」；[11]戴君仁稱馬一浮為「現代朱子」。[12]而本書下冊亦即聚焦於此，欲求索三聖承繼宋明儒學的模式與內涵，及其如何轉化關拓出為世所用的獨到學術。

本書上冊以「三聖其人」為焦點，由生命氣象、同聲相應、履道如弦、群英共輔四大面向，觀察三聖個性特質之迥異、論學交誼之軌跡、學術交鋒與問難、教育堅持與扞格，及友朋弟子薈萃交織之景況。下冊以「三聖其學」為主軸，唯三聖之學面向寬廣，因此又縮聚於三聖的宋明儒學，並略及三者對釋道的闡釋。章次有五：第一章索探梁漱溟對宋明理學的關照面向與現代發皇，了解梁漱溟對宋明學術的整體評價、如何汲攝朱王、泰州學派及相關各家，如何發揮其直覺說、理性觀，終與宇宙生命通合為一。第二章論述熊十力對宋明理學的思考向度與現代回應，亦即如何綜評宋明學術、如何疏決朱王、推闡船山、評騭各家，如何發揮心學思想、提出體用哲學。第三章續探馬一浮對宋明學術的圓融思維與續承課題，藉觀馬一浮如何評價宋明學術，如何和會朱王、汲納諸儒、勘破今古對立、漢宋執著、圓融儒釋道三教，並續承宋明課題，提出其本體論、心性論、工夫論等。第四章由三聖續承宋明對儒釋道三教的關注、汲攝及批判出發，以比觀三者持論之異同。第五章則回顧前列各章要義，綜結三聖之學的特色外，並略索三聖的學術迴響。

---

[10] 牟宗三：〈現時中國之宗教趨勢〉，《生命的學問》（台北：三民書局，1984年7月），頁112。

[11] 賀麟：〈論熊十力哲學〉，收入蕭萐父主編：《熊十力全集》附卷（上），頁667。

[12] 馬鏡泉等：《馬一浮評傳》（南昌：百花洲文藝出版社，1993年8月），頁102。

第一章

梁漱溟對宋明儒學的關照面向與現代發皇

　　民初西學東漸日盛，面對西方文化凌厲的衝激與撞擊，使繫於葦苕之勢的中國文化更趨雪上加霜，如何取捨因應，成為考驗當代知識份子的首要課題。其時有主張棄守舊有、全盤更新，以《新青年》為主要發聲利器，陣營龐大、迴響熱烈的激進派，如陳獨秀、李大釗、魯迅、胡適、錢玄同、周作人、傅斯年、蔡元培等屬之；有守護固有、捍衛傳統，以《東方雜誌》為主要表意媒介的保守派，如杜亞泉、辜鴻銘、林琴南、劉師培、黃侃等屬之，東西文化論戰於焉開打，唇槍舌戰沸騰一時。面對此等歷史背景與文化氛圍，梁漱溟自難置身其外，值處進退維谷的中國文化究應連根拔除或趁勢翻轉？如何由整體上比較各民族文化的特質異采，掘發其根本精神，進而替東西文化「於總關係中求個位置所在」，[1]便成為梁漱溟的首務。透過《東西文化及其哲學》《中國民族自救運動之最後覺悟》《鄉村理論建設》《中國文化要義》《人心與人生》等重要著作，梁漱溟提出中西印三大文化路向說、以認識及解決鄉村問題為未來重要方向、闡述中國文化的十四大特徵以見中國文化之早熟、由心理學角度以論述儒家思想，……究其目的均在為頓失方向的中國尋求出路。鑑察中西特色，梁漱溟認為西方文化特長，一是科學的方法，一是個性伸展，社會性發達；中國則崇尚藝術精神，缺乏對外在自然世界征服的意識與激情，而以安分自足、隨遇

---

[1] 中國文化書院學術委員會編：《東西文化及其哲學》，《梁漱溟全集》（全八冊）（濟南：山東人民出版社，2005年5月）第一卷，頁353。

而安為特色。就思維方法言，西方見長於理智，以外在世界為認識對象，側重思考分析、綜合的過程，目的在求真；中國善用直覺，以吾人的道德本性與事物美感為認識對象，目的在求善求美。就價值取向言，西方趨向功利主義；中國傾向不計較利害得失的生活態度。至於就未來發展走向言，以意欲自為調和折衷為根本精神的中國，將取代以意欲向前要求為根本精神的西方。他一面主張全盤接受西方的科學和民主，一面重新提出儒家態度，欲期藉「老根上發新芽」，以闢拓中國文化的新出路，而宋明理學正是其重建儒學的重要根柢。本章將通過梁漱溟對宋明儒學的整體性掌握與評價，對宋明諸子的評騭、比較、思想融攝與回應，及對宋明心性之學的現代詮釋與發揮等三大面向，統觀宋明儒學發展至現代新儒家初期的實有風貌與相關內涵。

第一節　宋明儒學的整體評價

欲索探梁漱溟對宋明儒學的評價，當先洞窺其對歷代學術的發議；而欲窺知梁漱溟的歷代學術觀，則應先體認梁漱溟係以標舉孔子，做為檢驗各代學術良窳的標竿。

十九世紀末、二十世紀初，伴隨西學的強勢入侵，素為維繫傳統精神、代表固有核心價值的孔家思想，亦面臨更為嚴峻的檢視與考驗，而釋孔模式亦相對趨向殊異且多元，**或採宗教模式釋孔**：倡導最力者為康有為，在袁世凱為後盾下推動尊孔，成立孔教會，力圖使傳統儒學宗教化，以「昌明孔教　救濟社會」為宗旨，展開各項尊孔活動，其後更提升孔教為國教，聲稱一切典章制度、政治法律，均以孔子的經義為根據，其極力尊孔的背後目的則在配合保皇、復辟等政治主張。**或採批判模式釋孔**：代表者多為主張全盤西化者，如陳獨秀批判孔子三綱說為擁護君主統治的巨大繩索；吳虞

批判以孔為主的儒家思想，其流毒不減於洪水猛獸；胡適認為二千年來吃人禮教都懸掛孔子招牌，應將之撞碎、燒去；李大釗認為孔子已是數千年前的殘骸枯骨，卻又成為歷代帝王專制的護符等。**或採整理國故方式釋孔**：代表者如國粹派之劉師培、鄭實、黃節等，此間劉師培即主張孔子所立六經，均為周史所藏舊典，具體以言，《易》為哲學講義、《詩》《書》為國文教科書、《春秋》為近世史課本，《樂》為歌唱教本等，將孔學視為歷史上已然僵死的材料，而孔子儒學在當時亦不過九流之列耳！至於梁漱溟、張君勱、熊十力等第一代新儒家代表人，則在辛亥、五四以來的中國現實和學術土壤上，強調以孔孟、程朱、陸王作為中國的根本精神，吸收改造西方精神以謀求出路。

以續承孔學自期的梁漱溟，1917年其應蔡元培之邀赴北大教授印度哲學時即表示：「我此來除替釋迦孔子去發揮外更不做旁的事」；[2]1918年接踵成立「孔子哲學研究會」；1924年赴武昌師大講〈孔子人生哲學大要〉，……及至1973年批林批孔運動登場，梁漱溟仍透過〈今天我們應當如何評價孔子〉來詮釋孔孟思想與一己見地。倘專就其作品觀之，1921年《東方文化及其哲學》出版，書中強調中國文化的核心，在於孔家的形而上學—《周易》，並闡揚「生生」之理，以及孔家的不認定、一任直覺、仁、性善、不計較利害、生活之樂等人生態度。其後在1923-1924年出版的《孔家思想史》中提出「仁」、「樂」、「訥言敏行」、「看自己」、「看當下」、「反宗教」、「毋意、必、固、我」、「非功利」、「非刑罰」、「禮樂」、「孝悌」、「不遷怒　不貳過」、「天命」等十三種孔子人生態度。1949年則透過《中國文化要義》的出版，除申言「兩千餘年來中國之風教文化，孔子實為其中心」外，[3]亦強

---

[2]　《東西文化及其哲學》第一章，《梁漱溟全集》第一卷，頁344。
[3]　《中國文化要義》第六章，《梁漱溟全集》第三卷，頁103。

調中國是倫理本位的社會,具有「以道德代宗教」的特色,闡揚人類的特徵在於「理性」,凡此亦均扣緊孔學而發。1975年專為闡揚孔孟心理學的《人心與人生》完成,而其心跡透過如下表白更得以昭然:

> 孔孟之學,現在晦塞不明,或許有人能明白其旨趣,卻無人能深見其係基於人類生命的認識而來,並為之先建立他的心理學而後乃闡明其倫理思想。此事唯我能做,又必於人類生命有認識,乃有眼光可以判明中國文化在人類文化史上的位置,而指證其得失。此除我外,當世亦無人能做。前人云:「為往聖繼絕學,為萬世開太平」,此正是我一生的使命。[4]

在這看似狂肆的發語中,卻流溢深沉的憂患意識與道德使命。鑑於當時「西學有人提倡,佛學有人提倡,只有談到孔子羞澀不能出口。」[5]因此梁漱溟乃挺身倡導過孔家生活,以周孔教化為慰勉人生、安頓人心的方帖。亦由於其對現代孔學不遺餘力的提倡,而被封稱為「新孔學」的代言人,然當知之者,梁漱溟所謂新孔學,主要係通過宋明儒學,藉以抉發、闡揚孔子思想的精髓。而融合宋明理學的新孔學內涵,亦成為梁漱溟檢視歷代學術、評估學術良窳的不二量尺。

以發皇新孔學為畢生職志的梁漱溟,其對歷代學術與學者的評價,即是以孔學為標竿,切近者為佳,疏離者則差。孔子言「仁」,為儒家心性論提供一基本的思維模式與發展方向,而梁漱溟則以「仁是一種柔嫩篤厚之情」、「仁是人原來的心」、「仁就

---

[4] 梁漱溟:〈處險境中我的心理〉,〈香港脫險寄寬恕兩兒〉,《我的努力與反省》(台北:老古文化事業有限公司,2002年4月),頁296。

[5] 〈自序〉,《東西文化及其哲學》,《梁漱溟全集》第一卷,頁544。

是從本心裡面流露出來的直覺」等具體說明之。[6]其後孟荀各有所承，孟子提出心性合一的道德主體論，為儒家的心性論奠立理論基礎，並開展其後之「道德心」一脈，影響宋明諸儒，至陽明則達至高峰；荀子則順承孔子外王一脈，彰顯禮義傳統，開展「認知心」一脈，伊川、朱子乃此間大家。[7]梁漱溟對歷代學術的關注與評騭雖屬有限，然著力點顯然偏向孟子一脈，在《孔家思想史》中曾專談孟子，申說性、命、義及自己對人類心理的觀察，突出孟子的「良知良能」、「仁義行」、「踐形盡性」、「盡心」等概念，[8]肯定孟子對孔子仁學的推闡。至於荀子重性惡，梁漱溟於《東西文化及其哲學》指出其：「得於外面者多，得於內心者少。他之說性惡，於儒家為獨異，此固由孔子不談性與天道，……但實由其未得孔子根本意思，而其所傳在禮──外面──所致也」；而「漢人傳荀卿之經，孔子人生思想之不發達固宜；而所謂通經者所得悉糟粕而已」；再往下至「三國魏晉，愈看見其時人思想之淺薄而無著落」；「此魏晉迄南北朝都可以說是孔子思想不但不實現，並且將其形式沖破了的時代」；「到唐時佛家甚盛，禪宗遍天下。以佛家態度與孔子如彼其異，而不見生一種抵抗，可見孔家思想，漸滅殆絕」；「五代亂世更無可說」；「元代似只宋人之遺，無甚特色」；「到清代實只有講經的一派，這未始於孔學無好處，然孔家的人生無人講究，則不能否認」；「此後講經家中有所謂今文家者出，到康長素、梁任公益呈特彩。……而假借孔經，將孔子精神喪失乾淨，歡迎了反乎孔子的人生態度思想進來。……中國人數千年來成了人生態度混亂的時代。」[9]梁漱溟透過對歷朝各代學術的簡要評述，慨歎數千年來鮮能

---

[6]　《孔家思想史》，《梁漱溟全集》第七卷，頁888、889、895，又梁漱溟言仁詳參頁886-903。

[7]　關於儒家心性論的思維模式與發展方向，得參拙作：〈心學脈絡的遞嬗〉與〈心學生面的敞開〉，《熊十力學術思想中的一聖二王》（台南：漢家出版社，2005年6月），頁69-76。

[8]　詳參《孔家思想史》，《梁漱溟全集》第七卷，頁949-976。

[9]　《東西文化及其哲學》第四章，《梁漱溟全集》第一卷，頁472-477。

採用孔子意思、發揚孔學真諦，致所遺多為呆板訓條或貧乏糟粕，而其選擇以新孔學的闡揚者自居，欲圖重新啟動儒學的生命能量，重為復活僵死的傳統文化，實即立足於此歷史的痛心反省與時代的深沉憂患而發。除上述《東西文化及其哲學》外，梁於〈中國民族自救運動之最後覺悟〉一文中，復對歷代學術發出如下簡議：

> 中國文化之精英，第一是周公禮樂，其次乃是孔子道理。……漢代去古未遠，收拾餘爐，僅存糟粕，仍可支持，至魏晉而衰竭，不復能維持矣！印度文化之佛教由是以入；唐代佛教盛行，中國人生於此呈一變例，由此異化之刺激而使固有路子稍得尋回，則宋人是矣；然內容雖見活氣，外面缺憾實多；明代繼有發明，而其味轉漓；有清三百年雖有顏李不世英豪，惜與墨子同為缺乏中國人的聰明者，自不足以繼往開來；而大體上中國的人生遠從兩千年（漢）近從八百年（宋）遞演至此，外面已僵化成一硬殼，內容腐壞發酵臭味；自歐化東來予一新穎而劇烈之刺激，近數十年乃一面為硬殼之破裂崩壞，一面為腐臭之宣播揚達；苟非殘生將次斷命，便是脫胎換骨之候。[10]

「苟非殘生斷命，即是脫胎換骨」，梁漱溟深切體悟值處在危機四伏、亦是關鍵轉圜的時代，因此他選擇透過假孔的揚棄、真孔的表彰，並在已然質變的歷代學術中披沙揀金，欲圖煉鐵成鋼，作為抗衡西學的支拄。

「若用孔子之精神貫注起來便通是活的，否則都是死物。」[11]這是梁漱溟衡度歷代學術價值的量尺，在此等嚴格準則下，梁漱溟

---

[10] 〈中國民族自救運動之最後覺悟〉，《梁漱溟全集》第五卷，頁77-78。
[11] 《東西文化及其哲學》第四章，《梁漱溟全集》第一卷，頁473。

對各代學術多發出訾議。唯一例外、尚能勉為合格者，即為宋明學術，梁曰：「宋明學家算是能把孔子的人生重新提出來的，大體上沒有十分的不對」、「宋人對於孔家的人生確是想法去尋的，所尋得者且不論他是與不是，即此想法去尋，也已經是千年未有的創舉了」、「從漢唐以至清代，其代表儒家者不過是經學家而已。宋儒明儒比較能在身心性命上理會孔門之學」[12]、「漢學家所為經籍訓詁之學、古文物制度考據之學大都為學術所不可少的輔助工作。卻與孔子所說的仁，曾未及體認之，豈不明白？宋明儒者於此，自是勝於漢唐解經之儒，以其志於孔子所志之學，切己反求，力行不怠，便在自家生命上有所體認而不虛也。」[13]凡此均可看出宋明儒學所致力耕耘的心性內涵尚能引發其共鳴，而宋明儒學亦最能志承孔子、延續聖脈。雖然如此，在其眼中的宋明學術仍不免有其缺陷疏失，是以梁漱溟仍對其發出若干批判：「他們把一個道理認成天經地義，像孔子那無可無不可的話不敢出口」、「孔家不走單的路，而走雙的路，……宋明大儒似均不分清此雙條的路，而尤忽於照看外邊，於是種種流弊毛病，遂由此生」、「其失似在忽於照看外邊而專從事於內裡生活」，[14]前條批評宋明儒缺乏孔子不認定、不表示，唯變所適的調和精神與人生態度，因此易走入極端；後兩條承前說明孔學所重在由乎內而兼顧外，一任直覺而兼用理智，而宋明儒家深入心性之學的結果，則造成偏內而遺外之失。雖然疏失難免，然而梁漱溟仍明確自表：「要了解孔家的真意義，不能不講宋明人的東西。」[15]而宋明學術亦由是成為其釋孔詮孔、彰顯孔學的入路。

---

[12] 同前註，頁450、475；〈今天我們應當如何評價孔子〉，《梁漱溟全集》第七卷，頁296。
[13] 《思索領悟輯錄》之三，《梁漱溟全集》第八卷，頁29。
[14] 《東西文化及其哲學》第四章，《梁漱溟全集》第一卷，頁450、471-472、476。
[15] 〈方法〉，《孔家思想史》，《梁漱溟全集》第七卷，頁878。

第二節　宋明諸儒的思想關照

在批判東西文化、建構心性理論、著手鄉村建設、致力儒學重建的同時，梁漱溟一方面縱橫來去於中、西、印之間，既是純粹的儒者，亦是探勘西方心理學最用力的學者，更是一個不穿袈裟的和尚。他順應思想脈絡的開展，訪晤唯識學、躍入柏格森（法國哲學家，Henri Bergson，1859-1941）、叔本華（德國哲學家，Arthur Schopenhauer，1788-1860）、麥獨孤（英國心理學家，William McDougall，1871-1938）、克魯泡特金（俄國革命家和地理學家，Peter Kropotkin，1842-1921）、羅素（英國哲學家、社會學家，Bertrand Russell，1872-1970）、杜威（美國哲學家、教育家，John Dewey，1859-1952），更親向孔孟、陸王等，成為發揚新孔學及開啟現代新儒家的一員大將。本節沿循梁漱溟的思想軌轍，捫索其學術資源中未可輕忽的一端——宋明諸儒，審視其如何對宋明諸子的學說立論進行闡述、評騭、比較、承接乃至轉化、改造。

一、朱王學術的掌握與取捨

因應時代的風潮與需求，朱、王之學總是呈現此消彼長、各領風騷的態勢。有清一代，由於陽明末流的偏頗發展、樸學實證風潮的興蔚、程朱理學的抬頭等因素，陸王心學乃潛隱而不彰！然凡屬有價值的學派，若已成立而且風行，斷無驟然消滅之理。及至晚清民初以來，在強調人的主體意識、認肯人的主觀能動性，側重以吾心良知為主宰、否定天命與舊有權威的歷史情境下，闃寂已久的陸王心學重新躍立舞台。如龔自珍強調破除傳統天命論，宣揚人的主宰力量，因言：「眾人之宰，非道非極，自名曰我。」強調

「我光造日月」、「我力造山川」、「我氣造天地」，[16]此與陽明後學泰州學派「造命卻有我」的理念若合符契；如康有為於戊戌變法期間，欲藉明本心、勵氣節的陸王之學作為激發人心、解除束縛的入門之學；如章太炎稱譽陽明心學特點乃在於自尊無畏，進而提出「依自不依他」的口號；又如譚嗣同強調心力的影響匪淺：「心之力量，雖天地不能比擬，雖天地之大，可以由心成之，毀之，改造之，無不如意。」[17]欲假心力意志改造人心，至於《仁學》一書更具現王學心性論的鮮明影響；另如梁啟超則褒美「晚明志士，冠前絕古者，王學之功，不在禹之下也」及「王學之激揚蹈厲」，[18]……續如孫中山、陳天華、汪震、黃子通、梁漱溟、熊十力、馮友蘭、賀麟、嵇文甫、呂振羽、方文瀾等亦多投入王學的探研或力行，[19]若由思想文化的演進趨勢觀之，梁漱溟所居處的地位無疑是晚清陸王心學復興的重要接續者，也是現代新儒家中較早結合西學以發皇王學的重要啟鑰人。

（一）評騭朱王　主次分明

主張藉格物致知，以極夫事物之變，則自然意誠、心正，而後可以應天下之務的朱子（1130-1200），曾與呂東萊合編《近思錄》，並與陸象山兄弟會辯鵝湖。年四十九，除知南康軍，勤政救荒，治績燦然。又修葺白鹿洞書院，興學授業。其為學勁力十足，大抵側重窮理以致其知，反躬以踐其實，而以居敬為主。除參治諸家、兼綜條貫外，於義理系統與工夫入路，尤契於伊川學脈，而承

---

[16] （清）龔自珍：〈壬癸之際胎觀第一〉，《龔自珍全集》（台北：遠流出版公司，1983年7月，中國名著精華全集第21冊）第一輯，頁16。

[17] （清）譚嗣同：〈上歐陽辦彊師書22〉，《譚嗣同全集》（台北：遠流出版公司，1983年7月，中國名著精華全集第16冊）卷三，頁323。

[18] 梁啟超：〈新民說〉，《飲冰室專集》（台北：台灣中華書局，1987年12月）第三冊，頁126。

[19] 詳參申樂利：《民國王學研究》，山東師範大學碩士學位論文，2002年4月，頁4-49。

續發展，終能成就一己的義理系統。又其著作宏富博廣，除編輯北宋諸儒文獻外，並遍注群經，元明以來士子所誦讀的四書五經，大抵本諸朱學。此外朱子論著又兼重考據及致用之學，對於晚明及清初等後學均萌生影響。

在宋明殊多學者中，對於荀子認知心一脈，梁漱溟的關注焦點多鎖定朱子，主要意見呈現於〈禮記大學篇伍氏學說綜述〉（《全集》第四卷）〈試論晦庵朱子在儒家學術上的貢獻兼及其理論思維上的闕失〉〈試論宋儒朱熹氏在儒家學術上的貢獻及其理論思維上的疏失〉〈晦翁學案摘抄〉（第七卷）諸文，其間褒貶兼而有之。就優點言，「《大學》《中庸》原為《禮記》中之兩篇文字耳，其抽取出來特加表章則始於宋儒，尤其是晦庵朱子之功。要知道：儒家孔門之學修己安人之學也。而《大學》《中庸》所講的修身慎獨，正是傳此學脈者，其於宏揚儒學非探驪得珠乎。此後《大學》《中庸》兩書之得以大行於世，極有助於儒家學問之認識與傳播，是則應念宋儒之功。朱子之功不可忘。」[20]強調朱子自《禮記》中遴選《中庸》《大學》二篇，與《論語》《孟子》合稱四子書，藉茲垂教後人，是為傳播孔學功臣。缺失則在「惜朱子所撰章句注解多有錯失。清代陳澧《東塾讀書記》、栗子奇《四書質疑》曾提出救正，而毛奇齡著《四書改錯》尤深致糾彈。蓋朱子勤於學問，氾濫百家，務廣而荒，又主觀太強，粗心大意處不少也。」[21]強調其橫加增補改訂、訛誤時出。另朱子權威結合朝廷統治力量，鑄造出三綱五常之禮教，貽害亦大。至於其理論思維的重大疏失，則在未能分別物理與情理，換言之，朱子側重察識物理、離開自家生命而

---

[20] 〈試論晦庵朱子在儒家學術上的貢獻兼及其理論思維上的闕失〉，《梁漱溟全集》第七卷，頁466。

[21] 〈試論宋儒朱熹氏在儒家學術上的貢獻及其理論思維上的疏失〉，《梁漱溟全集》第七卷，頁505。

向外用心，難以收得吾心之全體大用無不明的成效。[22]此亦即《東西文化及其哲學》中對宋儒──尤其專對朱子所提出的批評「其失似在忽於照看外邊而專從事於內裡生活；而其從事內裡生活，又取途窮理於外，於是乃更失矣！」[23]

至於**陽明**（1472-1528）心學：自孔孟為道德心性之學開啟門窗後，萬般景致即透窗而入，及至宋明，尤見繁花璀璨、耀人眼目。如程明道的識仁思想，強調「仁」為天下共有之本；強調其學雖有所受，但「天理二字卻是自家體貼出來。」此實已直指內心，將宇宙本體的「理」落實在吾人「心」上，而不須向外處或他處窮索。明道之後，踵繼者如謝良佐認為心即是仁，以「覺」與「生意」來發揮「仁」的內涵；又如張九成強調「以仁為知覺」的思想，凡此均開啟陸象山「心即理」的先河。陸象山申言「先立乎其大」，並屢及「本心」、「求放心」，以「存心」、「養心」為發明本心的方法，此外亦強調「思」，欲人深思痛省，欲人內思其本，而思的唯一目的在於知自反、復本心，而其「六經皆我註腳」的義涵，亦不外指群經所言，旨在發明心體，實為吾人本心仁體進行多方印證而已。再者象山復提出「自作主宰」之說，欲人擺脫外在對象的制約，以自我為主宰，聽命於本心，如是方可進入從心所欲、動輒合理的境地。陸學之後以楊簡、袁燮、舒璘、沈煥等明州四先生為著，其氣象之美如澄月、如瑩冰、如春風、如秋霜。及至明初，陳白沙為發皇心學的大家，「莫道金針不傳與，江門風月釣台深。」[24]白沙以深具禪味的語言點出反求諸己的必要。欲窮究宇宙之真，直須由反求本心始得，此對後學自有啟迪之功。白沙後繼者如湛若水，因悟得「隨處體認天理」此六字訣，深獲白沙嘉許。又

---

[22] 同前註，頁503-506。

[23] 《東西文化及其哲學》第四章，《梁漱溟全集》第一卷，頁476。

[24] 詳參（清）黃宗羲撰　沈芝盈點校：〈諸儒學案中一〉，《明儒學案》（台北：華世出版社，1987年2月）卷四十七，頁1121，羅欽順引用白沙之詩。

其說傾向心學，強調聖人之學為心學，經義所以明其心，並讚揚陸象山宇宙性分等語，能灼見道體。至於心性之學發展臻至高峰的表徵，則非陽明莫屬。

陽明學說要義全繫乎一「心」字，曾如是言道：「蓋天地萬物與人原是一體，其發竅之最精處，是人心一點靈明。」[25]僅此一點靈明，即可融物我、通內外；僅此一點靈明，卻能充分彰顯人之所以為人的價值與意義。陽明之學，多方攘取，與象山同樣主張「心即理」，同樣強調「學貴自反諸心」，曾譽美象山「簡易直截，真有以接孟氏之傳。」[26]但亦言「濂溪、明道之後，還是象山，只是粗些。」[27]可見對象山雖嚮往之，卻仍有所揀擇，並非一味稱揚。至於陽明學說的觸發機揆、轉圜關鍵其實更在於朱子，陽明曾遍讀朱子之書，循朱子格物之學的路徑索探，年二十一，曾因格竹沉思而未有得，遂至罹疾，但仍覺物理與吾心，判若為二。及貶至龍場，於九死一生之際悟出「心即理」，其後始擺脫朱子陰翳而樹立自家門戶；次年即三十八歲時，倡「知行合一」說；年五十在江西始倡「致良知」教，而達圓熟化境。其出於朱而歸於陸，復又跳脫陸的侷限，使心學內涵益趨豐美與精微。至於梁漱溟除對陽明的良知說則有多方的關照、汲取，並賦以時代的嶄新生命，屢屢強調欲使吾心不昏失，應時刻戒慎恐懼，即《大學》之所謂「慎獨」者。此外梁亦就陽明的知行合一思想提出見地，並對謝幼偉以「知為理想，行為實現」、「知為理論，行為實際」等觀點發出訾議，強調真正的知行關係是「我們時時是一念，在此一念上從其有所感發趣向而言便是行，更質言之，

---

[25] （明）王陽明：〈傳習錄下〉，《王陽明全集》（上下冊）（上海：上海古籍出版社，1992年12月）卷三，頁107。

[26] 〈陸象山先生全集敘〉，（宋）陸九淵：《象山全集》（台北：中華書局，1981年，《四部備要》380），頁1。

[27] 〈傳習錄下〉，《王陽明全集》卷三，頁92。

只這一念上所有的情意是行」、「知即在行上,行即在知上,知行都在一念上」,此即是陽明所謂的「知之真切篤實處即是行,行之明覺精察處即是知」或「若會得時只說一個知已自有行在,只說一個行已自有知在」,亦即王龍溪所謂「知非見解之謂,行非履蹈之謂。」[28] 以上除駁斥謝說外,亦釐清知行關係乃是絕對不離、即知即行、無所等待者,因此未可知而不見有行,或特立一個心去行,否則將失卻知行的真義。

　　倘就陽明在當代的學術地位言,梁漱溟認為他革除了朱子窮索於外之弊,扭轉當世學風,功不可沒,因言「及明代而陽明先生興,始袪窮理於外之弊,而歸本直覺——他叫良知。」[29]「直覺」是梁漱溟初期思想中的核心概念,除心齋外,亦多有啟蒙於陽明之良知論者。**再者**若就歷代心學的傳承言,梁漱溟無疑視陽明為孔孟精神的續成者,因此梁漱溟又曰:「孔子而後,假使繼起無人,則其事如何,仍未可知。卻恰有孟子出來,繼承孔子,他是最能切實指點出理性,給人看的。……後來最能繼承孟子精神的,為王陽明,他就說『只好惡,便盡了是非。』……我說他『完全信賴人類自己』,就在此。」[30] 於此所及的「理性」,係梁漱溟後期思想的重要觀念,可稱陽明良知觀的現代轉化。**最後**則稱譽陽明學術能透徹並出入於儒道佛三家:「昔賢有悟於三家學術異同,各予以適當位置者獨有陽明王子耳!」[31] 對於陽明之學靈活通契於各家,以精短的文字表達其高度評價。而一向自視甚高的梁漱溟,一旦與陽明相較,也僅能自招未歷陽明所承的苦難,亦未達陽明的徹悟,甚者以「聖人」及「普通人」來喻表雙方的差異。[32]

---

[28] 詳參〈評謝著《陽明學派》〉,《梁漱溟全集》第四卷,頁717-718。

[29] 《東西文化及其哲學》第四章,《梁漱溟全集》第一卷,頁476。

[30] 《中國文化要義》,《梁漱溟全集》第三卷,頁108-109。

[31] 〈東方學術概觀〉,《梁漱溟全集》第七卷,頁349。

[32] 詳參〈答:美國學者艾凱先生訪談記錄摘要〉,《附錄》,《梁漱溟全集》第八卷,頁1175-1176。

（二）闡論《大學》兼取朱王

自二程開始特為表彰《禮記・大學》一文，其後朱子作《大學章句》，樹其體系、闡其大義，將之併同《中庸》置於《四書》之列，從此《大學》的地位便一躍而起，成為中國士人入德必經之門。此間疏解其義理、探論其內涵的學者未知凡幾，而以朱子及陽明最為大家，且二人也同以《大學》為治學要領與立教重心，至於今人闡釋《大學》亦多立基於此二賢而更予推擴發揮，梁漱溟、熊十力如此，唐君毅、牟宗三及殊多後學，亦復如此。

1 闡述《大學》，伍說為本

梁漱溟論述《大學》除關注陽明、朱子立說要義，其發議內容與焦點多受襟兄伍庸伯、友人嚴立三影響，尤以伍說為最。梁漱溟於1919年二十七時識伍庸伯於林宰平家中，其後伍成為梁漱溟妻兄。梁漱溟說論《大學》即深受其影響，晚年曾就伍、嚴講述《大學》資料加以編錄出版成《禮記大學伍嚴兩家解說》，更就兩家說解重點與個人見解而發為〈禮記大學篇伍嚴兩家解說合印敘〉〈禮記大學篇伍氏學說綜述〉二文。並讚伍、嚴二人曰：

> 古人往矣，吾不及見；吾所見及，番禺伍庸伯先生（觀淇），麻城嚴立三先生（重），真近世之醇儒也。兩先生志慮真切，踐履篤實，不後古人；而從其精思力踐之所詣，乃大有貢獻於斯學，足以補宋儒、明儒之所未及。此即指能其……以最切近平妥之功夫道路昭示學者，救正朱子、陽明過去解釋《大學》之失，實為近八百年來未有之創獲。[33]

---

[33] 〈禮記大學篇伍嚴兩家解說合印敘〉，《禮記大學篇伍嚴兩家解說》，《梁漱溟全集》第四卷，頁14。

由此高度讚譽得見梁漱溟對伍、嚴說論《大學》觀點的認同，若稱梁漱溟以伍為師，藉伍以修正陽明、朱子觀點，亦不為過。

以下擬先究伍之〈禮記大學篇解說〉重點，[34]次觀梁之〈禮記大學篇伍嚴兩家解說合印敘〉〈禮記大學篇伍氏學說綜述〉二文，以期梳理原委，毋有錯置。至於伍庸伯說解《大學》則不採經一章、傳十章的朱子改本，而採行漢鄭玄所注之古本，即今尚保留於《十三經注疏》之《大學》古本，分全文為六大段，茲試為歸納其章節分立及說論要義如次：

分章	節次內容	伍說要義	
一 格致章	1 大學之道，在**明明德**，在親民，在止於至善。	1-1 大學工夫的三個階段，即三綱。	近道之認識（理論認識）
	2 知止而後有定，定而後能靜，靜而後能安，安而後能慮，慮而後能得。	2-1 知止、定、靜、安、慮、得為明明德的內容。 2-2 反之工夫的進境。	
	3 物有本末，事有終始，知所先後，則**近道**矣！	3-1 由知本末、終始、先後說近道，能得其本末先後即近道。	
	4 古之欲明明德於天下者，先治其國；欲治其國者，先齊其家；欲齊其家者，先**脩其身**；欲脩其身者，先正其心；欲正其心者，先**誠其意**；欲誠其意者，先**致其知**。致知在格物。物格而後知至，……國治而後天下平。	4-1 八條目。 4-2 身為家、國、天下之本，身雖為本，居中活動者為心。 4-3 天下、國、家、身為一大物。 4-4 近道之落實。	
	5 自天子以至於庶人壹是皆以**脩身**為本，其本亂而末治者否矣。……此謂**知本**，此謂知之至也。	5-1 「修身為本」為全章旨意所在。 5-2 格致章歸結在知本。	

---

[34] 比較伍庸伯〈禮記大學篇解說〉與嚴立三〈禮記大學篇通釋〉，梁曰：「從解書而言，必無兩是之理，有一是，必有一非。兩家相較，我之所信寧在伍先生。至於嚴說，亦竊好之，第論簡捷明切，則嫌不足矣。」語出〈禮記大學篇伍嚴兩家解說合印敘〉，《禮記大學篇伍嚴兩家解說》，《梁漱溟全集》第四卷，頁18。鑑於梁論《大學》以伍說為主，本書少取嚴說，原因在此。

二誠意章	1 所謂**誠**其**意**者，毋自欺也。如惡惡臭，如好好色，此之謂自謙，故君子必**慎**其**獨**也。	1-1 提出誠意工夫的要領。誠意即刻刻留心自己。 1-2 誠意工夫所在─「慎獨」。	近道之實踐（工夫實踐）
	2 小人閒居為不善，無所不至，……故君子必慎其獨也。曾子曰：十目所視，……故君子必誠其意。	2-1 由小人與君子反正兩面以說明誠意。	
	3 《詩》云：……如切如磋者，道學也；如琢如磨者，自脩也；瑟兮僴兮者，恂慄也；赫兮喧兮者，威儀也；有斐君子，終不可諠兮者，道盛德至善，民之不能忘也。	3-1 慎獨工夫的內容和層次有六：道學、自修、恂慄、威儀、盛德、至善。	
	4 〈康誥〉曰：「克明德」，……《詩》云：……與國人交，止於信。	4-1 分引古訓為例證，以言明德、新民、止至善三綱。	
	5 子曰：「聽訟，吾猶人也。必也，使無訟乎？」……此謂知本。1	5-1 歸結於知本。	
三正修章	所謂脩身在正其心者，身有所忿懥則不得其正，有所恐懼則不得其正，有所好樂則不得其正，有所憂患則不得其正，……此謂脩身在正其心。	1-1 忿懥、恐懼、好樂、憂患均是自欺的意，偏向身外走去。 1-2 強調身心一致，相合不離。	臨事收功
四修齊章	所謂齊家在脩其身者，人之其所親愛而辟焉，之其所賤惡而辟焉，之其所畏敬而辟焉，之其所哀矜而辟焉，之其所敖惰而辟焉，……此謂身不脩不可以齊其家。	1-1 言身與家的關係，而身為本。 1-2 親愛、賤惡、畏敬、哀矜、敖惰不能偏差過當，欲減少偏差，須慎其獨。	
五齊治章	1 所謂治國必先齊其家者，其家不可教，而能教人者，無之。……未有學養子而後嫁者也。	1-1 政教合一不分，國政亦同家教一般事。	
	2 一家仁，一國興仁；一家讓，一國興讓；一人貪戾，一國作亂，其機如此。……故治國在齊其家。	2-1 一身一家可及於一國，其機如此。	
	3 《詩》云：「桃之夭夭……」……其為父子兄弟足法，而後民法之也。此謂治國在齊其家。	3-1 在上者以身作則，民得而由之以興起。	

六治 平章	1 所謂平天下在治其國者，上老老 而民興孝，上長長而興弟，上恤 孤而民不倍。是以君子有絜矩之 道也。所惡於上，毋以使下；所 惡於下，毋以事上，……此之謂 絜矩之道。	使天下人皆能明明德，在於己所不 欲，勿施於人，此即忠恕之道，亦 即絜矩之道。積極面在於孝、弟、 慈；消極面在所惡毋施。
	2 《詩》云：「樂只君子，民之父 母。……」……是故君子有大道， 必忠信以得之，驕泰以失之。	言政治原則，即君子有大道者三： 一是好惡同民，二是舉賢而先，三 是不善而遠。
	3 生財有大道，生之者眾，食之者 寡，……此謂國不以利為利，以 義為利也。	3-1 言經濟原則，及生財有大道者 三：一是生產要增加，二是消 費要節約，三是分配要均平。 3-2 以辨義利作結。

2 說解《大學》，兼論朱王

伍庸伯除講述《大學》本文外，又及陽明、朱子、顏李學派之解《大學》，朱子解錯《論語》《中庸》之處，講解《孟子‧盡心》及不同意見之討論等。梁乃就此而發為〈禮記大學篇伍氏學說綜述〉一文，並聚焦於明明德、近道、格物致知、修身為本、誠意慎獨、工夫次第進境等六大要點，茲酌參朱子、陽明原有觀點，並彙觀梁說要義，以窺其如何評騭朱王、沿承伍說、開展己見：

（1）明明德與近道

程明道〈識仁篇〉有「仁者，以天地萬物一體」之語，[35] 宋明理學家的共同理想亦在於此。而陽明即是由此「一體之仁」來表述「明德」，人因有此仁心，因此見孺子入井、見鳥獸哀鳴、見草木

---

[35] 此表之《禮記‧大學》引文係採（漢）鄭玄注（唐）孔穎達正義：《禮記正義》（台北：藝文印書館十三經注疏本，1989年1月。）又伍庸伯口述 梁漱溟編錄之：〈禮記大學篇解說〉，《梁漱溟全集》第四卷，頁43，於「此謂知本」後又有「此謂知本，此謂知之至也」二句，應屬贅句。

[36] （宋）程顥、程頤：〈元豐己未呂與叔東見二先生語〉，《二程全書》卷之二（台北：中文出版社出版 廣文書局印行，1972年），頁124。

摧折、見瓦石毀壞而自然萌生怵惕惻隱、憫恤、顧惜之心，隨機而起的盡是最具體真切的感受，此一體之仁「是乃根於天命之性，而自然靈昭不昧者也，是故謂之『明德』。」[37]但此人人本具的仁心，一旦為欲所動、為私所蔽，頓時間斷喪殆盡，無所不為，因此明明德著重在去除私欲，以圖恢復此天地萬物一體之本然。相較於陽明以復其本心之明，由道德的實踐強調「明明德」而言，朱子則由「明德者，人之所得乎天，而虛靈不昧，以具眾理而應萬事者也」加以申述。[38]朱子強調的是秉持眾理而後得以應萬事，先求知理再予以落實。至於**梁漱溟**則強調，「明德」即是吾人的本心，亦可稱之為「性體」或「本體」，即陽明所指之「良知」，人之所以異於禽獸者，即在禽獸僅有「本能」，而人則具有此自覺不昧的「明德」，然吾心倘有一息之懈便會流於不仁，明德的作用便會隱晦不明，因此應兢兢業業保任其勿失，換言之，《大學》所重在於如何「明明德」，如何不失其明德之「明」，如何得以復其「明德」之「明」，側重的是實踐的工夫。

「大學之道在明明德」，明德即道即本體，如何得以明明德即如何得以近道，梁漱溟承襲伍庸伯強調《大學》是一本講述如何做工夫的書——即如何近道的書，此為梁、伍最著力而迥異於前賢之處。「物有本末，事有終始，知所先後，則近道矣！」**伍庸伯**認為此係由本末、終始、先後以言近道，若能得其本末先後即能近道，換言之，由身而家而國而天下，掌握其間的修、齊、治平的本末先後次第，依此規律而循由之以行，即是近道。**梁漱溟**則曰：「如何便得近道呢？精神莫逐逐於外，而返回到自身來，不離當下，便自近道。故曰『反之』，亦曰『身之』也。」[39]「反之」，即是強調

---

37 〈大學問〉，《王陽明全集》卷二十六，頁968。
38 （宋）朱熹：〈大學章句〉，《四書章句集注》，《朱子全書》（上海：上海古籍出版社，2002年12月）第陸冊，頁16。
39 〈禮記大學篇伍氏學說綜述〉，《禮記大學篇伍嚴兩家解說》，《梁漱溟全集》第四

工夫，工夫要返回到自身來，以吾身為本，其餘為末。也即在「近道」此一要點上，**梁漱溟**對朱熹與陽明各提出批評：就朱子言，強調即物窮理，這樣做工夫「缺少頭腦，不能歸一」，而《大學補傳》所云，「實不為近道，寧說它是迂遠於道的。」[40]至於陽明強調「致良知」，雖然簡潔了當，但「忽略《大學》所標出的近道一層次，直教人們一步踏在道上，只談性之，不談反之。」[41]此等作工夫的方式，僅適用於資質高卓者，常人恐難以領略。

（2）格物與致知

　　如上所申，梁漱溟特為表彰《大學》的「近道」精神，對於朱子迂遠於道與陽明一步即踏在道上各提出批評，此等批評係由朱子強調即物窮理與陽明強調「致良知」而來，若詳究之，則在於朱子與陽明之釋「格物」與「致知」各有差失所致。先就**朱子**以言，朱子訂《大學》為四書首卷，視之為學者入德之門，承伊川而特為闡論格物窮理之義，並緣之以言致知、誠意、正心，及修齊治平之事，可謂以「格物」為教，其釋「格物致知」曰：「所謂致知在格物者，言欲致吾之知，在即物而窮其理也。蓋人心之靈莫不有知，而天下之物莫不有理，惟於理有未窮，故其知有不盡也。是以《大學》始教，必使學者即凡天下之物，莫不因其已知之理而益窮之，以求至乎其極。至於用力之久，而一旦豁然貫通焉，則眾物之表裡精粗無不到，而吾心之全體大用無不明矣。此謂物格，此謂知之至也。」[42]朱子訓「格」為「至」，格物即是至於物（即物）而窮其理，亦即認為凡事事物物莫不有理，窮理至於極則自能豁然通貫，達到吾心全體大用皆明的境界。次就**陽明**言，陽明由吾人本心之知善知惡，好善惡惡而不昧處以言良知，良知即天理即本心，陽明一改朱子之重格物，提出以致

　　　卷，頁93。
[40]　同前註，頁93、94。
[41]　同前註，頁95。
[42]　〈大學章句〉，《四書章句集注》，《朱子全書》第陸冊，頁20。

良知之教賅攝格物之義，標宗《大學》之「致知」二字。釋「致知格物」曰：「若鄙人所謂致知格物者，致吾心之良知於事事物物也。吾心之良知，即所謂天理也。致吾心良知之天理於事事物物，則事事物物皆得其理矣。致吾心之良知者，致知也。事事物物皆得其理者，格物也。是合心與理而為一者也。」[43] 強調推致擴充吾人的良知天理於事事物物，使事事物物均能正其不正，為善去惡，合於良知天理，此即是格物。又曰：「『致知』云者，非若後儒所謂充廣其知識之謂也，致吾心之良知焉耳。良知者，孟子所謂『是非之心，人皆有之』者也。是非之心，不待慮而知，不待學而能，是故謂之良知。是乃天命之性，吾心之本體，自然靈昭明覺者也。……格者正也。正其不正以歸於正之謂也。正其不正者，去惡之謂也。歸於正者，為善之謂也。夫是之謂格。……今焉於其良知所知之善者，即其意之所在之物而實為之，無有乎不盡，於其良知所知之惡者，即其意之所在之物而實去之，無有乎不盡，然後物無不格，而吾良知之所知者無有虧缺障蔽，而得以極其至矣。夫然後吾心快然無復餘憾而自謙矣。夫然後意之所發者，始無自欺而可以謂之誠矣。故曰：『物格而後知致，知致而後意誠，意誠而後心正，心正而後身修。』……」[44] 由此觀來，朱王言致知格物，取攝焦點確乎各異，蔡仁厚先生乃言：「在朱子，是步步逼緊而集中於格物，而格物是即物而窮其理，能窮理則知自致、意自誠、心自正。在陽明，是步步逼緊而集中於致知，而致知是致良知，吾心良知之天理一旦擴充出來，則物自格、意自誠、心自正，故工夫用力處在『致知』而不在『格物』。」[45] 言簡意賅的道出二者的分殊與重心所在。大抵說來，朱子訓「格物」，重在即物而窮其理，而陽明則訓「物」為「事」，並以事為意之所在，凡意之所在皆為事、亦為物；又陽明訓「致知」亦異於朱子，強調「致知」即「致良知」。二

---

[43] 〈傳習錄中〉，《王陽明全集》卷二，頁45。

[44] 〈大學問〉，《王陽明全集》卷二十六，頁971-972。

[45] 蔡仁厚：《王陽明哲學》（台北：三民書局，1974年10月），頁41。

人雖於格物致知各有偏重，但均以致知格物為一事，並視格物致知為《大學》工夫之所在。

至於**梁漱溟**則不如是，**首先**，與朱王視致知格物為工夫之所在不同，梁漱溟承伍庸伯認為「格物致知」僅是《大學》工夫的前提，「誠意慎獨」方是真正工夫之所在。**其次**，與朱王釋格物致知殊別者，梁釋「格物」之「物」為「物有本末」的「物」；「致知」為「知所先後」之「知」，「知至」來自「致知」，而「知至」與「知本」同義，所謂「本」即以「修身」為本，由格物得來的結論是須知「修身」為吾人之本。至於在句法上，則強調將「物有本末，事有終始，知所先後，則近道矣」與下文「古之欲明明德於天下者先治其國，……自天子以至於庶人壹是皆以修身為本。」相互承接，如此方可歸結至「修身為本」，而前述所謂「近道」者，亦必落實至「修身」而後可，梁漱溟強調通過格物致知理清事物的本末關係，認識身為諸事之本，期由此收斂身心，勿使精神外弛，為明明德做好準備功夫。**再者**，梁漱溟對朱王各有評議：就朱子言，優點在於即物窮理，為科學精神所必備；缺點則在務外而遺內，與儒家強調反躬修己的精神不相契合。就陽明言，優點在於能揭出良知之教，切合孟子「先立乎其大」之旨，得其頭腦之所在；缺點在於敬內而遺乎外，細言之則陽明之解《大學》其缺失有三：一是解書太曲折，如釋「致知」為「致良知」，雖能立其大，然「良知」實本出《孟子》，孟子言良知良能，其意非必即切於《大學》之「知」，其將「知」轉為「良知」，將「格物」之「物」轉為「事」，並牽入「意」等均有過度轉化之嫌，二是工夫太直截，未有先後層次及條理順序，如言良知即是明德，致良知即等同明明德，明明德既可概括三綱八條目，然而致知又僅是八條目之一，則致良知焉可等同於致知？三是以「致良知」工夫說解全文，易忽略〈誠意章〉等其他文意。[46]

---

[46] 參〈禮記大學篇伍氏學說綜述〉，《禮記大學篇伍嚴兩家解說》，《梁漱溟全集》第

（3）誠意與慎獨

朱子釋**誠意**：「誠，實也。意者，心之所發也。實其心之所發，欲其一於善而無自欺也。」[47]而**陽明**則言：「蓋心之本體本無不正，自其意念發動，而後有不正。故欲正其心者，必就其意念之所發而正之。凡其發一念而善也，好之真如好好色，發一念而惡也，惡之真如惡惡臭；則意無不誠，而心可正矣。」[48]陽明由正心之教推向誠意之教時，已於字間明確傳達心之本體既是做實踐工夫的超越依據，本無不正，善惡正邪其實是由於意念之所出，因此應順著意念之誠而勇往做去，若意無不誠則心可正，因此所謂正其心，明確的說是在於正已發動的意念之惡。

梁漱溟認為〈格致章〉專言事物的本末關係，〈誠意章〉則說明人的身心內外關係。格物致知為工夫的前提，誠意慎獨才是工夫之所在。倘就誠意、慎獨分言之，則誠意為工夫的目的，慎獨則是達此目的的實際工夫。先就誠意言，「誠」有天然、本然之意，人的身心內外表裡，原具有如影隨形、相應不離的天然關係，能順此天然關係即是誠，否則即是偽；「意」即是意向，人的一切感應活動皆是意，生活中凡有所受，則必自身而通乎心；凡有所施則必自心而通乎身，身心之間時時有往復聯通，即時時有意向的活動。又就身與心言，身為吾人生活的工具，有其本能與習慣在內；心則是此機體構造的主宰，具有主觀能動性，當身體的意向居於支配地位，吾心即失卻主宰地位，失去其主觀能動性，變得隱晦不明，此即是身心分離，亦即是意向不一，所謂「意不誠」者。換言之，意不誠常是因意之偏向於身而使心無從著力之故，此時本心被掩蔽，失去原有明覺，人的活動常從乎身而逐於外物。反之，所謂「意誠」、「不自欺」即是吾心為一身之主。也因此伍、梁言誠意均強

四卷，頁93。頁100-101。

[47] 〈大學章句〉，《四書章句集注》，《朱子全書》第陸冊，頁17。

[48] 〈大學問〉，《王陽明全集》卷二十六，頁971。

調身心一致，認為《大學》言誠意工夫不外在恢復身心合一的本然而已。

次及**慎獨**，朱子釋曰：「獨者，人所不知而己所獨知之地也。言欲自脩者知為善以去其惡，則當實用其力，而禁止其自欺。使其惡惡則如惡惡臭，好善則如好好色，皆務決去，而求必得之，以自快足於己，不可徒苟且以殉外而為人也。然其實與不實，蓋有他人所不及知而己獨知之者，故必謹之於此以審其機焉！」[49]他強調慎獨必須由「他人所不及知而己獨知之者」，此一隱微之機上謹慎審察，使吾心所發之意均能無自欺。另朱子又言：「獨者，人所不知而己所獨知之地也。言幽暗之中，細微之事，跡雖未形而幾則已動，人雖不知而己獨知之，則是天下之事無有著見明顯而過於此者。是以君子既常戒懼，而於此尤加慎焉。」[50]此與前意大抵切近，所謂「跡雖未形，幾則已動」，指事跡尚未成形前於內心所萌發的意念，此乃「人所不知而己所獨知之地」，其所謂「地」乃指「心地」，而非所居處之地，由此亦可見朱子將誠意與慎獨緊密結合，唯有透過在此隱微之幾上的慎察工夫，方真能達到「誠意」。至於**陽明**則曰：「所謂人雖不知，而己所獨知者，此正是吾心良知處。」[51]又曰：「無事時固是獨知，有事時亦是獨知。人若不知於此獨知之地用力，只在人所共知處用功，便是作偽。」[52]其所謂「獨知」，即是吾人的良知，而良知即是天理自然明覺發見處，也因此陽明強調存天理去人欲的工夫即在致良知，亦即須由慎獨入手。

對於朱、王「慎獨」之說，**梁漱溟**認同前者即朱子說法，認為其說較平實易於入手，陽明之說較難以進入，梁強調誠意工夫的具體落實便是慎其獨，並釋「慎」為「留心」，「獨」為「自己」，

---

[49] 〈大學章句〉，《四書章句集注》，《朱子全書》第陸冊，頁21。
[50] 〈中庸章句〉，《四書章句集注》，《朱子全書》第陸冊，頁32。
[51] 〈傳習錄下〉，《王陽明全集》卷三，頁119
[52] 〈傳習錄上〉，《王陽明全集》卷一，頁34。

慎獨即是留心自己，進而指出慎獨的三大要點：一、凡意念之萌須著一「慎」字，在人不及見的獨處之時，以及人不及知的獨念當下去慎。二、於獨中用功，有制於機先、防於未萌、克於方萌的作用，且工夫快而易著力。三、應先留心於身的一切言動行事，再留心於隱微之意，即言事行動的先導，而後方能漸趨身心合一。[53] 由此觀來，**梁**之釋「慎獨」大抵係本於朱子，擴大其「獨」字意涵為獨處與獨念，並提出「留心自己」的簡賅解釋，留心自己即是不鬆懈、不自欺、時時自反、時時保持心的自覺能動性，使心不致受到身等習慣本能的支配，而達身心一致。在梁漱溟看來，慎獨正是《大學》的機捩所在，而「儒家之學只是一個慎獨」。[54]

3 心學立場，歸本陽明

　　綜上所述，梁漱溟對《大學》要義的掌握與發揮，與朱、王觀點的異同已然可見，茲以表列方式呈現其間要點：

項目	立論依據（朱王）	梁漱溟立論重點
明明德	陽明為主	※明德即本心、性體、良知，自識本心、保任勿失為要，即所謂「明明德」者，《大學》側重實踐工夫。
近道	朱王各有批評，然方法較趨近陽明	※突顯《大學》的「近道」精神，近道方法在精神勿逐於外，返回自身。 ※朱子強調即物窮理，缺少頭腦，迂遠於道。 陽明以「致良知」為教，欲人一步踏在道上，雖簡捷了當，然適用資質佳者，常人難以領略。
格物致知	各有批評與取益	※格物致知為工夫的前提，「格物」的「物」為「物有本末」的「物」，「致知」為「知所先後」的「知」，由格物致知而認識以修身為本此一原則。

---

[53] 參〈禮記大學篇伍氏學說綜述〉，《禮記大學篇伍嚴兩家解說》，《梁漱溟全集》第四卷，頁93。頁120-121。
[54] 《人心與人生》第十三章，《梁漱溟全集》第三卷，頁667。

		※朱王誤視格物致知為工夫所在。 朱子強調格物，優點為具有科學精神，缺失為務外而遺內。 陽明揭良知之教，得頭腦所在，然「致良知」究與《大學》「致知」不等同，又有歉內而遺外之失。
修身為本	各有批評	※修身為《大學》與儒家要旨，身為本，天下、國、家為末，修身必含反求之意。 ※由格物致知得來者僅是「修身為本」，朱王捨此他求，尤其朱子於「修身」認識不真、抓得不緊。
誠意慎獨	各有取益與批評	※誠意慎獨為工夫所在，析言之誠意為工夫的目的，慎獨方為實際工夫，慎獨工夫即是修身為本的實行。「誠」為本然、天然，「意」為意向，強調勿使身心分離、意向不一，心應為主宰。慎獨即是留心自己，獨處與獨念均應不鬆懈、時時反求。 ※朱子以「人所不知而己所獨知之地也」釋「獨」較佳，陽明以「慎獨」之「獨」為獨知、即良知，不宜。
工夫次第進境		※慎獨工夫的內容次第進境：第一階段為道學、自修，即士的階段；第二階段為恂慄、威儀，即賢的階段；第三階段為盛德、至善，即聖的階段。

　　由上表可見，梁漱溟於朱王實各有擷取，亦各有批評，然倘就根柢處言，梁漱溟仍係歸本於陽明的心學立場。由其屢申言「儒家之學不外踐形盡性」、「人之所以為人者，其在人心乎。……內一面是自覺不昧，主觀能動，外一面是人與人之間從乎身則分而隔，從乎心則分而不隔，感通若一體」、「仁，人心也。心則主觀能動者也，不為身體血氣所主使，而主乎血氣身體者也」、「心有一息之懈便流於不仁」、「求仁之學即在自識其本心，而兢兢業業葆任勿失。」[55]均可看出其側重心學、堅守以心為主、強調保任吾心的立場。儒家之學重在求仁，自孔子申言「默而識之，學而不厭」，孟子言「先立乎其大者，則小者弗能奪也」，迄陽明則逕指出此知是知非的本心，言「為學須得個頭腦功夫，方有著落」。[56]並強調「致良

---

[55] 〈禮記大學篇伍嚴兩家解說合印敘〉，《禮記大學篇伍嚴兩家解說》，《梁漱溟全集》第四卷，頁3、4、11-12。
[56] 分別語出〈述而〉，《論語》；〈告子上〉，《孟子》；〈傳習錄上〉，《王陽明全集》

知」之教。而**梁漱溟**也沿承上述傳統，對於本心、良知、仁、性體、明德的認識基本上與之無二，均將吾人的本心良知視為頭腦與主體所在。而對於朱子則有「缺少頭腦，不能歸一」之議，[57]主因朱子強調即物窮理，不循自識本心之路，此為梁與朱子根本上不相契者。雖然梁漱溟從伍庸伯在詮釋《大學》時強調修身、近道，並將修養工夫的重心落在慎獨上，其所側重雖與陽明有別，然而其強調誠意慎獨，主張身心一致，主要目的仍在革除私欲，即陽明所言不在軀殼上起念；其強調反之的工夫，亦合於陽明「吾輩用功只求日減，不求日增。」[58]又其言格物致知在泯滅他人與己的區別、誠意慎獨在泯滅己與物之別，此與大程子之「仁者渾然與物同體」的境界亦頗為符契，如是觀來，言梁漱溟的心學立場歸本陽明，應屬適切。

二、泰州學派的啟導及涵攝

十六世紀初期王陽明良知說的出現，一洗程朱末流的拘謹格套與制式思考，為明代儒學觸啟新的契機與方向，而賡續陽明對傳統理學的跨越，泰州學派的創始領袖王艮（號心齋，1483-1540），則師承陽明心學，繼續挑戰傳統的思維觀念；強調人格意識的覺醒；側重知識分子務實的社會參與；注重心性道德與社會實踐的平衡，既為上層知識分子開啟新的思考方向；也致力為下層平民百姓振聾發聵、啟迪心智。其後顏鈞、王襞、何心隱、羅近溪、李贄、焦竑、周汝登等續承衣鉢、一路傳衍，成為陽明後學中耀眼的一個支脈。又出身平民階層的王心齋，因膺服陽明言良知的「簡易

卷一，頁30。

[57] 〈禮記大學篇伍氏學說綜述〉，《禮記大學篇伍嚴兩家解說》，《梁漱溟全集》第四卷，頁93。

[58] 〈傳習錄上〉，《王陽明全集》卷一，頁28。

直截」，[59]乃入事為陽明高弟，然其學實自成體系，因此《明儒學案》別於王門弟子，另出〈泰州學案〉。[60]以啟發愚蒙為生命志業的泰州學派，在晚明特定時空背景下，除發展出獨樹一幟的思想內涵外，其赤身擔當、不容自已的行動實踐；其狂者胸次、勇於批判的領導魅力，亦造成學者靡然從風、盛極一時的景況。至於其懷疑精神、獨創意識，乃至「庶人非下，侯王非高」、「曷嘗有高下貴賤者哉」的平等意識，[61]則成為明清之際民主思潮的活水源頭之一。而其講學模式、教育理念，也對晚清太谷學派等生發一定影響。[62]及至民國，對泰州學派發出關注，並提煉泰州學術以融入己學者，則首推梁漱溟。

（一）生命的轉折與符契

梁漱溟的治學歷程幾經遷嬗，透過如下自我剖析得以略窺梗概：

> 關於我的人生思想之轉變或是哲學的變化，可分為三期。第一時期為實用主義時期，從十四五歲起至十九歲止，以受先父之影響為多。第二時期即為上文所講之出世思想歸入佛家，從二十歲起至二十八九歲止，在此時期中一心

---

[59] （日）岡田武彥、荒木見悟主編：〈年譜〉，《王心齋全集》（台北：中文出版社、廣文書局，1975年5月）卷一，頁21：「講及良知，曰：『簡易直截，予所不及。』下拜隅坐。」

[60] （清）黃宗羲：《明儒學案》不採師承關係為立案準則，而以論學宗旨為準據。

[61] （明）李贄：《老子解》下篇（臺北：藝文印書館，1965年3月，無求備齋老子集成初編，第10函），頁3。

[62] 太谷學派係創立於清道光年間，以泰州、揚州為主要腹地的學術社團，由周太谷開傳道授徒之端，張積中、李晴峰、黃葆年、高爾庚、劉鶚等續後，其間李晴峰所傳之太谷學派或稱之為「泰州教」。另史學家如柳詒徵、范文瀾等即視太谷學派為泰州學派於新條件下的產物，或逕稱之為「新泰州學派」。

想出家做和尚。第三時期由佛家思想轉入於儒家思想，從
二十八九以後，即發表《東西文化及其哲學》一書之際。[63]

我常常說我一生思想轉變大致可分三期，其第一期便是
近代西洋這一路。從西洋功利派的人生思想後來折反到古印
度人的出世思想，是第二期。從印度出世思想卒又轉歸到中
國儒家思想，便是第三期。[64]

在繞膝趨庭朝夕濡沐下，父親梁濟的身傳言教蘊為其評判事物的潛
在標準，而當下社會的種種情勢——西方文化的嚴厲衝擊、亡國滅
族的憂患意識、熾烈熱誠的救國呼聲等，亦助導其步向以去苦、滅
樂、趨利、避害為目的的功利主義，此為梁漱溟第一期思想。其後
由於「一、感情真摯易多感傷感觸，佛家所謂煩惱重。二、事功派
的誇大心理易反動而消極。三、用思太過，不知自體，以致神經衰而
神經過敏」等因素，[65]他開始轉向閉門謝客，潛心佛法，茹素不婚，
甚且企圖出家的第二期思想，透過否定生命、消解欲望，欲期進入無
我之境，達至佛家涅盤境地。其後藉1917年任教北大前的一次南遊，
親睹軍閥亂局、民不聊生、伏莽遍地的景象，志濟蒼生的意念開始翻
騰洶湧，復經父親梁濟自盡殉道的衝擊，以及五四新文化運動對傳統
的強力批判等，乃決志重回現實人生，而經由《東西文化及其哲學》
一書的出版，則正式完成其回歸儒學的路徑。

至於泰州學派，則是梁漱溟由第二期邁入第三期思想的一大推
手。透過他的三度自白，得窺泰州學派於此間所扮演的轉圜角色，
梁曰：

[63] 梁漱溟：《自述》，《梁漱溟全集》第二卷，頁9。
[64] 《人心與人生》第七章，《梁漱溟全集》第三卷，頁601；另可參〈自述早年思想之
再轉再變〉，《散篇論述》（1969年），《梁漱溟全集》第七卷，頁178-182。
[65] 《自述》，《梁漱溟全集》第二卷，頁8。

我曾有一個時期致力過佛學，然後轉到儒家。於初轉入儒家，給我啟發最大，使我得門而入的，是明儒王心齋先生；[66]

又曰：

我佛家思想一直到29歲，也就是1921年發表《東西文化及其哲學》前後，我放棄了出家的念頭，轉入儒家，這個儒家指的是王陽明門下的泰州學派。[67]

再曰：

機會是在1920年春初，我應少年中國學會邀請作宗教問題演講後，在家補寫其講詞。此原為一輕易事，乃不料下筆總不如意，寫不數行，塗改滿紙，思路窘澀，頭腦棼亂，自己不禁詫訝，擲筆嘆息。即靜心一時，隨手取《明儒學案》翻閱之。其中泰州王心齋一派素所熟悉，此時於《東崖語錄》中忽看到「百慮交錮，血氣靡寧」八個字蕎地心驚：這不是恰在對我說的話嗎？這不是恰在指斥現時的我嗎？頓時頭皮冒汗，默然有省。遂由此決然放棄出家之念。是年暑假應邀在濟南講演《東西文化及其哲學》一題，回京寫定付印出版，冬十一月尾結婚。[68]

東崖為王襞之號，王襞即心齋次子，曾師事龍溪、緒山，心齋既沒，因繼父講席，主持教事，其主張心性至善，倡言直下便是、

---

[66] 《朝話》，《梁漱溟全集》第二卷，頁126。
[67] 梁漱溟：《東方學術概觀》（台北：駱駝出版社，1987年8月），頁230。
[68] 〈回到世間來〉，《我的自學小史》，《梁漱溟全集》第二卷，頁699。

不須旁求。他批評為學者若偏好計量打算，則導致心神不寧、情緒浮躁、心力交瘁，此等倍受折騰的景況，東崖以「百慮交錮，血氣靡寧」八字具體形容。其時梁漱溟正居處第二期思想，在逃避現實、抑遏欲念、崇尚出世的同時，內心的衝突矛盾卻糾纏萬端，時刻未寧。他日日在茹素獨身、觀照自我的佛學實踐者，與處乎人世、關懷現實的儒者間拉扯競拔。及至聞得東崖語指斥，當下驀地心驚、震顫不已。也透過東崖棒喝式的開顯，使其長期淤塞的心結終至鬆開，決定重返孔孟、親向人世，「功利主義者的梁漱溟與佛教徒的梁漱溟經過了辯證的發展以後，終於統合在當代儒者的梁漱溟手裡。」[69]由此觀來，泰州學派正是他回歸孔學的支點與起點，此後他便奮力向前，游刃於第三期思想中，成為「新孔學」的代言人。

泰州學派除引領梁漱溟走向生命的新桃花源外，泰、梁二者對孔學不遺餘力的發皇亦若合符契。泰州人物均以宣講孔孟之道為志，視孔學精華為挽救僵死學風的靈丹妙藥。其間王心齋傳道授業以「大成學」著稱於世，並歌曰：「我將大成學印證，隨言隨悟隨時躋，只此心中便是聖，說此與人便是師。……自古英雄誰能此，開闢以來惟仲尼。仲尼之後微孟子，孟子之後又誰知。……」[70]又曰：「我而今只說志孔子之志，學孔子之學。」[71]儼然以孔孟傳人自居，另心齋學言「簡易」、「現成良知」、「樂」、「尊身重道」等則無不歸諸孔聖，而其論學方針及倡導民間講學、服務社會的大成精神，也在在影響了梁漱溟。至於其子王襞亦時效習洙泗精神，以孔孟之識為識、孔孟之好為好、孔孟之求為求；而顏鈞申講「大中之學」，即是以儒典《大學》《中庸》轉化為「大

---

69. 楊儒賓：〈梁漱溟的「儒家將興說」之檢討〉，《清華學報》第23卷第1期，1993年3月，頁70。
70. 〈大成歌寄羅念庵〉，〈雜著〉，《王心齋全集》卷四，頁107。
71. 〈語錄下〉，《王心齋全集》卷三，頁81。

中學庸」的一門學問；至於卓然成家的焦竑，亦多講述《論》《孟》《學》《庸》。由此得見，托孔孟以弘己見正是泰州學人的特色之一。

至於**梁漱溟**亦以續承孔學自期，鑒於處身意義危機的年代，面對價值淪喪、焦慮惶恐的群生，周孔教化無疑是慰勉人生、安頓人心的最佳方帖，梁漱溟乃挺身倡導過孔家生活，高揚孔家尚情無我的人生觀，並以孔子心理學作為解決人生問題的基石。由此觀來泰州學派與梁漱溟均以孔學為學術依歸，至於梁漱溟回歸孔學的思想進路，則非泰州學派莫屬。因曰：「我是先自己有一套思想再來看孔家諸經的；看了孔經，先有自己意見再來宋明人書的；始終拿自己思想作主。由我看去，泰州王氏一路獨可注意。……但孔子的東西不是一種思想，而是一種生活。」[72]由歸宗孔子、趨向宋明、聚焦泰州學派，終而發展出一己之學，梁漱溟既隱然道出其學術路徑，亦點出走入生活、濟世精神與社會責任，是繫連其與孔聖、泰州諸子的重要力量。

（二）思想的接榫與活化

1 孔顏樂處的深心契合

發軔於先秦的「孔顏樂處」，[73]經由孟子、《中庸》等的開展，及至宋明，仍成為周濂溪、二程、朱熹、王陽明諸儒興味十足的索探課題，泰州學派則沿循王陽明的觀點加以推擴，而**梁漱溟**亦在孔孟及泰州學者牽引下，在其峰迴路轉的學思歷程後，具現其心得於《東西文化及其哲學》《孔家思想史》〈儒佛異同論〉〈自述

---

[72] 《東西文化及其哲學》第五章，《梁漱溟全集》第一卷，頁540。

[73] 〈述而〉，《論語》：「飯疏食飲水，曲肱而枕之，樂亦在其中矣！不義而富且貴，於我如浮雲。」〈雍也〉：「一簞食，一瓢飲，在陋巷，人不堪其憂，回也不改其樂，賢哉！回也。」

早年思想之再轉再變〉諸作中。[74]

（1）心齋的「樂此學」

陽明針對「尋孔顏樂處」曰：「樂是心之本體。仁人之心，以天地萬物為一體，訢合和暢，原無間斷。來書謂『人之生理，本自和暢，本無不樂，但為客氣物欲攪此和暢之氣，始有間斷不樂』是也。……聖人亦只是至誠無息而已，其工夫只是時習。時習之要，只是謹獨。謹獨只是致良知。良知即是樂之本體。」[75]言「樂」為心之本體，此與喜怒哀樂之情不同，「樂之心體」為人人共有，能有此樂，主因心體毫無遮蔽，和暢明朗，一旦為物欲所障，此樂即遭間斷，而歸結其工夫在時習、謹獨，即所謂「致良知」，因此良知實是心體之樂的根據，而真樂本體即是此良知。其後王心齋則承繼陽明的思路，以「『不亦悅乎』，說是心之本體」、「天性之體，本自活潑，鳶飛魚躍，便是此體」表述心之本體的自然流暢。[76]更以屢為後人引頌的〈樂學歌〉道出「樂」與「學」的關係：

> 人心本自樂，自將私欲縛。私欲一萌時，良知還自覺。一覺便消除，人心依舊樂。樂是樂此學，學是學此樂，不樂不是學，不學不是樂。樂便然後學，學便然後樂。樂是學，學是樂。於戲！天下之樂，何如此學！天下之學，何如此樂。[77]

前六句以人心之陷溺與回歸為軸，言人心原係處於悅樂的本然狀態，惟因私欲遮蔽束縛，始下墜陷溺而憂苦不樂，然此憂苦不樂究

---

[74] 詳參《東西文化及其哲學》第四章，《梁漱溟全集》第一卷，頁464-466；《孔家思想史》，《梁漱溟全集》第七卷，頁903-910；〈儒佛異同論〉，《散篇論述》（1966年），《梁漱溟全集》第七卷，頁153-161；〈自述早年思想之再轉再變〉，《散篇論述》（1969年），《梁漱溟全集》第七卷，頁178-185。

[75] 〈與黃勉之二〉，《文錄二》，《王陽明全集》上冊，頁194。

[76] 〈語錄上〉，《王心齋全集》卷二，頁40、63。

[77] 〈雜著〉，《王心齋全集》卷四，頁100。

非吾心之常態，良知究竟無法容受纖毫障蔽，因此當私欲一起，便被照見，在良知作主下，乃將私欲逐之淨盡，人心終又回歸原初之悅樂。〈樂學歌〉中強調私欲一萌發，良知即動即覺、即覺即化，其工夫即在「覺」字，只要能覺，即能去，良知本有、私欲本無，存其本有、去其本無，回復心體之清朗順暢，因此乃能悅樂不已。至於「樂是樂此學，學是學此樂」以下各句，就形式言，則兩兩重複，並於重複中將「樂」與「學」交替應用。心齋直以「樂是樂此學」的「樂」，點出「人心因良知的知覺，由私欲的陷溺中解縛出來，所回復的本然狀態」，而以「學」指出「良知之消除私欲以回復悅樂心體的知覺活動」。[78]「不學不是樂」、「學便然後樂」承「樂是樂此學」，強調此良知之學中必蘊有真樂，反之真樂則必由良知之學而來；由於私欲遮蔽，因生不樂，若能去除幾分私欲，便復幾分本體，便見幾分真樂，是以吾人當以良知省視自家生命，使意誠、心正而身修，則私欲自除、良知本體自復，悅樂自現，即所謂「學便然後樂」者。若藉諸外物刺激或外在條件，而不源於良知本體的率性之樂，則此逐物在外的適意均只是假象，唯有求諸在己方真，因言「不學不是樂」。「學是學此樂」強調良知得復，悅樂自然伴隨而至，因此當著力在良知心體的回復，而非在悅樂的刻意追求。「不樂不是學」、「樂便然後學」，承「學是學此樂」，強調學的目的在求復此悅樂心體，能知心體原是悅樂方可與學，既知悅樂心體，更當時修之不使放弛。其後則揭示「學」與「樂」合一之境，即無時無處不可學，無時無處不可樂。另心齋詩云：「此樂多言無尋處，原來還在自家心。」[79]亦強調維持心體清明，樂便能如清泉活水，源源不竭而至，因此悅樂實無外於良知，此種對自家真樂的發揮與掌握，正與孔顏之樂遙相契合。除前述外，心齋並強

---

[78] 吳佳璇：《王心齋樂學思想研究》，國立台灣師範大學國文研究所碩士論文，2004年6月，頁188。

[79] 〈雜著〉，《王心齋全集》卷四，頁122。

調聖人之學的特色：「天下之學，惟有聖人之學好學，不費些子氣力，有無邊快樂。若費些子氣力，便不是聖人之學，便不樂。」[80]所謂「費些子氣力」，即是有所著意，一著意則離卻心體，生命即窒塞而鬱鬱不樂。至於聖人之學則展現於日用倫常，絲毫不艱澀深奧，只要把握此活潑心體，不須持學太嚴，行事放輕快些，學而後樂，樂而後學，此種「樂學」思想，成為心齋學的特色。心齋之後，王襞亦強調「樂者，心之本體也。有不樂焉，非心之初也。吾求以復其初而已矣！」[81]王棟則教人反身樂學的工夫：「事事反身以自誠，則障礙不生，而真樂在我，所謂學便然後樂也。」[82]他如羅近溪則扣緊「樂」與「仁」的關係而發：「所謂樂者，竊意只是個快活而已。豈快活之外，復有所謂樂哉！生意活潑，了無滯礙，即是聖賢之所謂樂，卻是聖賢之所謂仁。……誠知仁本不遠，方識樂不假尋。」[83]由此看來，心齋追復孔孟、蹈承陽明，以人心為本樂所提出的樂學，在泰州學人的接續開發下，蔚為該派的一大特色。

（2）梁漱溟的「學此樂」

「所欲得遂則樂，所欲不遂則苦」、「苦樂繫乎外境」是常人也是梁漱溟對苦樂的最初體會，至於因應之道，功利主義者肯定欲望，而佛家則要人徹底取消欲求，以免陷於迷妄苦惱。**梁漱溟**對「樂」的嶄新體會，是透過《論語》與王心齋而發現的。他憶及研讀《論語》，起首即拈出悅樂字樣，其後樂字又層見疊出，通篇不見一苦字，此與長僅二百多字的《般若心經》即有三苦字，旨趣大異。[84]其後他乃體會出樂是一種生機的活潑暢達。生命原是自然流行的、生趣盎然的、暢達溢洋的、充滿活氣的，無須憑藉外界刺

---

[80] 〈語錄上〉，《王心齋全集》卷二，頁40。

[81] 〈泰州學案一〉，《明儒學案》中冊，卷三十二，頁723。

[82] （明）王棟：〈會語續集〉，《一菴王先生遺集》（台南：莊嚴文化事業有限公司，1995年9月，四庫全書存目叢書）卷上，頁83。

[83] 〈泰州學案三〉，《明儒學案》中冊，卷三十四，頁790-791。

[84] 詳參〈儒佛異同論之二〉，《梁漱溟全集》第七卷，頁155。

激，便時時新新不已，此即前述心齋所言「天性之體，本自活潑，鳶飛魚躍，便是此體」及「人心本自樂」，亦即羅近溪所言「所謂樂者，竊意只是個快活而已！」常人將樂的基礎繫於外境，或透過活動或藉由欲求而得樂，此種樂是有所依恃的樂，真正的樂是不繫於環境的絕對之樂，它是人人皆可體得的真樂，它是一種不打量計算的態度，也是一種不繫於物、不藉待於外的作法，更是一種自得的絕對之樂，它「不是取消，也不是去解決，只是順生活的路上走去，著重生活的本身，不著眼環境的關係。」[85]此種樂與「孔顏樂處」及〈樂學歌〉的精神吻合無間，也因此梁漱溟曰：

> 宋明人常說：「尋孔顏樂處」，那是不差的。它只是順天理而無私欲，所以樂，所以無苦而只有樂。所有的憂苦煩惱——憂國憂民都在內——通是私欲。私欲不是別的，就是認定前面而計慮。……隨感而應則無所不可，繫情於物則無一而可；所謂得其正者，不傾欹於外也。念念計慮，繫情於物，即便有樂，其樂不真。[86]

對於宋明學者所欲效求體悟的孔顏樂處，梁漱溟獨鍾泰州觀點，因言：「惟晚明泰州王氏父子心齋先生東崖先生為最合我意。心齋先生以樂為教，而作事出處甚有聖人的樣子，皆可注意處也。」[87]除逕直道出與心齋父子的契合，更多次援引〈樂學歌〉表述一己觀點：

> 後世如宋儒，每言「尋孔顏樂處」。明儒王心齋更作有〈樂學歌〉云：「樂是樂此學，學是學此樂，不樂不是學，不學不是

---

[85] 《孔家思想史》，《梁漱溟全集》第七卷，頁900。
[86] 《東西文化及其哲學》第四章，《梁漱溟全集》第一卷，頁465。
[87] 同前註。

樂。」（見《明儒學案》中〈泰州學案〉一章）王氏又云：「人心本無事，有事心不樂；有事行無事，多事亦不錯。」其云「有事」者，指此心有所罣碍，即失其流暢也。其云「無事」者，指此心隨感而應，過而不留也。此樂是深造自得之樂，與彼有所得於外之樂迥然兩回事，恰為生活上兩條脉絡。[88]

又云：

> 前人最喜歡說孔子樂的意思的王心齋，他有四句話，說「人心本無事，有事心不樂，有事行無事，多事亦不錯」。就是說，人原來只此生命之理流行，若是多了一點意思的人，通統不流暢。而所謂仁者，則雖有事亦行所無事，都是所謂隨遇而應，過而不留，安和自在，泰然無事，他感觸變化只隨此生命自然之理，所以他時時是調和，是暢達快樂。王心齋說「樂者心之本體也」，誠然可信。[89]

「人心本無事」四句言人心原是光明潔淨、纖塵不染，若有絲毫著意，吾心便失卻原先的和暢悅樂。如能以無染無礙的心臨事，則即縱事多亦不致成為生命的負擔，仍能常保此心之清明悅樂，然如若內心存有私欲，將使人耽溺不樂。此與〈樂學歌〉的旨意頗為相契。梁漱溟強調去除「著意」、「安排」、「計慮」，強調隨順生命自然之理，強調吾心之自覺、自主、自得、調和，如此方能品味真樂的精神，實源自泰州學派的啟迪，而孔門之學亦要在啟發人的此自覺之心而已。他屢引〈樂學歌〉的目的，即在強調「人心本自

---

[88] 〈自述早年思想之再轉再變〉，《散篇論述》（1969年），《梁漱溟全集》第七卷，頁184。

[89] 《孔家思想史》，頁909。又「人心本無事」四句原出〈示學者〉，〈雜著〉，《王心齋全集》卷四，頁117。

| 現代儒家三聖（下）——梁漱溟、熊十力、馬一浮論宋明儒學

樂」，從而「改換那求生活美滿於外邊享受的路子，而回頭認取自身活動上的樂趣。」[90]這樣的呼喊並非無因可尋，其時處身在科學主義高漲、價值意義迷失的梁漱溟，接觸的盡皆粗糙的功利主義，與僵化阻滯、裂為片斷的苦悶生命，在此般的反動中，當然使他特為欣賞強調生命流暢自如的泰州學派，而對執外境為樂、以「找」為主的理智主義傳達強烈不滿。

2 天理良知的取捨改造

簡易精微的「致良知」三字，是陽明的立教重點，至於其後的心齋亦針對天理良知展開論述，而梁漱溟則在陽明、心齋及特有時代背景下，進行融通與改鑄。

（1）王心齋——自然人性的發聲

「良知」為心齋思想的基石之一，前述〈樂學歌〉〈示學者〉強調吾心之樂，實亦未脫良知之天理、自然、活潑義。心齋從游陽明時期曾作〈天理良知說〉，此乃為調停、化解陽明與甘泉同倡聖學，而思想方法則互有歧異，遂成為雙方後學爭辯無已的懸案。蓋陽明既以良知為天理自然明覺的發現處，因此乃直指良知而談；甘泉則著重隨處體認天理，強調即物窮理，以天理為學問頭腦。心齋為消弭彼此爭議，乃為文將致良知與隨處體認天理合而為一。文曰：「或問：『天理、良知之學同乎？』曰：『同』。『有異乎？』曰：『無異也。天理者，天然自有之理也。良知者，不慮而知，不學而能者也，惟其不慮而知，不學而能，所以為天然自有之理。惟其天人自有之理，所以不慮而知，不學而能也。』」[91]心齋認為「天理」是「天然自有之理」，而「良知」則是「不慮而知，

---

90 梁漱溟：〈合理的人生態度〉，《漱溟卅前文錄》（上海：上海書店，1989年10月，民國叢書第一編97），頁196。
91 〈雜著〉，《王心齋全集》卷四，頁101。

不學而能」的「天然自有之理」，由此和會「天理」與「良知」二者為無異。此雖未能切中雙方紛歧之所在，然以「天然自有之理」釋「天理」，則突出理乃自存自然，毋須經後天的學習思慮便可知能。又曰：「天理者，天然自有之理也。纔欲安排如何，便是人欲。」[92]此以天理與人欲對舉，並以天然自有與造作安排來分判天理人欲之迥然相對，再曰：「良知之體與鳶魚同一活潑潑地，當思則思，思通則已，……要之自然天則，不著人力安排」、[93]「良知一點，分分明明，亭亭當當，不用安排思索。」[94]凡此均強調良知即是天理，良知係循順自然天則發展而出，無須經由後天學習思慮，自然穩當妥實，至於後天的人為造作、念慮計度均不合於天理良知。由於良知乃本性具足、不假學慮，因此就工夫論而言便是不須防檢、不須窮索，所謂「安焉率此性，無為亦無思」即是。[95]又「王子敬問莊敬持養工夫。子曰：『道一而已矣。中也，良知也，性也，一也。識得此理，則見見成成，自自在在。即此不失，便是莊敬；即此長存，便是持養真體，不須防檢。不識此理，莊敬未免著意，纔著意，便是私心。』」[96]能把握認肯此心、長存不失，便是莊敬持養工夫，若以外物加諸心體，或將心體投諸於外，皆是著意。然其工夫論究非不作工夫，而是工夫要自然，不著心著力，隨順良知自然本體的自然天則，遮撥意、必、固、我等人為的種種造作，方能擺落所有造作安排，回復良知本體的清明瑩澈、流行暢達。由此觀來，心齋較諸陽明更強調良知天理乃是自然天成，不涉人為安排，其對自然人性的強調為其思想特色之一。此外心齋雖承襲陽明形而上學的良知說，然其後對良知

---

[92] 〈泰州學案一〉，《明儒學案》中冊，卷三十二，頁715。

[93] 〈語錄下〉，《王心齋全集》卷三，頁64。

[94] 〈與俞純夫〉，〈尺牘〉，《王心齋全集》卷五，頁131。

[95] 〈和萬鹿園〉，〈雜著〉，《王心齋全集》卷四，頁116。

[96] 〈語錄下〉，《王心齋全集》卷三，頁87。

的運思重點更落於「百姓日用之學」，此基本上亦是承陽明「良知、良能，愚夫、愚婦與聖人同」的概念下加以發展，[97]唯平民出身的心齋，在此課題的發揮上較陽明更趨鮮活，心齋強調常人的良知本心無異於聖人的良知本心，「百姓日用條理處，即是聖人之條理處。」[98]聖人之道即在百姓日用之中，唯聖愚之別即在知與不知耳！因此心齋乃著重以日用見在指點良知，甚而申言：「百姓日用處，不假安排，俱是順帝之則。」[99]欲人體悟良知的把握非遙不可及，在當下日用常行處即是入道所在。為求良知的普及化，心齋以「百姓日用」代替「聖」的概念，使此自然天則更為淺顯易懂，其立說的庶民化傾向於焉可觀。

（2）梁漱溟「天理良知」的回應

劉宗周評述心齋學曰：「王門惟心齋氏盛傳其說，從不學不慮之旨，轉而稱之曰『自然』，曰『樂學』。」[100]對於心齋學術重點頗能賅要掌握，**梁漱溟**對心齋學的最初掌握亦不脫此，梁曰：「他（指心齋）最稱頌自然，我便是如此而對儒家的意思有所理會。開始理會甚粗淺，但無粗淺則不能入門。」[101]梁對心齋言天理良知強調自然而然，無計慮、無著意，天理良知即體現於日用百姓之間的思想，亦有相對的呼應、繼承與改造。首先，梁曰：

> 人的本性不是貪婪，也不是禁欲，不是馳逐於外，也不
> 是清靜自守，人類的本性是很自然很條順很活潑如活水似的
> 流了前去。所以他們一定要把好動的做到靜止，一定要遏抑
> 諸般本能的生活，一定要弄許多矯揉造作的工夫，都是不對

---

[97] 〈答顧東橋書〉，〈傳習錄中〉，《王陽明全集》卷二，頁49。
[98] 〈語錄上〉，《王心齋全集》卷二，頁46。
[99] 〈年譜〉，《王心齋全集》卷一，頁27。
[100] 〈師說〉，《明儒學案》上冊，頁12。又〈師說〉係黃宗羲採選其師劉宗周對明代學術的評論，以示學術淵源。
[101] 《朝話》，《梁漱溟全集》第二卷，頁126。

的，都不是合理的人生態度。[102]

> 人自然會走對的路，原不須你操心打量的，遇事他便當
> 下隨感而應，這隨感而應，通是對的，要於外求對，是沒有
> 的。我們人的生活便是流行之體，他自然走他那最對，最妥
> 帖最適當的路。[103]

梁漱溟於此強調「自然」、「條順」、「活潑」的人性特質，與心
齋強調「良知之體與鳶魚同一活潑潑地」，[104]其義切近。心齋欲人
順此自然天則，而梁漱溟亦反對「遏抑」及「矯揉造作」等違逆人
性自然的作為，唯有順應自然人性才是合理的人生態度，而透過自
然而然的「隨感而應」，自能步上妥適正確的人生之路，此與心齋
強調良知的現現成成，自自在在，不須防檢，一著意即有私心等旨
意亦相通。梁又曰：

> 這自然流行日用不知的法則就是「天理」，完全聽憑直覺，
> 活動自如，他自能不失規矩，就謂之「合天理」；於這個之
> 外自己要打量計算，就通通謂之「私心」、「私欲」。王心
> 齋說的好：「天理者，天然自有之理也，才欲安排如何，便
> 是人欲。」大家要曉得，天理不是認定的一個客觀道理，如
> 臣當忠，子當孝之類；是我自己生命自然變化流行之理，私
> 心人欲不一定是聲、色、名、利的欲望之類，是理智的一切
> 打量、計較、安排，不由直覺去隨感而應。孔家生活本是讚
> 美生活的，所有飲食男女本能的情欲，都出於自然流行，並
> 不排斥。若能順理得中，生機活潑，更非常之好的；所怕理

---

[102] 〈合理的人生態度〉，《漱溟卅前文錄》，頁198。
[103] 《東西文化及其哲學》第四章，《梁漱溟全集》第一卷，頁452。
[104] 〈語錄上〉，《王心齋全集》卷二，頁64。

智出來分別一個物我,而打量、計較,以致直覺退位,成了
不仁。[105]

他定義天理為吾人「生命自然流行變化之理」、「自然流行日用不
知的法則」,均扣緊人的生命、並結合生活的實踐而發,與陸王心
學視天理為宇宙的本體,亦是吾人生命的內在根據不同,梁漱溟顯
然略前者而重後者。而其對心齋自然思想的汲取則側重於「隨感而
應」、「不假思慮計較」,亦即強調聽憑直覺,以求順理得中、合
於天理;再者**梁漱溟**雖主張寡欲或抑欲,然其所言的欲是因理智計
較所引起的憂苦煩惱,是理智作用下的打量、計較、安排,而對於
發乎自然本能的飲食男女等情感欲望,則予以順應尊重不加抑遏。
就泰州學派言之,由前述〈樂學歌〉得見心齋反對造作安排及後天
人為的念慮計度,強調良知之體係現成、自在的自然天則,因此強
調發心動念須合乎天理,尤重意念造作的廓清,認為良知自能省察
私欲,且自與消除,而回復人心之本樂。又平民階級出身的心齋,
多持正面肯定態度來看待人的自然天性,而其對基本物質的需求
亦予以認可,由其「人有困於貧而凍餒其身者,則亦失其本,而非
學也」即可窺知,[106]其兼顧德性與血肉形骸之軀的觀念亦影響泰州
後學,因此王襞亦言:「鳥啼花落,山崎川流,飢餐渴飲,夏葛冬
裘,至道無餘蘊矣!」[107]前兩句為自然天則,後兩句為生理需求,
即便屬穿衣吃飯的欲,在其看來亦是本然具足的良知至道,其後何
心隱、李贄等承續心齋精神一路發展。而梁漱溟尊重自然人性,對
欲貨欲色的自然本能需求,其觀點亦相契於泰州學派。

　　除心齋外,**梁漱溟**的關注焦點亦及於泰州學派的**羅近溪**:由
心齋強調「良知現成自在」,歷經王襞、徐樾等之闡揚,及至羅近

---

[105] 《東西文化及其哲學》第四章,《梁漱溟全集》第一卷,頁454-455。
[106] 〈語錄上〉,《王心齋全集》卷二,頁47。
[107] 〈東崖語錄〉,〈泰州學案一〉,《明儒學案》中冊卷三十二,頁722。

溪則將良知之教歸於平實自然，強調赤子之心乃不學而能，不慮而知，當下即是，不須假借，因此工夫途徑便在順適當下。梁漱溟對羅近溪的涉獵透過其日記可見端倪：「早起維博來，囑其送還星賢《明儒學案》，再借《羅近溪》集」、「晚間溫讀《近溪集》完，寫一箋志感。」[108]又以片言道出其讀近溪作品的領悟：「重讀三十幾年前所讀《羅近溪集》，說『毫忽不能昧，斯須不敢瞞』一段，忽悟應當沒有一點胶執，沒有一點僵持，根本沒有自己，只是一片仁心，圓活無碍無物，不舍於物。」[109]又褒譽近溪曰：「陸王派裡有兩個造詣很深的人。在宋朝，名字叫楊簡、楊慈湖；在明朝，叫羅汝芳，號羅近溪。我最佩服這兩個人。」[110]雖則訊息無多，然藉由日記自表、札記隻言及對其人的慕仰，均可見及其對羅近溪思想的關注。

3 安身立本的提煉取資

自朱子以至陽明，均側重並詳闡《大學》義理，藉以彰顯思想特質。心齋亦踵繼其後提出相關論點：

（1）王心齋的安身說

心齋於嘉靖十六年五十五歲時提出「淮南格物論」，並在此基礎上，構建其獨創而頗具特色的「安身論」。心齋釋「格物」的「物」即「物有本末」的「物」，而身與天下國家均是一物；至於「格」義，心齋曰：「格如格式之格，即後絜矩之謂。吾身是箇矩，天下國家是箇方。絜矩則知方之不正，由矩之不正也。是以只去正矩，卻不在方上求；矩正則方正矣，方正則成格矣，故曰『物格』。」[111]以「格」為「絜度」之義，欲落實絜矩工夫，即須確定

---

[108] 1977年12月25、31日記，《日記》，《梁漱溟全集》第八卷，頁1070，另12月27日亦見相關記載。

[109] 〈輯錄之四〉，《思索領悟輯錄》，《梁漱溟全集》第八卷，頁37。

[110] 〈答：美國學者艾凱先生訪談記錄摘要〉，《附錄》，《梁漱溟全集》第八卷，頁1170。

[111] 〈語錄下〉，《王心齋全集》卷三，頁73-74。

矩之所在，而吾身即是此矩，矩正則方正，身正則天下國家為之正，由此亦可見其格物的目的在於匡正「身」，因為身是社會國家的本源。至於如何匡正吾身，其一要不失身，亦即不可忽視基本的物質需求，此即前述之「人有困於貧而凍餒其身者，則亦失其本」，其二則要注意安身修身，心齋曰：「止至善者，安身也。安身者，立天下之大本也。本治而末治，正己而物正也，大人之學也。是故身也者，天地萬物之本也；天地萬物，末也。……身未安，本不立也。本亂而末治者否矣」、「安其身而安其心者，上也；不安其身而安其心者，次之；不安其身又不安其心，斯其為下矣！」[112]凡此均強調安身、修身為天下萬物之大本，安之則本立，本立方能論天下國家的「末」，又安心之前務求先能安身，其尊身觀由此可見。除此之外，心齋並將「身」與「道」相提並論，曰：「身與道原是一件，……尊身不尊道，不謂之尊身；尊道不尊身，不謂之尊道。須道尊身尊，纔是至善。」[113]將身的地位提升至與道同尊，因為道的彰明實賴吾人之實踐，所謂「人能弘道，非道弘人」即是，既然修身而後達道，則力行實踐的身與被實踐的道之間當無分軒輊，尊身即是尊道，安身是為行道，心齋將道收攝於身的實踐中，亦代表身的主體性地位的確立。

　　由上申述，得見尊身觀為心齋思想之基礎，其以身為本的目的在於由本及末，在於道的落實，因此其尊身觀不僅在於獨善，更側重由己身向外擴展，由保身、愛身、敬身而至保人、愛人、敬人，建立不斷延展的群己社會。也因此岑溢成認為《大學》言「身」，其身分有二：由格、致、誠、正所及的「身」，為道德人格的行動者；由齊家、治國、平天下所涉的身，除個人道德的實踐者外，更是社會乃至政治的行動者，而朱子、王陽明、王龍溪、劉蕺山等偏

---

[112] 同前註，頁71、84。

[113] 同前註，頁79-80。

向前者，心齋所倡言的身的意義則偏重後者，[114]由於泰州學派講學大眾化、全無學究氣，其所言義理亦多偏向現實、倫理或社會，也因此其雖以身為主體，但強調由己身而他身、展現人我同體的精神，而安身論所強調的社會行動的傾向，除影響泰州後學外，亦深深影響了梁漱溟。

（2）梁漱溟的身心觀

梁漱溟說論《大學》深受襟兄伍庸伯及友人嚴立三影響，晚年曾就伍嚴講述《大學》資料加以編錄出版成〈禮記大學伍嚴兩家解說〉，梁亦就兩家說解重點與個人見解而發為〈禮記大學篇伍嚴兩家解說合印敘〉〈禮記大學篇伍氏學說綜述〉二文，已申於前文。伍庸伯釋「格物」之「物」為「物有本末」之「物」，認為天下、國、家、身為一大物，而其本則在身，家國天下則為末，倘知修身為本，則方能近道。至於「致知」之「知」，並非陽明之「良知」，而朱子之「即物窮理」又過於寬泛，「知」實是一種「知識」，以知社會人間事之本末先後為主。梁漱溟極認同伍說，〈禮記大學篇伍氏學說綜述〉一文中，亦詳闡格物致知的目的在知修身為本，而近道亦必自修身做起方能落實，故曰：「如何便得近道呢？精神莫逐逐於外，而返回到自身來，不離當下，便自近道。故曰「反之」，亦曰「身之」也。」。[115]另梁亦針對心齋之「淮南格物論」加以評述，曰：

> 在此之前，有明儒王心齋先生（艮）講：格物即格「物有本末」之物；身與家、國、天下為一物，而身為之本；又云：「格物然後知反」，「反己是格物的工夫」，其說似同於伍先生。但他引用《易經》上「身安而天下、國、家可保

---

[114] 參岑溢成：〈王心齋安身論今詮〉，《鵝湖雜誌》第14期，1995年6月，頁73、78。
[115] 《禮記大學篇伍嚴兩家解說》，《梁漱溟全集》第四卷，頁93。

也」,「君子安其身而後動」,「利用安身」,一些話引申來講到愛身、敬身、保身、尊身等等,又全出乎《大學》原書之外,便大不同於伍先生。[116]

梁漱溟雖不認同心齋引《易經》之語以言身,認為與《大學》義未契,但伍、梁言「致知」為致其物有先後之知,「格物」為格其物有本末之物,強調身為本,家國天下為末,致知格物歸結至以修身為本等,均與心齋切合,另心齋由安身修身而言尊道,梁漱溟亦主張修身為近道的基石,心齋由安身論而走向社會行動的力行實踐,梁漱溟亦以修身為本而走向文化與社會改革運動,將個體生命的安頓視為社會改造的前提,由此觀來,梁之受益啟蒙於心齋,當無可議。

除〈伍氏學說綜述〉一文外,梁於《思索領悟輯錄》《人心與人生》等書中,對身心課題亦多有論述。**首先**,梁於〈伍氏學說綜述〉繼「格物致知」、「修身」後申說「誠意慎獨」之旨,視誠意慎獨為《大學》工夫所在,亦即修身要由誠意做起,而誠意工夫又在慎獨。誠意要在求諸吾人的身心內外表裡應相應不離,身心分著,即是意向不一,而意向不一常使意之萌芽偏向身而心則無力主宰,因此伍、嚴均強調身心務須合一,均重視反己自修以復其本性。**其次**,在《人心與人生》中則界定「身」主要指大腦以下的器官、肢體、機能、本能及後天習慣,以及由涵括主動性、靈活性、計畫性等的「自覺能動性」來論人心。就身心關係言則強調心為身之體、身為心之用;心為主宰、身為工具,二者具主從關係卻又相反相成,身固然可能遮蔽心、阻礙心,但身的發展亦能促進心的發展,心必然要通過身方能發展與彰顯,若身離心則產生盲動,因此梁漱溟再三提醒「人心要緣人身乃可得見,是必然的;但從人身上得有人心充分表見出來,卻只是可能而非必然」、「人心不是現成

---

[116] 同前註,頁97。

可以坐享的」。[117]由其屢言修身、慎獨、生命不懈、踐形盡性，強調工夫實踐看來，已與早期承襲泰州學派主觀一任直覺的自然人性觀大異其趣。再者心齋即縱由早期言自然人性、不假安排發展至其後的安身立本說，然而身仍未能取代心的主宰地位，他如羅近溪亦主張身應受心支配，倡言身心一致，至於梁漱溟的身心觀，一方面係面對西方身的文化的衝擊所發出的思考與回應，一方面亦在傳統儒家與泰州學派濡化下，堅持心對身控制統馭的主宰地位。

（二）行動的續承與開新

將生命學問傳遞給普羅大眾，將學術內涵改換為生活語言，將教育場域轉向至社會民間，泰州學派與梁漱溟都透過行動實踐，致力民間講學，欲期改造社會、重建倫理。

1、泰州學派的鄉會講學

以社會為講場，以廣大民眾為教育對象，素為泰州學人的生命志業與優良傳統。如泰州學派領導人王心齋一生堅持以教師為專業，仿孔子周遊列國之方式，過市井啟發蒙愚，從事布衣講道始終未歇，其目的在藉百姓日用之學、安身之教，使修賢學聖過程，不復艱深難曉，因此弟子王棟曾讚其師教化平民之功：「天生我師，崛起海濱，慨然獨悟，直超孔孟，直指人心，然後愚夫俗子、不識一字之人，皆知自性自靈，自完自足，不暇聞見，不煩口耳。而二千年不傳之消息，一朝復明。」[118]此等直指人心的教育方式，已擺脫長期以來繁瑣的經傳注解傳統，而趨向簡潔易明。另李二曲亦言及心齋之講學景況與其影響：「當是時，雨化風行，萬眾環集，先生抵掌其間，啟以機鍵，導以固有，靡不心開目明，霍然如牿得

---

[117] 《人心與人生》第十章，《梁漱溟全集》第三卷，頁637。

[118] 〈教諭王一菴先生棟〉，〈泰州學案一〉，《明儒學案》卷三十二，頁741。

脫，如旅得歸。門人……咸承傳其學，轉相詔。……流播海內，火傳無盡，先生之道，彌久彌尊。」[119]心齋有教無類、深入民間的講學模式，影響泰州後學，無不追繼效習、長期薪傳。如其子王襞畢生從事鄉間庶民教育；第二代傳人顏鈞因張狂講學，卒就囹圄，獄中仍對囚犯講學不輟；何心隱於家鄉宗族間辦理合族興學的教學工作，其後於逃亡中講學，四方之士無不從風；羅汝芳施政以講述鄉約為主，刑設而不用，又七十餘年間各處講學，兼容三教九流，言談扣人心弦、引人入勝；李贄晚年居龍湖芝佛院講學，藉講學體現教育理念。……此等入世化、通俗化的教育方式，實蔚為泰州學派的最大特色。

　　觀諸泰州學派的民間講學風尚，其特色不外如下數端：其一，就教育對象言：各行各業，無不包攬，舉凡官、紳、士、農、工、商、匠、僕、童、族人、獄囚，莫不從學，尤以下層庶民為最，此與陽明學生率皆天下鉅儒碩士迥別。就教學方式與地點言，依學者需要，不拘滯一式，或採流動講學、沿途聚講；或建蓋或應聘至書院主講；或群聚友朋家中微談侃論；或假佛寺廟宇立會施教。教學時或口傳心授，或問答討論，或隨機指點，再者亦重視師友間的誘掖獎勸。就教材使用言：多為儒家經典，如《大學》《中庸》《論語》《孟子》《詩》《禮》《易》等；或有拈舉佛教義理者；或選用詩歌；或自編教材，以求其通俗化、簡易化、生活化，要者在通過日用常道以啟發良知，藉茲復明本心、追求真樂，並達安身立命、成己成人的教育目的。

2 梁漱溟的鄉治教育

　　鄉村建設是梁漱溟針對社會改革所發出的具體行動，其思想來源有三：一是源自北宋時呂大鈞所發起成立，以德業相勸、過失相

---

[119] 李二曲：〈觀感錄序〉，《王心齋全集》附錄，頁175-176。

規、禮俗相交、患難相卹為精神核軸的「呂氏鄉約」之啟益；次是來自閱讀孟憲承譯著《丹麥民眾學校與農村》，對丹麥民眾高等學校強調促進民族精神自覺的省思；第三則是來自泰州學派鄉會組織與建構，及講學教育的引導。倘專就後者言，梁曾道及個人對泰州學派講學之風的注意：

> 照我意思要如宋明人那樣再創講學之風，……至於我心目中所謂講學，自也有好多與從前不同處；最好不要成為少數人的高深學業，應當多效力於普及而不力求提高。……由我看去，泰州王氏一路獨可注意；黃黎洲所謂「其人多能赤手以搏龍蛇」，而東崖之門有許多樵夫、陶匠、田夫，似亦能化及平民者。[120]

梁欲透過講學之風的倡導藉以昭蘇、復活已然剝盡生機的中國，而所謂「宋明人」主要即指泰州學人。泰州學派崛起於草澤魚鹽之中，以師道自任、四方翕從的大眾化學風，正是他提倡講學的最佳學習典範。梁又曰：

> 我很佩服王心齋，他是個鹽工，出於其門下的也大多是勞工。他是本著自己的思想而實踐的人，所以他是個社會活動家。我自己也是個做社會運動的人，鄉村建設就是社會改造運動。我不是個書生，是個實行的人。……我以為我持的是大乘菩薩的救世精神，這一點和泰州學派的儒家精神是相通的。[121]

---

[120] 《東西文化及其哲學》第五章，《梁漱溟全集》第一卷，頁540。
[121] 王宗昱：〈是儒家，還是佛家？——訪梁漱溟先生〉，《東方學術概觀》附錄，頁230。

對於屢屢強調自己不是為學問而學問、一生實事求是的梁漱溟而言，鄉村建設便是他一生實踐之所在，而以心齋為主的泰州學人的社會改造運動，無疑是他效習的最原始動力。

　　1923年梁漱溟尚執教於北大時，即赴山東曹州中學演講，提出「農村立國」；1928年接辦廣州第一中學，籌設鄉治講習所；1929離粵北游考察各地農村改進事業、自治事業、試驗區；1930年在河南村治學院任教鄉村自治組織等課程；1931年山東鄒平之山東建設研究院正式開辦，並以鄒平及荷澤兩縣為實驗區，展開實際建設，另成立鄉農學校，藉以實施鄉村教育、推行鄉村自衛、組織合作社以發展農村經濟、舉行朝會以陶煉精神等，其所建構的農村改造思想體系，透過〈中國民族自救運動之最後覺悟〉《鄉村建設大意》《鄉村建設理論》等作品得窺其梗概。其實鄉村建設的提出，實呼應著梁所面對的時代背景，處身西方文化向東方節節進逼、斬伐之際，中國何去何從？梁乃提出「老根上發新芽」的因應策略，他堅持挺護的文化老根，就無形言即是以真孔學為核心的「中國人講的老道理」——亦即包括以對方為重的倫理情誼、改過遷善的人生向上等理性精神；就有形而言則即是鄉村，因中國社會即是以鄉村為基礎，以農業為經濟主體，欲解決中國問題，須由鄉村入手，藉由教育以發揚儒家理性傳統，重建倫理秩序，改善鄉村風俗，掌握農業科學技術，發展農村經濟，如此方能真正護住老根、發出新芽、抵禦外侵。雖然梁漱溟以創造新文化、救活舊農村為目標的鄉村建設，終因對日抗戰、科學技術掌握、理論與實施落差、鄉民配合等諸多原因而落幕，但是他對傳統教育體制的改造、對培育鄉村人才的努力、對引進西方科學技術的嘗試、對重建文化的著力等，均仍有其一定意義與借鏡價值。

　　鄉村建設運動是梁漱溟企圖透過實踐以解決傳統文化與現代化問題的一次嘗試，雖然係立基於時代的反動，且其實施背景、方式、內容亦大異於泰州學派，然而梁漱溟投身社會改造運動，泰

州學人赤手以搏龍蛇的無畏精神，確乎提供給梁漱溟最大的鼓舞作用，而泰州學派的理想亦成為梁漱溟鄉村教育運動的直接契機。

綜上所述，得見泰州學派在梁漱溟的人生、思想與行動上，都扮演關鍵的引領角色。然而當知之者，梁的思想源頭多端，中西印俱兼，欲離析或定論梁的某項思想即歸源某端，恐亦失之主觀，如其言孔顏之樂、直覺、理性或鄉村建設教育等，均取益多方。再者二者所值逢的時代背景與思潮有異，即縱相近的概念亦不免幾許落差，難以全然符契，尤其二者的思想內涵係持續發展變化的過程，而其間的相應關係亦非一成不變。另梁漱溟作品時援引大量心理學、生理學、社會學、文化學材料，凡此均造成文獻對比的困難。雖然二者的接榫難以完全密合，但無庸置疑的，梁漱溟對泰州學派的現代繼承堪稱多端，而梁漱溟亦擅於靈活轉化，由是形塑了梁漱溟在民國乃至在現代新儒家的鮮明地位。

三、其他各家的關注和挹取

如上申述，見知梁漱溟對宋明諸儒的觀察，多聚焦於陽明、泰州學派及朱子，至於對其他各家亦偶發見地。茲簡述如下：

（一）周濂溪（1017-1073）

一生廉潔自持、塵視軒冕、芥視珠玉，被黃山谷稱譽「胸懷灑落，如光風霽月。廉於取名而銳於求志，薄於徼福而厚於得名，菲於奉身而燕及煢嫠，陋於希世而尚友千古。」的周敦頤（濂溪先生），[122]其思想儒道兼備，由道歸儒，宋明精微要妙的心性義理之學，即由其啟其端，又以深於易學，作有〈太極圖說〉《通書》

---

[122] （清）黃宗羲撰　全祖望補修：〈濂溪學案下〉，《宋元學案》（台北：華世出版社，1987年9月）卷十二，頁520。

等，成為宋明道家釋《易》的先聲。其中〈太極圖說〉：「無極而太極。太極動而生陽，動極而靜，靜而生陰，靜極復動。一動一靜，互為其根；分陰分陽，兩儀立焉。……」提出系統井然、內容完整的宇宙生成圖式，要言之，即以太極道體為宇宙化生根源，繼申宇宙生化過程，並提出立人極以與天地合德，以道德實現為其最終目的。惟歷來針對「無極而太極」句的詮解多有爭辯——朱熹主張其在無極之前冠以「無極」二字，主在說解太極為無形之義；至於陸象山則視為後人的竄文或濂溪少時之作。對於歷來的兩脈主張，**梁漱溟**亦簡申己見：「……太極兩儀都不過是一個意思，周濂溪就慮人不明白要以太極為一物，所以加無極在上邊，然至今猶有人以兩儀為天地者，這實在大大不可；太極是理，陰陽是氣，理與氣與形是不能混的，合起來說，固然形稟氣而理具氣中，分之則形上形下不可以無別也。他這話非常之對。」[123] 發議雖有限，然亦能略見其以無極太極是一，非是太極之上別安立一無極；以及理氣形、形上形下之間關係雖切，卻不能無別的主張。至於《通書》云：「寂然不動者，誠也；感而遂通者，神也；動而未形，有無之間者，幾也。誠精故明，神應故妙，幾微故幽，誠神幾曰聖人。」[124] 周濂溪活納《易・繫辭上傳》之「《易》，無思也，無為也，寂然不動，感而遂通天下之故。」以「誠幾神」三義表述聖人境界。**梁漱溟**亦曾就《通書》語加以申說：「大約合天即誠；天理流行便神；其『幾』字本於《易經》：『幾者，動之微，吉凶之先見者也』而來，大約是指天然萌動的意。伍先生曾說，身心合一慢慢慣熟了才迫近『幾』，亦即指此。先生又曾說，『慎』與『幾』兩個字是有密切關係的：『慎』是就功夫言之，『幾』則從本體一面而言其用也。看來，誠神幾只是一事。」[125] 其闡述《通書》語的

---

[123] 《東西文化及其哲學》第四章，《梁漱溟全集》第一卷，頁443-444。
[124] （宋）周濂溪：〈聖第四〉，《周子通書》（台北：台灣中華書局，1981年6月），頁2。
[125] 〈禮記大學篇伍氏學說綜述〉，《禮記大學篇伍嚴兩家解說》，《梁漱溟全集》第四

目的在於強調恢復身心本然的狀態——即所謂「身心一致」、「身心合一」，亦即心應在當下而不走作的重要，而字裡行間亦充分展露伍庸伯對其學術觀形成的鮮明影響。

（二）程明道（1032-1085）

待人接物儘是一團和氣，敦厚之風溢於言表的程顥（明道先生），其為學嘗出入釋老及諸子各家，終而返求群經。最病時人厭卑驚高，捨近求遠，因此授受之方，由致知至知止，由誠意到平天下，由灑掃應對至窮理盡性，循循有序，終以體悟儒學真髓為鵠的。辭世之時，士大夫無論識與不識，莫不哀傷，文潞公博採眾議，題其墓為「明道先生」，弟伊川為之作序云：「以興起斯文為己任，辨異端，闢邪說，使聖人之道煥然復明於世，蓋自孟子之後，一人而已。」[126] 至於明道語錄，或直書胸臆、或高致透脫、或圓融妙悟，俱載於《二程遺書》中，其中闡發仁體之語尤多精微要妙，如「仁者，以天地萬物為一體，莫非己也。認得為己，何所不至」、「仁至難言，故止曰『己欲立而立人，己欲達而達人，能近取譬，可謂仁之方也已。』欲令如是觀仁，可以得仁之體。」[127] 因此天地一體，物我無間，此即為仁之境，而倘仁心流行無間，自然能由己推彼、博施濟眾。至於明道遺世文獻中，以〈識仁〉〈復性〉二文，稱述最廣，迴響最多，尤以前者堪為代表，是以《宋元學案》讚其「以防檢窮索為學。明道語之以識仁，且以『不須防檢，不須窮索』開之，先生默識心契，豁如也。」[128] 明道之學，以〈識仁〉為主要標誌，由是可見。

卷，頁126。

[126] 明道生平可參稽楊家駱主編：〈道學列傳〉之本傳，《宋史》（台北：鼎文書局，1983年11月）卷四百二十七，頁12713-12717。〈明道學案〉，《宋元學案》卷十三、十四，頁537-584。

[127] （宋）朱熹編：《二程遺書》（台北：台灣商務印書館，1983年，文淵閣四庫全書698）卷二上，頁19。

[128] 〈正字呂藍田先生大臨〉，〈呂範諸儒學案〉，《宋元學案》第二冊，卷三十一，

程明道學術對**梁漱溟**的觸發，透過1975年8月15日日記所載「閱大程子學案有感動」已現其端倪。[129]此外梁更迭讚曰：「宋儒中，大程子被稱為上繼孟子的一千四百年後之一人，我衷心佩服，不能有異同」、「伊川表明道墓，稱其上繼孟子為聖學不傳千四百年後之一人，殆非夸誕。明儒則循此脈而繼起者。」[130]兩度譽稱大程為上繼孔孟、下啟明儒的關鍵人物。至於梁最關注於大程的思想焦點，亦無外乎〈識仁〉一篇，並時時縮合孟子、陽明以言，如「後於孟子者莫如宋儒大程子，則其言曰『學者須先識仁』。其又後如陽明王子，則直指知是知非之本心，而教人以『致良知』。此一學脈自古相傳先後一揆，不既昭昭乎」、[131]「『學者須先識仁』，此宋儒大程子〈識仁篇〉第一句，其言正自不差。後來陽明王子教人『為學須得個頭腦，功夫方有著落』，命意正同。」[132]儒家自孔子以仁立基；其後孟子欲人「立其大者」，強調「由仁義行」；再其後大程子標舉「識仁」之要、陽明則示人以「致良知」、為學須得頭腦，一路傳承、血脈相繫，此正是梁漱溟眼中以仁為軸的儒學正統。至於強調自識本心、側重慎獨工夫、申說直覺、理性內蘊，則是梁漱溟學繼前賢、責無旁貸的嚴正使命。為護衛其心目中的正統儒學，梁漱溟曾兩度為大程而非議朱子：「大程子〈識仁篇〉……此篇寥寥二百餘字，所以指示學者如何識仁及其如何存養，簡明切當，至可寶也。然晦菴朱子卻嫌其過高，非淺學可幾，竟不以入《近思錄》。在取捨間，朱子似失之隘矣」、「〈識仁〉一篇可謂精粹，而朱晦菴嫌其過高，竟不以入《近思

頁1105。。

[129] 《日記》，《梁漱溟全集》第八卷，頁1002。

[130] 分見〈東方學術概觀〉及〈東方學術概觀〉（昔年未完舊稿），《梁漱溟全集》第七卷，頁335、393。

[131] 〈禮記大學篇伍嚴兩家解說合印敘〉，《禮記大學篇伍嚴兩家解說》，《梁漱溟全集》第四卷，頁9-10。

[132] 〈東方學術概觀〉（昔年未完舊稿），《梁漱溟全集》第七卷，頁389。

錄〉。」[133]人有一息不懈即流於不仁，識仁之難，梁漱溟何嘗不知？然朱子以淺學者難幾而不入錄，梁漱溟表達了對大程的護衛，及對朱子未予認同的立場。

（三）陳白沙（1428-1500）

上承陸象山、下啟王陽明的陳獻章（白沙先生），年二十七，從吳聘君學，然未知入處，其後杜門不出，欲藉典籍探尋自得之路，猶無所獲，乃捨繁就簡，專意靜坐，從靜中養出端倪，以此為作聖之功的基礎，亦是對孟子「四端」、陸象山「本心」及程朱「天理」的融攝暨歸併。《明儒學案・師說》中云：「先生學宗自然，而要歸於自得。自得故資深逢源，與鳶魚同一活潑，而還以握造化之樞機，可謂獨開門戶，超然不凡。」[134]而黃宗羲則曰：「有明之學，至白沙始入精微，其吃緊工夫，全在涵養。喜怒未發而非空，萬感交集而不動，至陽明而後大。」[135]由「獨開門戶」、「超然不凡」及至「始入精微」，可見陳白沙於明初心性之學所居處的地位，其學係立基於陸九淵心學基礎上而加以發展，因此唐君毅將象山、白沙與陽明並列，認為三人雖特質有別，白沙尚自得，象山偏剛健，陽明趨切摯，但「三人之重心重覺，不外心覺以言理，固同為一路」、「白沙在明代理學之地位，亦正有如象山之在宋，……象山之發明本心，正如白沙之見心體。……後之陽明，雖只提及象山，未提及白沙，然陽明之良知，為心之本體，為昭明靈覺，則既通於象山之言本心，亦通於白沙之言『心體』與『覺』

---

[133] 〈禮記大學篇伍嚴兩家解說合印敘〉，《禮記大學篇伍嚴兩家解說》，《梁漱溟全集》第四卷，頁11；〈東方學術概觀〉（昔年未完舊稿），《梁漱溟全集》第七卷，頁390。

[134] 〈師說〉，《明儒學案》，頁4。

[135] 〈白沙學案〉，《明儒學案》卷五，頁78。其生平行誼可參〈白沙學案〉，《明儒學案》卷五、卷六，頁78-108；〈白沙先生墓表〉〈白沙先生行狀〉等，見（明）陳獻章：《白沙子全集》（台北：河洛圖書出版社，1974年9月）卷末，頁1587-1618。

者。」[136]對於白沙側重心覺，欲人自為主宰至表認同。而陳榮捷則強調白沙思想的要妙處在於將「主靜」與「生機」併合，於「靜中養出個端倪」，亦即「於靜中養出蓬蓬勃勃，充塞天地之生機。」故能別開生面。[137]

梁漱溟對陳白沙著力不多，發議有限，多聚焦於其「靜坐」一事：「默識本心有專從『不求』而得入者，靜坐是也。靜坐未始非此學一捷徑。前賢借此得入者多矣，非第緒山、雙江、念庵也。前乎此，若陳白沙，非曰『靜中養出端倪』乎？又前，如程門於靜坐輒稱其善學，皆是已。此固亦陽明教法之一。……靜坐緣何乃得以識心？……人心乃生物經千萬年之進化從消除本能之翳蔽而得透露出來。本能則先天有組織之反應而一觸即發之動勢也。是故人心之為人心，正在其能靜。」[138]一則強調人心之自覺不昧，一則例舉前人由靜坐以默識本心者。梁漱溟對於陳白沙及前賢藉靜坐以見吾此心之體，隱然呈露，雖視為捷徑，甚至遂予稱譽：「陳白沙所謂『靜中養出端倪』實在很對的」，[139]但仍認為有易茲迷誤之失，因此並非切近平妥之路。

（四）陽明後學

孔子歿後，儒分為八；墨子既歿，墨離為三；至於陽明歿，王門流派亦呈殊向發展，黃宗羲於《明儒學案》乃將王門後學別為浙中王門、南中王門、粵中王門、江右王門、楚中王門、北方王門、粵閩王門及泰州學派八派，其中以聶豹（雙江）、羅洪先（念庵）為代表的江右派；以王艮（心齋）、王襞（東崖）父子及羅汝芳

---

[136] 唐君毅：〈白沙在明代理學的地位〉，《白沙學刊》1965年第2期，頁37。

[137] 陳榮捷：〈白沙之動的哲學與創作〉，《白沙學刊》1965年第2期，頁28-29。

[138] 〈禮記大學篇伍嚴兩家解說合印敘〉，《禮記大學篇伍嚴兩家解說》，《梁漱溟全集》第四卷，頁19。

[139] 《東西文化及其哲學》第四章，《梁漱溟全集》第一卷，頁456。

（近溪）為代表的泰州派；以錢德洪（緒山）、王畿（龍溪）為代表的浙中派尤享盛名。梁漱溟對陽明後學的關注，除王艮、王襞、羅近溪已載述於前外，他如聶雙江（1487-1563）、羅念庵（1504-1564）、錢緒山（1496-1574）、王龍溪（1498-1583）等亦偶及之，一併簡述如下：

　　江右派聶雙江的為學宗旨不外「歸寂」二字，視寂體是心的本來面目，因此主張執體以應用、歸寂以通感，修養工夫即側重使心歸返本體之寂。至於羅念庵則深得周濂溪「無欲故靜」之說，以歸寂主靜為要旨，主張對良知進行收攝保聚、充達長養。**梁漱溟**因言：「聶雙江在王門中不避同學朋友的攻擊，一力主張『歸寂以通天下之感』，尤為確有所見。雖陽明已故，無從取決，然羅念庵獨識其意。……而我們所謂敏銳直覺即雙江所謂通天下之感也」、「王學之卓卓者要推聶雙江、羅念庵，其聞教陽明皆在晚年，顧其所得力皆不在泛泛之致良知，而在其所謂『歸寂』習靜功夫——凡此皆值得注意。」[140]雖評述有限，然梁自早期迄晚期作品，對聶、羅二人思想均未予輕忽，尤其二人所主張的「歸寂」義涵，在《東西文化及其哲學》中被梁漱溟攝納之以言「直覺」，成為其早期心性之學的重要概念。至於浙中派的王龍溪強調先天正心之學，視良知天理為先天本有，後天工夫僅在保任此良知本體，又強調四無之教：「若悟得心是無善無惡之心；意即是無善無惡之意；知即是無善無惡之知；物即是無善無惡之物。」[141]而錢緒山，習聞陽明晚年致良知之說，持守王門四有之教，主張後天誠意之學，強調由後天意念上為善去惡，以回復先天之性。**梁漱溟**則曰：「陽明先生似專一以致良知為教矣！然此不過出在其晚年耳。上距其講學教人之

---

[140] 分見《東西文化及其哲學》第四章，《梁漱溟全集》第一卷，頁456；〈禮記大學篇伍嚴兩家解說合印敘〉，《禮記大學篇伍嚴兩家解說》，《梁漱溟全集》第四卷，頁11。

[141] （明）王龍溪：〈天泉證道紀〉，《王龍溪全集》（一）（台北：華文書局，1970年5月）卷一，頁89。

初幾將廿年，是夙來言教實未嘗專一。錢緒山來從受教，適當其晚年，而據緒山自稱於致良知功夫恍恍無入實處，比及習靜僧舍，忽悟得此心真體，乃經陽明印可。陽明雖印可之，卻囑咐云：『凡教學者宜莫如致良知之無病』。如是可見陽明教人實無定法，在晚年究竟不異早年。」[142]其發語重心雖置於陽明，藉錢緒山受教一事以驗陽明教人並無定法耳！唯亦可側面觀見其嘗關注緒山思想。**梁**又綜言之曰：「王門諸子或親炙或非親炙，卓有成就者如王龍溪、王心齋、聶雙江、羅念庵以至稍後之羅近溪，雖各人衷心服膺陽明曾無二致，大抵為學各有其致力處得力處。」[143]對於陽明後學的思想內涵雖多乏詳實發論，然卻又時言屢及，較諸程朱一脈，相對呈現高度興趣及投契。又前列所申外，《梁漱溟全集》中尚及邵雍（諡康節）、湛若水（號甘泉）、王夫之（號船山）等宋明學者，然均偶及之耳！[144]

第三節　宋明心性之學的現代闡揚

　　以孔孟之學為核心，融攝儒佛道，重建儒家心性之學，並進行形上學的論證及體系的建構，此係宋明理學的中心課題。至於現代新儒家則致力於回歸孔孟，接續宋明理學，凸顯儒家心性之學，會通西學及佛學，重構思想體系，促進儒學現代化，是以方克立言：「尊崇宋明理學是現代新儒學的共同的精神取向，他們所理解的儒學的基本精神，其實就是宋明理學的精神，即以儒家心性之學為中

---

[142] 〈伍庸伯與陳亞三先生論學〉，《禮記大學篇兩家解說》，《梁漱溟全集》第四卷，頁171。

[143] 同前註。

[144] 參《人心與人生》，《梁漱溟全集》第三卷，頁667；《勉仁齋讀書錄》，《梁漱溟全集》第七卷，頁855；《日記》，《梁漱溟全集》第八卷，頁999。

國學術文化之本源大流，強調以『內聖』馭『外王』，通過提高到道德以追求『天人合一』的精神境界。」[145]而作為現代新儒家思想先鋒的梁漱溟，在欲圖解決中國問題與人生問題的強烈動機下，透過《東西文化及其哲學》的初試啼聲，闡揚孔學的現代人生態度，論衡中西印的文化差異。及至《人心與人生》，則更著力於心理學的表彰：

> 凡是一個倫理學派或一個倫理思想家，都有他的一種心理學為其基礎，或說他的倫理學，都是從他對於人類心理的一種看法，而建樹起來。儒家是一個大的倫理學派；孔子所說的許多話都是些倫理學上的話；這是很明顯的。那麼，孔子必有他的人類心理觀，……如果我們不能尋得出孔子的這套心理學來，則我們去講孔子即是講空話。……倘你不能先拿孔子的心理學來和現在的心理學相較量、鄉堪對，亦即不必說到發揮孔子道理。[146]

透過梁的自白，知其乃以倫理學、人生觀的根柢繫於心理學，而其作《人心與人生》，目的在於心理學的釐辨發皇。所謂「孔子的心理學」，其實質內涵則切近陸王傳統的心性之學。換言之，建立一融合現代心理學、倫理觀、人生觀，乃至形上學、文化哲學為一爐的心性之學，正是其所汲汲致力者，而其取徑多方，舉凡孔孟、《易經》、宋明理學、中醫、西方諸哲乃至佛學等，均在參資之列。以下試由「**直覺**」、「**理性**」、「**宇宙生命**」三軸加以推擴，窺其如何以宋明心性之學為主、旁納多端，建立從屬於梁漱溟個人獨具的心性理論。

---

[145] 方克立：〈關於現代新儒家研究的幾個問題〉，《天津社會科學》1988年第4期，頁19。
[146] 〈附錄：《人心與人生》自序〉，《東西文化及其哲學》，《梁漱溟全集》第一冊，頁327；

一、直覺說的多方涵攝

科學實證與直覺證悟係並存於現代中國哲學的兩股思潮，前者如胡適等強調概念分析的明晰性與精確性；後者如現代新儒家等即側重此概念複雜，可以指涉形上學、認識論、倫理學等殊多領域的「直覺」。雖然梁漱溟、熊十力、賀麟等均重視直覺概念，然各家所論亦互有殊別，至於梁漱溟則最早凸顯直覺在傳統文化與相關典籍中的重要地位，從而系統表述直覺的內涵，並漸次淡化其直覺說中的非理性成分，是以賀麟稱述其地位曰：「中國思想界近一二十年來，第一個倡直覺說最有力量的人，當然要推梁漱溟先生。」[147]

欲究梁漱溟的「直覺說」，得先窺其早期思想中的另一重要概念「意欲論」。意欲論是其文化哲學的核心思想，梁漱溟將人類文化分為西洋、印度、中國文化等三種類型，而三種文化的形成原因則繫乎「意欲」。梁曰：「你且看文化是什麼東西呢？不過是那一民族生活的樣法罷了。生活又是什麼？生活就是沒盡的意欲（Will）。此所謂『意欲』與叔本華所謂『意欲』略相近——和那不斷的滿足與不滿足罷了。……然則你要去求一家文化的根本或源泉，你只要去看文化的根源的意欲，這家的方向如何如何與他家的不同。」[148]換言之，意欲的性質與滿足意欲的方式決定出各家文化特質。由是則西洋文化乃以意欲向前要求為其根本精神，因而偏向科學，欲圖征服自然，強調人的個性伸展；中國文化則以意欲調和持中為其根本精神，不放縱生命、不否定生命、不改造局面，隨遇而安，強調中庸及人我、物我、自身與我間的和諧統一。印度文化則是以意欲反身向後要求為其根本精神，造成面對問題不正面解

---

[147] 賀麟：〈宋儒的思想方法〉，《近代唯心論簡釋》（上海：上海書店，民國叢書第三編5，1991年12月）第四章，頁87。
[148] 《東西文化及其哲學》第二章，《梁漱溟全集》第一卷，頁352。

決，而由根本上將問題取消的特色，以及宗教特為發達的傾向。可見其將文化問題簡化為一種生活方式，又將生活方式約簡為意欲問題，進而提出其「文化三期重現說」，亦即人類文化的發展將依序為：體現人類對物質文化的滿足──即意欲向前要求的西方文化；進入以道德倫理解決人與人間的情感問題──即意欲調和持中的中國文化；接續為以宗教解決人與自己內在生命間的問題──即意欲反身向後的印度文化。換言之，當第一期之西方文化已滿足人類的物質問題此一任務後，爾後將是中國文化之復興，因此由其意欲論又衍生出其儒家文化將興說，及儒家文化早熟說等。事實上，梁漱溟之所以提出「意欲論」乃至「文化三期重現說」等，實肇於其一面對西方之科學技術、工業文明、物質成就、民主制度發出喝采之際；一面亦對西方社會的功利主義、實證主義、科學主義所造成的價值真空、意義迷失、私心計算、內心貧乏等，至表戒慎憂心，因言：「西洋人向前逐物，作那理智算計的生活，分別目的和手段，結果把自己生活全化為一截一截手段，而大大貶損了人生價值」、「人處在這樣冷漠寡歡，乾枯乏味的宇宙中，將情趣斬伐的淨盡，真是難過的要死！而從他那向前的路一味向外追求，完全拋荒了自己，喪失了精神，外面生活富麗，內裡生活卻貧乏至於零！所以此刻他們一致的急要努力擺脫理智所加於他們的逼狹嚴酷世界。」[149] 明確道出以理智為主的西方文化過度擴張後的深層危機，也因此梁漱溟乃通過對儒家典籍的詮釋，及西方相關學者的理論，乃至印度唯識學的輔翼，闡發其直覺理論。

就梁漱溟的直覺內涵言，**首先它是一種形上學的方法**：雖然科學方法利於分析，益於物質的提升，然所言多為固定明確的現象或概念，對於一而變化、變化而一的本體，則有賴玄學方法──亦即透過直觀方式始能掌握，因此梁漱溟言：「要認識本體非感覺理智

---

[149] 《東西文化及其哲學》第五章，《梁漱溟全集》第一卷，頁506、505。

所能辦，必方生活的直覺才行，直覺時即生活時，渾融為一個，沒有主客觀的，可以稱絕對。直覺所得自不能不用語音文字表出來，然一納入理智的形式即全不對，所以講形而上學要用流動的觀念，不要用明晰固定的概念。」[150]意謂唯有透過玄學的方法，即直觀的方式，方能掌握此種渾融的流動的形上概念。[151]**其次，它是獲取知識的方法之一，亦是心理方面的作用之一：**在《東西文化及其哲學》中，梁漱溟強調獲得知識的方法有三：即現量、比量、非量。所謂「量」，即標準、尺度之意，古印度學者將其引入認識論中，意指知識的來源、認識形式、方法以及判定知識真偽的標準。梁漱溟即認取唯識學中的現量、比量此兩種證量方法，並改造非量內涵以建立自己的知識論。所謂「現量」即是「感覺」，每一種感覺均由外界刺激吾人的感官而生發，如喝茶時品及的茶味，桌上的白布所得為白色等，均是經過人的主觀加工，因此易生錯覺。唯有離開運用概念的思維活動，才能獲得純粹的感覺，因之現量又有真現量與似現量之分，前者係未加入概念分別，且未被幻相所迷惑的純粹感覺，它是一種靜觀無私的方法，與此相反者則為「似現量」。所謂「比量」即是「理智」，其認識的對象為外在的客觀世界，透過邏輯思維，亦即理智的分析及綜合，所構成的認識形式，例如「茶」的此一概念，它僅是一種意義，一種影像，未必反映「茶」的真正本質；至於「非量」即「直覺」，此係介於現量與比量中間的一種作用：「從現量的感覺到比量的抽象概念，中間還須有『直覺』之一階段；單靠現量與比量是不成功的。……凡直覺所認識的只是一種意味精神、趨向或傾向。」又曰：「直覺可分為兩種：一是附於感覺的，一是附於理智的。如聽見聲音而得到妙味等等，為附於感覺上的直覺。若如讀詩文所得妙味，其妙味初不附於墨字

[150] 同前註，第四章，頁406。
[151] 主參高瑞泉：〈直覺與工具理性批判：梁漱溟對儒家經典的文化詮釋〉，《臺大歷史學報》第29期，2002年6月，頁116-122。

之上，而附於理解命意之上，於是必藉附於理智之直覺而後能得之。」[152]此道出感覺和理智唯有在直覺支配下，方能完成知識的建構過程。而不管是傾聽音樂、欣賞書畫、讀詩文而得妙味等，均是一種主觀自生的認識。直覺除具認知的功能，表現於藝術中的美感的認識外，**再者，它亦具有道德實踐的功能**，此尤為梁漱溟所致力彰顯者：在倫理生活暨道德行為中，梁漱溟屢屢強調要一任直覺且率性以為，因為它是吾人認識自己內在生命的唯一窗戶，它是一種不用理智去打量計較的認識，沿循直覺的路走去，自能合於規矩，過切合生命本性的生活。至於所有運用理智向外逐求的活動，都被梁漱溟視為私欲，直覺是一種善念，一種無私、不求占有、不計私利的情感。而任直覺的方法即在於去除私心、私欲以及理智的計算考量。道德的生活即是憑任直覺、隨感而應。

在《東西文化及其哲學》等早期作品中，梁漱溟主以「直覺」此一概念來理解人性，而以「理智」的計算考量來指稱私心人欲。其直覺概念的成形，有靈活取資於前賢者；而透過前賢及相關典籍，亦能深入理解其直覺概念。強調只要隨順自然流行、隨順本能直覺，無論情或欲均是善，因此應率性而行、純任自然，此等觀念除繼承自心齋父子已述之如前外，再者，**直覺亦等同於傳統儒家的「仁」**，梁曰：「敏銳的直覺，就是孔子所謂仁。」[153]仁就是當下易感的直覺，而直覺的感應必以仁為其體。他並舉《論語》載宰我問三年之喪為例，由安心與否來詮解仁及直覺，「這個『仁』就完全要在那『安』上求之。宰我他於這樁事心安，孔子就說他不仁，那麼，不安就是仁嘍！所謂安，不是情感薄直覺鈍嗎？而所謂不安，不是情感厚直覺敏銳是什麼？」[154]「安」與「不安」是一種道德情感的表現，而梁漱溟即由此來說明直覺，因此其所謂性善亦即

---

[152] 《東西文化及其哲學》第四章，《梁漱溟全集》第一卷，頁400、401。
[153] 同前註，頁453。
[154] 同前註。

是情善，進言之則「所有飲食男女本能的情欲，都出於自然流行，並不排斥。若能順理得中，生機活潑，更非常之好的。」[155]由是見知其早期將仁視為直覺，而直覺亦含有善的情感及自然本能的成分。此外梁漱溟又言道：「仁是一個很難形容的心理狀態，我且說為極有活氣而穩靜平衡的一個狀態，似乎可以分為兩條件：（一）寂——像是頂平靜而默默生息的樣子；所謂「感」——最敏銳而易感且很強。能使人所行的都對，都恰好，全杖直覺敏銳，而最能生發敏銳直覺的則仁也。仁是體，而敏銳易感則其用；若以仁兼賅體用，則寂其體而感其用。」[156]此係藉用聶雙江的「歸寂以通天下之感」來說明仁的特質，所謂「寂」並非枯寂，而是一種心靜平和、欲念不興的狀態，所謂「感」即感通，寂為仁之體、感為仁之用，當於寂中求得生命的感通，達到心明境闊之境，此即是憑直覺所致者，亦是合於天理者。其次，**直覺亦相當於孟子及陽明的「良知」**：梁漱溟曰：

> 人自然會走對的路，原不須你操心打量的。遇事他便當下隨感而應，這隨感而應，通是對的。……儒家說：「天命之謂性，率性之謂道」。只要你率性就好了，所以就又說這是夫婦之愚可以與知與能的。這個知和能，也就是孟子的不慮而知的良知，不學而能的良能，在今日我們謂之直覺，這種求對求善的本能、直覺，是人人都有的，故孟子曰：「人皆有不忍人之心，……」……這種直覺人所本有，並且原非常敏銳，除非有了雜染習慣的時節。你怎樣能復他本然敏銳，他就可以活動自如，不失規矩。[157]

---

[155] 同前註，頁454。
[156] 同前註，頁455。
[157] 同前註，頁452。

由此觀來，梁漱溟直覺觀的養分主要擷取自傳統儒家的經典，尤其是孟子及陽明的良知論等，雖然直覺與情感同質的規定迥異於傳統儒家，但梁漱溟進一步說明它是一種不計私利、無有計慮、不求佔有的情感，它是一種當下即是的自發行為，一種求善求對的良知良能，也因此梁漱溟鼓勵在吾人日常生活與行為中，應信任直覺、率性而行。另在其〈評謝著《陽明學派》〉一文中，對《傳習錄》之「良知只是個是非之心，是非只是個好惡，只好惡就盡了是非」提出評論，[158]並提出對良知的三種規範：

> 陽明他為此語原是本於孟子「不學而慮」的兩句話而來。其實只就這兩句話分剖去，所謂良知者已自可見。第一椿一切後天知識俱不在內，這是很明的。某為天，某為地，某為黑，某為白，某為三，某為四，……所有這一切具體觀念或抽象概念都為良知所不能知，良知上根本沒有這些個。第二椿其能知這些個之知非是良知。這就是說先天所有能創造、能傳習、能了解這些後天知識之作用，即所謂感覺作用和概念作用（即理智）者都非良知。……第三椿我們試看真個不慮而知的是哪一項？則只有痛癢好惡才相接觸即時覺知更不待慮。即此痛癢好惡是良知。這項的知是有情味的知或說有意味的知，和知識知解的知不同。知識知解的知是靜的知，亦即是客觀性的知，而良知則為主觀性的知。試看孟子的話便曉得，孟子說的人之四端，……這種有情味的知，或有意味的知，在今日則所謂直覺。[159]

---

[158] 〈傳習錄下〉，《王陽明全集》卷三，頁111。
[159] 〈評謝著陽明學派〉，《梁漱溟全集》第四卷，頁712-713。

在此梁漱溟將其直覺等同於陽明的良知，又強調直覺是一種有情意、發自內心的、主觀性的知，如孟子言惻隱、羞惡、恭敬、是非等四端，陽明之「只好惡便盡了是非」等，梁漱溟即以「直覺」稱之。至於外在或後天的客觀知識、冷靜的理智作用等，非屬直覺之列。梁認為人心對於好惡之事存有一種本能的接納與排拒，即所謂「迎拒力」者，此即是良知之「行」。如見好花即向前觀賞，此為「迎」；聞惡臭則退後掩鼻，此為「拒」，「知」是直覺之知，「行」為人的一種本能活動，換言之，所謂「知行」即是直覺認識與其所引起的情感活動，他繼承陽明〈傳習錄〉的「我今說個知行合一，正是要人曉得一念發動處即是行了」。[160]在陽明的思想基礎下，他強調的是即知即行、無所等待、兼知與行的「情理之知」，而不是常人所領悟的以靜的知解為知、以呈露的舉動行事為行，知行兩不相及的「物理之知」，前者為「絕對不離之知行」，後者乃「絕對不合之知行」；前者是哲學的、主觀的、感受的方法，後者是科學的、客觀的、冷靜的方法，梁漱溟的直覺說顯然係偏向前項，並以具體體現吾人的道德生命為主者。

　　大抵說來，梁漱溟的「**直覺**」是一個廣泛融攝、取源多端、不斷遷變，頗難條分縷析的概念，在《東西文化及其哲學》等早期作品中，梁漱溟透過直覺論強調道德行為當下即是的自發性，它相當於與「理智」對立的求善「本能」，也與生活創造根源的「意欲」一詞切近；直覺是人的道德本性，一種無私情感，也是一種生活態度；直覺是獲取知識的三種工具——現量、比量、非量（即直覺）之一；直覺更是融合陽明、心齋自然現成的良知觀及孔子的「仁」、《中庸》的率性、乃至《易經》的生等多重概念，梁欲藉由道德上的直覺來承認人心的主體性，強調我欲仁、斯仁至矣，藉以抬高人的自主地位。同時梁於此期屢屢強調**直覺與理智**

---

[160] 〈傳習錄下〉，《王陽明全集》卷三，頁96。

的判別：就認識對象言，直覺的認識對象為人的道德本性與事物美感，理智則以客觀世界的外在事物為主，前者涉及主觀情感，重在求善求美、後者在於求真；就認識方法言，直覺的認識方法是一種不慮而知、不學而能的認識形式，是當下即悟，毋需對認識結果進行累積與分析等過程，是認識上的一種頓悟與飛躍，而理智為認識對象與認識主體相互對立，認識主體係獨立於認識對象之外來進行客觀的觀察；就認識功能言，直覺具備道德實踐的功能與藝術美感的認識功能，理智則係對零散具體事物進行區別、歸類、分析與綜合，其具體表現在征服自然、科學方法或民主。他屢次強調唯有沿循直覺之路，才能走出對的路，才能真正認識生命本體。因此直覺是人的生命主宰、價值之源。只要聽憑敏銳的直覺，人就可以當下感應，活動自如、不失規矩。至於凡事打量、計較利弊得失、費心計算者即是「理智」，當直覺、感情作用盛時，理智即退伏隱沒；若理智當家時，直覺即隱晦，人生即置身於此直覺與理智對立下的競賽拉拔。由於梁漱溟一反科學主義者之強調科學的優越性，特為崇尚玄學、推崇直覺，大反理智而輕視科學，強調直覺是知情意的統一，而理智則割裂知行、情理、內省與外求，此等觀念對當代新儒家的後續者萌生深遠影響。

又次，梁漱溟的直覺說除向內取益、融攝傳統外，亦兼有向外國學者取經者，簡言之如麥獨孤《社會心理學緒論》之盛談本能：認為意識僅是一種工具，而決定工具之運用者，則為本能及其相應之情感衝動；而羅素則於《社會改造原理》中盛談衝動，強調人類具創造性與佔有性兩類衝動或本能，唯有發揚創造性衝動、遏抑佔有性衝動，方能改造出一理想人世，凡此見地均在梁漱溟的早期思想中萌發一定影響。至於梁漱溟對「直覺」一詞的運用更直接取攝自法國柏格森，並藉柏格森之說來修正王學為主的傳統說法，將王學良知中所包含的普遍理智，及理性主義傾向加以剔除，強調陸王心學的當下體認，融入柏、麥、羅等之

說，改造出其個人特屬的直覺說。倘專究柏格森言，其以獨具的慧眼在十九世紀後半期實證風潮熾盛之際，提出其生命哲學，強調直覺綿延、創造進化，欲期重新尋回人類精神的意義，尤其在其《時間與意志自由》一書中，主張自覺並非由理智所掌控，而係由直覺所催生，此直覺即是一種「生命衝力」；而《物質與記憶》一書則強調精神生活是決定人類價值與尊嚴的基礎；另《創造進化論》旨在說明生命進化由無機物、有機物到完整生命，此間動物發展主要表現在本能，人類則表現在智力，而均以「生命奮進」、「生命衝動」為原動力。大抵以言，柏格森係採直觀方法，發現生命具有衝力，而此生命衝力，所表現出的特質即為延續，由有限的生命，演變為無限的延續，宇宙即由之進化。由於柏格森的唯意志論與直覺主義，批評理智無法認識宇宙大生命的變化流行本體，無法通達內在生命的真實，唯有直覺方能膺任，此為梁漱溟所欣然接受，因乃援柏格森以入儒，除直覺、理智一詞的直接沿用外，並將宋儒的「天理流行」、「萬物生化」，《易經》「生生之謂易」等，與柏格森言宇宙本體為「生命」、「綿延」加以銜接通合。然究實說來，柏格森的「理智」純係指西方傳統的邏輯推理、思辨概念，而梁漱溟則包含分別計較的私心人欲、向外逐求的人生態度乃至科學主義等；至於柏格森的「直覺」僅是一種別於理智的認識方法，是超道德的；而梁漱溟的直覺卻是一種道德的體認與反省。由此看來，梁的直覺與理智雖揉入柏格森的相關概念，卻向宋明儒者——尤其是陽明、心齋及其後學取攝更多的養分。

二、理性觀的回轉修正

自《中國文化要義》起，梁漱溟提出「**理性**」一詞，藉以替代《東西文化及其哲學》中的「直覺」，除沿用原有概念外，並對

其進行若干修正與深化。**首先**，前期的「直覺」中混有「本能」概念；後期的「理性」則剔除「本能」概念：前期梁漱溟承接泰州學派「天理者，天然自有之理，才欲安排如何，便是人欲」的思想路徑；[161]柏格森的「生命衝動」學說以及克魯泡特金互助論的「道德本能說」等，將道德視為一種生命本能，一種自然而然的本能衝動，因言：「這一個『生』字是最重要的觀念，知道這個就可以知道所有孔家的話。孔家沒有別的，就是要順著自然道理，頂活潑頂流暢的去生發，他以為宇宙總是向前生發的，萬物欲生，即任其生，不加造作必能與宇宙契合，使全宇宙充滿了生意春氣」、[162]「孔子是走順著調理本能路的先覺」等，[163]此係將「本能」視為人類的本性。《東西文化及其哲學》出版後，漸覺原有觀點之不當，因「本能」實有三種：一是動物式的本能（如麥獨孤、弗洛伊德所言即屬之）；二是某些動物和人類的社會本能（如克魯泡特金所言即屬之）；三為人類的本能（如孟子所云「不學而能，不慮而知」即屬之），[164]倘籠統以言本能是人類的本性，道德出於本能，則勢將混淆上述三種本能。因此他乃接受羅素《社會改造原理》一書中的「本能 理智 靈性」三分法，並以「理性」一詞替代「靈性」，將人類心理由前期的「本能 理智」二分法改為「本能 理智 理性」三分法，將原歸屬於「本能」的人類無私感情改納入「理性」之中。通過人類心理的發展史，梁確立本能、理智、理性的三分及其定位，就本能言，係「感官對外界事物之先天有組織的反應」，及生物的圖存與傳種等，而理智則是「本能中反乎本能的一種傾向」，[165]脊椎動物由魚類、鳥類、哺乳類、猿猴類以

---

[161] 〈泰州學案一〉，《明儒學案》，頁715。

[162] 《東西文化及其哲學》第四章，《梁漱溟全集》第一卷，頁448。

[163] 同前註，第五章，頁522。

[164] 參《人心與人生》第七章，《梁漱溟全集》第三卷，頁610。

[165] 《中國文化要義》，《梁漱溟全集》第三卷，頁129。

至人類，依次遠於本能、傾向理智，人類能藉理智克服本能之主觀好惡或感情衝動，並在靜以觀物中發展出科學知識等，而由人心之靜更進層發展出者為無私的情感，即所謂道德理性者，一改早期本能直覺的非理性主義特點。**其次**，改變前期直覺、理智之對立關係而為密切相繫、體用相依關係，如就彼此的功能言：「理性、理智為心思作用之兩面：知的一面曰理智，情的一面曰理性，二者本來密切相聯不離。譬如計算數目，計算之心是理智，而求正確之心便是理性。……分析、計算、假設、推理……理智之用無窮，而獨不作主張，作主張的是理性，理性之取舍不一，而要以無私的感情為中心。」[166]理智與理性之別在於一為認知、一為道德，理智具有認識客觀事物的功能，而理性則為人心之主，擔任支配及指導理智的角色。又就二者的體用關係言：「理智者人心之妙用；理性者人心之美德。後者為體，前者為用」、「就人心——人類生命——而言之，理性為體，理智為用。而言乎人類文化文明之創造也，理智為科學之本，理性為道德之本。」[167]理性固為理智的主宰，但理智的發展則為人類理性產生的條件，藉由理智可幫助人類脫離動物界的本能生活。由此可知，梁漱溟一改前期排斥理智的態度，在一定程度上承認理智的重要。此外他亦再三強調「人類特徵在理性」，[168]由於理性在人必漸次開發，因此中西各有所偏，西洋偏於理智而短於理性；中國則偏於理性短於理智，亦即西洋長於物觀上的理——物理；中國則長於人情上的理——情理。

梁漱溟於後期提出「理性」概念，它是一種平靜通達的心理狀態，不偏執、不迷信，係強暴與愚蔽的反面；它是一種清明自覺的情感；它是情感上隨感而應的自覺判斷；它是先天具有的合理人性等，凡此均與前期直覺概念相似。然梁漱溟於早期的《東西文化及

---

[166] 《中國文化要義》，《梁漱溟全集》第三卷，頁125、126。
[167] 《人心與人生》第七章，《梁漱溟全集》第三卷，頁614、第二十一章，頁768。
[168] 《中國文化要義》，《梁漱溟全集》第三卷，頁126。

其哲學》中，既未能區別本能與直覺，甚且明言「仁」即是本能、情感、直覺。後期論良知本心，則不稱直覺而改以「理性」一詞，梁曰：

> 人有無私的情感存於天生的自覺中。此自覺在中國古人言語
> 中，即所謂良知（見《孟子》）亦或云獨知（見《大學》
> 《中庸》），亦或云本心（宋儒陸象山、楊慈湖）者是
> 已。……良知既是人人現有的，卻又往往迷失而難見，不是
> 現成的事情。孔子之學就是要此心常在常明，以至愈來愈明
> 的那種學問工夫。[169]

所謂「無私的情感」即意指理性，它雖為人生本具，然仍須透過修煉、修為工夫方能體現。此外他亦強調《論語》一書「一面極力避免宗教之迷信與獨斷，而一面務為理性之啟發。」[170]孔子即專從啟發人類的理性作工夫，處處教人用心回省，如「己所不欲，勿施於人」、「君子有九思：視思明，聽思聰，色思溫，貌思恭，言思忠，事思敬，疑思問，忿思難，見得思義」等均在教人自我省察、培養辨識能力；至於孟子並能直抉出理性以示人，如言「心之官則思」、「先立乎其大者，則小者不能奪」及「怵惕」、「惻隱」等說均直截了當以言；又如王陽明之「只好惡，便盡了是非」亦屬之，[171]在梁漱溟看來，上自孔孟、下迄宋明諸哲的理學，均為理性思想的發揮，乃至中國文化重視禮樂揖讓、安排倫理名分以迄組織社會等，亦是理性文化的呈顯，而儒家之特色即在此理性至上主義。

　　由上可知，梁漱溟早期融攝傳統心學與泰州學派的人性觀，著重吾人自覺心的啟迪，並加添柏格森、克魯泡特金等的觀點，以

---

[169] 〈東方學術概觀〉，《梁漱溟全集》第七卷，頁334。
[170] 《中國文化要義》，《梁漱溟全集》第三卷，頁107。
[171] 參《中國文化要義》，《梁漱溟全集》第三卷，頁107-109、132。

直覺為主要觀念來理解儒家思想，視道德為一種自然本能；後期則將本能與道德分離，強調道德反乎本能，道德並非本能的充擴，而係本能的減損，而理性即是解放、減損本能的關鍵，另前期一任直覺、寂而且感的修持方式，至後期乃改而強調修身慎獨，然不論前期或後期，他始終堅持良知本心的主宰與超越地位。

三、宇宙生命的通合為一

　　倘《東西文化及其哲學》重在討論人生問題，並歸結至孔子的人生態度，則《中國文化要義》呈現梁漱溟對中國的歷史、社會及文化變遷自成一家的演繹，堪稱為歷史哲學著作，而《人心與人生》則重在表彰孔子的心理學，其實質內涵則趨近陸王心性之學的人性論，藉茲推翻彼時的主流心理學。再者倘《東西文化及其哲學》以「直覺」為主軸觀念，《中國文化要義》正式提出「理性」，則《人心與人生》側重於理性觀念的圓熟發展，並扣合吾心與宇宙本體來加以發揮，因此梁漱溟曰：「吾書言人心，將從知識引入超知識、反知識，亦即從科學歸到形而上學，從現實生活上起作用的人心歸到宇宙本體。」[172]

　　「說人心，應當是總括著人類生命之全部活動能力而說。」[173]梁漱溟言人心，其內涵極其寬廣，橫跨人類的生命與生活，乃至宇宙間森然萬象等，由是可見。「說人，必於心見之；說心，必於人見之。人與心，心與人，總若離開不得」、「離開人的語默動靜一切生活則無以見之矣。是故講到人心必於人生求之。」[174]鑒於心與人的無可割捨與分離，因此《人心與人生》既由人類生活以言人心；亦由人心以言人生問題。再者心究為何物，梁曰：「何謂

---

[172] 《人心與人生》第三章，《梁漱溟全集》第三卷，頁549-550。
[173] 同前註，頁547。
[174] 同前註，第一章，頁538。

心？心非一物也；其義則主宰之義也。主謂主動；宰謂宰制。對物而言，則曰宰制；從自體言之，則曰主動，其實一義也。」[175]就「主」字之義言，人心重在「主動」，其義即近於梁反覆使用的「自覺能動性」、「主觀能動性」，而其實質內涵則涵括主動性、靈活性、計畫性三者，其間尤以主動性為要，在梁看來人生最重要的即在於爭取主動而已。就「宰」義言，則強調「心」是包括「身」在內所有物的主宰，梁在書中曾以極大篇幅索探**身心關係**，就其先後關係言，既可言身在心之先：「從生物進化史看去，總是心隨身而發展，身先而心後，有其身而後有其心。」[176]若就本原處以言心，則可言心在身之先，因為「人心恰是宇宙生命本原的最大透露」。[177]此外梁亦強調心為身之體、身為心之用；心為主宰、身為工具，二者具主從關係卻又相反相成，身固然可能遮蔽心、阻礙心，但身的發展亦能促進心的發展，心必然要通過身方能發展與彰顯，若身離心則產生盲動，因此梁漱溟再三提醒「人心要緣人身乃可得見，是必然的；但從人身上得有人心充分表見出來，卻只是可能而非必然」、「人心不是現成可以坐享的」。[178]在面對西方身的文化的衝擊下，梁漱溟發出其身心一致的思考與回應，然而身仍舊未能取代心的主宰地位，他仍遵循宋明以「心為主宰」、「心即理，理即心」、「吾心即宇宙，宇宙即吾心」的心學路線。

承前所述，陽明視良知本心為自家寶藏，良知既是道德的主體，亦是宇宙的本體；是道德實踐的依據，也是天理的所在。陽明曰：「人的良知，就是草木瓦石的良知。若草木瓦石無人的良知，不可以為草木瓦石矣。豈惟草木瓦石為然，天地無人的良知，亦不可以為天地矣」、「天沒有我的靈明，誰去仰他高？地沒有我的

---

[175] 同前註，第三章，頁550。
[176] 同前註，第十章，頁630。
[177] 同前註，第十三章，頁669。
[178] 同前註，第十章，頁637。

靈明，誰去俯他深？鬼神沒有我的靈明，誰去辯他吉凶災祥？天
地鬼神萬物離卻我的靈明，便沒有天地鬼神萬物了。我的靈明離卻
天地鬼神萬物，亦沒有我的靈明。如此，便是一氣流通的，如何與
他間隔得！」[179]由此見知天理之在吾心，即是吾人的良知；人類的
良知之在天地萬物，即是草木瓦石的天理，倘無此人心一點靈明，
天地萬物即不成為天地萬物，反之如我的靈明如離開天地萬物，靈
明即失卻其實有的意義。人因有此一點靈明，心物便得以同流共
化，得以與天地萬物相互感應體察，彼此互為一體，所謂天地萬物
一體之仁即可在此呈顯。至於**梁漱溟**在後期《人心與人生》作品中
論及心的問題或理性概念時，亦是貫穿**道德與宇宙本體**以言，如梁
曰：「理性……要以無私的感情為中心，即以不自欺其好惡而判斷
焉，其所得可云『情理』。例如正義感，即對於正義欣然接受擁護
之情，而對於非正義者則嫌惡拒絕之也。離開此情感，求所謂正義
其可得乎？」[180]所謂「不自欺其好惡」，即是能善善惡惡，因此此
處之「理性」實等同於吾人的道德良知。又如「生命本性就是莫知
所以然的無止境的向上奮進，不斷翻新」、「人在生活中能實踐乎
此生命本性便是道德。『德』者，得也；有得乎道，是謂道德；而
『道』則正指宇宙生命本性而說。」[181]此處之「道德」實又趨近於
陽明之「此是乾坤萬有基」的概念。在梁漱溟看來，人與宇宙自然
實息息相通、痛癢相關，生命與宇宙係一體而非二，因此強調：
「生命本性要通不要隔，事實上本來亦一切渾然為一體而非二。吾
人生命直與宇宙同體，空間時間俱都無限。古人『天地萬物一體』
之觀念，蓋本於其親切體認及此而來。」[182]此等人心自覺則無隔於
宇宙大生命的觀念在《人心與人生》中所在遍是、徹頭貫尾，相當

---

[179] 〈傳習錄下〉，《王陽明全集》卷三，頁107、124。
[180] 《人心與人生》第七章，《梁漱溟全集》第三卷，頁614。
[181] 同前註，第十七章，頁731。
[182] 同前註，第六章，頁583。

於傳統哲學中的天人合一，亦即等同於孟子之「萬物皆備於我」、莊子之「天地與我並生，萬物與我為一」、大程子之「學者須先識仁，仁者渾然與物同體」、陸象山之「萬物森然於方寸之間」、陽明之「大人者，以天地萬物為一體也」等。[183]梁又進層曰：

> 我這裡所說人心內蘊的自覺，其在中國古人即所謂「良知」又或云「獨知」者是已。良知一詞先見於《孟子》書中，孟子嘗以「不學而能，不慮而知」指示給人。後來明儒王陽明大力闡揚「致良知」之說，世所習聞。獨知一詞則涵於《大學》《中庸》兩書所諄諄切切的慎獨學說中。其曰獨知者，內心默默炯然，不與物對，他人不及知而自家瞞昧不得也，陽明詠良知詩云「無聲無臭獨知時，此是乾坤萬有基」。乾坤萬有基者，意謂宇宙本體。宇宙本體渾一無對。人身是有對性的，妙在其別透玲瓏的頭腦通向乎無對，而寂默無為的自覺便像是其透出的光線。一即一切，一切即一，宇宙本體即此便是。人心之用尋常可見，而體不可見；其體蓋即宇宙本體耳。人身雖有限，人心實無限際。昔人有悟及此者多矣。邵康節詩云「身在天地後，心在天地先」，湛甘泉有云「心也者包乎天地之外，而貫乎天地萬物之中者也」，豈不是一語道出了宇宙大生命。[184]

梁援引邵康節、湛甘泉語，謂其道出宇宙大生命，所欲傳達的亦不外透過人心可以親切體認到宇宙一體性，可通往宇宙大生命的崇高境界，生命係通乎宇宙萬有而為一體。欲期由肯定當下生命進而體

---

[183] 分見〈盡心〉，《孟子》；〈齊物〉，《莊子》；〈元豐己未呂與叔東見二先生語〉，《二程全書》卷之二，頁128；《象山全集》卷三十四，頁21；〈大學問〉，《王陽明全集》卷二十六，頁968。

[184] 《人心與人生》第十三章，《梁漱溟全集》第三卷，頁666-667。

證宇宙生命，由心為形役進而為踐形盡心，由下學而上達生命本原，由人身之有對進而進入宇宙生命之無對，此是梁漱溟沿承孔門之學、宋明心學，一脈共同致力的課題。由其發語中，可如實見及梁漱溟肯定人性價值與意義，企圖發掘人心的無限寶藏，達及人與自然宇宙的和諧融通，並以天人無間為理想歸趨的嘗試與努力，雖然其對於宇宙論與本體論的發揮未及稍後的熊十力醇正與成熟，然卻為現代新儒家的理論基石與發展方向跨出了關鍵性的一步。

結語

　　梁漱溟居身民初，面對西學大舉入侵、威勢橫掃中國之際，知識份子們或趨新、或守舊、或中體西用，而梁漱溟則標舉新孔學的旗幟以為因應，其新孔學的主要取資則包含佛教唯識宗、法國哲學家柏格森以及宋明理學——特別是陽明心學及陽明後學泰州學派王心齋的思想理論。梁漱溟既於現代新儒家中開啟援西學入儒的先河，而對於儒家人文精神與倫理價值的重新論證與掘發亦成績斐然。本章乃緊扣其對於宋明儒學的整體評價、關照面向、諸儒評騭、思想淵本、現代發闡及應用等，發為三節，以驗宋明儒學確是其思想主脈之所出，而其亦能老酒新釀、融鑄多方，將宋明學術提煉為切世應時之學。

　　首先，就梁漱溟對宋明儒學的整體評價言：以周孔教化為帖劑、以發皇新孔為職志，梁漱溟對歷代學術的評價，即是持孔學為標竿，切近者佳、疏離者差。透過孟荀對聖學的續承及開展，衍為道德心與認知心兩脈，對後代學術影響不一、各有開敵，而梁漱溟則多認同孟子一脈。自漢、魏晉、南北朝、唐、元及清，梁漱溟或言其所遭為糟粕之學、或言孔家思想已然殆滅、或以為無可說、無甚特色，乃至孔子精神喪失乾淨等，透過其嚴峻的檢視，多發訾

議而難贊一辭。唯對宋明學術則時見譽美，認為宋儒明儒確能在身心性命上領會孔門之學，頗能延續聖脈、志承聖學，實乃千年創舉。唯亦有由乎內而忽於外之失，雖偏內遺外，然欲探聖學，不可不由此道入行。大抵言之，梁漱溟對歷代學術多數語輕點而乏詳實回應，然相較而言，梁漱溟對宋明學術的評價，已邁越歷代、獨獲垂青。

其次，就梁漱溟對宋明諸儒的思想關照言：**先就朱熹與王陽明的對比以觀：**梁漱溟視陽明為續承孔孟的重要接班人，亦是袪明代學風窮理於外的轉圜者，更是唯一能通悟儒釋道三家思想的學術大家。而朱子雖傳播聖學有功，然章句註解頗見謬誤，至若三綱五常之貽害尤大。若透過對《大學》的詮解來觀察梁漱溟對朱王的掌握與評論，則梁漱溟對二人各有擷取及評議，此外尤受伍庸伯影響，強調《大學》作工夫的層面，亦即側重如何近道，與朱王將工夫落在格物致知不同，梁認為格致僅為工夫的前提，誠意慎獨方為工夫所在，而實際工夫又落在慎獨，修身即應由此做起。綜言之則朱子言即物窮理，雖具科學精神，然務外而遺內，不循自識本心的路，因此根本上與梁漱溟不契。而梁漱溟與陽明雖有詮釋互異、重心不侔者，然二人對明德、本心、良知保任勿失的強調，主張革除私欲、強調反之的工夫等大原則卻歸趨一致。**次就泰州學派——尤其王心齋的思想啟導言：**透過《東崖語錄》「百慮交錮，血氣靡寧」的一語驚震，使梁漱溟放棄出家，轉趨儒學，而以「志孔子之志，學孔子之學」的心齋及心齋後學，也成為其回歸孔學的思想進路。至於心齋追繼孔顏樂處的樂學思想，尤其〈樂學歌〉中的「樂是樂此學」、「學是學此樂」、「人心本自樂」、「人心本無事」等，重在啟發人心自覺的精神，為梁漱溟所深心認可。再者心齋論說天理良知，強調良知即是天理，良知不假學慮，自自在在，現現成成，應隨順良知本體的自然天則，此等自然人性的發聲，亦為梁漱溟所接受。復次是王心齋淮南格物論與尊身安身說，也提供梁漱溟

後期對身心關係的注重，然而二者均仍堅持心對身的主宰地位。倘就社會問題的解決言：泰州學派入世化、通俗化、生活化，有教無類、深入民間的講學活動，成為梁漱溟再創講學之風的效習典範，而泰州學派的鄉會組織建構、運作、推動，亦是梁漱溟鄉村建設教育的活水源頭。**末就宋明其他諸儒的思想關注言：**對周濂溪「誠神幾」的靈活詮解；譽程明道為上繼孟子一千四百年後之一人、強調〈識仁〉之要；對陳白沙「靜中養出端倪」的體悟；以及對陽明後學如聶雙江、羅念庵、羅近溪、錢緒山、王龍溪等的多次稱揚及援引，均成為其發皇現代孔學的重要後盾。

　　再者，就梁漱溟對宋明心性之學的融鑄與轉化言：《東西文化及其哲學》時期所提出的「**直覺**」概念，即是陽明良知觀念的轉化，它不包含一切後天知識，不是感覺與概念，而是一種有情味的知，一種不計私利、無有計慮、不求佔有的情感、一種當下即是的自發行為、一種求善求對的良知良能。當然「直覺」概念不純粹取攝自陽明，它源出多端，涵括孔孟陸王心學、《易經》《中庸》、泰州學派、唯識學、麥獨孤、羅素，尤其是柏格森的生命哲學等。自《中國文化要義》起「直覺」改為「**理性**」一詞，去除「直覺」中原蘊的本能概念，並改二分法為三分法，且將直覺、理智的對立關係修正為體用相依、密切相繫，逐指理性為一種無私的情感。在《人心與人生》中續用「理性」一詞，並著力宣揚**宇宙大生命**的概念，強調人與宇宙的密切相繫、痛癢相關，人心自覺即能無隔於宇宙大生命，宇宙生命的核心即在人心，文化係人之心靈活動「意欲」的創造，至於人心的體悟與宇宙生命的認識，則須訴諸「直覺」，亦即後期所言的「理性」。就其心性之學的發展歷程言，前期受到泰州學派的鮮明影響，視道德為自然本能，強調一任直覺、寂而且感的修持方式，其後則步步趨近陽明，趨向圓熟，兼含倫理學與本體論之雙重概念，強調修身慎獨的修持工夫，此間友人伍庸伯濡化之功未得輕忽。

倘就梁漱溟其後現代新儒學的致思方向言，無論第一代的熊十力、張君勱、馬一浮、賀麟，第二代的唐君毅、牟宗三、徐復觀，第三代的余英時、劉述先、杜維明、成中英等，雖專注處不一，然多以宋明心性之學為線索，尤以陸王心學為正宗，傾力於當代儒學的自我轉化與重新定位。回觀扮演此間先驅者角色的梁漱溟，其所開展心性之學的體系、架構與深度，雖不若殊多後起之秀，又因其好援西方心理學、生理學、生物學名詞與材料，造成文獻認知的隔閡與釐清的困難，然而透過其全副心血的投入，透過其非我無他的承擔，不僅為當代孔學保留一線生機，也為宋明儒學的當代發展開啟一扇門窗，至於今日儒學的璀璨成果，梁漱溟的播植之功焉得小覷？是以牟宗三先生言：

> 他獨能生命化了孔子，使吾人可以與孔子的真實生命及智慧相照面，而孔子的生命與智慧亦重新活轉而披露於人間。同時，我們也可以說他開啟了宋明儒學復興之門，使吾人能接上宋明儒者之生命與智慧。吾人須知宋明儒學與明亡而俱亡，已三百年於茲，因梁先生之生命而重新活動了。[185]

此番評述，如實表達出梁漱溟一生學術貫注的焦點，亦為其烙下公允的評注。

---

[185] 牟宗三：〈現時中國之宗教趨勢〉，《生命的學問》，頁112。

第二章
熊十力對宋明儒學的思考向度與現代回應

　　哲學起於憂患，起於不容自已的責任感，因此大凡第一流思想家，無不深具憂患意識，如孔子的憂患主在面對世衰道微、禮崩樂壞時代，欲振活郁郁周文的無力；孟子則憂於楊、墨之道充斥，孔子之道不彰；而《易經》尤是一本遍寫憂患之書。至於熊十力，由年少至年邁，始終與庶民、與歷史、與文化同其憂患，其悲壯激越的生命情懷，勇毅無畏的歷史承擔，由1902至1906年間投身反清事業，與憂時志士楬櫫革命、勤力奔走呼號中已見其端倪，及至1918年決志棄政、慨然退場，轉赴學術一途發展，其憂患之志與深沉之思非但未曾稍減，反在其全力澆灌的哲圃園地中日滋漸長。至於其全副心跡更緊扣著中國近代歷史的發展，與其同相憂患，值彼西方文化急驅而入的當下，各種嶄新的思想流派相繼植入之際，柏格森生命哲學、康德思想、黑格爾主義以及羅素、斯賓塞、叔本華學說等蔚為風潮，威力十足的橫掃中國學術界，熊十力透過省思與鎔鑄，一方面師習西方之長，建立其重視科學實測與民主精神的外王觀；一方面在傳統文化中融入以孔子為名的科學與進步思想，藉以挑戰並抗衡以邏輯、理智見長的西學，期使儒家思想在時代新局中得以重新挺立。至於體用哲學的建置，本心仁體觀的闡揚，既是其哲學成就的主要標竿，亦是其穩立變局、復活文化、重建自我的關鍵鑰匙，當代新儒學的端緒即開啟於此、奠基於此。

　　向來性格鮮明、主見極強、好惡分明的熊十力，雖然強調「吾亦只是吾而已」，主張「依自不依他」，然而在其嘎然獨造的學術

體系背後，仍有豐富的思想資源以為支拄。除融攝佛釋老莊、取益時賢師友、參稽西哲新說外，尤能擷取宋明諸子，終能在通達博雅之餘，以卓特見地、雄渾健筆發為三百萬恢弘之言，成為「哲學中的巨擘」。至於其平生之學，則以**宗主孔子**為本，[1]而其畢生職志，亦以聖人精神的重建及顯揚為要務，其開顯出來的內聖外王之道，更以收攝孔子精神為其泉源，孔子即是其為學的理想歸嚮。在熊十力心中，儒學立居於諸子百家之正統地位，而孔子則是此間宗師，熊曰：

> 夫儒學之為正統也，不自漢定一尊而始然，儒學以孔子為宗師，孔子哲學之根本大典，首推《易傳》。……儒學淵源，本遠自歷代聖明，而儒學完成，則又確始於孔子。[2]
>
> 孔子上承遠古群聖之道，下啟晚周諸子百家之學，其為中國學術界之正統，正如一本眾幹，枝葉扶疏，學術所由發展也。
>
> 中國學術導源鴻古，至春秋時代，孔子集眾聖之大成，巍然為儒學定宏基。[3]

藉由「『一本』眾幹」、「集大成」、「定鴻基」諸詞，明確道出孔子正是其深心服膺的中國學術正統之所由。除此之外，熊十力更在其經學系列作品：《讀經示要》《論六經》《原儒》《乾坤衍》中，寫下其心中出類拔萃的孔子形象，且以托孔為主軸，開顯出切合其理想的外王之道，更透過《春秋》的太平治世、《周官》的民主政治、〈禮運〉的大同世界及《易經》的群龍無首、萬國咸寧

---

1 熊十力曰：「余平生之學，宗主孔子」，語出〈自序〉，《明心篇》，《熊十力全集》第七卷，頁150。

2 《讀經示要》卷二，《熊十力全集》第三卷，頁747。

3 〈原學統〉，《原儒》，《熊十力全集》第六卷，頁438、332。

等，通貫為一體來加以表述孔子的治化理想。除外王學的民主政治觀、科學格物觀、社會經濟觀均推原、植基於孔子外，其體用不二觀、天人不二觀等內聖思想，亦無不寓托於孔子。孔子即是其理想的價值之原，其對孔子的護衛，即等同於對中國學術傳統命脈的護衛。

　　熊十力除將孔子定位眾聖大成的匯集者；儒家根基的奠定者；諸子百家學派的開展者；內聖外王之學的完備者，積極貞定孔子在中國文化中的正統地位與樞紐角色外。在《原儒》《乾坤衍》中，熊十力還跳脫傳統對孔子的詮解，也捨離了傳統對六經的認知，大刀闊斧地為孔子與群經重新檢視、審覈與定位。首先，他劃分孔子之前所謂鴻古時期的學術為如下二派：其一是堯舜至文武之政教等載籍，足以垂範後世的「實用派」；其二為伏羲初畫八卦以來，具窮神知化與辯證法傳統的「哲理派」，而孔子正居處此二派思想的會通點。[4]並以孔子五十知命之年為界，五十歲之前的孔子專注於切於實用的詩、書、藝、禮四學，並祖述堯舜、憲章文武，崇尚小康禮教、維護統治，其弟子如執守早年之教而不變的，即成為小康學派；自五十學《易》之後，參透天命，因此思想突變、別開天地，始作六經，盛倡內聖外王之道，欲期貶天子、退諸侯、討大夫，以消滅統治，務使天下之人人均具有士君子之行，達致群龍無首、天下一家，即所謂大道之行，天下為公的極境，而凡弟子宗孔子晚年之學而不襲早年舊說的，即成為大道學派。[5]及至孔子歿後，儒學雖發展分歧，派別繁多，然終不脫大道、小康二派，大道派的革命之儒雖世守六經真本，然於呂政焚坑之禍後即衰微不彰；小康派則改竄六經，迎合時主，淪為帝王專制、宗法封建服務的帝制之儒。他認為二千年來，中國在封建專制主義下，真孔的面貌已

4　詳參〈原學統〉，《原儒》，《熊十力全集》第六卷，頁333。
5　詳參〈原學統〉，《原儒》，《熊十力全集》第六卷，頁333、339-342及〈附錄〉，《原儒》，頁782-783。

然隱微不彰；真儒的精神已遭嚴重扭曲，也因此他要在《原儒》中進行學統的溯源；在《乾坤衍》中進行辨偽；在《大易》《周官》等經書中試圖清理分辨，藉茲還原孔子之學的「本來面目」。[6]

在強烈的現實關懷與時代憂患中，熊十力透過托始於孔子的方式，對儒家的義理勝境重新進行開鑿、索探與開發，而其對歷代學術的評價，亦以孔子的真精神——或稱其理想中的原儒為標竿，切合者為是，疏離者為非，此係論談熊十力的宋明儒學觀前應有的基本認知。

第一節　宋明儒學的綜合評價

一、宋明學風論評

就歷朝各代的學術風尚言，群學爭鳴、各家競興的**先秦**階段最為熊十力所認肯，以當時各家均能各用其思，且莫不淵廣；能各行其是，而無不充實，學風浩蕩活潑、雄於創造，因贊曰：「洪惟我晚周，諸子百家，眾華鬥艷，十日並出。學不囿於一宗，慮各有其獨至。業以分工而致其精，理以析觀而究其博。雖仁智不齊，統類互異，而莫不言之成理。」[7]各家思想並興、為學規模恢弘、學風崇尚自由，對人生社會諸問題能廣為捫索思考，是熊十力盛贊晚周學風的要因。又其間儒家為墨、道、名、農、法五家之源，是為學術正統，至於孔子儒學，尤為百家之統宗。然由孔學所啟迪的心性之學，歷經晚周繽紛活躍的敞開後，學術界遂步趨沉寂。及至**漢**

---

[6]　關於熊十力對孔學的詮解與發皇，詳參拙作〈熊十力學術思想之理想歸嚮——洙泗孔聖〉，《熊十力學術思想中的一聖二王》，頁155-216。
[7]　《讀經示要》卷二，《熊十力全集》第三卷，頁744。

代，雖承繼周秦餘烈，民德不衰，國力亦盛，然而「獨以大一統之故，天下習於一道同風，朝廷又開祿利之塗以獎經術，於是學術界始凝滯而少活動，則衰象已伏於此時矣。又自光武宏獎名教，士大夫皆思以氣節自見，始於激揚，終於忿矜，氣宇日以狹小。」[8]熊十力除認為漢代思想力求一統，扼殺創意，學術界呈現思想停滯枯竭的局面外，又其時儒生治經，以煩瑣之考據為務，以訓詁名物為業，漢學成為治經之工具，倘由正向以觀，則熊認為漢代經師善端有四：一就保存古義言，功不可沒；二則能服膺經訓，確立訓條，躬行甚篤；三能通經致用，但其致用，僅在帝政之下言匡濟耳；四為西漢儒者，能尊信經義，以期見之實行，唯至東漢後，則流於以治經干祿。[9]倘由負向以觀，則漢學上不究探天道，下不察於群化，既不關注心性之學，亦不側重社會政治問題，晚周群儒精神，遂蕩然而無存，儒學發展至漢，而終不可振。此外熊十力更在《原儒》中強調漢代儒生，為擁護帝制教義，而發揮「三綱五常論」、「天人感應論」、「陰陽五行論」等三義，[10]並奉為教條，漢學乃流為帝制之護符、墮為封建禮教的附庸，而無論今文經學抑或古文經學，均以維護皇權為至上，流失孔子的真正精神，而封建專制的思想糟粕遂長期掩蓋儒學精華。至**魏晉南北朝**，熊認為其時內亂頻仍，奸雄草竊，生靈塗炭，外則五胡承敝而入，民質之劣、國力之弱，即肇始於此。然倘就優點以言，魏晉間文學披靡之際，尚能上探晚周思想，且「玄言宏廓深遠，名、數、禮典、音律、醫術，精擅者亦眾，工藝復極其巧」、「社會政治思想，則盛倡自由」、「思想界承兩漢積衰之後，而乎呈奇偉之觀。自玄家隶於眾藝，紛紛崛起，辨物理、達神旨，浸淫返於九流。」[11]由是觀來，熊於六

8　《十力語要》卷四，《熊十力全集》第四卷，頁504。
9　《讀經示要》卷二，《熊十力全集》第三卷，頁814-815。
10　〈原學統〉，《原儒》，《熊十力全集》第六卷，頁389。
11　《十力語要》卷四，《熊十力全集》第四卷，頁505-506。

代衰亂雖多發語評議，然對該階段的思想與器物成就，尚持肯定態度。迄乎**唐代**，雖然威武廣被、文教普及，然而熊十力卻認為六代以來的學藝幾斷絕於此，要因在於漢末東來的印度佛教思想，普遍深植社會，不僅士大夫翻然景從，即便愚夫愚婦亦嚮然而化，流風所致，除摧抑固有傳統，更令民質日偷，風氣淪於枯靜，由於佛法昌盛，儒道遂湮沒不行。[12]倘逐而下窺**清代**，其學風承續漢代，考據之風鼎盛，然考據學固為治經不可或缺的工具，唯對於素來側重心性義理之學的熊十力而言，認為考據之學難以見體，是以未能深心應和，致評價不高，也因此熊十力固然稱揚「清儒治經，正音讀，通訓詁，考制度，辨名物，其功已博矣！」然亦同時強調「清儒所從事者，多為治經之工具，而非即此可云經學也。」[13]換言之，訓詁通，雖有益於讀書，然仍應自下苦功，以求索經書中深蘊，掌握聖人隱微奧旨。若僅務零碎考證，而於經義全無所窺，則實徒然為捨本逐末，脫離根本之舉，也因此熊曰：「清儒之流毒最甚者，莫如排擊高深學術一事」，而「學術之窮高極深者，莫如談心性。生生之源，化化之本也。學必至此，而後一切學術，有其宗極。知必至此，而後一切知識，得所會歸。」[14]於此熊十力強調清儒排擠「高深學術」，其所指謂者，即是究極根源的心性之學，換言之，清儒反宋學，清儒持名物度數之學反心性義理之學，此點最為熊十力所詬病。再者若就清儒與漢儒學術精神相較，熊十力強調漢儒講究通經致用，尚堪足擔當世事，而清儒雖曰標榜漢學，卻未能掌握西漢經儒躬行樸實的精神，是以清儒除以天理為桎梏外，更充斥貪污、淫侈、自私、自利、詐偽、猜險卑賤之風，可謂喪盡漢學血脈。綜上賅述，得掌握熊十力對歷代學術的評價，及其品評學

---

[12] 詳參《十力語要》卷二，《熊十力全集》第四卷，頁252；卷四，頁506-508。
[13] 《讀經示要》卷一，《熊十力全集》第三卷，頁566。
[14] 《讀經示要》卷二，《熊十力全集》第三卷，頁817-818。

術高下的矩度所在，由是回探其宋明儒學觀，當更能明晰其發言論評之所以及所據。

　　首先，宋學雖以濂洛關閩的心性之學為主，然而近於象山之學的陽明，仍承繼兩宋心性之學而來，是以明學統於宋學，而熊十力筆下的宋學即賅明學以言。**其次**，熊十力認為宋明諸儒的崛起，最主要的正面價值、意義，在於上追孔孟及排斥佛法，而於心性義理之學確能有所發明。「心性之學，所以明天人之故，究造化之原，彰道德之廣崇，通治亂之條貫者也。」[15]心性既是道德的內在根源，也是六經的根極，更是孔孟思想的核心要義所在，而宋學則頗能循此心性血脈，發揚反己之學，執持而勿失。是以熊十力稱揚宋明學術：「北宋諸師，崛起而上追孔孟。精思力踐，特立獨行，紹心性之傳，察理欲之幾，嚴義利之辨。使人皆有以識人道之尊崇，與人生職分之所當盡，而更深切了解吾民族自堯、舜以迄孔、孟，數千年文化之美，與道統之重，卓然繼天立極，而生其自尊自信之心。」因此「其願力不可謂不宏，其氣魄不可謂不大。」[16]由上引述可見：熊十力對心性此人生大本大原的側重，而其所以認同宋明，亦繫乎宋明諸儒確能上續孔門，發揚心性之學，也因此漢學與宋學相較，熊十力認為漢學僅流為治經的工具，而宋學宗經崇孔而特有創發，堪稱為真正的學術。

　　再者，於肯定宋明學術的同時，熊十力也對其偏限與缺失加以評議：其一：精神專注於人倫日用間，雖以存養此心此性為要，但過於專執將心性當作一物事來執守，工夫太過拘緊，未免覺得死煞，雖有得於孔孟，但尚未掌握孔孟大本處。[17]其二：識量狹隘，落於偏枯，僅高談心性而以博稽眾說為外馳，僅聚焦克己工夫而

---

[15] 同前註，頁820。

[16] 同前註，頁799。

[17] 詳參〈原學統〉，《原儒》，《熊十力全集》第六卷，頁433-434；《讀經示要》卷二，《熊十力全集》第三卷，頁801-802。

未遑深究經國濟民之術，不知心性非離身家國天下與萬物而獨存，宗孔而不究諸子百家，未能針對晚周學術的全體，作一復興運動，因此廢博文，則天文、算術、地理、醫藥、機械、水利等百家之緒，悉皆湮絕。與《易》主智周萬物，相互悖逆。[18]換言之，宋儒攝心於內，護持心性，卻疏於事功，有體而無用，與孔孟之內聖外王並重究竟有別。其三：自居闢佛，又不免浸染佛家思想，且未能深入研究佛家教理，在佛家空寂觀影響下，宣揚主靜、絕欲，學風不注重辨析，落於迂固拘執，而其渾融儒佛所建立的心性之學，反使儒學失卻活潑生氣。[19]其四，宋明猶沿承漢儒的天人感應論、三綱五常論及陰陽五行論，未能跳脫小康學派的藩籬與桎梏，且進一層僵化為教條而無所損益。其五：最可責者在於無民族思想、民治思想，北宋之時，胡禍已極，而宋儒於治平之道，卻無所創獲。[20]大抵而言，就優點言，宋明能提倡鞭辟近裡的切己之學，可謂知本，就缺失言，則在於短於致用，不能充養大道，擴展生活。雖則如此，但若與歷朝各代相較，宋代開國以後，規模雖小，但大儒輩出，學術成績斐然，對文化的復興與重振，確實進行了一場有聲有色的演出，也因此相較之下，熊十力對宋明儒學的重視更甚他朝，而其學術思想的養分亦多有汲攝自宋明者。

二、宋明儒學分期

　　《讀經示要》中，區分宋明儒學為五期：第一期為肇創時期，代表學者為周濂溪、程明道、程伊川、張橫渠、邵堯夫等北宋五子，此間程伊川講學著書較久，又具剛大不屈之氣，最為學者所

---

[18] 詳參《讀經示要》卷二，《熊十力全集》第三卷，頁799-801；《十力語要》卷二，《熊十力全集》第四卷，頁252。

[19] 《讀經示要》卷二，《熊十力全集》第三卷，頁801-802。

[20] 同前註，頁824-825。

宗。第二期是完成時期，代表人物首推朱子，以其徧注群經、研尋曆算、博學多方，且願力甚宏、氣魄極大，得傲居為宋學完成者。上述二期的主要成就有二，一是能表彰群經，接孔孟遺緒，明道統之傳。使人知人道尊嚴與文化優越；二是能教人反求心性，特標四子書，以明六經宗趣所在。第三期為宋學初變時期，王陽明為此期宗師，以宋元學者多師法程朱，然程朱之學雖注重踐履，但於本原領悟有限，因此陽明崛起後，以致良知教授學者，令人發現內在的無盡寶藏，由於陽明之學與朱子大異其趣，熊因稱此期為宋學初變時期。第四期為宋學再變時期，即所謂晚明諸子時期，此期因遇東胡外敵入侵，是以特致力於學術思想的改造，反陽明而傾程朱，且上接晚周諸子精神，就學風言，嚴毅、廣博且崇高。第五期為宋學衰落時期，所指為滿清專政以後的考據學，由於考據學的興起，使學者僅務浮雜知識，不求深遠智慧、反己為主的心性之學，因此終落至黯然不彰。

上述五期的學風及代表學者，熊十力於其作品中屢發關注，時有探討及議論，然相較而言，影響熊十力思想最鉅者，仍**屬陽明、朱子及船山**；至於其評價最高者，當屬宋學再變——亦即**晚明諸子時期**。熊認為晚明諸子的特點有以下五端：**首先，能崇尚實測**：由於王學末流淪於空談心性，而晚明諸子如船山、亭林、習齋等，卻一反而能重經驗、尚實測、徵經驗，「窮義理之奧妙，必本諸躬行實踐，而力戒逞臆談玄。諸儒注重實用與實測，乃王學之反響。」[21]此等精神更成為晚近西洋科學方法輸入的援手。**其次，能發揚民族思想**：此期的民族思想，能突破狹隘的種族界線，發揚《春秋》夷夏之辨的精神，以尊崇人道、伸張正義、抑制侵略、剷除暴亂、促進和平為努力方向。**再者，能具備民治思想**：舉列王船山《讀通鑑論》為例，強調其立論具有虛君共和制、制定憲法，以

---

[21] 同前註，頁834。

及進化論的精神，而顧亭林的《日知錄》，亦與船山民治思想能相互發明。**第四，能繼承程朱以來的反佛教精神，依據《大易》重新建立宇宙觀與人生觀。**此間尤以船山之尊生、明有、主動、率性四大精神，為振起沉痾之良藥。最後，**此期考據學昌興，但大抵能歸向實用**：宋儒如朱子等，其考據之學多側重實用，及至陽明之學盛行，視考據之業空疏無用，晚明諸子如顧亭林、王船山等尋復朱學遺緒，因此考據學再興，而此期之考據學有別於清儒，多側重實用，關心國計民生。[22]熊十力透過如上五個面向，盛讚晚明諸子，肯定其積極學風與致用精神，而在稱揚褒譽之際，已隱然可見其置身在沉沉危機的憂患時代中，對當世學風的寄望與期許。

第二節　宋明諸儒的思想評議暨融攝

　　雖然熊十力以其高標準提出宋明學風的多種缺失，但宋明理學究竟是中國儒學的第二個高峰，由《讀經示要》等書中對於宋學大量的發議，可知相較於晚周外的歷朝各代，其對於熊十力的高度影響是無庸置疑的。更何況由北宋五子、朱子、陸象山及至陳白沙、王陽明到王船山，由理學、心學、氣學到易學，都提供了熊十力學術思想充沛的養分，尤其是二王與朱子，其影響尤為顯著。本節僅擇六家，藉觀熊十力對宋明諸子的評議發論，以及宋明諸儒在熊十力學術資源中所扮演的角色。[23]

22　同前註，頁831-848。

23　拙著《熊十力學術思想中的一聖二王》，第三、四、五等三章已針對熊十力之陽明學與船山學及言本心、體用等課題各進行探勘，得逕參之。

一、朱王學術的汲攝與會通

在熊十力偌多的學術資源中，來自宋明的朱子與王陽明尤未可輕忽，透過熊十力原典的檢視，相關文獻的察考，即可透視其除發語評騭朱王外，更多能在二者間參稽抉擇、靈活進出、取資融會。

（一）論評朱王　各領風騷

1 朱子

朱子（1130-1200）為學勁力十足，大抵側重窮理以致其知，反躬以踐其實，而以居敬為主。除參治諸家、兼綜條貫外，於義理系統與工夫入路，尤契於伊川學脈，而承續發展，終能成就一己的義理系統。以其兼重考據及致用之學，對於晚明及清初等後學均萌生影響，因此熊十力認為王、黃、顧等實學之功，當可溯源至朱子，其言道：「朱子本留意考據。……及陽明學昌，學者多以考據工夫為支離破碎，而不甚注重。末流空疏，不周世用。於是晚明諸子，復尋朱子之緒，而盛弘之，考據學遂大行。」[24]

自《論語》言「仁」以來，闡其大義者未知凡幾。朱子則依據伊川「仁性愛情」之說，而以「心之德」、「愛之理」詮解仁，作成〈仁說〉一文：「天地以生物為心者也。而人物之生，又各得夫天地之心以為心者也。故語心之德，雖其總攝通貫，無所不備，然一言以蔽之，則曰仁而已矣！……吾之所論，以愛之理而名仁者也。……」[25]將「仁」解為愛之所以然之理，而為心所當具之德，

---

[24] 《讀經示要》卷二，《熊十力全集》第三卷，頁881-842。
[25] 朱子〈仁說〉思想的詮解，可詳參蔡仁厚：《宋明理學南宋篇》（台北：台灣學生書局，1989年3月），頁107-121。

熊十力頗認同此種精微之說。至於朱子持「敬」工夫也上承伊川，他認為伊川有功於後學處尤在一「敬」字，而伊川的「涵養須用敬」一語則最為朱子所服膺。若能修己以敬，則足以直內、足以集義，也足以方外，因此應當時刻反思注意。而熊十力也繼承其旨要，認為居敬存身，則動靜居處，均得以不違仁體：

> 伊川朱子之學，居敬為先。敬，則徹動靜，而一於仁矣。……敬，只是心不散亂。動時儘自澄明，泛應曲當。靜時炯然，毋有昏昧。動靜一於敬，即動靜皆不違仁體。《論語》及《六經》，大都言敬，此是孔門心法，與禪家習靜工夫迥別。[26]

　　此外在朱子的哲學體系中，也涉及「理」之一與多，一理與萬理的關係。如「人人有一太極，物物有一太極」、「在天地言，則天地中有太極。在萬物言，則萬物中各有太極」等。[27]「太極」是天地萬物的根柢，總天地萬物之理。但此理又分別為萬事萬物所以然之理，亦即一物都各具一太極。就每一物都有其所以然之理而言，則萬物所得均是同一之理、完整之理。以月為例，月印萬川，隨處均可見，萬川之月只是天上之月。朱子此說，實本諸伊川理一而分殊，而輾轉受聞於伊川弟子李延平，因此《語類》言：「伊川說得好，曰：理一分殊。合天地萬物而言，只是一個理。及在人，則又各自有一個理。」[28]此亦即孔子「吾道一以貫之」之意，而熊十力於其著作中屢以漚水為喻，強調萬物皆具道體之全，與朱子之說可謂相互侔合：

---

[26] 《讀經示要》卷二，《熊十力全集》第三卷，頁819。

[27] （宋）朱熹：《朱子語類》卷九十四，《朱子全書》第拾柒冊，頁3122；《朱子語類》卷一，《朱子全書》第拾肆冊，頁113。

[28] 同前註，頁114。

每一漚皆攬大海水全量，以為其本體。故可喻物物各
具道體之全。朱子所謂一物各具一太極，即此意。[29]

流行曰命，從其賦物而言也。流行即是體顯為用，即
起變化，而成萬物也。自其成物言之，則此體，便分賦一一
物。但分字不可誤會，非謂物物各得道體之一分也，卻是物
物皆得道體之全。譬如一月，分印萬川，在萬川固各具月之
全。[30]

至於熊十力對朱子其人其學，則發出如下的整體評價：

朱子願力甚宏，氣魄甚大，治學方面頗廣。其真誠之心，與
勇悍之氣，可謂與天地同流。朝野奸邪構害雖烈，初不以死
生易慮，宋學蓋完成於朱子。[31]

2 王陽明

在程朱之學沸沸揚揚，蔚為學術正宗，而象山之學卻泯然無
聞之際，王陽明（1472-1528）良知說的提出，剎時間使「群寐咸
醒」，人的真正價值成為囑目的課題，別立宗旨的姚江之學非但
足以抗衡朱學，而透過陽明學術流風之所至，其引發的迴響更可
謂深鉅。

熊十力《新唯識論》始於〈明宗〉，終以〈明心〉，其間主
在彰顯歷代聖哲共同的心印，至於《明心篇》所涉亦不外此明幾本
心，另《讀經示要》中對宋明心性之學也時加發論。他認為學術

---

[29] 《讀經示要》卷一，《熊十力全集》第三卷，頁573。
[30] 同前註。
[31] 同前註，卷二，頁832。

至窮高極深處，莫非「心性」二字，它是學術的宗極，能如此領略，一切知識才能得所會歸，身心因此而有主宰，萬德因此而有根源。[32]至於宋儒心性之學，遙承孔孟，如周濂溪的「主靜立人極」切合孔學旨要；程明道的〈識仁〉之作與《易》《論語》等群經得相互印證；朱子雖未如孔門而略有拘執，但朱子以居敬為先，能深澈動靜而不違仁體；又讚象山以「先立乎其大」為宗，此「大」即本心或仁體；至於陽明言良知，良知與仁非二，因此宋學確能續承孔門心法與血脈而加以發展。至於賅攝深廣的六經，究其根柢亦不外在乎心性。心性是道德內在的源泉，由心性之學出發，方可明天人之故、究造化之原、彰道德之廣崇。[33]

熊十力談宋學而實涵攝明學，宋儒以心性之學及義理之教濡化斯民達數百年，至王陽明益加發揚光大，他曾對陽明發出如下的評贊：

> 蓋自陽明倡學南中，承朱子而去其短，宗象山而宏其規，灑脫而無滯礙，雄放而任自然，其後學多有擒生龍搏活虎手段。奇哉偉哉！宋學傳至陽明，乃別開生面。
> 明世如無陽明學，則吾人之理性，猶不得解放，而諸子之學術思想，又何從產生乎？[34]

由上引文字見知熊十力雖認為陽明異於朱子、近乎象山，但卻能出入二子而自得，終在二者的洗鍊下脫胎換骨，呈現了心學前所未有的生面。而讚以「奇偉」二字，雖似未能免俗，但對眼在天上的熊十力而言，卻是絕無僅見的溢美之辭。

如前所申，熊十力在《讀經示要》中將宋學約分為五期：其中第二期即所謂宋學完成期，推舉朱子為領軍者；而第三期則為宋學

---

[32] 參《讀經示要》卷二，《熊十力全集》第三卷，頁818。
[33] 同前註，頁818-820。
[34] 同前註，頁830、845。

初變時期，推舉陽明為鰲頭，朱王各領時代風騷，由是可見，而熊十力針對置身宋學初變期的陽明如此言說：

> 程、朱之學，歷宋、元及明代，傳習日久，大抵注重踐履，守先師語錄甚嚴。而於本原處，無甚透悟。學日益隘，人日習於拘執，故陽明先生發明良知，令人反己，自發其內在無盡寶藏，與固有無窮力用。廓然瞥窮橫遍，縱橫自在，莊生所云自本自根，朱子咏塘水詩，所謂為有源頭活水來，差可形容。宋學至陽明，真上達矣！陽明雖發見良知真體，而禪與老虛寂意思究過重。吾《新論》談本體，雖申陽明之旨，而融虛寂於生化剛健之中，矯老釋之偏，救陽明之失。於是上追《大易》，範圍天地之化而不過，人生毋陷於迷亂，毋流於頹廢，其在斯乎？[35]

一則申陽明之旨，一則救陽明之失，熊十力的心志於上述文字中已具體映顯。

除評論陽明的學術地位，以及一己之述繼陽明外，熊十力於《讀經示要》中詳申志之義及立志、責志之要，而其**立志觀**明顯受到陽明〈示弟立志說〉一文的觸發及啟迪。素來注重立志的陽明，強調立志為成事及為學之本，並將之視為致良知實際工夫之列，念念存天理即是念念去人欲，常立善念，使天理自然而然凝聚心中，此即是立志。因言「大抵吾人為學緊要大頭腦，只是立志」、「只念念要存天理，即是立志。」[36]又〈示弟立志說〉曰：

---

[35] 同前註，頁833。

[36] 分別語出（明）王陽明：〈立志〉，《王陽明全集》卷二十六，頁974；〈傳習錄中〉，《王陽明全集》卷二，頁57；〈傳習錄上〉，《王陽明全集》卷一，頁11。

夫學，莫先於立志。……世之所以因循苟且，隨俗習非，而卒歸於污下者，凡以志之弗立也。故程子曰：「有求為聖人之志，然後可與共學。」人苟誠有求為聖人之志，則必思聖人之所以為聖人者安在，……是以君子之學，無時無處而不以立志為事。正目而視之，無他見也。傾耳而聽之，無他聞也。如貓捕鼠，如雞伏卵，精神心思，凝聚融結，而不復知有其他。然後此志常立，神氣精明，義理昭著。一有私欲，即便知覺，自然容住不得矣。故凡一毫私欲之萌，只責此志不立，即私欲便退聽；一毫客氣之動，只責此志不立，即客氣便消除。或怠心生，責此志，即不怠。忽心生，責此志，即不忽。懆心生，責此志，即不懆。妒心生，責此志，即不妒。忿心生，責此志，即不忿。貪心生，責此志，即不貪。……蓋無一息而非立志責志之時，無一事而非立志責志之地。故責志之功，其於去人欲，有如烈火之燎毛，太陽一出，而魍魎潛消也。[37]

陽明於此強調立志責志之功無一時刻可以或歇，如此方能使私欲無所遁形，發論可謂精警深切，因而能引發熊十力共鳴，並於《讀經示要》中詳為徵引且反覆申說終身學問之功，只是在於立得志而已。再者熊十力又認為學者之所以不能立志，實因私欲所累，至於私欲最甚者不外乎名，好名者為德之賊，凡是外競於名，則必然中藏鮮實，因此君子應發憤忘食，捨流俗之名，享自得之樂。至於對於「志」字之義，則熊十力不取陽明的「向往」義，而改採船山的「存主」義。[38] 二者的差別在於一為依他而起，一為由內安立，如

---

[37] 王陽明：〈示弟立志說〉原出《王陽明全集》卷七，頁259。另《讀經示要》卷二，《熊十力全集》第三卷，頁694-696亦徵引此文。

[38] 《讀經示要》卷二，《熊十力全集》第三卷，頁699：「王船山《讀四書大全說》云：『心有所存主名志』，余謂志字義，當以船山之訓為主。陽明於志字，似取向往

依陽明之意，則所向往者如為聖人，則必由外探求聖人之所以為聖人之道，並效仿聖人去人欲存天理之功，而不知天理之心係人人固有，應反己勤加保任為是，因此所謂立志應心有存主，而非外馳追慕。由知其在己、盡其在己、實其在己的「默識」、「思誠」、「據德」等自力工夫做起，而不藉乎於外，如此則迷妄不興，終能與聖人冥會相通。雖然「志」字採船山說解，但熊十力仍對陽明「親切無比」的責志之說傾力讚揚，勉學者宜服膺並著力於此。又其立志說，強調為學之本，強調砥名固志，強調反己去欲，均是立足於陽明的基礎之上而加以推擴發展。

此外，倘另就**體用問題**言，王陽明繼二程的體用一源說之後提出「夫體用一源也，知體之所以為用，則知用之所以為體者矣」、「心不可以動靜為體用，動靜時也，即體而言用在體；即用而言體在用，是謂體用一源。」[39]蓋因心兼動靜，而無前後內外之分，靜指其未發之中，動則就已發而言，靜無不中，即所謂寂然不動者，此為心之體；動無不和，即所謂感而遂通者，未發之中即是已發之和，動無不和即是靜無不中，因言「體用一源」。以上陽明之言被熊十力譽為「見道語」，熊並曰：「王陽明有言，即體而言，用在體；即用而言，體在用。此乃證真之談。所以體用可分而實不可分」，[40]另陽明學派的「即工夫即本體」，也被熊十力稱許為「一言而抉發天人之蘊」。[41]雖然如此，但熊十力與王陽明的側重處究竟不同，陽明所重在即體而言用在體、而熊十力則加強即用顯體、即用而言體在用此一環結，陽明的體用一源與熊十力的體用不二究

義，故曰：『人苟誠有求為聖人之志，則必思聖人之所以為聖人者安在』。」

[39] 分別語出〈傳習錄上〉，《王陽明全集》卷一，頁31；〈答汪石潭內翰〉《王陽明全集》卷四，頁146。

[40] 〈佛法上〉，《體用論》，《熊十力全集》第七卷，頁53。

[41] 分參〈功能上〉，《新唯識論》（語體文本），《熊十力全集》第三卷，頁179；〈明心上〉，《新唯識論》（語體文本），《熊十力全集》第三卷，頁395。

竟仍存在其差異性，因之當熊十力在稱許陽明「本末一貫，體用兼備」的當下，卻又一面逕直道出陽明的缺失：

> 陽明一生精神，畢竟理學家的意味過重，其所以自修而教人者，全副精神都只在立本，而不知本之不離末也；都只在明體，而不知體之不離用也；都只在修身，而不知身之不離家國天下與一切民物也，此其所以蔽也。……陽明非不知本末、體用，乃至一身與民物皆不相離，然而其全副精神，畢竟偏注在立本，乃至偏注在修身。[42]

意謂陽明在體用、本末問題上，雖然理論架構完足，自身所行亦能循其論點而發，但僅立教時的一點偏失，其實施成效與發展面向便因差之毫釐，而謬以千里了。因此若以陽明與曾國藩併觀，陽明的才、德、智、力既高於曾國藩，亦能雅納群賢，隨機多方立教，集一時俊彥於門下，然而其承學之士在熊十力看來，終淪於立本而遺末、明體而遺用，孤守良知而未能推擴。推究其因，陽明固能識為學之頭腦，推致本有良知，但其對實用知識，終不免於無形間有所輕忽。至於曾國藩羅致的人才除足濟時用外，其支流於其身後尚能扶傾濟困，繫清末安危，推究原因，在於曾國藩能義理、考據、經濟、詞章四科兼重，且全副精神即專注於此實用之學。[43]有鑑於此，熊十力於崇良知之餘，仍堅持酌採朱子格物之學；申體用不二之際，特強調即用而言體在用、作用見性，即用顯體、即工夫即本體。

[42] 《十力語要》卷二，《熊十力全集》第四卷，頁267。
[43] 詳參《十力語要》卷二，《熊十力全集》第四卷，頁265-271。

（二）疏決《大學》各有摭取

熊十力對《大學》備加推崇，認為《大學》堪稱為儒家寶典，雖篇幅不多，但卻廣大悉備，囊括萬有，讀之可掌握六經宗要、窺知六經體系、認識六經面目並會通六經精神。因此於《讀經示要》一書中**以陽明之說為主，並酌參朱子說解**，藉以疏決《大學》首章，並表達一己見地。今略加申說，以見知其如何融攝朱王，並略窺其立論重點所在。

1 疏決三綱領

（1）明明德

如前章所申，陽明係由「一體之仁」來表述「明德」，此一體之仁「是乃根於天命之性，而自然靈昭不昧者也，是故謂之明德。」[44]而朱子則由「明德者，人之所得於天，而虛靈不昧，以具眾理而應萬事者也」加以申說。[45]至於**熊十力**則認為《大學》開端直曰「明明德」，一語已標出《六經》心印，首一「明」字涵括存養察識等許多自反工夫，「明德」即指目本心而言，本心既主乎吾身，也主乎天地萬物，若識得本心，則舉凡萬事萬物、萬化萬變、萬理萬德均能透過反己體認而得其源。熊十力自述其在體悟《大學》「明德」之義時，其歷程幾經嬗變：

> 吾少時不解《大學》明德，閱康成注，只訓釋文句而已，覺其空泛無著落；閱朱注，以虛靈不昧言，始知反諸自心。及讀陽明詠良知詩，即前所引者，則又大詫異。懷疑萬端，苦思累年不得解。偶閱《列子》忽爾觸悟，天地萬物本吾一

---

[44] 〈大學問〉，《王陽明全集》卷二十六，頁968。

[45] 〈大學章句〉，《四書章句集注》，《朱子全書》，頁16。

體，須向天地萬物同體處，即萬化大源處，認識本心。現前虛靈不昧者，只是本心之發用，而未即是本心。虛靈者，動相也，動則可以遷其本也，唯動而恆寂，乃是本心通體呈現。陽明詩指出無聲無臭之獨體，是乾坤萬有基。此乃於虛靈而識寂然無擾之真，方是證見本心，以視朱子止認取虛靈為真宰者，蓋迥不同也。[46]

此間《列子‧天瑞篇》使熊十力體悟「天地與我並生，萬物與我為一」之理，而陽明〈詠良知詩〉則使其體知宇宙本體其實不待向外求索，吾人本心即是萬物的本體。[47]此二者正是使其正確掌握「明德」義蘊的轉寰關鍵。至於強調不懈存養與察識，不令本心放失，勿使私意猛起，則與陽明所述「去其私欲之蔽」的旨要切近。

（2）新民

朱子改古本《大學》「親民」為「新民」，所謂「新」意指「格其舊」，「新民」即重在除卻陰翳，而使人人能恢復其本體之初以具眾理而應萬事。至於陽明則仍依循古本「親民」之訓，認為「明明德者，立其天地萬物一體之體也。親民者，達其天地萬物一體之用也。故明明德必在於親民，而親民乃所以明其明德也。」[48]明德此萬物一體之仁，即在親民上見知，而親民也正藉以實現明德，因此由親吾父、而及於親人父以及天下人之父，推而廣之，君臣、夫婦、朋友、山川鬼神鳥獸鳥獸草木，均能親愛之，此即是發揮天下一體之仁，推己而及人，而吾人的明德本心亦由此而無不明

---

[46] 《讀經示要》卷一，《熊十力全集》第三卷，頁633-634。

[47] 熊十力於《讀經示要》卷一，《熊十力全集》第三卷，頁630引王陽明〈詠良知詩〉曰：「無聲無臭獨知時，此是乾坤萬有基；拋卻自家無盡藏，沿門托鉢效貧兒。」又引《列子‧天瑞篇》：「弴熊曰：『運轉無已，天地密移，疇覺之哉？』張處度注曰：『夫萬物與化為體，體隨化而遷，化不暫停，物豈守故？故向之形生，非今形生，俯仰之間，已涉萬變。』」

[48] 〈大學問〉，《王陽明全集》卷二十六，頁968。

矣！由此可見，明德與親民二者相互依存、互為體用，內聖工夫須藉事為而達成，明明德須包括親民事為的實踐才算完足。由明明德而親民，是本體下貫為實踐；由親民而明明德，是藉由實踐而呈顯本體，因此如孔子言「修己以安百姓」、孟子言「親親仁民」，均是將明德、親民納為一事。

針對朱子、陽明對「新民」、「親民」的分歧之說，學者各有所循也各有見地。陽明雖義理充盡、發揮精透，**熊十力**仍從朱注引程子「親當作新」，理由除依照經文之自釋，引湯之〈盤銘〉：「苟日新，日日新，又日新。」〈康誥〉曰：「作新民」，可證親字為新字之誤外，更要者在於採「新」字意義深遠。成湯以日新自勉，日新即是自明，自識本心，加以存養察識，無為私欲所蔽，如此才能真宰常昭。然而自新之後更應力求新民方能無憾，由於人我同體，我與人同此本心本性，因此我既自新，也自然而然蘄他人得以自新，否則即覺性分猶有所虧失，明德猶有所遮蔽，一如肢體某處猶未發育完成。再者熊十力更認為「作新民」三字，不待言親，而親之義已涵括其中；反之，如逕言親民，而後再說新義，更費推演工夫。並以《論語》等為例，己立己達是自新、立人達人是新民；學而時習之是自新，朋來而樂，是新民；學而不厭是自新，誨而不倦，是新民。作新民之功並非聖人方可得，舉凡朋友間、師友間，隨分盡皆可得。大抵熊十力雖以「新民」為說，但就其表述的具體內容看來，已兼賅朱王「新民」及「親民」要義，並賦予時代新義，使詮解內容更為寬廣靈活。[49]

（3）止於至善

針對「至善」陽明詮釋曰：「至善者，明德、親民之極則也。天命之性，粹然至善，其靈昭不昧者，此其至善之發見，是乃明德

---

[49] 熊十力詮解《大學》「新民」，詳參《讀經示要》卷一，《熊十力全集》第三卷，頁639-645。

之本體，而即所謂良知也。至善之發見，是而是焉，非而非焉，輕重厚薄，隨感隨應，變動不居，而亦莫不自有天然之中，是乃民彝物則之極，而不容少有議擬增損於其間也。少有議擬增損於其間，則是私意小智，而非至善之謂矣！」[50]由此看來，「至善」是明德親民的極致，明德親民做到根本處，即是止於至善，止於至善亦即是恢復心體之本然而已，換言之，至善即是人人本具的良知。而由「至善之發見」一語，可見良知不是隱蔽不彰的，因此又以「明德」一語稱之。在陽明眼中，止於至善即是明明德與親民的準據，吾人透過道德實踐的最終目的即在達到此至善之境，彰顯原有的本心良知。至於朱子注則云：「止者，必至於是而不遷之意。至善，則事理當然之極也。言明明德、新民，皆當止於至善之地而不遷。蓋必其有以盡夫天理之極，而無一毫人欲之私也。」[51]稱「至善」為「事理當然之極」，於事物中求得定理的說法，遭致陽明嚴厲的抨擊，認為朱子不知至善即在心中，而轉求於事事物物之中，實有支離之病。[52]若局部觀之，所言似是，但朱子雖重視窮理工夫，而於居敬一事也同時並究，應併合統觀立論，方稱公允。

　　對於朱、王立說，**熊十力**兼容並採，因為兩說均認為明明德與新民的極詣處在於止於至善；均強調粹然至善時無一毫人欲之私，說義可相互發明，但熊十力顯然對陽明之說更為首肯，因陽明逕點出至善即是良知，說詞簡易親切。在熊十力看來，三綱領原是一事，明德即是本心、良知，即是至善，只因義有偏重，因此分三層以言耳！至於《大學》「物有本末」一語，朱子以明明德為本、新

---

50 〈大學問〉，《王陽明全集》卷二十六，頁969。

51 〈大學章句〉，《四書章句集注》，《朱子全書》，頁16。

52 〈大學問〉，《王陽明全集》卷二十六，頁970：「人惟不知至善之在吾心，而求之於其外，以為事事物物皆有定理也，而求至善於事事物物之中，是以支離決裂，錯雜紛紜，而莫知有一定之向。」

110 | 現代儒家三聖（下）——梁漱溟、熊十力、馬一浮論宋明儒學

民為末，而熊十力則認同於陽明所強調的本末究竟仍為一物，明明德與新民其實仍是一事。[53]

2 疏決格致誠正

《大學》三綱領總歸止於至善，如上所述，至於格致誠正修齊治平八條目，則是三綱領的詳細工夫，陽明如此說明：「蓋身、心、意、知、物者，是其工夫所用之條理，雖亦各有其所，而其實只是一物。格、致、誠、正、修者，是其條理所用之工夫，雖亦各有其名，而其實只是一事。」[54]在陽明看來，做工夫時為求層層深入，始將身、心、意、知、物予以分疏區別，其實五者原是一物；又其說格、致、誠、正、修為一事，亦見其力求工夫能真正落實，一以貫之。以下即針對格、致、誠、正四者，來檢視熊十力如何立基於陽明、朱子的基礎上，更予闡發推新。

（1）正心

《大學》「欲修其身者，必正其心」，依陽明之意，身是心的形體運用；心是身的靈明主宰。修身即是要為善去惡，然而「吾身自能為善而去惡乎？必其靈明主宰者欲為善而去惡，然後其形體運用者始能為善而去惡也。故欲修其身者，必在於先正其心也。」[55]倘若無身，則心無形體可資運用；倘若無心，則身無靈明可為主宰，可見身心二者是交融通貫、互為運用的。

熊十力則認為正心的心，意指人的本心，既指人的本心，此心原無不正？何可以一「正」字言之？因此所謂正心，並非指正治其心，陽明之說於此似有欠分曉。熊舉《管子》「心之在體，君之位也」以言，當情欲發動時，本心即因而放失，心既然失其位，即有

---

[53] 熊十力詮解《大學》「止於至善」，詳參《讀經示要》卷一，《熊十力全集》第三卷，頁645-648。
[54] 〈大學問〉，《王陽明全集》卷二十六，頁971。
[55] 同前註，頁971。

待於正，因此所謂「正」只是要使心在君位，而不被情欲所奪。如此解讀，更顯前後通貫、周延明晰。[56]雖然如此，但其實陽明所謂正心的原意，並非指稱應正此至善的心體，而是落在誠意工夫上，由下述可知。

（2）誠意

前章已申朱子以：「誠，實也。意者，心之所發也。實其心之所發，欲其必自慊而無自欺也。」釋誠意，[57]而陽明則言：「蓋心之本體本無不正，自其意念發動，而後有不正。故欲正其心者，必就其意念之所發而正之。凡其發一念而善也，好之真如好好色，發一念而惡也，惡之真如惡惡臭；則意無不誠，而心可正矣。」[58]前段陽明言及「必先正其心時」，易使人引入正治其心的解讀，因此熊十力提出疑義，並表達一己見地。但當陽明由正心之教推向誠意之教時，已於字間明確傳達心之本體既是做實踐工夫的超越依據，本無不正，善惡正邪其實是由於意念之所出，因此所謂正其心，明確的說是在於正已發動的意念之惡。

熊十力同意朱王所言心之發動為意，但不認同陽明所云「心之本體本無不正，自其意念發動，而後有不正」數語，因心既然無不正，則由心所發動的意念，自然也無有不正者，因此肇致不正的不在於意，而在於與意同時俱起的私欲，當私欲乘權時，即欺矇初意，甚至使初意亡失。因此所謂誠意工夫，其實只是*毋從欲以自欺吾心初意*而已！至於《大學》經文以「如惡惡臭，如好好色」為喻來表達意之誠，而朱王卻誤解為誠意應在好惡上用功，熊十力也詳為提出針砭之詞，不另贅述。[59]要之，熊十力詮釋《大學》誠意

---

[56] 熊十力詮解《大學》「正心」，詳參《讀經示要》卷一，《熊十力全集》第三卷，頁650-651。

[57] 〈大學章句〉，《四書章句集注》，《朱子全書》，頁17。

[58] 〈大學問〉，《王陽明全集》卷二十六，頁971。

[59] 熊十力詮解《大學》「誠意」，詳參《讀經示要》卷一，《熊十力全集》第三卷，頁651-655。

時，不遵循陽明及一般後學者所謂意有善惡的說法，而由私欲亡失初意的角度切入來談，觀點可謂獨樹一幟。此外也對朱王所釋「如惡惡臭，如好好色」重予辨正，並使正心誠意之說更趨一貫，顯示出較朱王更為精審的內涵。

（3）致知

有關朱子與陽明的「良知」義涵，前章涉梁漱溟處已略及：大抵陽明認為《大學》所謂「致知」其實即是致良知之意，「致良知」是陽明五十歲後所提，此簡易精微的三字教，正是其一生嘔心瀝血後的體悟，也代表其一生學術的總成績。源於《孟子》的「人知所不學而知者其『良知』」，到了陽明已賦予更精闢豐富的意涵。陽明曰：「知是心之本體，心自然會知：見父自然知孝，見兄自然知弟，見孺子入井自然知惻隱，此便是良知不假外求。」[60]知即是良知，良知是心的本體，心的本來面目即是良知，它是與生俱有，不待學慮即具備的愛親敬長之心。又言：「良知是天理之昭明靈覺處，故良知即是天理。」[61]在陽明看來，良知既是心性主體，也是宇宙本體；良知即是道德實踐之所依，也是天理之所在；天理的朗現，即在此本心良知處發見，所謂「心即理」其思想精義也即在於此。此外陽明又認為：「人的良知，就是草木瓦石的良知。若草木瓦石無人的良知，不可以為草木瓦石矣！豈惟草木瓦石為然，天地無人的良知，亦不可以為天地矣」、「天沒有我的靈明，誰去仰他高？地沒有我的靈明，誰去俯他深？鬼神沒有我的靈明，誰去辯他吉凶災祥？天地鬼神萬物離卻我的靈明，便沒有天地鬼神萬物了。我的靈明離卻天地鬼神萬物，亦沒有我的靈明。如此便是一氣流通的，如何與他間隔得！」[62]由此見知天理之在吾心，即是吾人的良知；人類的良知之在天地萬物，即是草木瓦石的天理，倘無此

---

[60] 〈傳習錄上〉，《王陽明全集》卷一，頁6。
[61] 〈傳習錄中〉，《王陽明全集》卷二，頁72。
[62] 〈傳習錄下〉，《王陽明全集》卷三，頁107、124。

人心一點靈明，天地萬物即不成為天地萬物，反之我的靈明如離開天地萬物，靈明即失卻其實有的意義。人因有此一點靈明，心物便得以同流共化，得以與天地萬物相互感應體察，彼此互為一體，所謂天地萬物一體之仁即可在此呈顯。「良知」二字，既是陽明體認心體存在後所提出的最終成果；也是千聖同契的寶藏所在。

至於「致」知實功為何？良知為人人所固有，然而明覺程度不同，因此必須下一「致」的工夫，才不致被私欲所奪，才能將吾心良知的天理推擴出來，貫徹到事事物物上。所謂「致」即包含「盡」、「存養保任」、「推極」、「充擴」等義，良知少卻「致」此一實功，便形同一潭死水。陽明的致知實功，曾採默坐澄心的方式；也曾極力省察克制，一念萌動時，即如去盜賊、拔病根般予以克除，藉以廓清心體；及至年四十三在南京階段時，便趨向具體實際，僅以「存天理，去人欲」為教，作為省察克制的實際工夫。陽明說：「只要去人欲、存天理，方是功夫。靜時念念去人欲、存天理，動時念念去人欲存天理，不管寧靜不寧靜。」[63]不論動時靜時、有事無事都要存養省察，念念去人欲、存天理，如此工夫才能具體落實。此外陽明也提出「事上磨練」之說，因為如僅好靜，真正遇事時易亂，終難有長進。但綜而言之：「良知明白，隨你去靜處體悟也好，隨你去事上磨練也好，良知本體原是無動無靜的，此便是學問頭腦。」[64]致良知，便是陽明慧解下所提出的學問大頭腦，「人若知這良知訣竅，隨他多少邪思妄念，這裡一覺，都自消融，真個是靈丹一粒，點鐵成金。」[65]

至於熊十力對《大學》致知義，悉依陽明「致良知」意旨，並詳引陽明之說詳加言詮，而朱注則言「知猶識也。推極吾之知

---

[63] 〈傳習錄上〉，《王陽明全集》卷一，頁13。
[64] 〈傳習錄下〉，《王陽明全集》卷三，頁105。
[65] 同前註，頁93。

識，欲其所知無不盡也。」對於朱子以「識」言「知」等熊未表認同。[66]他如此申言：

> 良知是心之自體，吾人能返而認識此真宰。盡其致之之功，則意之本體，既已呈現，即主宰常在。而於日用動靜之間，倘有私欲潛伏思逞，只要本宰不失，便常能照察，於此而致誠之之功，即禁止自欺，而慎保其幽獨之微明。……故欲心無失位者，必有誠意工夫。欲誠其意者，還須識得心體即是良知，而不已於致。[67]

由此看來，在「致知」課題上，熊十力捨朱採王，踵繼陽明對良知心體及致知實功的側重，視致良知為其學問的大頭腦，經由致知可以會歸本體、直揭心源。

（4）格物

前章已述及朱子陽明對格物義涵的詮釋，大抵陽明解「格物」為「正物」，強調推致擴充吾人的良知天理於事事物物，使事事物物均能正其不正，為善去惡，合於良知天理，此即是格物。而朱子則訓「格」為「至」，格物即是至於物（即物）而窮其理。朱、王的致知格物呈現出迥然不同的二式：前者是認知心下的「致知究物」，後者是良知下的「致知正物」，[68]而其焦點亦大抵不同，朱子主要聚焦於格物，陽明則側重在致知。**熊十力**面對朱王在致知格物意見上的歧異，他選擇兼取二者之長的融會方式，在致知方面恪遵陽明路線，已如上述；格物方面卻採用朱子即物窮理的觀點，並修正朱子訓「格」為「窮至」，改採「量度」義，其主在原因在

---

[66] 熊十力詮解《大學》「致知」，詳參《讀經示要》卷一，《熊十力全集》第三卷，頁656-664。

[67] 同前註，頁661-662。

[68] 蔡仁厚：《王陽明哲學》，頁30，原由牟宗三先生所提出。

於：**其一**，陽明的說法未盡周全，如其格物致知說取義即有重疊之處：「知者，本體也。反己自識，而加以涵養擴充等工夫，則所謂致者是也。致其知矣，即本體之流行，無有止息。不待言去惡，而惡已無不去，不待言為善，而善已無不為，故陽明以為善去惡言格物，適成贅義，非經旨也。」[69]意即陽明的致良知已包含道德實踐之義，而其格物說又強調去善為惡、正其不正，如此二者的義涵便落入重複。**其二**，陽明的格物說過於忽視知識，不為科學留地位，容易陷入如佛老淪虛溺寂的後塵，而格致說如全依朱子之說，又容易有支離之病，因此調和二者，本末兼顧，成為熊十力致力所在，他說：

> 如不能致良知，而言即物窮理，則是徒事知識，而失卻頭腦，謂之支離可也。今已識得良知本體，而有致之之功，則頭腦已得。於是而依本體之明，去量度事物，悉得其理。則一切知識，即是良知之發用。何至有支離之患哉？良知無知而無不知。如事親而量度冬溫夏清，與晨昏定省之宜，此格物也，即良知之發用也。入科學實驗室，而量度物象所起變化，是否合於吾之所設臆，此格物也。即良知之發用也。⋯⋯總之，以致知立本，而從事格物，則一切知識，莫非良知之妙用。[70]

一則以致知立本來主宰格物，依本體來量度事物；一則透過格物促使良知發用，如此兼取朱王，便可互救其「支離」與「淪虛」之失，而達相得益彰之效。

---

[69] 《讀經示要》卷一，《熊十力全集》第三卷，頁667-668。

[70] 同前註。另熊十力詮解《大學》「格物」，詳參《讀經示要》卷一，《熊十力全集》第三卷，頁664-671。

其實熊十力詮釋《大學》兼取朱、王，除展現個人體悟所得外，亦有其歷史發展的背景與淵源。自朱子承伊川之學，暢論格物窮理以來，八條目中的「格物」之教遂一路大彰；迄陽明強調良知本心即是天理，「致良知」教便涵攝格物，並取而代之，成為《大學》標竿；及至劉蕺山轉換重心，改置「誠意」為要，而王龍溪則側重於「正心」之旨；至王船山、顧亭林、黃梨洲等身當鼎革之際，在國族命脈岌岌可危的當下，視野自然安放在如何治國平天下之上；而民初以來，在中西文化的相激互盪下，競尚科學新知是必然發展的態勢，而科學正是格物窮理之學的一環，熊十力強調本心良知之餘，兼重朱子格物之教，殆為時勢之必然。至於各家表述《大學》，自樹新義，超溢出《大學》原義，亦屬自然且當然。唐君毅有鑑於此，因曰：

> 熊先生之說，實將人之求科學知識之事，攝於格物一目下，而再視格物為良知之發用。此既不同於朱子之以格物窮理即致知，而未嘗先立德性之知以為其本之說；亦不同於陽明之以致良知，以於意念所在之事，正其不正以歸於正，即格物之說；更不同於清代學風之重聞見之知，及清以來以格致之知，及求客觀自然事物之知識之說；乃重歸於以良知，即德性之知為主、為體，而以科學知識格物窮理為輔為用之說。是乃兼取陽明之意以立本，取朱子之言以為輔，以攝清儒所尚之聞見之知，及今人所尚之科學知識所成之新說，而亦非大學本文之原義所及，朱子陽明之本旨所在者也。[71]

對熊十力何以兼攝朱王、並納致知格物，發出賅要註解。

---

[71] 唐君毅：《中國哲學原論·導論篇》（台北：台灣學生書局，1979年2月），頁357-358。

3 綜採朱王要義

　　由上所申，得驗熊十力詮解《大學》確乎參稽朱王，二者並納，以下則以表載方式，將熊十力於《讀經示要》中詮解《大學》首章的要點及對朱、王二說的斟酌損益列表如下：

《大學》首章項目	熊十力立論依據	熊十力疏決重點
明明德	陽明為主朱子為次	＊強調明德即本心，為自家無盡藏，也是乾坤萬有基。宇宙本體不待向外求索，吾人本心即是萬物實體。
新民	朱子	＊認為陽明雖義理充盡，但從朱子改「親民」為「新民」，「新民」重在除卻陰翳，使人人能恢復其本體之初以具眾理而應萬事，並認為新民可含親民義。 ＊強調存養察識的日新工夫，無為私欲所蔽，且人我同此本心本性，是以應由自新而新民。
止於至善	陽明為主朱子為次	＊二說兼容並採，因朱、王均認為明明德與新民的極詣處在於止於至善；均強調粹然至善時無一毫人欲之私，說義可相互發明。但陽明指出至善即是良知，較朱子親切。
正心		＊認為本心原無不正，陽明「正」字欠分曉，改正治其心為勿使心因私欲起而失其正位。
誠意		＊對朱、王說解各有認同與批駁，認同陽明以心之發動為意，心既無不正則意亦無不正。 ＊誠意工夫，其實只是毋從欲以自欺吾心初意而已，評陽明不辨「意」與「私欲」。
致知	陽明	＊悉依陽明說解，強調良知為靈丹一粒，是學問大頭腦，是吾人與天地共有之本體，但須有「致」之的推擴工夫來即知即行，而致知之功首重去人欲存天理。 ＊對朱注以「識」言「知」，強調推極知識使所知無不盡的見地未表認同。
格物	朱子	＊認為陽明之說忽視知識，採朱子即物而窮其理為釋，修正「格」為「量度」義，又言格物本於致知、致知必由格物下手。

　　由上表所列，可見熊十力詮釋《大學》並非就朱、王所論生吞活剝、片面取捨，而是各有擷取、彰顯與融會，並於轉圜關鍵處適時提出個人的獨識與洞見，並盡力達致前後通貫、體系完整。以陽

明為軸、朱子為輔、攝清儒聞見之知以及西方科學知識，熊十力的格物致知說等融諸多因子於一爐，冶煉成熊十力獨到的言詮體系。雖然如此，因有來自於陽明與朱子的原始慧解，才能反芻出熊十力的新說。本章第三節將續探陽明學術思想中的良知觀念及朱、王的格物致知說，如何在熊十力的諸多作品中加以開展，而熊十力又如何立基在朱、王及各家基礎上發展出更完整的思想體系。

二、船山思想的契應與問疑

熊十力曾以「薑齋千載是同參」一語，道出王船山（1619-1692，別號薑齋）是他超越時空、突破藩籬的千古知音，及至晚年更曰：「余平生於古今人，多有少之所歆，移時而鄙，獨至船山，則高山仰止，垂老弗變。」[72] 垂老而猶不改歆仰之衷唯船山耳！於此即循順熊十力的兩處自我告白而發，索探其背後蘊藏的孤絕精神及豐富義涵，並藉觀熊十力對船山人格的仰讚、生命的實踐及思想的擷取、融會與發揚。

（一）生命精神的全幅踵效

王船山和熊十力都生當天崩地解、風雲激盪的時代，在鼎革之際，都曾灑滿腔熱血矢志參與革命，殆及備歷險阻而時勢終無可為，始萌歸隱之志，專心著述。船山面對的是明清易代的時勢變局，面對歷史憂患，他選擇投身激流，為扶掖中夏大業投身一搏，在戰火紛飛中舉兵衡山，然終因孤掌之拊遭致挫敗，在清兵入關後，備歷險阻顛簸的他，或匿隱荒山或浪跡湘南，終而歸隱衡陽，由三十五至七十四歲近四十載間，他選擇了沉潛韜養、杜門著書，以筆耕延續絕學，藉撫宗社覆亡之痛。博文約禮、篤學深思的他，迄於暮年雖體羸多病，仍時置楮墨於臥榻之旁，纂註未已。至於熊

---

[72] 〈仲光記〉，《十力語要初續》，《熊十力全集》第五卷，頁193。

十力年十七，因讀船山、亭林、梨洲、習齋諸賢大作，感發甚深，痛族類瀕於危亡，而投身反清革命，參加討袁護法，與憂時志士們輾轉奔波於武昌軍學界間，以悲壯激越的豪氣欲爭得剝復之機，當此之時，熊十力對儒、道、釋諸家及漢宋之學等亦初有接觸，並認為學問事功合轍，方為天下第一等人。但其後因嘆黨人競逐權利，革命終無善果，且又自覺一己非事功之才，始慨然棄政而專志於學術，欲藉此導人群以正見。從此勤耕不輟。由此看來，王船山與熊十力二人，他們同樣處乎世變，遍歷險難，終而專致學術，衛道之誠卻始終未曾移易；他們同樣遍覽群籍、識見精博，深於子、通於史，又精於《易》、達於《詩》、明於《詩》、審於《禮》、嚴於《春秋》，又同樣曾出入於《佛》，並對歷代學術發展及特質提出詮解及批評，而在學術精神上也同樣深得尼山大旨，並以之為歸趨。

熊十力奉船山為「同參」，透過熊十力的自白及作品中的發言，得以驗證這樣的自白是發自內心真切的崇仰。1908年，年方二十四的熊十力認真讀起船山的《周易內傳》《周易外傳》，對船山易學的精思察識給予高度評價，認為超越漢宋群儒。其後又讀船山的《讀通鑑論》，認為船山悲憫衰世之人沉淪於物欲，泯滅了族類意識，似是傷感太過。[73]1913年，發表〈翊經錄緒言〉，推崇濂溪、橫渠、船山三人對《易》道的發明：

> 周元公濂溪作《太極圖說》、橫渠張子作《正蒙》、船山王子作《正蒙注》、《思問錄》，皆本隱之見，原始要終，於《易》學有所發明，余故輯三子書為《翊經錄》。翊經，謂可以扶翊聖經云爾。

---

[73] 詳參郭齊勇：《天地間一個讀書人──熊十力傳》（台北：業強出版社，1994年11月），頁13。

濂溪、橫渠、船山，實三代後聖人也。其學之大者，在以道器為一元、形上形下為一體，有無虛實聚散為一貫、晝夜古今為一致、平陂順逆為一途，旁行而不倚、圓神而不流，所謂窮神知化，德之盛也。非天下之至精，奚足以語此。[74]

由上述徵引文字，可見此時熊十力於船山學術已別有會心，而於其道器一元等亦有適切的掌握。1918年，熊十力彙集1916年以來筆札二十五則，編為《熊子真心書》，雖其內容有限，卻能藉以呈現其個人三十年來心行所存，且又慨於船山有言：「惟此心常在天壤間。」[75]因而定名為《心書》，此間明確提及船山的文章計有〈船山學自記〉〈張純一存稿序〉〈日知會王劉余何朱諸傳〉〈問津學會啟〉〈與張素武〉〈鈞王〉〈諸葛武侯出師表書後〉〈至言〉〈箴名士〉九篇，而透過列居篇首的〈船山學自記〉一文，即可觀見熊十力對船山學的領悟與偏愛：

乃忽讀《王船山遺書》，得悟道器一元，幽明一物。全道全氣器，原一誠而無幻，即幽即明，本一貫而何斷？天在人，不遺人以同天，道在我，賴有我以凝道。斯乃衡陽之寶筏、洙泗之薪傳也。《船山書》凡三百二十卷，學者或苦其浩瀚，未達旨歸。余以暗昧，幸值斯文，嘉其啟予，爰為纂緝，歲星一週，始告錄成，遂名《船山學》，故記其因緣如此。[76]

---

[74] 〈翊經錄緒言〉刊於《庸言》，第一卷第24號，1913年，此係轉引自郭齊勇《天地間一個讀書人——熊十力傳》，頁17-18。

[75] 熊十力《心書》自序，《熊十力全集》第一卷，頁4。原出（明）王船山：〈序〉，《薑夢》，《船山全書》（長沙：嶽麓書社，1996年10月）第十二冊，頁549：「吾老矣，惟此心在天壤間，誰為授此者？」

[76] 〈船山學自記〉，《心書》，《熊十力全集》第一卷，頁5。

此時的熊十力已更能掌握船山學要旨，而輯錄船山學，更得以反映他對船山通貫天人、道器統一說的透悟，這對熊十力體用架構的建立形成最佳的啟蒙。至於〈箴名士〉篇，既認同船山「痛中夏覆亡，推迹士習之壞自名士」的觀點，且援引船山《讀通鑑論》中指責名士之言論，贊船山能「洞見癥結」。[77]其後專探歷史文化，嘗親炙熊十力教誨，而確立終生定向的徐復觀，初拜謁熊十力時，曾向他請益該讀什麼書，熊十力推薦船山的《讀通鑑論》，徐答以早年已經讀過，熊以不悅神氣說：「你並沒有讀懂，應當再讀。」俟讀畢後，熊問其心得，徐提出許多他不同意的地方，遭熊怒聲斥罵：「這樣讀書，就是讀了百部千部，你會受到書的什麼益處？讀書是要先看出他的好處，再批評他的壞處，這才像吃東西一樣，經過消化而攝取了營養。」徐自承這對他而言是起死回生的一罵。[78]由此看出熊既善為經師，而其慧識更堪為人師，此外亦顯見船山論上下古今興亡得失之故的史學著作，熊給予高度的評價，而其影響亦由是可見。

在顛沛流離之際，船山孜孜矻矻所致力的仍在於聖賢學脈的傳衍，「六經責我開生面，七尺從天乞活埋。」正道出了他拒仕異朝，留得血肉之軀於人間的真正動能無二，即在奮竭其力保得傳統文化脈博而已！其宏願悲懷中所底蘊的孤往精神，發酵為熊十力所念茲在茲的強力感召，熊十力願踵步效隨船山，其心跡已在下列文字中表露無疑：

> 船山孤往、有著書遺後。吾當衰世、云何自靖。念此炫然、仰屋嗟語。[79]

---

[77] 〈箴名士〉，《心書》，《熊十力全集》第一卷，頁40-41。

[78] 〈我的讀書生活〉，《徐復觀文錄選粹》（台北：台灣學生書局，1980年6月），頁315。

[79] 《十力語要》卷一，《熊十力全集》第三卷，頁105；另頁467亦提及船山的「孤往精

船山竄身猺洞以沒世，尤為卓絕。余少無奇節，然服膺
　船山，常求所以守拙而淪於孤海，深懼夫力之不勝也。[80]

　　王夫之之詩曰：「六經責我開生面」。吾將持此以援世
　人。庶幾塞吾悲乎？[81]

　在熊十力眼中，凡有志於學術者所未可或缺的，即是船山此般的孤
往精神，「船山正欲為宏學而與世絕緣。百餘年後，船山精神畢竟
流注人間。」[82]船山心跡透過熊十力的準確言詮已然表露無遺。至
於一向痛惡浮慕時風、虛假習性的熊十力，也常落入外界孤冷而未
能諧和於世的主觀評驚。卓然獨立、矗然孤行的熊十力之所以能奮
其孤衷，遍歷險難而不減衛道之誠，王船山的確扮演了引領的重要
角色，現代學者蔡仁厚也看出熊十力便是船山孤往精神的具體實踐
者，因言：

　　自大明覆亡，船山老死，學絕道衰者近三百年。非有深
　心之悲願、生命之大慧與夫原始之真力如熊先生者，其孰能
　暢通華族生命之大流，光顯古今聖賢之慧命，以承續斯學，
　弘大斯道！[83]

　　我在敬悼熊先生逝世文中，有云：「通船山之孤懷，
　接宣聖之慧命，江漢以濯之，秋陽以暴之，皜皜乎不可尚
　已！」今天我仍願用這句話，來表達我對熊先生的崇仰之
　情。[84]

　神」。

[80] 《讀經示要》卷二，《熊十力全集》第三卷，頁709。

[81] 同前註，卷一，頁607。

[82] 《十力語要》卷四，《熊十力全集》第四卷，頁466。

[83] 蔡仁厚：〈附錄-黃岡熊十力先生百周年〉，《熊十力先生學行年表》（台北：明文書
　局，1987年8月），頁95-96。

[84] 同前註，頁103。

如是看來，一句簡賅的「薑齋千載是同參」，一句「垂老弗變」，既可如實看出了他們的遙契，看出熊十力對船山的惺惺相惜，也看出踵繼船山的心志之所在。

（二）思想的闡揚與推擴

王船山著作豐實，熊十力深入其間，受其影響自屬必然，以體用問題言，船山強調：「用有以為功效，體有以為性情，體用胥有而相胥以實」、「體用相函者也」、「天無體，用即其體。範圍者，大心以廣運之，則天之用顯而天體可知矣」、「太虛，一實者也。故曰『誠者天之道也』。用者，皆其體也。故曰『誠之者人之道也』」，[85]由是觀之，船山雖以體用相函為言，然其更側重於用的層面，認為一切存有均由功能、由用來決定其所以為存有，無用則難以言體、用外可言體，而熊十力強調即用識體，自有來自船山的啟導。

除此之外，熊十力對船山學的關注，更聚焦於「尊生」、「健動」、「明有」、「率性」等四大要旨，熊十力說道：

> 其學，尊生，以箴寂滅。《易》為《五經》之源。漢人已言之。而《易》學，不妨名之為生命哲學。……明有，以反空無。……船山以為，宇宙皆實也，皆有也，不可說空說無。其於佛老空無二詞之本義，雖不免誤會，然以救末流耽空之弊，則為功不淺……主動，以起頹廢。此則救宋、明儒末流之弊，與習齋同一用意，但習齋理解遠不逮船山。率性，以一情欲。船山不主張絕欲或過欲，而主張以性帥情，使情從性，則欲無邪妄，而情欲與性為一矣。……論益恢宏。浸與

---

[85] 分見（明）王船山：《周易外傳》卷二，《船山全書》第一冊，頁861；《周易外傳》卷五，頁1023；〈大心篇〉，《張子正蒙注》卷四，《船山全書》第十二冊，頁155；《思問錄》內篇，《船山全書》第十二冊，頁403。

西洋思想接近矣。此所舉四義，實已概括船山哲學思想。學者欲研船山學，不可不知此綱要。[86]

上述四大要旨，確能準確涵攝船山的思想要義，而熊十力更汲取之以為鴻歸，並多方予以發皇，他如是自我招認：

吾平生之學，窮探大乘，而通之於《易》。尊生而不可溺寂，彰有而不可耽空，健動而不可頹廢，率性而無事絕欲。此《新唯識論》所以有作。而實根柢《大易》以出也。……王船山《易外傳》頗得此旨。然其言散見，學者或不知綜其綱要。……《新論》之作，庶幾船山之志耳。[87]

以下即以上述熊十力的兩段文字為引線，試窺王船山的四大思想要義；以及熊十力對此課題的承接、強化及開展。

1 四大思想樞要的闡揚

（1）尊生而不可溺寂

宇宙懷有生生之大德、具備生生之大道、蘊藏生生之大理，而《易》特重「尊生」之學，藉以闡揚此德、此道及此理。《易·繫辭上傳》第五章：「生生之謂易」，已一語綜括《易》是一本窺探天地生生之機的智慧叢書，至於《易》經傳中「生」字凡四十三見，其內涵由形上至形下、由宇宙論至人生論，確能呈現出一套豐盈而完整的生生哲學。《易經》中所謂「生」，其義蘊至少有三：其一，「生」代表「變動日新」：宇宙是生命系統的無限拓展，大化流行非但充塞蒼冥，而且創進無窮，其間的營育成化可謂前後交

---

[86] 《讀經示要》卷二，《熊十力全集》第三卷，頁838-839。
[87] 同前註，卷三，頁916。

奏、更迭相酬，持續而不輟，而「生」的創化作用，即在「動」與「變」的過程中漸進完成。其二，「生」意謂「終始反復」：萬事萬物的發展，由始而壯而窮，循此進程生生不息，終始不絕，因此生生之道即是終始之道。所謂「物有本末」、「事有終始」，「終始」，即是流變不息，終而復始。在終而復始的不斷循環中，萬物遂能日進日生。其三，「生」意指「開物成務」：「開物」，代表天地生生之德的成果；「成務」，代表聖人崇德廣業的績效，在延續不絕的時間之流中，透過個體與族類的綿延，使生命不斷賦予嶄新的形式、嶄新的使命，生命的意義即在此創造過程中益加豁顯。

有鑑於《易》尊生之理的恢弘廣大，後代學者於此主題多所契悟並廣為推擴，如船山與熊十力即屬之。船山對《易》生生不息的宇宙觀與生命觀也多所著墨，如：「『天地之大德曰生』，天地生於道，物必肖其所生，是道無有不生之德」、「天地之間流行不息，皆其生焉者也，故曰『天地之大德曰生』」、「天地，一誠無妄之至德，生化之主宰也。」[88]他肯定宇宙化生萬物為天地的大德，天道化成萬物，正所以顯明天德。所謂道，即《易》之太極，它是宇宙生化的根源，宇宙的生生系統，便由此開始建構。它也是陰陽渾合時的一種狀態，《易·繫辭上傳》第五章：「一陰一陽之謂道」，有了一陰一陽的交感變化，才能發起生化之實，此間陽為主動、陰為隨順，陽成性、陰成形，陰陽彼此相需密合，生生大務始克奏功，因此船山曰：「陰非陽無以始，而陽藉陰之材以生萬物，形質成而性即麗焉。相配而合，方始而即方生」、「唯道之日新，一陰一陽，變化之妙，無有典要，而隨時以致其美善也。在道為富有，見於業則大。在道為日新，居為德則盛。」[89]在陰陽變化、陽施陰受的縝密配合下，品物流形，成就了一個生機盎然、

---

[88] 《周易外傳》卷四，《船山全書》第一冊，頁953；卷六，頁1042；《周易內傳》卷五上，《船山全書》第一冊，頁507。

[89] 《周易內傳》卷一上，《船山全書》第一冊，頁76；卷五上，頁529。

富有日新的大千世界。此等陰陽交感的生化，並非肇致於天道有意識的刻意作為；而係出於無思無為的自然變化。至於船山釋〈繫辭傳〉：「太極生兩儀，兩儀生四象」時則特別申言：「生者，非所生者為子，生之者為父之謂」、「生者，於上發生也，如人面生耳目口鼻，自然賅具，分而言之，謂之生耳！」[90]此處所謂「生」，並非傳統所習知的「父生子」之「生」，而釋之為「發生」，此係一不斷發展、變化的歷程。在他看來，「太極即兩儀，兩儀即四象，四象即八卦，猶人面即耳目口鼻，特於其上所生而固有者分言之，則為兩、為四、為八耳。」[91]太極即寓於陰陽之中，通過陰陽而呈現，並非先有太極來生出兩儀等，一如並非先有人面而後才有耳目口鼻。

在天道所呈現的神妙莫測的生生歷程中，人稟承上天好生之德居立其間，如何本天道以立人道，行人道以契天道，如何反身修持，不斲喪天道生生的美意，似乎也是船山時刻深切關注的要點。在船山看來，天地生化萬物，而人正是其間最彌足珍貴者：「天地之大德者生也，珍其德之生者人也。」[92]人之所以為天之「珍德」，因人能善體天道大生廣生之德，思起而繼之，並致力於自我的實現，因此船山特別提出「珍生」觀念，以對治佛道「以生為妄」的觀點。當他晚年歸隱石船山，築工地，題名為「觀生居」即是取《易·觀卦》：「觀我生，進退未失道也」、「觀我生，觀民也。」之義，一則修持個人生命，期能圓滿無虧；一則充擴天之生德，關懷群體生民，從大處著眼、從小我做起，船山無疑是實踐《大易》生德的最佳典範。

至於**熊十力**，在「尊生」此一要目下，除了領略船山的思想精華並予以肯定外，並在諸多作品中直探生化之源，為了行文

---

[90] 《周易稗疏》卷三，《船山全書》第一冊，頁789。

[91] 同前註，頁790。

[92] 《周易外傳》卷六，《船山全書》第一冊，頁1034。

方便以及順應流俗，他對於宇宙所以成之理，也就是事物的根本道理，亦即吾人所以生之理的「本體」，採取靈活通達、非固定一式的稱名方式，如「道」、「道體」、「真幾」、「本心」、「恆轉」、「能變」、「真如」、「法性」、「性智」、「仁」、「良知」、「太極」、「乾元」……，本體空寂而剛健，既動則現為大用流行，大化流行絕無一瞬一息的停滯，它是剎那剎那，纔生即滅，纔滅即生，所謂「生生之謂易」，宜深玩「生生」二字，剎剎未守其故、剎頃即是新生。另外他將大用流行設為二種相反勢力的消長，此即陰陽、乾坤、翕闢、心物。談陰陽，強調陰陽其勢相反卻又相融，二者相感生機即現；談乾坤，則申言乾元至神至健的作用，為萬物所資之以始，而乾的生化勢能，必得借坤為資具始克達成，萬物各稟乾而成性命，資坤而成形體，一元實體內必含有此二種複雜性，在乾陽坤陰二種運力的相互摩盪中生化萬物。談翕闢，強調翕是收攝凝聚的勢用，闢是開發升進的勢用，翕有物化之勢，闢則是本體自性的顯發，剛健、自勝而不物化，闢周遍運行於翕，終能轉翕從闢，翕闢的變動即是一個永不止息的生化過程；至於談心物，心是精神，物是質力，物性固閉墜退，心性則以生生剛健之德幹運於物，終能趨向保合太和，完成大生廣生的德業。

如由天通貫至人，天的好生之德落於人便是仁便是善，貫於人性即是四端，即是人人皆有的本心與真性，他言道：

> 宇宙只是一大生生不息真幾，吾人稟此生生不息真幾而生，是為吾人之真性。
>
> 生生，便是油然一團生機，充滿大宇，大生廣生。其在人則名之為仁。
>
> 元，始也。言其為萬物所資始也，始萬物者仁也。故〈文言〉曰：「元者善之長也。」夫生生之謂仁，生生者備

萬理，眾善自此出，故是善之長。又曰：「君子體仁，足以
長人。」前言元者善之長，是尅就仁體言。此言君子體仁，
則尅就吾人分上而言。夫仁者體萬物所資始，而以其在人
言之，則曰性。以其主乎吾身言之，則曰心。[93]

　　乾元天道下貫於人即是仁，即是吾人的本心本性，當勠力充擴此仁
心仁性，發皇上天的好生之德，不使私意私欲起而違碍，這始終是
他再三強調的課題。於此亦可見熊十力將船山及《易》的尊生觀、
陽明的本心、孔子的仁巧妙的冶為一爐。

　　總之，熊十力沿循著儒家《大易》以及船山的傳統，致力於
生生哲學的表彰，強調尊生而不可溺寂，一方面彰顯宇宙為一生機
洋溢，鳶飛魚躍的世界；一方面也強調了人參贊天地化育的責任。
另外他也承繼了船山對《易·觀卦》的重視，欲吾人總觀天地間萬
物，體會其間生生不已、健動不息的力量：「夫義理之深遠至極
者，莫如生生之蘊。《易》之〈觀卦〉曰：『觀我生』云云。蓋返
己，而自察生活內容與我生之意義，為慧日歟？為濁流歟？為與萬
物為一，遊無窮歟？為束於小己之形、昏昏狂圖，若飛蛾歟？此眾
人之所昧然不省，而君子之所乾乾終日者也。〈觀卦〉又曰『觀其
生』云云，蓋總觀天地萬物，而體會其生生不已之健力，是乃無弛
散，無窮盡者也。」[94]善觀者確應博觀天地萬物；洞觀時勢風潮；
察觀生活內容；內觀自我施為，由觀天、觀人至觀己，均應用心以
觀，如此方能深入體會天地生生之德，及吾人立處天地間無可旁貸
的使命。

---

[93] 分別語出《讀經示要》卷一，《熊十力全集》第三卷，頁403；〈原內聖〉，《原
　　儒》，《熊十力全集》第六卷，頁574；《讀經示要》卷三，頁930-931。
[94] 〈廣義〉，《乾坤衍》，《熊十力全集》第七卷，頁599。

（2）明有而不可耽空

萬象世界，是真抑或是幻？宇宙本體，是實抑或是虛？論者說法分歧而且多端，至於船山則強力主張宇宙自然非幻是真、非虛是實、非無是有。太極是宇宙的本源，是無時不在、無物不在的最高實體。太極是陰陽的渾合，太極之實即是陰陽，陰陽二氣也是客觀的實有，因此船山說：「陰陽者，二物本體之名也。盈兩間皆此二物」、「夫陰陽之實有二物，明矣！」[95]對於強調氣化宇宙論的船山而言，太和、太虛常用作太極的代詞，他一貫主張宇宙本體——太和、太虛係為實有：

> 人之所見為太虛者，氣也，非虛也。虛涵氣，氣充虛，無有所謂無者。
>
> 太虛之為體，氣也。氣未成象，人見其虛，充周無間者皆氣也。
>
> 惟不能窮夫屈伸往來於太虛之中者，實有絪縕太和之元氣，函健順五常之體性，故直斥為幻妄。己所不見而謂之幻妄，真夏蟲不可語冰也。蓋太虛之中，無極而太極，充滿兩間，皆一實之府，特視不可見，聽不可聞爾。[96]

名為「太和」，係因陰陽二氣絪縕於太虛之中，彼此渾淪無間。名為「太虛」，係因吾人肉眼所見，呈現而出的是無限虛空的現象，雖似無形，然並非無有，太虛中充盈了氣，氣雖無形無色無臭但並非不存在，它是實有，不應以五官所不及感知即稱之為無。船山重氣，其「太虛即氣」的見解傳承自橫渠，橫渠提出實有的氣本論，船山踵繼之，亦以氣為宇宙終極的依托根據。除強調氣為實有，天

---

[95] 《周易內傳發例》八，《船山全書》第一冊，頁659、660。

[96] 《張子正蒙注》卷一，《船山全書》第十二冊，頁30；卷九，頁377；卷四，頁153。

人之蘊即在於「氣」的思想外，船山並未忽略「道」及「理」在傳統觀念中所扮演的重要角色，他承繼程頤、朱熹諸賢，申言理氣相涵、二者不離的觀點，如言：「理在氣中，氣無非理，氣在空中，空無非氣，通一而無二者也。」[97]推而擴之，則認為「據器而道存，離器而道毀。」[98]道器一體、彼此相需。無論是理在氣中、理氣合為一體，或道存器中，道器融為一體，在船山看來「體用胥有而相需以實」。[99]

船山既肯定宇宙萬象為一真實的存在，亦肯定大用流行中所顯示的道為一真實的存在，宇宙為一實有狀態，並無真正的空無。然而世人多落於主觀成見，常以散為無、以聚為有，船山斥之曰：「聚而明得施，人遂謂之有；散而明不可施，人遂謂之無。不知聚者暫聚，客也，非必常存之主，散者，返於虛也，非無固有之實，人以見不見而言之，是以滯爾。」[100]常人因聚因見則視為有，因散因不見而視為無，其實聚不能常存，必有消散之時，然消散並不等於消滅，消散終而復聚，不論散聚皆有，不當為耳目所囿。再者世人又多以幽者為無，明者為有，船山辨之曰：「明有所以為明，幽有所以為幽，其在幽者，耳目見聞之力窮，而非理氣之本無也。老莊之徒，於所不能見聞而決言之曰無，陋甚矣」、「釋氏以真空為如來藏，謂太虛之中本無一物，而氣從幻起以成諸惡，為障礙真如之根本，……妄欲銷隕世界以為大涅槃。」[101]或幽或冥，皆屬於有，既反對道家有生於無之說；亦反對佛家消礙入空之說。船山論證宇宙實有，言聚散、幽明、往來、屈伸等，卻不言生滅。在他看來，生既非創有，死亦非消滅，談生滅係釋氏之陋說。

97　同前註，卷一，頁23。
98　《周易外傳》卷二，《船山全書》第一冊，頁861。
99　同前註。
100　《張子正蒙注》卷一，《船山全書》第十二冊，頁29。
101　《張子正蒙注》卷七，《船山全書》第十二冊，頁272；卷二，頁83。

除此之外，船山談「有」，常結合「誠」的概念一併申說，他喜以「誠」詮釋實有，如：

> 誠者，心之所信，理之所信，事之有實者也。
>
> 至誠者，實有之至也。目誠能明，耳誠能聰。思誠能睿，子誠能孝，臣誠能忠，誠有是形則誠有是性，此氣之保合太和以為定體者也。[102]

　　對船山而言，成形成性在於誠，通達天人也在於誠，盡天地更在一誠字，「誠」與「實有」概念的結合可看出他注重務實，反對虛妄逸獲的思想性格。船山主張體用胥有、務求真實，除了發自於自我的真切體悟外，亦有其形成的助力、時代風氣及背後刺激等多項因素，始綰合出此等思想特質，而其重要成因，即如前所述，既有承接自張橫渠思想的部分；也有來自於王學末流的深刻批判；發之於佛老思想的反動；以及源自清初實學風尚的濡浸等。

　　熊十力上承船山，認為宇宙是真實的瀰滿、本體是絕對的真實、宇宙萬象都是實在非幻，他論及「體」、「用」及「無」、「有」的關係說：

> 夫大用流行，自無而有。……但切忌誤會，以為從無入有，可分先後二階段，先時是無，後時由無成有，若作是想，便成大迷謬。夫無者，言乎宇宙本體，所謂太極或太易是也。體則寂然無形，故說為無，非空無之無。有者，言乎本體之顯為大用，所謂乾元是也。[103]

---

[102] 《周易內傳》卷一上，《船山全書》第一冊，頁62；《張子正蒙注》卷九，《船山全書》第十二冊，頁360。

[103] 《讀經示要》卷三，《熊十力全集》第三卷，頁951-952。

宇宙本體的無只是寂然無形，這即是船山所謂「耳目之未覺未察爾」，並不是空無。他又認為：

> 夫體至寂而善動也，至無而妙有也。寂無者，是其德恆常而不可易也。動有者，是其化至神而不守固也。……體者，絕對的真實義，其德恆，其化神，所以為真實之極也。[104]

可見寂無與空無迥然不同，稱寂無是因本體無聲無臭、無方所、無時分、無形跡，然體非是一死體，它同時又是動動不已、健行無息，所以為妙有。熊十力之學，貴在見體，見體即徹見真實的存在，洞見那生生不息、絕對真實的宇宙本體。熊十力斥幻有、重真實，以為宇宙萬化、萬變、萬物、萬事，都是真真實實、活活躍躍，宏富無竭。此外他也屢屢引用《易》之〈大有卦〉，藉以彰顯實有之義。〈大有卦〉，乾下離上，乾為天，離為火，火在天上，則光輝被於萬物，擁有者富。〈大有‧象〉曰：「大有，柔得尊位大中而上下應之，曰大有。其德剛健而文明，應乎天而時行，是以元亨。」乾德剛健，離德文明，剛健創生而不息，此內在之德性；文明富有致無疆，此外在之德業。熊十力屢引此卦，藉以彰顯實有之義，如言「《易》有〈大有〉一卦，萬物皆大有也。非空非幻，真真實實，富有不竭，故美之曰大也」、「《易經》有〈大有〉一卦，贊宇宙萬象之盛也。」[105]除肯定宇宙、萬物、人生的真實無妄、日新不已外，他也認同船山之說，認為佛老有耽空執虛之弊，他說：

---

[104] 〈功能下〉，《新唯識論》（語體文本），《熊十力全集》第三卷，頁239。
[105] 〈廣義〉，《乾坤衍》，《熊十力全集》第七卷，頁578；〈佛法下〉，《體用論》，《熊十力全集》第七卷，頁93。

宇宙間，萬變不窮，萬化不測，唯其富有而已，《易》
之大有卦，明有者大，若為耽空者戒也。龍樹之學，遮有以
明空。……其流極不免耽空。故乾坤變化，乃大乘所不言。
而空教終有反人生之傾向。

　　惜乎老氏不悟乾元而迷執有太虛，……若徹悟乾元，則
周遍於六虛之一大環者，乃是真真實實，乾元性海，何有空
洞處，可名虛空乎？[106]

　　在熊十力看來，佛家力言蕩相遣執，欲人不起執著，因此由內
則言心法念念起滅非有實在；由外則言自然界諸物的變動均無其自
性，此實泥空見太過。至於老子以虛無說道，則落入洞然無象、莽
然無際之境。因此熊十力特彰實有之論，肯定世界之真實無幻，凡
事重實用、崇尚經驗、徵諸實情，力戒逞臆談玄、強調躬行實踐的
精神。

（3）健動以起頹廢

　　如前所述，宇宙的營育成化係前後交奏、更迭相酬、生生相
續，然而「生」的創化作用，須在「動」、「變」的過程中始克完
成，而宇宙的盈然大有，也勢得在「動」、「變」的歷程中呈顯。
因此《易‧繫辭下傳》第八章：「易之為書也不可遠，為道也屢
遷，變動不居，周流六虛，……不可為典要，唯變所適。」第一
章：「剛柔相推，變在其中矣！」第五章：「窮神知化，德之盛
也」等，均強調變動神化的效能。船山針對此項課題也提出相應的
見地，他認為宇宙的本體「太虛」、「太極」，其動是不息不滯
的，因為太虛即氣，氣含蘊陰陽，在陰陽二氣一動一靜的激蕩、相
摩、交感而動下，始能變化日新，而致萬物生焉、大業生焉。因此

---

[106] 《讀經示要》卷三，《熊十力全集》第三卷，頁917；〈原內聖〉，《原儒》，《熊
十力全集》第六卷，頁623。

道的本質即在於「動」，所謂「太虛者，本動者也。動以入動，不息不滯。」[107]繁有萬物的生成關鍵也在於「動」。船山曰：

> 太極動而生陽，動之動也；靜而生陰，動之靜也。廢然無動
> 無靜，陰惡從生哉！一動一靜，闔闢之謂也。繇闔而闢，繇
> 闢而闔，皆動也。廢然之靜，則是息矣。「至誠無息」，況
> 天地乎？「維天之命，於穆不已」，何靜之有？[108]

太極由闢而闔，由闔而闢，而生發陰陽之大用，陰陽動力的作用雖有「動」與「靜」二種表現型態，但所謂「靜」，並非停息不動，其實動本是動、靜亦是動，其動固為動、其靜仍為動，所謂的「靜」，是動中之靜，絕非廢然之靜。在一動一靜、一闔一闢、一往一來的大化流行中，在至誠無息、健動不已的作用原理下，物日生日成，絕對真實無妄的宇宙由是展現。因此船山以「動者，道之樞，德之牖也。」[109]關鍵性的語言道出「動」的重要。再者由於宇宙間係健動不已，變化日新、生生不息即成為宇宙間的自然規律與根本現象，因此昨日的風雷已非今日的風雷，今天的日月已非昨天的日月，由天地之化日新推及政治及人事，如何推故以致新，如何日新德行、如何革新政治，便成為船山思量致力的重心。

船山提出健動不息的世界實有論，由「太虛本動」進而強調「君子日動」，所謂「天下日動而君子日生，天下日生而君子日動」。[110]尚動是古來君子之所垂範，唯不畏艱難險阻、昂揚進取方有所成。他的立論仍是以破佛老為前提，他揚棄了老子所強調的

---

[107] 《周易外傳》卷六，《船山全書》第一冊，頁1044。
[108] 《思問錄》內篇，《船山全書》第十二冊，頁402。
[109] 《周易外傳》卷六，《船山全書》第一冊，頁1033。
[110] 同前註。

「致虛極，守靜篤」、「歸根曰靜，靜曰復命」，朱子的「靜者為主而動者為客焉」，[111]以及佛家雖動而常靜等主靜無為的說法，強調吾人的主體性與能動性。

熊十力的宇宙論同於船山，也是一變化日新的發展論，而其體用觀也與健動不息的觀念緊密扣合。熊認為實體內部隱含著兩股相反的勢用以成變化，宇宙生成變化的關鍵即在於此，而大化流行，其化機絕無一時停滯，一切萬物均處於蛻故創新的變化歷程中。他稱本體為「恆轉」、「能變」，因為它並非一成不變，而是一能生且無始無終、變動不已的萬物根源。而功用，即是就實體的變動不居來說，如以乾坤名用，則乾為流行的主力，其德以剛健為本，即至剛而不可折、至健而直行，進進而不止不墜。因此〈乾・文言〉即美贊「大哉乾乎，剛健中正，純粹精也」，以明其剛強勁健之德。乾以剛健之德化坤，而坤則以陰順之德承乾，萬物即資受陰陽之合而生。如以翕闢為言，則闢為剛健的勢用，所謂剛健，係包含清淨、純固、堅實、勇悍、升進、不可窮屈、不可退墜、無有竭盡等豐富義涵。以其至剛至健，因此得以成就萬化。除此之外，熊十力言天道的剛健流行，又喜借《易》下震上乾的〈無妄卦〉加以申說，震為雷為動，乾為天，雷行承天而動，其動至健，而鼓盪勃然的生機，因此〈無妄・彖〉曰：「動而健，剛中而應，大亨以正，天之命也」，「動而健」即顯示本體的流行，健，是至剛義、純粹義，由於變動不居、於穆不已，因此才能生生而不窮竭、不留滯。

熊十力在本體論的健動之說，與船山見地固有相侔，而對釋老乃至宋儒的批評，更與船山有神契之處。他認為儒道相較，則儒體乾而貴剛健，道法坤而守虛靜；儒家是積極入世之學，老莊則未免流於悲觀厭世；儒申言行健不息，道則不悟真體流行、其德本健。

---

[111] 《老子》第十六章；〈答徐彥章〉，《晦庵先生朱文公文集4》卷五十四，《朱子全書》第貳拾參冊，頁2582。

對於佛家，則不滿其毀宇宙、反人生、抗造化，又以為宋儒受佛氏禪宗影響，趨於守靜寡欲，究竟疏於培養健動之力，而王學末流當然也有鑿空及流放之弊。因此他力戒逞臆談玄，宗慕講究實學的船山、亭林、習齋諸儒，論詆老莊等倡寂靜所導致的人性拘隘與頹廢世風，並歸嚮於《大易》的剛健之學：

> 《易·無妄》之〈象〉曰：「動而健」，此全《易》主旨也。天道人事，於此得其貫通。佛氏出世之道，以寂靜為主。宋以後儒者頓染其風，而誤解周子主靜之說。不免厭動喜靜，故言進修，則難語於有本有末。言治化，則不足以備物致用。進退之節雖嚴，而胸懷拘隘，氣魄薄弱，不能勇往以當改造宇宙之任。蓋厭動喜靜者，必流於頹廢而不自知也。夫動而健者，天之化道也。而人體之以自強，所謂盡人合天是也。[112]

此外熊十力更道出他寫作《新唯識論》的苦心孤詣：

> 吾《新論》談本體，雖申陽明之旨，而融虛寂於生化剛健之中，矯老釋之偏，救陽明之失。於是上追《大易》，範圍天地之化而不過。人生毋陷於迷亂，毋流於頹廢，其在斯乎？[113]

《新論》談本體，雖受空宗空破相顯性「以空寂顯本體」的觸發，但為免流於滯寂溺靜，更融入《大易》健動的精神，於寂靜之中見生機流行。所謂「至寂即是神化」、「至靜即是謎變」、「夫至靜而變，

---

[112] 《讀經示要》卷三，《熊十力全集》第三卷，頁917。
[113] 同前註，卷二，頁833。

至寂而化者，唯其寂非枯寂而健德與之俱也。健，生德也，仁，亦生德也。曰健曰仁，異名同實，生生之盛大而不容已，曰健。生生之和暢而無所間，曰仁。」[114]本體雖至靜而健以動，雖至寂而生化無窮，顯本體空寂正藉以識生化之妙。強調雙顯本體的空寂與生化義，正是熊十力援《大易》精進變動的本體觀以入佛的獨到領會。

《大易》剛健純粹、生化不息精神的弘揚，於〈乾·象〉：「天行健，君子以自強不息。」一語最能賅要呈現。《易》以「天行健」、「剛健中正」、「動而健」、「變動不居」、「生生」等言天道絕無停滯的健德，推之於人事則曰「自強不息」、「開物成務」、「裁成天地」、「輔相萬物」，欲人體天之健德，竭智盡力以裁成天地、輔相萬物，以趨富有日新的盛德大業。對此，熊十力的體悟甚深：

> 君子以自強不息者，此言人當體乾元之健德，盡其在己，而無所虧也。天道不唯任運而已，要本之健德。……人道當體天德之健而實現之，積至剛以持之終身。百年之內，萬變之繁，無一息不在強毅奮發之中。智周萬物，而不敢安於偷以自固。道濟天下，而不敢溺於近以自私。立成器以為天下利，……盡人道而合天德，故曰君子以自強不息也。
>
> 天行健，明宇宙大生命，常創進而無窮也，新新而不竭也。君子以自強不息，明天德在人，而人以自力顯發之，以成人之能也。[115]

由天道推及人生及治化之道，欲吾人盡人道以合天德，以健動力挽頹廢，凡此均是船山和熊十力極密合無間之所在。

---

[114] 〈功能上〉，《新唯識論》（語體文本），《熊十力全集》第三卷，頁171-172。
[115] 《讀經示要》卷三，《熊十力全集》第三卷，頁953-954、955。

（4）率性而無事絕欲

《中庸》開宗即提出「天命之謂性」的哲學命題，船山對於「命」也多次闡釋其認知：

> 命之自天，受之為性。
>
> 性何所自受乎？則受之於天也。……是人道者，則天分其一真實無妄之天道以授之，而成乎所生之性者也。天命之謂性也。[116]

大抵船山認為「性」與「命」此二概念原係一致之詞，如若由上而下的角度看，天之與人即是命；如若由下而上的角度觀之，人受之於天即是性。由於船山遙承張載，以「氣」為其形上理論的核心概念，因此詮釋「性」的概念時，也常與「氣」甚至「理」合併申說，如：

> 在天者，命也；在人者，性也。命以氣而理即寓焉，天也；性為心而仁義存焉，人也。
>
> 夫性即理也，理者，理乎氣而為氣之理也，是豈於氣之外別有一理以游行於氣中者乎！
>
> 性只是理，「合理與氣，有性之名」，則不離於氣而為氣之理。
>
> 天下豈別有所謂理，氣得其理之謂理也。氣原是有理底，盡天地之間無不是氣，即無不是理也。[117]

---

[116] 《尚書引義》卷三，《船山全書》第二冊，頁301；《四書訓義》卷二，《船山全書》第二冊，頁105。

[117] 《讀四書大全說》卷十，《船山全書》第六冊，頁1073、1076、1108、1058。

可見船山論性，除強調以氣為首要的「氣本論」概念外，也同時展現理氣的相互限定、通二為一的「理氣合一」觀。

船山論「性」的最大特點在於一反前人談性善、性惡、性無善無惡、可善可惡等趨於固定型式、無可移易的認知模式，而提出「命日降，性日生」的觀點，如：

> 命日降，性日受。性者生之理，未死以前皆生也，皆降命受性之日也。……成性存存，存之又存，相仍不舍，故曰「維天之命，於穆不已」。命不已，性不息矣。[118]

天日命於人，人則日受命於天，生命歷程中無一時一刻不是受命之時，人性是在不斷發展中趨於成形的，如何成就圓滿的人性，便取決於是否能積進有為、創造日新。

倘談及天理、人欲，宋明以來理學家，無論程朱或陸王，大抵都將天理及人欲相互對立、嚴加區隔，如朱子認為「學者須是革盡人欲、復盡天理、方始是學」、「天理存則人欲亡，人欲勝則天理滅」，陽明認為「只要去人欲，存天理，方是工夫。」[119]但船山卻認為「禮雖純為天理之節文，而必寓於人欲以見。……終不離欲而別有理也」、「隨處見人欲，即隨處見公理」、「天下之公欲，即理也。」[120]他認為一般人的共同欲望，如飲食男女等是符合人性需求的「公欲」，凡此不應加以滅絕，反而應遂其欲、達其情，通情達欲才能盡天之理。他所反對的是追逐聲色、貨利、權勢等過分的欲求，亦即所謂的「私欲」、「意欲」。

---

[118] 《思問錄》內篇，《船山全書》第十二冊，頁413。

[119] 前二則語出《朱子語類1》卷十三，《朱子全書》第拾肆冊，頁390、389。末則語出王陽明〈傳習錄上〉，《王陽明全集》卷一，頁13。

[120] 前二則語出《讀四書大全說》卷八，《船山全書》第六冊，頁911、912；後則語出《張子正蒙注》卷四，《船山全書》第十二冊，頁191。

關於欲與性，**熊十力**認為：人受於道即為「性」，性即是本心，即是吾人所以生之理。人稟性而成形，形體與物交會時欲即由此萌生，此時如為物所化，則滅天理而窮人欲，舉凡悖逆詐偽、淫佚作亂、脅弱暴寡之事無一不興，因此欲不可使之氾濫，然而亦不可嚴加阻絕，應當欲其所可，而無欲其所不可。如擬使欲當於理，則必須有主於中，即所謂見性而後方能成。見性而後邪欲不復乘權，如此則欲皆當理，而欲即是性矣！此即是《中庸》所謂中節之和。如以本心言，本心的自明自了，即是見性。本心為吾人內在固有的權度，如能保任此權度，則邪欲不致妄興，欲皆能從心而不踰己，欲即成為性之欲。從以下的文字更可明確看出他所謂的「率性而無事絕欲」的具體內容：

> 生生之本然，健動，而涵萬理，備萬善，是《易》所謂太極，宇宙之本體也。其在人則曰性。吾人率性而行，則飲食男女，皆有則而不亂。推之一切所欲，莫不當理。如此，則欲即性也，何待絕欲而後復其性乎？夫性者，生生之本然。其存乎吾人者，即《大易》所謂「乾以易知之知」也。陽明子所謂「良知」，吾《新論》所云「性智」也。吾人反己而識自性，凡生心動念處，必皆有所不忍縱，不可亂者，必有不為物役，而恆超然不容瞞昧者，此吾人天然自有之則也。誠能順此天則，而無違失，則從心所欲，而皆天理流行，故曰欲即性也。凡以絕欲為道者固甚謬，若反對絕欲，而不知性，不務率性之功，則未有不殉欲而喪其生生之本然也。《易》之道，以率性為主，故無事於絕欲。[121]

---

[121] 《讀經示要》卷三，《熊十力全集》第三卷，頁917-918。

熊十力反對絕欲、遏欲，批評宋明儒「人欲盡淨，天理流行」，將天理，人欲嚴加區隔的觀點。他肯定正當人欲，贊同有節而不妄逞的「欲」，即是所謂「性之欲」，同時他也頗認同船山「性日生日成」的觀點，時時克服染習、創起淨習，德行生命即在此歷承中不斷趨向精進圓熟，此種觀點確與船山說法頗為靈契。總之，在「率性而無事絕欲」此一課題上，他既遵循船山的路徑，同時也將陽明的良知說攝取入內，強調保任本心不使悖逆詐偽、淫一作亂的「邪欲」妄發，將二者的觀點巧妙地融為一體。

關於情與性，熊十力則認為：情、性之別在於性為本有，情則為後起之妄，為緣形感物而生。舉例言之，自性以觀，愛人之親與己之親，本不當有別，因萬物本為同體；但如自情以言，則薄人親而厚己之親，此則為必至之勢。如《論語》中言從心所欲而不踰己，「矩」，即是性；不踰，則為情。又如《中庸》言中節，節，為性；中節，則為情。如能本性以帥情，則情即順性而不淫。總之，他強調應反己求誠，本性以帥情，則情不為之氾濫；率性以導欲，則私欲不為之障蔽。並鼓勵應教民以禮樂，使情欲能中節、合度、當理，如此即可返於天性。[122]

2 民族、民主、民治思想的推擴

船山身處明末清初這個歷史大變革的時代，他既目睹明季政權的萎靡腐敗，也痛於漢族在與滿族爭競相鬥中列居下風，在歷經一場場紛亂、動盪、殺戮後，明末最後一絲抗禦力量也終告泯滅，清政權漸趨穩固，而曾試圖行動抗清的船山，在亡國的悲憤及現實的無力感中也不得不招認這樣的事實，轉以著述弘揚儒家道統及文化意識。但船山以前朝遺老自居所透顯而出的耿耿孤衷，似乎終其一生未曾移易。由自題墓碑「明遺臣王夫之之墓」及自稱「南岳遺

---

[122] 詳參《讀經示要》卷一，《熊十力全集》第三卷，頁585-587、610、611。

民」、「亡國孤臣」等，其強烈的民族精神已表露無疑。至於其生平所著書，舉凡經義、史論，乃至稗官小說、詩詞歌賦，無不充分溢顯種族之戚、家國之痛。牟宗三先生曾云：「宋之亡與明之亡是天崩地裂驚心動魄之事。王船山云：『漢唐之亡，皆自亡也，宋亡則並堯舜禹湯文武相傳之道統之天下而亡之。』其言可謂絕痛，其心可謂絕苦，其情可謂絕憤。其說宋亡，即說明亡。……明亡，儒者之文化意識可謂達於極點。」[123] 船山的絕痛、絕苦、絕憤，以及通體的民族思想、滿懷的憂患意識具體印烙在歷史的扉頁上，對晚清及近代社會變革產生振聾發聵的啟迪作用。如譚嗣同即大力弘揚船山的思想精義，秉持船山的民族思想以反清排滿，標舉船山的民權觀點來批判君權，承繼船山的孤憤精神來獻身維新變法。由「萬物昭蘇天地曙，要憑南嶽一聲雷」的詩句中可見譚嗣同對船山全心的敬重與寄托。[124] 至於孫中山在〈中國同盟會本部宣言〉中言及「維我黃祖，桓桓武烈。……有明之世，遭家不造，覩此閔凶，蕞爾建虜，包藏禍心，乘間窺隙，盜竊神器。……蓋吾族之不獲見天日者二百六十餘年。故老遺民如史可法、王夫之諸人，嚴春秋夷夏之防，抱冠帶沉淪之隱，孤軍一族，修戈矛於同仇，下筆千言，傳楮墨於來世。或遭屠殺、或被焚毀，中心未遂，先後殂落。而義聲激越，流播人間，父老遺傳，簡在耳目。」[125] 亦以船山等人為民族的典範與象徵，欲藉茲以昂揚人心、凝聚民志。

　　船山的民族思想雖不免有其時代及感性下的侷限，但更有其開明與理性的呈現，代表作如《讀通鑑論》與《宋論》即屬之，而華夷之辨即是其間重要的課題。至於其民族思想的內涵，至少包含民族形成的原因、民族的分際、反對民族同化、防止民族混合的方法

---

[123] 牟宗三：〈反共救國中的文化意識〉，《幼獅雜誌》創刊號。

[124] （清）譚嗣同：〈詩集·論藝絕句六篇〉，《譚嗣同全集》，頁494。

[125] 中國國民黨中央黨史史料編纂委員會編：《國父全集》（台北：中央文物供應社，1961年）卷四，頁5-6。

等課題，[126]而其立論用意旨在維護並釐正文化傳承，防止華夏文明的失落與中斷。至於其政治思想中的民主精神可在《讀通鑑論》中的「君相可以造命，……唯能造命者，而後可以俟命，能受命者，而後可以造命」中略窺，[127]他斷然斥破君權天授，而凸顯尊生重民的儒者胸懷及民本主義思想。至於《尚書引義》《黃書》《讀四書大全說》《噩夢》《宋論》等書中也談及君主地位、職責、條件、行為等，以及限制君權、主張君主之位可禪、可繼、可革，並且伸張民意，合乎民主精神的見地。

熊十力對晚明諸子的民族與民治思想予以高度認同，而作為其間代表的王船山，更是熊十力自青年時期起即一意效行的對象。他除能深切體會船山書中字字句句間均為悲心之流露外，亦嘆服於船山民族思想中的寬闊文化視野：

> 清季學人都提倡王船山民族主義。革命之成也，船山先生影響極大。然船山民族思想確不是狹隘的種界觀念，他卻純從文化上著眼，以為中夏文化是最高尚的，是人道之別於禽獸的，故痛心於五胡遼金元清底暴力摧殘。他這個意思，要把他底全書融會得來，便見他字字是淚痕。然而近人表彰他底民族主義者，似都看做是狹隘的種界觀念，未免妄猜了他也。他實不是這般小民族的鄙見。須知中夏民族元來沒有狹隘自私的種界觀念，這個觀念是不合人道而違背真理且阻礙進化的思想，正是船山先生所痛恨的。[128]

---

[126] 參朱溎源等：〈王夫之民族思想重觀〉，《哲學與文化》第20卷第9期，1993年9月，頁905-922。

[127] 詳參《讀通鑑論》卷二十四，《船山全書》第十冊，頁934。

[128] 《十力語要》卷四，《熊十力全集》第四卷，頁518-519。

熊十力認為，自孔子作《春秋》，言內諸夏而外夷狄，即開始倡言民族主義，然孔子夷夏之辨的關鍵主繫乎禮義之有無與文野的區分，唯後世談及民族思想，均陷於狹隘的種界觀念，至明末船山等始重為發揚光大，強調尊人道、抑侵略、伸正義、賤獸行、崇和平、除暴亂，因此其民族思想背後蘊藏的是恢弘的文化視野，而不僅止於種族或地域的區分。

　　就民治思想而言，熊十力認為船山《讀通鑑論・晉論》中的「有聖人起，預定奕世之規，置天子於有無之外，以虛靜統天下」等，展現出虛君共和思想，而「預定奕世之規」則為主張制定憲法之說。[129]無疑地，此等見地其實是熊十力融合西方政治思想，而將其理想的政治模式寓於船山言論上。但船山承續先秦儒家尊生重民、民貴君輕的民本思想，同時也欲圖戳破君權神授的政治神化，其政治觀中所蘊含的進步精神，以及注重學風士習，成為民治的根源等，都受到熊十力的稱許與認同。至於熊十力的政治思想，則倡言政治當以隨時更化為權，他常以《易》之〈隨〉〈鼎〉〈革〉三卦來說明隨時革故取新之義，[130]為君者應循民之需要，施其善政，隨時創進。如朝政蠱敗，民不聊生，則必起而革命。此外也假託〈乾〉六爻以言民主及革命之義，如初六潛龍為受統治者壓抑之象；二爻見龍表革命潛力已發展；九三為大功仍未成；九四或躍在淵則幾於傾覆統治，但仍未能遽遂；九五表大功告成、主權在民；上九明統治崩潰。[131]就實情論，〈乾〉六爻未必應合熊十力所言確有舉革命、行民主的思想，而是熊十力感慨於歷朝上位者的剝削及控制、有感於時局動盪及承受外來思想的激盪，外加船山思想的直

---

129 詳參《讀經示要》卷二，《熊十力全集》第三卷，頁835-836。

[130] 詳參《讀經示要》卷一，《熊十力全集》第三卷，頁590、1040；《論六經》，《熊十力全集》第五卷，頁112；〈原學統〉，《原儒》，《熊十力全集》第六卷，頁386、410；〈原外王〉，《原儒》，頁49-491、507等。

[131] 詳參附錄〈六經是孔子晚年定論--〉，《原儒》，《熊十力全集》第六卷，頁563。

接啟迪與激勵，因此對民主平等的渴求益加殷切。要之，熊十力談治道，以仁心仁政為治化之本，強調採人治、重德義、輔刑法、隨時宜、重需養、厚民生，融會《周易》《春秋》《周官》〈禮運〉，採三世漸進之說，又倡導民主革命，主張除階級、廢統治、行均聯，期達天下為公、群龍為首、萬國咸寧的太平盛世。這是熊十力融會群經及當時政治、社會、經濟之後所發出的嶄新詮釋，此間船山的民治民主等思想，自當有相當程度的啟蒙作用。[132]

（三）立論的質疑及商榷

從船山人格、行徑的直接美贊，到尊生、明有、健動、率性等思想的認同與發皇，熊十力無疑是船山跳脫時空的知己，但熊十力鑑於自我哲學思想的認知與體悟，仍不免針對船山所論發出如下的針砭：

1 乾坤並建落入二元論的質疑

船山一生治《易》，其易學見地可由如下文字賅要呈現：「大略以乾坤並建為宗，錯綜合一為象，象爻一致、四聖一揆為釋；占學一理、得失一道為義；占義不占利、勸戒君子、不瀆告小人為用；畏文、周、孔子之正訓，闢京防、陳摶、日者黃冠之圖說為防。」[133]此間或言及其易學基本信念與主張，或簡評若干易家，並涉及治《易》綱領與方法。其中「乾坤並建」一詞，更是船山屢加申述的易學綱目之一，他於書中曾多處語及，如「乾坤並建，為《周易》之綱宗」、「《周易》之書，乾坤並建以為首，易之體也。六十二卦錯綜乎三十四象而交列焉，易之用也。純乾純坤未有易也」、「《周易》並建乾坤為諸卦之統宗，不孤立也」、「以全

---

[132] 熊十力對船山思想的闡揚與推擴，除前述外，另亦時引船山之說以注《易》解《易》，詳參拙著《熊十力學術思想中的一聖二王》，頁112-119。
[133] 《周易內傳發例》二五，《船山全書》第一冊，頁683。

《易》言之，乾坤並建以為體，六十二卦皆其用，……舍乾坤無《易》」、「乾坤並建於上，時無先後，權無主輔，……然則獨乾尚不足以始，而必並建以立其大宗，知能同功而成德業。」[134]針對船山此項易學創說，熊十力從《新唯識論》《讀經示要》到《原儒》《乾坤衍》等，曾多次質疑其有落於二元論的嫌疑，如「易家談陰陽二氣，有近二元論者，如王船山《易》內外傳極多精義，然其言『乾坤並建』頗近二元，根本處卻未透」、「王船山《易傳》，主張乾坤並建。頗近二元論。此非孔子旨也」、「王船山《易》內外傳，不悟乾元坤元，是以乾坤之本體而言，乃有乾坤並建之說，頗有二元論之嫌」、「王船山屏棄漢《易》之唯乾，而主張乾坤並建，又不免二元之失。」[135]熊十力認為六十四卦以乾坤居首，而建乾元、坤元，乾元、坤元是就乾坤的本體而言，若就乾而明示其元則稱乾元；若就坤而明示其元則稱坤元，乾元、坤元其實僅為一元，而非乾坤各有本原，更不可以二元視之。

熊十力除就船山「乾坤並建說」屢發疑義外，並提出「乾坤互含說」以釐清並強化乾坤實為一元。他認為乾陽為神、為心、為知，坤陰為質、為物、為能；乾主健，坤喜退；乾性為健，坤具墮性。雖然乾坤相對，但彼此卻也互含，〈乾卦〉中有坤象；〈坤卦〉中有乾象，他並舉〈乾·彖〉：「雲行雨施，品物流行。」認為雲雨有形是坤象，但「行」、「施」都含動義，則是乾象。又乾有中正之德，中正即是順，順從眾志，不以私意私見獨行，這即是〈乾卦〉中有坤象。而〈坤·彖〉：「牝馬地類，行地無疆。」牝

---

[134] 分別語出《周易內傳發例》，《船山全書》第一冊，頁657；《周易內傳》卷一，《船山全書》第一冊，頁1、74；《周易內傳》卷六上，頁607；《周易外傳》卷五，《船山全書》第一冊，頁989。

[135] 分別語出〈答問難〉，〈附錄〉，《新唯識論》（語體文本），《熊十力全集》第三卷，頁495；《讀經示要》卷三，《熊十力全集》第三卷，頁963；〈原內聖〉，《原儒》，《熊十力全集》第六卷，頁686-687；〈廣義〉，《乾坤衍》，《熊十力全集》第七卷，頁545。

馬行於地上，其健無疆，則坤也有健動，此即〈坤卦〉中有乾象。乾坤互含，即如人身的五官四肢，五臟百體，相互含受，成為一體。因此熊於《乾坤衍》中如是申明：

> 乾斡運乎坤，是乾含坤也。坤含載乎乾，是坤含乾也。〈坤卦〉中有乾象，〈乾卦〉中有坤象。……互含者，誠以乾坤，本是完然全體之兩方面，不可視為各各獨立之兩物。變無獨起，化不孤成……，聖人立乾坤互含之例，發變化之妙蘊，會陰陽為一元。大哉乾坤互含之例！一元之義定於是。[136]

熊十力除提出「乾坤互含」來修正船山的「乾坤並建」外，與此命題相關的，另有「翕闢成變說」，認為本體為能變，以其變動不居，因此顯現為萬殊的大用流行，而此大用流行即表現在「翕闢」兩方面的對立統一。闢是剛健自勝、不肯物化的勢用，與翕勢有成為形質及物化的傾向迥異，他們同時存在、勢用相反，翕以顯闢、闢以運翕，二者為一體兩面、彼此相須，對立而又融合、相反而又相成。無論「乾坤互含」或「翕闢成變」，熊十力都強調它們是一個全體的兩面，強調一元實體內有此相反相成的複雜性，此二種勢用終將歸趨於統一。乾坤絕非各自獨立之物事，說乾即含著坤，說坤即包含乾，因此如以船山「乾坤並建」稱之，似可各自獨立，恐有落於二元論之嫌。

其實船山雖提出「乾坤並建」說，卻未必即為二元論之主張者：其一，船山旨在藉「乾坤並建」說，解釋《周易》宇宙的生成論，強調《易》六十四卦的形成原理，係立基於〈乾〉〈坤〉純陰

---

[136] 〈廣義〉，《乾坤衍》，《熊十力全集》第七卷，頁642-643。熊十力言「乾坤互含」，可另參《十力語要》卷一，《熊十力全集》第四卷，頁122-123。〈原內聖〉，《原儒》，《熊十力全集》第六卷，頁690、693、711-712、776。

純陽的基礎上推衍而出,因此並建乾坤為體,而以〈屯〉〈蒙〉以下六十二卦錯綜成三十四象為用。其二,乾坤是太極在動靜變化中所顯發而出的德能,即所謂陰與陽,二者彼此絪縕、相互含攝,無前後主輔之分,因此船山言道:「乾純陽而非無陰,乾有太極也;坤純陰而非無陽,坤有太極也。」[137]可見乾坤陰陽係相互依存、絕非可截然分割,言乾坤並建,其實是將凝合為一的太極統體予以理上之暫分,藉以顯著乾坤陰陽的性情功效。其三,船山不管言心言性或談天談理,俱必在氣上說,認為若無氣則一切俱無,無氣即一切都不存在,他也曾引朱熹語:「一陰而又一陽,一陽而又一陰者,氣之化也。」[138]來強調氣是最根本的存在,此一渾然實有之氣一旦發用則顯發為乾坤兩體及陰陽二用,但動靜陰陽並非可截然分開,必是動中有靜、靜中有動,如果「截然分析而必相對待者,天地無有也,萬物無有也,人心無有也。」[139]因此曾昭旭從氣體的活動義、創造原則及氣體的存有義、凝成原則來強調船山學說思想的乾、陽及坤、陰,認為船山坤元即是乾元,存有性與創造性不二,其乾坤並建,真正意義在於創生原則與凝成原則並重,以圓成真實存在之氣體流行。言乾坤並建,其實是在一體之用下,抽象的分解而言,並非二元論,其真實存在而流行者,仍是一實之氣體。[140]至於張西堂也直揭船山並非二元論,而認為其「心物一元論色彩鮮明」、「對於宇宙本體的看法為太極陰陽一元論」。[141]由上所述,可見船山雖重「乾坤並建」,然實無二元之必然,仍應歸屬為以氣為本的「理氣一元論」,然其強調「乾坤並建」,則藉此以

---

[137] 《周易外傳》卷五,《船山全書》第一冊,頁1024。

[138] 《讀四書大全說》卷十,《船山全書》第六冊,頁1109。

[139] 《周易外傳》卷七,《船山全書》第一冊,頁1074。

[140] 詳參曾昭旭:〈論王船山之即氣言體〉(下),《鵝湖》第一卷第11期,1976年5月,頁22、23。

[141] 詳參張西堂:《明王船山先生夫之年表》(台北:台灣商務印書館,1978年7月),頁40-42。

矯佛、道、理學家等過分強調心學及漢易以來以乾為重的偏失。至於熊十力雖認為「乾坤並建說」恐有落於二元之嫌，但並非直指船山之說即屬二元論，他說：「船山亦承認太極是陰陽之本體，究非二元論，祇惜其解物有未透，理論欠圓明耳。」又說：「雖有二元之嫌，其猶白日有時而蝕，終無損於大明之光也。」[142]「究非二元論」一詞平允點出船山此說的根本精神。

再者船山倡「乾坤並建」，旨在強調陰陽不孤行的實理，有陰必有陽，有陽即有陰，兩者係相倚不離，而太極即存於相對而又相成的陰陽之中，並非別有一太極高懸於陰陽之上。因此船山說：「道與陰陽為體，陰陽與道為體，交與為體，終無虛懸孤置之道」、「陰陽與道為體，道建陰陽以居，相融相結而象生，相參相耦而數立。」[143]「乾坤並建」其實即為張橫渠「一物兩體」思想的發展。船山嘗言：「一之體立，故兩之用行」、「非有一，則無兩也」，[144]又言：「天下之萬變，而要歸於兩端，兩端生於一致。」[145]以太極與乾坤陰陽為言，無太極即無乾坤陰陽，乾坤陰陽即是彼此相反相成、相摩相需、相互滲透而達統一和諧的兩端，而太極此宇宙生命體即是一。此種兩端一致說表達了合二為一、分一為二；若無一，則無兩，倘無兩，亦無一的觀點。同理以推船山談理勢、理欲、道器、性情、天理人欲等，也都是兩端一致觀的推衍。而熊十力談體用、陰陽、乾坤、翕闢、動靜、心物、理氣、理欲、天人、動靜時，鮮明標誌而出的「不二」觀點，除受《易經》《老子》影響外，更是船山「乾坤並建」、「兩端一致」說的進層發展。

---

[142] 分別語出〈原內聖〉，《原儒》，《熊十力全集》第六卷，頁631；〈廣義〉，《乾坤衍》，《熊十力全集》第七卷，頁525。
[143] 《周易外傳》卷三，《船山全書》第一冊，頁903；《周易外傳》卷五，頁992。
[144] 《張子正蒙注》卷一，《船山全書》第十二冊，頁36。
[145] 《老子衍》，《船山全書》第十三冊，頁18。

2 陰陽十二位嚮背說的質疑

有天即有地與之相應，有日即有夜與之輝映，同理有寒即有暑、有春夏即有秋冬、有生即有殺，船山見大自然的四時遞嬗、天象變化固有其全體總貌，然人身於一時一地，終未能綜觀全體，而僅見及局部。推之乾坤陰陽，表象上或見陽、或見陰，其實陽中有陰、陰中有陽；乾卦中有坤象、坤卦中有乾象，二者實際上為一渾然之整體，未可截然裁割；為強調個體的存在究非隔離孤立，而係與宇宙整體聲氣相通；為免於如常人落入一隅或侷限表象來看待事物，船山在「乾坤並建」外更提出「十二位陰陽嚮背，半隱半現說」：

> 陰陽之撰各六，其位亦十有二，半隱半見，見者為明，而非忽有，隱者為幽，而非竟無。天道人事，無不皆然，體之充實，所謂誠也。十二位之陰陽，隱見各半，其發用者，皆其見而明者也。
>
> 《易》之乾坤並建，則以顯六畫卦之理。乃能顯者，爻之六陰六陽而為十二，所終不能顯者，一卦之中，嚮者背者，六幽六明，而位亦十二也。
>
> 故陽節以六，陰節以六，十二為陰陽之大節而數皆備；見者半，不見者半，十二位隱見俱存，而用其見之六位，彼六位之隱者亦猶是也。故乾坤有嚮背，六十二卦有錯綜，眾變而不舍乾坤之大宗。[146]

---

[146] 《周易內傳》卷二下，《船山全書》第一冊，頁225；《周易內傳發例》七，《船山全書》第一冊，頁658；《周易外傳》卷七，《船山全書》第一冊，頁1094。

此種「十二位陰陽嚮背，半隱半現說」在船山作品中時而可見，認為一卦六爻位表象上彰顯出陰或陽，其實每一爻位均存在顯隱二象，陰顯則陽隱，陽顯則陰隱，〈乾卦〉六陽的背後隱藏有六陰，〈坤卦〉的六陰背後也藏載了六陽，一卦實為六陰六陽所構成的完整卦體，唯或顯或隱而已，推之其他六十二卦，也都具足六陰六陽，只隱顯狀況不同而已。顯者六配合隱者六方是一無有虧缺的整體。

　　對於船山的說法，**熊十力**僅表達部分認同，亦即他僅贊同船山「十二位」說中孤陽不生、獨陰不化，一言陽即有陰，一言陰即有陽的觀點，但仍質疑船山十二位之說，「徒以己意於每卦增益六爻，未有所據」、「船山無端於每卦加上六位，明明背經。」[147]其實熊十力強調「乾坤互含」，言〈乾卦〉中有坤象，〈坤卦〉中亦有乾象，與船山十二位陰陽嚮背說在實質內涵上是頗能兩相融攝的。船山於顯者六位外，提出隱者亦六位，由「乾坤並建」、「陰陽十二位」發展至「錯綜成象」等，開展出其易學體系完整且相環相扣的關係性原理，無疑地他是立論周延、創見十足的思想家，且其創見仍能掌握著傳統易說的精髓，仍能洞徹易學的根本精神及宇宙全體俱在的事實，船山對易學的發明與開創之功，實未容予以輕忽。

3 道大性小等的質疑

　　如前所述，船山強調氣化宇宙論，船山就氣而言天，由氣的化育流行來呈顯天之道。然而天道的氣化結果不僅化成人，也化成物，因此所謂人道是指人所分於天道而成為性，船山由此而有「道大性小」、「道外無性，而性乃道之所函」之說。[148]至於談性與

---

[147] 《十力語要》卷一，《熊十力全集》第四卷，頁122；〈附錄〉，《原儒》，《熊十力全集》第六卷，頁776。

[148] 《周易內傳》卷五上，《船山全書》第一冊，頁526：「道大而性小，性小而載道之大以無遺。道隱而性彰，性彰而所以能然者終隱。道外無性，而性乃道之所函，是一

心，則認為性為體，心為用。主因性之理具於心而為心所知，心之如何都必然循乎理，因此說性為體、心為用。

熊十力對船山道大性小及心性之別，則未予首肯，他說：

> 性與天道，是一非二。孟子言知性則知天，是其微也。……天者，無待之稱。道體本無待，故有時用一天字，有時合用天道為複詞。性則赶就此道在人而言。人之生也，道生之。故說此道為吾人所以生之理，而別名為性。性與道非二也。……王船山妄駁二氏同人於天，遂以性與天道，強分層級，此乃以褊心而誤解聖言，不可從。[149]

> （船山）反對陽明，而不悟心即是性，則功夫似無入處。由陽明之說，本心即是非，性心之外別有性也。[150]

熊十力認為，所謂「道」就是天地萬物的體原，也即是萬物所由成之因。它又是吾人所以生之理，因此名之為「性」。此萬化實體，隨意差別而有多名，但「道」與「性」究竟非是二物。在心性觀點上，他選擇貼近陽明，甚至在熊十力最具特色的體用不二之說上──含即用顯體、於用識體；攝體歸用；體用可分而不可分；即用即體、即體即用；證體知用；作用見性；即功夫即本體等，他也承受較多來自於陽明的影響。[151]

陰一陽之妙，以次而漸凝於人，而成乎人之性，則全《易》之理不離乎性中。」

[149] 《讀經示要》卷一，《熊十力全集》第三卷，頁569-570。

[150] 《讀經示要》卷二，《熊十力全集》第三卷，頁840。末二句應作「本心即是性，非心之外別有性也。」

[151] 如〈佛法上〉，《體用論》，《熊十力全集》第七卷，頁53：「王陽明有言，即體而言，用在體；即用而言，體在用。此乃證真之談。所以體用可分而實不可分。」另如〈明心上〉，《新唯識論》（語體文本），《熊十力全集》第三卷，頁395：「善夫陽明學派之言曰：『即功夫即本體』，一言而抉天人之蘊。」

以上由三大面向切入，雖然在部分議題上，熊十力表達了有別於船山的看法，但綜彙文間的蛛絲馬跡，從熊十力對船山其人的直接褒譽，到熊十力對船山相關思想的肯定、承接與發揚，顯然地，「薑齋千載是同參」、「垂老弗變」語，確為熊十力發自肺腑的真誠告白。

三、其他各家的品評與賅納

（一）周濂溪

宋明精微要妙的義理之學，由格高清廉、胸懷灑落的周濂溪（1017-1073）啟其端緒。熊十力早年對周濂溪其耿介不阿的志節即獨有嚮往。1918年，年三十四的熊十力痛感革命終無善果，決志專務學術，獨往來天地間。其時熊十力由廣州、上海返回德安，此間曾登廬山仰瞻濂溪晚年隱居的蓮花峰麓及濂溪書堂，並於匡廬題壁曰：「數荊湖過客，濂溪而後我重來」，對濂溪的嚮往欽慕及一己的襟懷理想已於字裡行間表露無疑。

至於**熊十力**對周濂溪的學術評價，於《讀經示要》《十力語要》《十力語要初續》《讀六經》《原儒》《乾坤衍》諸書中均各有語及，或譽美褒揚，或修正取捨，整體而言，早期作品褒貶並見，晚期則多出負面評騭或糾正之語：以〈太極圖說〉為例，如1913年，熊在《庸言》雜誌上發表〈翊經錄緒言〉，文間稱譽〈太極圖說〉於《易》道有所發明，足以扶翊聖經。《讀經示要》強調「〈太極圖說〉雖未盡精微，自朱子為之注，乃多所發揮，根極理要。」[152]又《十力語要》中，強調濂溪〈太極圖說〉一文「無所不

---

[152] 《讀經示要》卷三，《熊十力全集》第三卷，頁914。

契」，而首句的「無極而太極」，「卻有妙趣」。[153]復曰：「周子於太極上置『無極』二字。先儒疑其以太極為氣。然漢儒亦多以太極為氣者，此自漢儒之誤耳。」[154]及至《乾坤衍》，則曰：

> 周子〈太極圖說〉，陸梭山象山兄弟俱不取之，疑其非周子之作。朱子力攻二陸，而尊〈圖說〉。余謂二陸先生之所見，甚卓。朱子攻之，正是朱子之短耳。〈圖說〉是否為周子作，可不論。而其說之不足取，余則以二陸之言為定案。但太極圖與〈圖說〉，不可併為一談。余以為太極圖必傳自古昔，圖中表示太極本是無對的全體，而內含陰陽二性，正是〈乾〉〈坤〉二卦義。然周子傳此圖，則於太極圖之上加一圓圈。空洞，無所有，蓋表示虛無。〈圖說〉所云無極是也。此雜老氏之迷妄，宜削。太極圖下，復加五行及兩圓圈，此甚可笑。……唯太極圖，昭示實體內含陰陽，不是單純性，深得乾坤之旨。何可輕斷其非出孔門乎？至於〈圖說〉則不論作者是否為周子，實無可取。朱子為〈圖說〉作注，尊之如六經，甚矣其愚也。[155]

由上數引，得見熊十力對〈太極圖說〉前後評議的殊異，再者亦可見其聚焦討論的重點有二：一是〈太極圖說〉中「無極而太極」句的義涵，二是太極圖與〈太極圖說〉的分判。就前者言，歷來學者於「無極而太極」一句，見解多有歧異：或認為宇宙萬物化生，源自無極；或認為無極二字，但形容太極耳！而朱陸之爭，亦大抵在此。陸意以為〈圖說〉與《通書》不類，以《通書》無「無極」二字，因而臆測〈圖說〉非周子所作，或年少時所為；而朱子則傾力

---

[153] 《十力語要》卷三，《熊十力全集》第四卷，頁351。
[154] 《十力語要》卷三，《熊十力全集》第四卷，頁346。
[155] 〈廣義〉，《乾坤衍》，《熊十力全集》第七卷，頁509-510。

表彰〈圖說〉，至於熊十力則以陸意為是，由前引《十力語要》卷三語，得見熊十力殆不認為太極之上復有一無極，太極即是理，如若就其「體用不二」論言之，則即理即氣、即氣即理；及至《乾坤衍》中更主張逕刪「無極」二字。至於熊之弟子唐君毅認為：「濂溪於此，未嘗謂太極之先另有無極。」牟宗三亦言：「太極是對於道體的表詮，無極是對於道體的遮詮。太極是實體詞，無極是狀詞。……此語意不是無極與太極。」而蔡仁厚亦曰：「依據此一肯斷，可知『太極』是個獨立的概念，它是極至之理，而『無極』則不是一個獨立概念，它只是『無有窮極』『無有限極』之意。」[156]唐、牟乃至蔡三位學者，均與熊十力觀點切近，並對此問題亦有更精詳的闡釋。就後者言：熊十力在《乾坤衍》中，強調太極圖與〈太極圖說〉的分殊，肯定太極圖而詆斥〈太極圖說〉，又認為太極圖當出自孔門，此說與朱震、胡宏、乃至黃宗炎、毛奇齡、胡渭以來，判太極圖出自道教中物之說不契，[157]而熊引太極圖的目的主在藉茲輔說宇宙實體內部含載陰陽，具有複雜性，並證成孔子內聖學的綱要，特詳於〈乾〉〈坤〉二卦。

　　另〈圖說〉有句云：「聖人定之以仁義中正，而主靜立人極焉！」意指聖人善繼天下之志，善述天下之事，因此本天道以立中正仁義之理，且主之以靜，以無欲為導，藉以建立人道最高的準繩。熊十力善體「人極」二字，認為係人生道德實踐的最高準則，而整個宋明儒學的奠基所在亦在於斯，因此熊譽此「立人極」三字，「的是尼山宗恉」、「確有無窮義蘊，真得六經之髓。」[158]但對「主靜」二字，則前期尚見褒辭，如《讀經示要》：「周子以主

---

[156] 分參唐君毅：《中國哲學原論・導論篇》，頁416；牟宗三：《心體與性體》（台北：正中書局，1987年5月）第一冊，頁376；蔡仁厚：《宋明理學北宋篇》（台北：台灣學生書局，1989年3月），頁62。

[157] 詳參林世榮：《熊十力與「體用不二」論》（台北：萬卷樓圖書股份有限公司，2008年6月），頁129-130。

[158] 《讀經示要》卷二，《熊十力全集》第三卷，頁818、779。

靜立人極，而於靜字下，自注無欲故靜。則此靜，非與動相對之靜也。而以停止之靜譏之可乎」、「周子〈太極圖說〉，以主靜立人極，而自注曰：無欲故靜。明此靜，乃邪欲不作，而動靜合一之謂，非屏動以求靜也。故儒學亦主歸寂，而絕不溺寂。」[159]強調應善體周子之靜者，當知其所謂靜，非溺於寂而係動靜合一之意。至於後期則提出異議：「周子曰：『主靜立人極』。又自注曰：『無欲故靜』。余謂周子誤矣。惟得仁，方可立人極。注意。無欲可以求仁，而無欲即是仁也。」[160]強調「仁」方為立人極之道。又曰：「主靜主動之分，自春秋之季，道家老聃已啟其端，誠哉古矣！宋儒自周濂溪以主靜立人極，……濂溪之論，本乎老聃者也。老曰：『致虛極，守靜篤。』屏動，而一主於靜，其異於塊土之鈍然者幾何？」[161]對濂溪本於道家的主靜工夫未甚認同，由於他強調宇宙實體雙顯空寂與生化，因此在工夫論上強調的是動靜一如。

倘若考察〈圖說〉《通書》，得窺知動靜之說是濂溪甚為關注的話題，如〈圖說〉中言「太極動而生陽，動極而靜，靜而生陰，靜極復動。一動一靜，互為其根。分陰分陽，兩儀立焉！」其時蔡元培即認為「熊先生以《易》之陰陽、〈太極圖說〉之動靜，均易使人有對待之觀，故特以翕闢寫照之。」[162]點出翕闢說汲取了〈太極圖說〉的若干養分。而劉定權更明言熊十力立說有本於此者：「熊君以自性為闢、為心，以顯自性之資具為翕、為色，皆恆轉所幻者。詳其由來，與〈太極圖說〉相似，……其『恆轉』云云者，即『無極而太極』句意也。其『闢』云云者，即『太極動而生陽』句意也。其『翕闢』云云者，即『一動一靜，互為其根，分陰分

---

[159] 《讀經示要》卷三，《熊十力全集》第三卷，頁818、916-917。

[160] 《明心篇》，《熊十力全集》第七卷，頁276。

[161] 〈原內聖〉，《原儒》，《熊十力全集》第六卷，頁674-675。

[162] 詳參高平叔：《蔡元培哲學論著》（北京：河北人民出版社，1985年），頁414、415。

陽』句意也。」[163]針對劉定權以翕色闢心、翕闢成變說揉合了〈太極圖說〉的若干成分，熊十力首先批點〈圖說〉之誤：

> 漢儒言《易》，曰「陽動而進，陰動而退。」是陰陽皆以動言之也。微之〈乾〉曰「行健」，〈坤〉曰「行地無疆」，可謂深得《易》理。今〈圖說〉曰：「太極動而生陽，靜而生陰。」是以動靜分陰陽，明與《易》反。宋以後儒者，大抵受此說影響，皆以動言陽，以靜言陰，其昧於化理亦甚矣！夫〈乾〉〈坤〉」皆言動而不及靜者，非無靜也，言動而靜在其中也。動而貞夫一，即動而靜也，故不離動而言靜也。〈圖說〉離動靜而二之，……詳此所云「動極而靜」、「靜極復動」，則方動固無靜，待動之極而後靜；方靜固無動，待靜之極而後動。若爾，即當其動而生陽時，陽為孤陽；及其靜而生陰時，陰又為孤陰。豈有此偏至之化理耶？[164]

又就己之翕闢說與〈圖說〉之別加以申說：

> 吾書〈轉變章〉談翕闢一段文中，有重要義，破者須明。蓋首言翕闢只是動力之殊勢。翕似幻成乎物，而實無物，故不能作靜象觀。此與〈圖說〉言「靜而生陰」者，根本異旨。次則吾言翕闢兩種動勢，卻是同時。若不同時俱有，便是孤獨成變，無有此理。此與〈圖說〉絕對無可牽附。……不知彼以陰陽分屬動靜，而吾之翕闢則皆就動言，何可拉雜而談？彼明明曰：「動極而靜，靜極復動」。其動靜陰陽確

---

[163] 劉定權：〈破新唯識論〉庚「一翕一闢」，見林安梧輯：《現代儒佛之爭》（台北：明文書局，1990年6月），頁102。

[164] 〈辰項〉，《破破新唯識論》，《熊十力全集》第二卷，頁192。

不同時。與吾言翕闢為同時以反而相成者，義旨自絕不相
侔，……[165]

由上二引，得見熊十力認為〈圖說〉係以陰陽分屬動靜，而其言翕
闢則均由動處以立言，言動而靜已寓其中；〈圖說〉「動極而靜，
靜極復動」，其動靜陰陽不同時，而其言翕闢則強調同時且相反相
成；又〈圖說〉孤陰孤陽，難以語變，而其翕闢說言變則凡闢必備
翕、翕實順闢。其翕闢說言動靜係掌握〈乾〉〈坤〉義蘊，與〈圖
說〉旨意有別。

　　雖然熊十力稱辯〈圖說〉動靜陰陽之說認為與己翕闢說實不相
侔，亦評濂溪言化理有偏至之嫌，但對於《通書》中〈動靜〉第六
所言，則認為與〈圖說〉相反，是深於知化之言：

> 周濂溪說：「動而無靜，靜而無動，物也；動而無動，靜而
> 無靜，神也」。這話極透。……濂溪意謂，物件是死的東
> 西，如使他動時，他只是動，便沒靜；如使他靜時，他只是
> 靜，便沒動。至若動而無動，則是即動即靜也；靜而無靜，
> 則是即靜即動也。此動靜合一之妙，非可以物推測，乃神之
> 不可度思者也。……若乃動靜乖分，隨有所滯，則是喪其心
> 而失其所以神，故下同乎物耳。……蓋主靜而見大矣。[166]

在此熊十力讚揚濂溪所言深得即動即靜、即靜即動之要旨，強調靜
是動之靜，未可屏動而求靜，靜而不離於動，動而不失其靜，於動
靜合一之理可謂領會甚深。黃宗羲於《宋元學案‧濂溪學案下》曾
作案語云：「周子之學，以誠為本。……靜妙於動，動即是靜。無

---

[165] 同前註，頁193。
[166] 《十力語要》卷四，《熊十力全集》第四卷，頁498-499。

動無靜神也，一之至也，天之道也，千載不傳之祕，固在是矣！」而牟宗三在《心體與性體》中釋「動而無動，靜而無靜，神也」時，也明申其並非「不動不靜」之謂，而是「即動即靜，動靜一如的虛靈本體。」凡此均與熊十力之說相契，可謂深得周濂溪動靜變化神妙之理。

（二）張橫渠

張橫渠擅著述，作有〈東銘〉〈西銘〉《橫渠易說》《正蒙》《經學理窟》《性理拾遺》等，今有《張子全書》刊行於世。此間代表其晚年的精實之作，則首推十有七篇的《正蒙》，其義理玄要，歸本於《易》，其中〈太和〉〈參兩〉〈天道〉〈神化〉〈大心〉〈中正〉〈至當〉〈有德〉〈大易〉〈乾稱〉等篇，尤其深繫《易》理，堪稱精妙，因此王船山除以「張子之學，得之《易》者深」贊之外，[167]更主動為《正蒙》作註，以繼承和推擴橫渠的哲學思想，同時《張子正蒙註》也成為他心嚮橫渠的具體表述。此外船山更以「希張橫渠之正學」，表白橫渠為其學術上神往的對象，及一己「力不能企」的自謙。船山又曰：「張子之學上承孔孟之志、下救來茲之失，如皎日麗天，無幽不燭，聖人復起，未有能易焉者也」、「張子之學無非《易》也，即無非《詩》之志，《書》之事，《禮》之節，《樂》之和，《春秋》之大法也，《論》《孟》之要歸也」，[168]道出橫渠為學方向上以繼承孔孟為職志；在立論內容上則以《易》為旨歸。

至於**熊十力**於各作品中亦偶言及張橫渠，惟褒貶不一。雖然船山視橫渠思想為對治釋老的正學，但在熊十力看來，橫渠雖得覃思踐履於儒，但在其為學歷程中，卻曾遍訪道釋之書，其出入道釋

---

[167] 〈大易篇〉，《張子正蒙註》，《船山全書》第十二冊，頁272。
[168] 〈序論〉，《張子正蒙註》，《船山全書》第十二冊，頁11、12。

既深，則書中固然有嚴斥佛老處，卻終不免又受其影響。因此橫渠雖倡萬物為實有，以矯正老子的「萬物生於有，有生於無」，但在殊多論述中，又難免有祖述老氏之處，例如《橫渠易說》釋〈乾〉九五中有「谷神能象其聲而應之」一語，「谷神」一詞即原出《老子》第六章。另熊十力亦言：

> 張子《正蒙‧太和篇》曰：「太虛為清，清則無礙，無礙故神。」云云，此乃祖述老氏神生於虛之旨。神生於虛，故曰谷神。[169]

> 橫渠思想，本出於老。……而未悟老氏混成之旨。……〈太和篇〉又曰：「太虛為精，清則無礙，無礙故神。」〈大心篇〉曰：「成吾身者。天之神也。」舉此一、二條，亦以神氣俱依太虛而有，但不謂神氣與虛混然為一，是其所以求異於老，而適乃自成其短也。[170]

如上所列，均見熊十力眼中的橫渠思想仍未盡純粹。至於橫渠論《易》，雖倡言氣化，但仍以「太虛」一詞稱呼本體，如〈太和篇〉曰：「太虛無形，氣之本體」，此與〈乾稱篇〉「氣之性本虛而神」可謂同一旨要。「太虛」也稱「太和」，是「道」所以為創生的真幾，也是氣的本體。氣之或聚或散，或攻或取，均有「太虛」此一清通神用的本體妙運其中。近世或因橫渠言「氣」，即視為唯物論者，熊十力對此則加以斥駁：

> 惟張橫渠《正蒙》，昌言氣化。近世或以唯物稱之，其實，橫渠未嘗以氣為元也。〈太和篇〉曰：「太虛無形，氣之本

---

[169] 《明心篇》，《熊十力全集》第七卷，頁175。
[170] 〈原內聖〉，《原儒》，《熊十力全集》第六卷，頁631。

體。」又曰:「由太虛,有天之名;由氣化,有道之名;合虛與氣,有性之名;合性與知覺,有心之名。」詳此所云,固明明承前聖體用之分。太虛是氣之本體,氣是太虛之功用,何嘗以氣為元乎?獨惜其虛與氣未嘗融而為一,即體非用之體,而用亦非體之用,是其體用互相離異無可救也。[171]

在熊十力看來,橫渠既已指出太虛為氣之體,氣為太虛之用,即非以氣為體的唯物論者,但依〈太和篇〉所論,則仍不免落入體用離異,究竟未能融為一體的缺憾。至於〈參兩篇〉所云:「一物兩者氣也。一故神,兩故化,」則最為熊十力所推崇:

張橫渠曰:「一故神,兩故化。」此六字廣大無邊,深得《易》旨。惜《正蒙》之書,未能善發此義。一者,兩之原,故兩非離一而別有;兩者,一之顯,故一不外兩而獨在。一,無形無象,其顯而為兩也,則以相反而成化,有化跡之可尋。……是故《易》之為書,以明兩為樞要。兩之用誠明,則其體之一自可不言而喻,用非憑空得起,必有體故,此乃即用顯體之妙也。[172]

此所謂一,即是〈太和篇〉「清通而不可象為神」;兩者,即是〈太和篇〉「散殊而可象者為氣」。一,即是太極,亦即是太虛神體;兩,即指陰陽。一為體;兩為用。太極、太虛不離於氣,而陰陽二者統而一之以「即用見體」,由一必說至兩,由兩必說至一,此為即用之通以見體之實。大體說來,〈參兩篇〉的「一」、「兩」之說,闡發體用相即之論,贏得熊十力的高度認同,但如

---

[171] 同前註,頁630-631。
[172] 《論六經》,《熊十力全集》第五卷,頁666。

〈太和篇〉等處的體用觀，熊十力則認為未臻通透。雖然船山奉橫渠為希企之正學，而熊十力又深知船山宗主橫渠，但熊十力仍認為船山之學宏闊，究非橫渠可比。[173]

（三）二程

程明道（**1032-1085**）遺世文獻中，以〈識仁〉〈復性〉二文，稱述最廣，黃宗羲於《宋元學案》即言：「明道之學，以〈識仁〉為主。」〈識仁〉一文，原係明道答呂大臨提問，而由呂作成記錄，其後編列於《二程遺書》第二上，其文曰：「學者須先識仁，仁者渾然與物同體。義、禮、智、信，皆仁也。識得此理，以誠敬存之而已，不須防檢，不須窮索。……」一起首即以「仁」點出道德實踐的方向與關鍵，而仁者之心，體物不遺，因此義得以全仁；禮得以育仁；智得以輔仁；信得以踐仁，四者實皆為仁。再者提出「以誠敬存之」此至簡至易的工夫來進行道德實踐，藉以保任此心的真實無妄，使不致流失，如是「存久自明」，人心自然朗現，安待防檢窮索？至於〈定性書〉則強調唯有以「動亦定，靜亦定」、動靜皆定、動靜如一的工夫，方能隨時顯現明覺的本體。而**熊十力**對明道的評語多針對〈識仁篇〉而發，如《讀經示要》曰：「明道〈識仁篇〉證之《大易》《論語》及群經」、「宋明儒無一不言仁。而明道〈識仁篇〉，陽明〈大學問〉，尤為群儒所宗。」[174]《十力語要》卷三曰：「理學開宗，最重要文字無過〈識仁〉〈定性〉〈西銘〉三篇。」《新唯識論》則言：「程伯子〈識仁篇〉云：『仁者渾然與物同體。義禮智信，皆仁也。』」此則直演孔子《大易》『元者善之長也』意思。《易》以乾元為萬物之

---

[173] 《讀經示要》卷三，《熊十力全集》第三卷，頁914：「橫渠《正蒙》為船山《易傳》之所本，而船山宏闊，非《正蒙》比。」

[174] 《讀經示要》卷二，《熊十力全集》第三卷，頁818；《讀經示要》卷三，《熊十力全集》第三卷，頁931。

本體，……元在人而名為仁，即是本心。」[175]著重發揮〈識仁篇〉
「仁者渾然與物同體」的義涵，並強調程明道言仁與《大易》《論
語》、群經及陽明的精神互相通達。又明道承續孔孟，讓「仁道」
思想再度綻放異彩，下則啟迪象山本心及陽明致良知之教，而熊十
力承載諸賢，觸悟其說，彙總而另有開闢，則明道亦可謂有前承後
啟之功。

　　至於持身謹嚴，為學本乎至誠，重居敬而尚窮理的程伊川
（**1033-1107**），其《易傳》多持儒家學說，尤其是《四書》中觀
點，藉以解釋《周易》經傳，成為北宋義理易學的啟導者。伊川說
《易》且能履《易》，平生行誼處變得中、進退適時、嚴毅剛正，
無疑即其易學精義的踐履，因此其弟子尹和靖贊言「先生踐履盡一
部《易》，其作傳，只是因而寫成。」**熊十力**頗認同其說，並強調
「此語萬不可忽」。[176]再者由於伊川《易傳》頗重視歷史人事的經
驗，因此可為士大夫經世致用、進退出處的依據，不致爭名競利，
因而熊十力稱譽「伊川《易傳》頗詳士夫進退之節，足為世人貪殘
競進之戒。」[177]然《易傳》多專力於人倫政教之用與修齊治平之方
的闡揚，對於天道本體的論述，天人不二的心性之學，則仍未能深
致其意，因此船山嘗言「伊川《易傳》純乎理事，固《易》大用之
所以行，然有通志成務之理，而無不疾而速，不行而至之神。」[178]
而熊十力則和應之：「船山議伊川詳於人事，而猶未足語於窮神知
化。斯可謂知言已。」[179]

　　伊川《易傳》釋〈比卦‧卦辭〉：「〈序卦〉眾必有所比，故
受之以比。比，親輔也，人之類必相親輔然後能安，故既有眾，則

---

[175] 〈明心上〉，《新唯識論》（語體文本），《熊十力全集》第三卷，頁398。

[176] 《十力語要》卷一，《熊十力全集》第四卷，頁125。

[177] 同前註，頁87。

[178] 《周易內傳發例》，《船山全書》第一冊，頁653。

[179] 《讀經示要》卷三，《熊十力全集》第三卷，頁914-915。

必有所比」、「凡生天地之間者，未有不相親比而能自存者也，雖剛強之至，未有能獨立者也。」[180]熊十力於作品中屢語及伊川《易傳・比卦》的互相比助精神，[181]並援此言互助及禮讓之要，大抵多助者存，寡助者亡，此向為動物界的公例，古聖帝明王，也以禮讓化民，此為治道之要，也是人類蘄向太平大同的不二法門。而所謂禮讓之治，具體標的在於「據德而不回」、「由義以建利」、「敦信以守度」、「明恥以有立」、「正名以幹事」、「盡己以體物」。[182]熊十力之所以屢申互助禮讓，應是有感於其時西方諸國專務侵略爭奪，至戰禍四起，而中國亦由是受創慘烈所致。

熊十力除喜引述伊川《易傳・比卦》外，其釋《易》時也偶引伊川語以釋。如《二程遺書》卷十五：「離了陰陽更無道。所以陰陽者，是道也。陰陽，氣也。氣是形而下者，道是形而上者。」言陰陽是氣，所以陰陽者是道，一為形而下，一為形而上，「所以」二字，點出陰陽之能運行，是由於「道」所致。《遺書》卷三又言：「『一陰一陽之謂道』，道非陰陽也，所以一陰一陽，道也。如一闔一闢為之變。」指出道為陰陽之所以變化者，亦即為陰陽變化之理。熊十力則循此詳加詮釋，藉以說明道體與發用之別：

> 《易》曰：「一陰一陽之謂道。」陰陽者，道體之發用，而道體不即是陰陽，……程子曰：「陰陽非道也，其所以一陰一陽者，道也。」此為得之。細玩兩一字，則明道體之成變化，而顯為一陰一陽，故於此而謂之道。蓋道體渾然絕待，豈是陰陽二物之合。但其成變化，則顯為一陰一陽。譬如一

---

[180] 詳參程頤：《易程傳》（台北：世界書局，1985年10月）卷一，頁38。

[181] 如《讀經示要》卷一，《熊十力全集》第三卷，頁567云互助論由伊川首先創發，另頁594：「伊川《易傳》釋〈比卦〉之義曰：『萬物莫不互相比助而生』。叔子齊聖，發明斯義，功亦鉅哉！」唯檢覈伊川《易傳・比卦》釋文並無「萬物莫不互相比助而生」諸語，然確有多處申發人類必相親輔之意。

[182] 詳參《讀經示要》卷一，《熊十力全集》第三卷，頁592-598。

大海水，其成變化，則顯為各各漚波也。道體不即是陰陽，然不可離一陰一陽而覓道體。故曰一陰一陽之謂道。[183]

對於本體不等同於發用、離用則無從識體，這種體用間分而不分、不分而分的密切關係言之甚明。又伊川以為天下物可以理照，一物必有一理，物我復為一理，明此則可以盡彼。而熊十力則將伊川所言的「理」，與六經的「道」，和一己的「本體」義加以融通。[184] 此外伊川言理在物、陽明理在心，而熊十力則言「理即心，亦即物。」[185]透過前述，已略窺伊川思想在熊十力作品中的吸收、運用與省思。

熊十力評騭二程，仍呈現前期多譽、後期多貶的現象，如《原儒》：「程傳多徵引歷代君臣行事得失，其取義只是以帝制為依據耳」、[186]「伊川《易傳》乾卦注，首提出天帝。明道有吾儒本天之說。本天者，言儒學以天帝為其大本也」、「程頤《易傳》，無識者謂其反對漢《易》。實者程氏〈乾卦〉注，明明將天帝當作乾。……昔人稱伊川詳於人事，實則擁護大君耳。」[187]強調明道「以天帝為大本」，而《程傳》多徵引歷代君臣行事得失，以帝制為依據，這種視《程傳》信有天帝、擁護君王制度之說，《乾坤衍》中屢有出現，與早期作品陳述重點屢有不同，由此得略窺其思

---

[183] 《讀經示要》卷一，《熊十力全集》第三卷，頁570-571。

[184] 如《讀經示要》卷一，《熊十力全集》第三卷，頁575：「程子曰：『吾學雖有所受，而天理二字，確是自家體認出來。』此語切不可忽。程子所言理者，乃本體之目，非由意見安立，以為行為之規範也。本體元是萬理俱備，其始萬化，肇萬物，成萬事者，自是固有此理。非無能生有也。程子說個理字，與《六經》中道字，可互相發明。」

[185] 詳參〈功能下〉，《新唯識論》（語體文本），《熊十力全集》第三卷，頁280。〈原內聖〉，《原儒》，《熊十力全集》第六卷，頁657。

[186] 〈原學統〉，《原儒》，《熊十力全集》第六卷，頁443。

[187] 〈廣義〉，《乾坤衍》，《熊十力全集》第七卷，頁574-575、592。

想遷變軌跡，亦可見其晚期作品中對「信有天帝」與「擁護統治」等古術數家的根本信念，欲剷之而後快的特質。

（四）陸象山

陸象山（1139-1192）其為學之初，由思考「宇宙」二字啟其端，年十三，悟「宇宙內事乃己分內事，己分內事乃宇宙內事」，其後啟迪後學，也多及「宇宙」二字，如「道塞宇宙，非有所遁」、「宇宙不曾限隔人，人自限隔宇宙」、「是理充塞宇宙」等。年三十四始應進士試及第，從游者眾。其後返家授徒，以辨志及明本心為講學要旨。或勸其著書，回應以「六經註我，我註六經」及「學苟之道，六經皆我註腳。」象山學脈，直承孟子，以倡明聖道自任，因此其論學書信中，凡所徵引，孟子為先。他倡言「發明本心」，其所謂「本心」，實導源於《孟子》「無失其本心」，而《象山全集》〈年譜〉載：「（楊敬仲）問：『如何是本心？』先生曰：『惻隱，仁之端也；羞惡，義之端也；辭讓，禮之端也；是非，智之端也，此即是本心。』……先生曰：『……是者知其為是，非者知其為非，此即敬仲本心。』」[188]四端萬善係吾心本有，日常行事作為如能本乎此，則無一不合義理。至於知是知非、知孝知弟也只是任本心自然發見，隨處感應，毋須窮索，依此本來具足的心，即可以體天地而行仁義。因此謝山〈淳熙四先生祠堂碑文〉云：「其教人以發明本心為始事，此心有主，然後可以應天地萬物之變。」[189]象山強調本心為吾人價值判斷的準據，向下開啟王陽明「致良知」教，二者相互輝映，密合無間。

---

[188] （宋）陸九淵：〈年譜〉，《象山全集》卷三十六，頁7，於三十四歲下所引錄。
[189] 〈象山學案〉，《宋元學案》卷五十八，頁1888。

陸象山曰：「天之所以與我者，即此心也。人皆有是心，心皆具是理，心即理也。」[190]此道德本心，與天地毫無隔閡，而得以和天道天理相通，此由本心推擴而出的「心即理」之說，下及陽明，自成一脈，與伊川至朱熹的「性即理」一支，路徑迥異，而得以分庭抗禮。再者本心雖與天理相通，然或以溺於聲色富貴、流俗謬見等，而遮斷本心，因此須賴存養工夫，以復其本心，至於存養要鍵，在於「先立乎其大者」，此亦淵本《孟子》：「先立乎其大者，則其小者弗能奪也。」至於何謂「先立乎其大者」？象山曰：「必有大疑大懼，深思痛省，決去世俗之習，如棄穢惡，如避寇讎，則此心之靈，自有其仁，自有其智，自有其勇。私意俗習，如見晛之雪，雖欲存之而不可得。此乃謂之知至，乃謂之先立乎其大者。」[191]或疑象山講學，僅此一句「先立其大」，象山曰「然」，其實「先立其大」即是「復其本心」即是「發明本心」，而此亦即是象山思想的竅門所在。除上所述外，象山復主張「尊德性」，認為先立其大，則反身自得，此與朱子強調「道問學」，主張「窮理以致其知，反躬以踐其實」的立教方式自是壁壘分明。因此朱子主張「去短集長，以免墮於一邊。」而象山則對朱子的去兩短合兩長建議，未予認同，主因「既不知尊德性，焉有所謂道問學？」[192]

熊十力於諸書中，也時以象山所言發論，舉例如下：

> 然必有象山所謂「先立乎其大」一段工夫，使獨體呈露，自爾隨機通感，智周萬物，畢竟左右逢源，如此，乃為極則。[193]

---

[190] （宋）陸九淵：〈與李宰二〉，《象山全集》卷十一，頁6。
[191] （宋）陸九淵：〈與傅克明〉，《象山全集》卷十五，頁4。
[192] 詳參（宋）陸九淵：〈年譜〉，《象山全集》卷三十六，頁12，於四十五歲下所引錄。
[193] 《讀經示要》卷一，《熊十力全集》第三卷，頁580。

陸子之學，以先立乎其大為宗。大者，謂本心也。仁體也。……陸學遠紹孔門，復何疑。[194]

陽明云：「學問須是識得頭腦」。象山平生言學，主張「先立乎其大」。何謂立大？何謂識頭腦？即不喪失其本心而已。[195]

宋代理學自二程分為二支，象山上承明道、源及孟子，下啟陽明，可位居處樞紐地位。至於其「先立乎其大」、「發明本心」、「即心即理」的思想要義，及簡易直捷的思想方法，無疑成為熊十力極珍貴的思想資源。唯熊十力自《原儒》起即將孟子歸之於小康學派，因此對於專尚孟子的陸象山，即不復發語推崇。

（五）陳白沙

陳獻章（1428-1500），世稱白沙先生。平生絕意著述，認為道之顯在人而不在言，舉凡奏疏書序、詩賦贈答等，係門徒採集而成，詳見《白沙子全集》，另白沙思想已略言於前章。熊十力於年十六、七時，觀讀陳白沙〈禽獸說〉，深為震儆，文曰：「人具七尺之軀，除了此心此理，便無可貴。渾是一包膿血，裹一大塊骨頭。饑能食，渴能飲，能著衣服，能行淫慾。貧賤而思富貴，富貴而貪權勢，忿而爭，憂而悲，窮則濫，樂則淫，凡百所為，一信氣血，老死而後已，則命之曰禽獸可也。」[196]白沙認為人之可貴在於此心此理，心與理即是人得之於道而為人的依據。只要把握本來心性，便可「天地我立，萬化我出，而宇宙在我矣！」[197]因此掌握心學法門，便可鳶飛魚躍。熊十力詳為描述其讀後反應：

[194] 《讀經示要》卷二，《熊十力全集》第三卷，頁819。
[195] 《十力語要》卷二，《熊十力全集》第四卷，頁240。
[196] 〈禽獸說〉，《白沙子全集》卷二，頁331-332。
[197] 〈與林郡博〉，《白沙子全集》卷四，頁565。

余乍讀此文，忽起無限興奮，恍如深躍虛空，神遊八極，其驚喜若狂，無可言擬。當時，頓悟血氣之軀非我也，只此心此理方是真我。……若能超脫血氣之藐小物而自識至大無匹之真我，則炯然獨靈，脫然離繫，飢食渴飲著衣居室，皆有則而不亂、循理而不溺，……余因白沙〈禽獸說〉，頓悟吾生之真，而深惜無始時來，一切眾生都不自覺，……吾人當認識此無盡寶藏是為真我，萬不可迷執血氣之藐小物為我，因此起惑造業而喪其可貴之寶藏。此是白沙苦心處，吾人奈何不悟。……有問：無盡寶藏是一人獨有耶？抑萬物共有耶？答曰：一人獨有之無盡寶藏，即是萬物共有之無盡寶藏。譬如一漚獨具之大海水，即是無量眾漚同具之大海水。一為無量，無量為一，此非玄談，悟時自知。……[198]

對於陳白沙強調此心此理方是真我，是為人者最可貴之處，此說無疑驚醒也警醒了熊十力，在熊十力諸作中屢屢強調保任此心而勿失之，屢屢強調「性智」是真我的覺悟，凡此均顯有來自於陳白沙〈禽獸說〉的醍醐灌頂之功。此外在熊十力窮究學術過程中，曾傾向印度佛家，曾服膺於歐陽竟無大師，但終能入而後出，在靈活出入百家後，終乃專注於反己自求，「只信賴我自己的熱誠與虛心。時時提防自己的私意和曲見等等來欺蔽了自己。而只求如陳白沙所謂『措心於無』，即是掃除一切執著與迷謬的知見，令此心廓然，無有些子沾滯。如此，乃可隨處體認天理。」[199]所謂「措心於無」，即是心不著一物，心上既不沾染雜物，則將如明鏡般澄澈，門戶之見自然剝落，感之而後應，不感則不應，一切順乎

---

[198] 詳參〈陳白沙先生紀念〉，《十力語要初續》，《熊十力全集》第五卷，頁280-281。熊十力為此文時，因體氣不佳，故由熊授意，其女熊仲光代筆而成。

[199] 〈轉變〉，《新唯識論》（語體文本），《熊十力全集》第三卷，頁136。

明覺之自然，如此反現鳶飛魚躍之機。因此白沙的「常令此心在無物處」，敞開了熊十力的學術心防，也袪除了熊十力的門戶之見，讓他憑著自家體認所至，終在與其相契的《大易》處，覓著了歇腳著根的所在。

（六）其他

除前述各家外，尚有熊十力偶及的宋明學者，如針對主先天象數之學的邵康節（1011-1077），其〈觀物篇〉：「氣一而已，主之者神也。神亦一而已，乘氣而變化，能出入於有無死生之間，無方而不測者也」一段，熊強調若判神氣為二，即為大謬，又言邵於根本未澈，應細體《新論》言體用與翕闢義。[200]針對朱震（1072-1138）《漢上易傳》，評以「頗有規模」。[201]又簡評楊慈湖（1150-1223）之學：「《大易》立乾元，便是即用顯體。坤元即乾元，楊慈湖最說得透。」[202]

至於陽明後學派別支離，或浙中王門，或江右王門，或泰州學派。此中或歸向恪守靜篤，忽視道德實踐；或狂蕩不羈，率其性而行，其末流引發的廣泛批判，究竟非朝夕所致，也因此如清初顧炎武，即將明末士風的頹敗，歸諸於王學的風行，而船山也對陽明的知行合一論及陽明後學倡心無善惡等，從哲學的角度加以批駁。至於熊十力，也承接顧、王看法，逕直批評：「其（案：指陽明）承學之士，皆趨於心學，甚至流於狂禪」、「上窺陽明門下，人才輻湊，皆禪客耳。禪之下流，認意見為天理，為良知，於是而鄒元標之徒，構成吾家襄愍之禍，邊氓入主而文明俊庶為奴矣」、「及明之季，賣國者皆王學也，衡陽親見亡國之人，親嘗亡國之痛，其言豈得無據？《遺書》隨處詆陽明以洪水猛獸，謂非有激而然

---

[200] 〈邵子觀物〉，〈困學記〉，《十力語要初續》，《熊十力全集》第五卷，頁268。

[201] 《讀經示要》卷三，《熊十力全集》第三卷，頁915。

[202] 〈附錄〉，《新唯識論》（刪定本），《熊十力全集》第六卷，頁279。

乎？」[203]一向傾其力護衛陽明的熊十力，對陽明後學卻不容留情的予以抨擊。唯對聶雙江、羅念庵等則又發語稱揚：如援引傾力發明陽明良知學的羅念庵（1504-1564）：「當極靜時，恍然覺吾此心中虛無物……」一段，評以「念庵所言，質驗之倫理實踐上純粹精誠，超脫小己利害計較之心作用，如嚮往古哲與夫四海疾痛相連，以及親親仁民愛物之切至，凡此皆足以證明此心不有彼我、不限時空，渾然無二無別，無窮無盡。」[204]要在說明心為身體的主宰，而其作用實不可限量。又曰：「陽明末流，至謂離感無心，真迷妄見也，幸有雙江、念庵起而矯之。」[205]此則褒譽江右王門聶、羅對陽明後學的矯偏之功。再曰：「明代陽明派下，多有只在發用處說良知者，是直以作用為性體。其謬誤不待言。及聶雙江、羅念庵救之以歸寂，而於作用見性意思，似亦不無稍闊。」[206]此強調聶、羅二人言歸寂誠然為是，但寂然真體切不可離用，如若摒用以求寂，將為淪空之學。及至《存齋隨筆》，對羅念庵卻又發以負面評語：「然念庵仍近禪，終於《大學問》，無所發明。」[207]顯示其後期作品的觀點已然遷異。

除此之外，亦有合多家以發語評之者，唯多零碎片斷之言，如：「周元公濂溪作〈太極圖說〉，橫渠張子作《正蒙》，船山王子作《正蒙注》、《思問錄》，皆本隱之見，原始要終，於《易》學有所發明」、「濂溪、橫渠、船山，實三代後聖人也。其學之大者，在以道器為一源，形上形下為一體，有無虛實聚散為一貫」、[208]「周濂溪、邵堯夫、張橫渠、程伊川、朱漢上、朱晦翁，

---

[203] 《十力語要》卷二，《熊十力全集》第四卷，頁267、266、267。

[204] 〈明心上〉，《新唯識論》（文言文本），《熊十力全集》第二卷，頁80-81。

[205] 同前註，頁80。

[206] 〈明心上〉，《新唯識論》（語體文本），《熊十力全集》第三卷，頁391。

[207] 《存齋隨筆》，《熊十力全集》第七卷，頁841。

[208] 〈翊經錄緒言〉，《熊十力論文書札》，《熊十力全集》第八卷，頁23。

皆精思力踐，各有獨到。」[209]由此觀來，熊十力對宋明諸儒的關注焦點，仍多匯聚於朱子、陽明、船山三者。

第三節　宋明心性之學的現代闊拓

在熊十力的整體哲學架構中，「本心」立居於基底與核心位置，而其「本心」概念的發皇與推擴，主要係承接宋明諸儒——尤其在陽明心學的啟迪下所蔚成。此外熊亦強調本心的自覺自證即是見體，由此多方言詮體用問題，成為其學術課題中的主角，然探究實體的活動最終仍必須回歸到自家身心。本節乃循此開展為二大重點：一為其本心觀，一為其體用論，分名之以「明心」及「見體」。

一、明心

（一）保任本心　辨明本習

熊十力為顯「心」的特殊力用，因此其哲學大作特以《新唯識論》立名，依其所述，「識」即是本心的異名，「唯」字藉以顯明本心的特殊；即萬化之源而以本心為名，是最為特殊。《新論》窮究萬殊而匯歸於一本，所謂一本無他，亦即是「本心」；至於《明心篇》所致力的，也不外在於弘大本心的善端。在承襲孟子及至陸九淵、王陽明等宋明儒的思考路線及佛教思想資源的揀擇提煉下，熊十力對「本心」及由此推擴而出的相關課題，有了更具特色的詮解與發揮。

---

[209]《十力語要》，《熊十力全集》第四卷，頁140。

由於本心是人與生所俱，係本有而非後起，因此扣緊一「本」字而稱名，它原是清淨、澄明、絕對、真實、亨暢、升進、得以役物轉物而不為物所役的。關於本心義相，熊十力說之以二：其一，本心是虛寂的，所謂「虛」，即是無形無象、無聲色無方所；所謂「寂」，即是指其生化神而不測、毫無滯礙。其二，此心是明覺的，所謂「明」即指本心是無幽不燭、遠離昏黯的；所謂「覺」，則指本心本無惑亂。[210]其實虛寂明覺的本心即是人的一點明幾，它是人類本俱的天然明性，也是陽明詩句中的「天然無盡藏」，禪宗的「自家寶藏」，更是王陽明所倡的良知。王陽明將良知與天、命、性、心、理、知等打成一片，熊十力的本心觀也具有如此的特質，熊十力說道：

> 本心即萬化實體，而隨義差別，則有多名。以其無聲無臭，沖寂之至，則名為天。以其流行不息，則名為命。以其為萬物所由之而成，則名為道。以其為吾人所以生之理，則名為性。以其主乎吾身，則謂之心。以其秩然備諸眾理，則名為理。以其生生不容已，則名為仁。以其照體獨立，則名為知。以其涵備萬德，故名明德。[211]
>
> 本心即是性，但隨義異名耳！以其主乎身，曰心。以其為吾人所以生之理，曰性。以其為萬有之大原，曰天。故「盡心則知性之天」，以三名所表，實是一事。但取義不一而名有三耳！[212]

在熊十力看來，心、性、天、命等所表達的不外一事，而其動源即是吾人的本心，本心即是良知，即是真的自己，亦即是孔子的

---

[210] 〈明宗〉，《新唯識論》（語體文本），《熊十力全集》第三卷，頁18。
[211] 《讀經示要》卷一，《熊十力全集》第三卷，頁636。
[212] 〈明宗〉，《新唯識論》（語體文本），《熊十力全集》第三卷，頁19。

「仁」、〈大學〉中的「明德」、孟子的「幾希之心」、陸象山的「吾心」、陳白沙所謂「除此心此理便無可貴，渾是一包膿血」的「心」與「理」。它是含萬善、備萬德、具萬理的，它一方面是吾人的真宰，為吾人所以生之理，為人類道德行為內在的價值源頭，一方面則是吾人與天地萬物同具的本體。所謂「天地萬物為一體」，個體的小生命其實即是稟受於宇宙的大生命而來，而宇宙大生命亦不能超脫宇宙小生命而另覓，如以佛教「月印萬川」的觀點，則宇宙大生命即是甲物、乙物乃至無量物的生命，因此個體的本心實亦稟受自宇宙大生命之全，換言之，萬物本原與吾人真性本心，原非有二。本體絕不能離我的心而向外索求，反己深切體認，自識本來面目，便是證得實體的不二管道，因此其本心論和天道論的關係是不一不二的，此種說法可謂是陽明心學派「心即理」觀點的承續與發揚。一生窮究本體、歸極於見體之學的熊十力如此明確言道：「見體云者，非別以一心來見此本心，乃即本心之自覺自證。」[213]如依林安梧之說，則熊十力是通過本心去究極真實，開顯出一套「本體宇宙論哲學」。[214]而如依陳瑞深之語，則熊十力則是隸屬於「唯心論的哲學系統」、「主體性的哲學系統」或「心性論中心的哲學系統」。[215]因此開啟眼前世界的根源性動力便有賴於此活生生實存而有的本心，而探究實體的活動也終究必須歸回自家身心。

---

[213] 〈答謝幼偉〉，《新唯識論》（語體文本）附錄，《熊十力全集》第三卷，頁528。

[214] 原出林安梧：《存有‧意識與實踐──熊十力體用哲學之詮釋與重建》（台北：東大圖書公司，1993年5月）第二章，頁34：「顯然的，熊氏是通過『本心』去究極真實，而不是一向外的求索，先立定一形而上的『本體』，然後再導出本心與道德實踐，換言之，熊氏之學並不是一『宇宙論中心』的哲學。他是經由本心之為本體，而開顯的『本體宇宙論哲學』。」

[215] 詳參陳榮捷原著、陳瑞深譯註：〈當代唯心論新儒學──熊十力〉，《中華文化復興月刊》第18卷第12期，1985年12月，頁30。又同頁中陳語：「唯心論的系統，遞以『主體』為『形上實體』。換言之，主體即是實體，主體與實體是一體，兩者是二而一、一而二的一體兩面之關係。」

熊十力言「心」，除卻本心亦即宇宙的大心之外，更有所謂「習心」、「妄心」，本心是先驗的；習心是後天形成的，相當於哲學上所謂認知心或情意我。習心是依持於本心的，並非於本心之外另有一心，其形成係吾人迷以逐物，習久日深，致使本心失其本然之明所致。熊十力於《明心篇》開宗明義即強調其旨要在於究明本心與習心之大別，不以受汙染的習心來戕害本心。何謂習心？緣何而起？熊十力詳言道：

> 夫明幾發於靈性，此乃本心。人生而含靈稟氣，已成獨立體，便能以自力造作一切善行與不善行。凡行，從一方言，自其始發，以至終了，中經長劫，常在變化密移中，未有暫時停住。從另一方言，行雖不暫住，而其前後密移，要皆有餘勢發生，退藏於吾身中某種處所，亦復變動不居而潛流。如吾昔年作一件事，今猶能追憶其甘苦與得失者，足徵其事雖逝，而其餘勢潛流並未曾斷絕。此潛流不絕之餘勢，是為習。習之現起，而投入意識界，參加新的活動，是為習心。[216]

依熊十力之意，心經歷於物時，個體便會在意識中留下一種影響，即所謂留有餘勢而形成習染。習心在《新論》中也稱為「心所」，心所是習氣的現起，是後起的人為，是由以往種種經驗所形成的意識，它與發於本然靈性的本心迥然不同，類同於佛教思想中的「業」、「熏習」或「種子」，凡過往的一切經驗，都將形成習染，而一切習染的餘勢，則都將潛伏於習藏中，成為種子，當其由習藏中出現時，即是吾人所稱的記憶。在熊十力看來，緣獨立體而起的習心有二：舉凡善的意識活動將萌生善的餘勢，即所謂「善

---

[216] 〈自序〉，《明心篇》，《熊十力全集》第七卷，頁148-149。

習」；至於惡的意識活動則自然萌發惡的餘勢，即所謂「惡習」，「雜染之習，緣小己而起，善習依本心而生。人生既成獨立體，則獨立體自有權能。故雜染易逞其勢，然本心畢竟不可泯沒，則善習亦時發於不容已。人生要在保任本心之明幾，而常創起新的善習，以轉化舊的雜染惡習，乃得擴充本心之善端而日益弘大。」[217]因此保任本心、創起善習、轉化惡習便成為熊十力繼孟子盡心之學、陽明致良知之後所致力的要點。

在《明心篇》中，又針對千條萬緒的習染，區分為二大門類，其一是知見方面的習染，其次則為情意方面的習染。情意的習染即指人世間名利威權等私欲，此等習染障蔽了吾心天然之明，影響最為下劣，必須克盡務去，此即近同於陽明強調「致」良知，著重於去人欲存天理。至於知見方面的習染，雖則也會影響思維，對本然之明造成障蔽，但它卻也能蔚為吾人的經驗與知識，因此僅須慎於防治而不可去除。[218]

面對殊多習染，如何養成淨習？如何復其本心？如何進行「致」之的保任、推擴工夫，熊十力也提出了具體說明：

> 夫神明沖寂，而惑染每為之障，真宰無為，真宰，謂本心。而顯發恆資保任。嚴矣哉保任也。真宰不為惑染所障而得以顯發者，則以吾人自有保任一段工夫故耳。保者保持，任者任持。保任約有三義：一、保任此本心，而不使惑染得障之也。二、保任的工夫，只是隨順本心而存養之。即日常生活，一切任本心作主，卻非別用一心來保任此本心也。三、保任的工夫，既是隨順本心，即任此心自然之運，不可更起

---

[217] 〈自序〉，《明心篇》，《熊十力全集》第七卷，頁149。
[218] 詳參《明心篇》，《熊十力全集》第七卷，頁241-245。

> 意來把捉此心。程子所謂未嘗致纖毫之力是也。若起意，則
> 是妄念或習心竊發，而本心已放失矣！[219]

可見致之之功，即在當下保任吾心，不被染習所污，不順軀殼起
念，使本心恆為主於中，炯然至明，並非妄加增益或離卻本體別取
一心來進行保任工夫，所謂「即工夫即本體」即是此意。工夫重在
保任，重在當下自識本心，此亦即是前所稱述的盡心工夫，藉一
「盡」字，對治習染或私欲，而使本心無一毫虧欠，得以顯發其德
用，盡心之後自然性天全顯，而可以知性、知天。此種即工夫即本
體的保任作法，承襲了孟子、王陽明一貫而下的精神。

（二）心物同體　以智主識

　　熊十力學術思想體系中，《新唯識論》《體用論》《明心
篇》等書主在闡論本體論、宇宙論、人生論等相關思想，可概稱
為「境論」。而熊十力復言其擬撰《量論》《大易廣傳》二書，
以為《新唯識論》羽翼，而量論欲分為〈比量〉〈證量〉二篇，
〈比量篇〉論辨物正辭及窮神知化，〈證量篇〉論涵養性智。[220]蓋
熊十力所謂的「量論」，即意指知識論或認識論而言，雖則《量
論》終未及著成，然量論相關觀念卻散見於《新唯識論》《十力
語要》《讀經示要》《原儒》《明心篇》《十力語要初續》各書
中，認識論與宇宙論究非分殊無關，離卻體用而空談知識，知識
終將支離且破碎；離卻知識而別論體用，體用也將殘憾而不全。
熊十力於《明心篇》中綜賅知識的範疇為「智」與「知識」；於
《新唯識論》中主稱「性智」與「量智」；於《讀經示要》則名
為「致知」與「格物」：

---

[219] 〈明心上〉，《新唯識論》（語體文本），《熊十力全集》第三卷，頁395。
[220] 詳參〈緒言〉，《原儒》，《熊十力全集》第六卷，頁315-327。

《讀經示要》中詳申《大學》「**致知**」、「**格物**」，與陽明「良知」之意，已於前文申述。要言之，陽明以致知之知為良知，此良知即是吾人與天地萬物共有的本體，而朱子則以知為知識之知，熊十力認為陽明所釋深契於《大學》之旨，朱子之釋雖未合《大學》原義，然因其極重視知識，因此得以矯正魏晉談玄者發揚莊子反知說的流弊及佛家側重宗教精神的偏頗，並能下啟近世重科學知識之風。至於「格物」之義，熊十力採朱子「即物窮理」為訓，即物以窮理，知識才得以成立，因此知識當在格物處說。而對於致知格物、內聖外王素來並重的熊十力言，王陽明於格物一環，究竟仍有其偏失，因曰：

> 　　王陽明以人類之有同情，乃本乎一體之流露。……陽明以身作則，繼述孔子《大易》之道也。獨惜其雜染禪法，喪失孔子提倡格物之宏大規模，王學終無好影響。此陽明之鉅謬也。[221]
>
> 　　王陽明雖張天地萬物一體之義，頗有得於孔子，而於裁輔之大用，則茫然無體會。孔子內聖外王一貫之學，廣大如天地，變通如四時，陽明當理學禪學交流之世，簡單狹隘之唯心主義盛行於時。陽明受其影響，宜乎莫睹孔子之大也。[222]

　　在熊看來，唯有以致知立本，而從事格物，則方無支離之病；以良知的格量作用，周運於事事物物，則方有則而不亂，而格物工夫不已，吾人的良知也將流通不息、擴展不已。因此熊十力強調致知在於格物：

---

[221] 〈廣義〉，《乾坤衍》，《熊十力全集》第七卷，頁582-583。
[222] 《存齋隨筆》，《熊十力全集》第七卷，頁836。

必推動、擴大吾本心之明，用於外在的一切物，窮究事物之
規律與其本質，而變化裁成之，以盡物性而利於用。於是吾
人始有經驗事物、鑽入事物、制馭事物、創造事物、利用事
物的知識，故曰「致知在格物」也。[223]

　　將良知推動擴大至事物加以運用，此即是格物，格物之後方能成就
知識、裁輔萬物、利用厚生。因此應培養本心之明，以發起一切，
使良知不滯虛淪寂，是熊十力再三申致的觀點。
　　至於在《新唯識論・明宗》中，熊十力則探究「**性智**」、「**量
智**」之異。所謂「性智」即是熊十力哲學思想中深造自得所欲達成
的標的，熊十力言道：

　　　　實證者何？就是這個本心的自知自識。換句話說，就是
他本心自己知道自己。……這種自知自識的時候，是絕沒有
能所和內外及同異等等分別的相狀的，而卻是昭昭明明、內
自識的，不是渾沌無知的。我們只有在這樣的境界中才叫做
實證。而所謂性智，也就是在這樣的境界中才顯現的，這才
是得到本體。[224]

　　　　性智者，即是真的自己底覺悟。此中真的自己一詞，即
謂本體。在宇宙論中，賅萬有而言其本原，則云本體，即此
本體，以其為吾人所以生之理而言，則亦名真的自己。即此
真己，在《量論》中說名覺悟，即所謂性智。[225]

此間「性智」二字，實近同於前述的良知、本心，為人與生即俱的
認識真理的能力，在宇宙論中，即是萬有的本原，也是吾人所以生

---

[223] 《明心篇》，《熊十力全集》第七卷，頁240。
[224] 〈明宗〉，《新唯識論》（語體文本），《熊十力全集》第三卷，頁21。
[225] 同前註，頁15。

之理。「他元是自明自覺，虛靈無礙，圓滿無缺，雖寂寞無形，而秩然眾理已畢具，能為一切知識底根源的。」[226]而以「性智」一詞名之，則更著重於凸顯本心良知必須加上「體認實證」的工夫，亦即是「覺悟」、「致之」的實工夫。「性智」一詞，既融合了陸王、白沙的本心觀，儒家的本體觀，同時也藉以修正陽明重內輕外的良知說在時代思潮下的缺欠，靈活呈顯了對前人思想的汲取與再造。至於「量智」，亦名理智，「是思量和推度，或明辨事物之理則，及於所行所歷，簡擇得失等等的作用故，故說名量智。」[227]量智雖為性智的發用，但終發展為一迥異於性智的勢用，它是習染與官能合而為一，在追逐境物中所形成，是後天所具。經由量智向外認知的作用，經驗事物後的所得，即是知識。熊十力於《新論》中所致力強調的是：斷盡妄習、掃除雜染，如此則量智得以轉化為正向的性智；而量智也得以成為性智的有效發用。

再者熊十力於**《明心篇》**所致力彰顯的是「**智**」與「**知識**」二者的差異與融通等相關問題，所謂「智」，熊十力約以四義說釋：其一是「常凝斂於內」、「常澄明不亂，常專一不雜」；其二是「無知而無不知」，無知是指智的本體寂然無妄想，無不知是指智感物而動，可以明燭物則。其三，吾人性靈的發用即是智，以智主內，則一切意念均為天機油然之動，因此應盡力推動擴大，掃除害智的習藏中惡習種子，使私意、私見、私欲不得發。其四，知識不即是智，知識雖賴現實世界為引發之因，但亦須仰賴內在的主動力，即所謂「智」來深入乎物、了別乎物，而後方得以成。[228]熊十力於書中將涵養並發揮智的功能稱為「致智」，「致」即含有保任、充拓、推擴與發揮之意，除應保任良知外，並應利用此明幾之智，努力辨物、理物，以獲得知識的正確發展。此種觀點的形成，

---

[226] 同前註。
[227] 同前註。
[228] 詳參《明心篇》，《熊十力全集》第七卷，頁234-238。

除前有所承外，更因熊十力感慨世人或漠視知識或偏向知識一途競逐，藉以掌握權力，遂至本心亡失、良知殆盡。再者又有感於道家談玄冥之智；佛家重真如之智，而於知識則加以摒斥，因此雙顯智與知識藉以袪弊，正是其用心之所在。

由上所申，則《大學》所謂「致知在格物」發展至熊十力《明心篇》，已賦予良知必須發用於事物並且開展為知識此一時代新義。以陽明的致良知說為基礎，汲取朱子即物窮理的精髓而加以改造，將格物重心落在知識的開展上，一方面強調良知作主，使知識轉成良知的發用；一方面強調格物之學是彰顯性智未可或缺的一環。在以智主識、智識合一此一觀點上，熊十力係由陽明與朱子的基地上出發，而又回歸自身，創發出專屬於個人特色的見地。

熊十力除以「以智主識」兼容並推闡陽明、朱子的致知格物說外，並針對二者所提「心即理」、「理在物」的殊別加以融通。就朱子言，係強調「知在我，理在物」、「知者吾心之知，理者事物之理。」[229]主張透過認知主體去貼近客體事物，窮盡事物的本然之理。至於王陽明的「心即理」，則是在格竹經驗失敗後所發出的省思：朱子即物窮理，是就事事物物上求所謂定理。以吾心而求理於事事物物之中，則實將心與理隔裂而為二。因此認為朱子外心以求理，終究徒勞而不能窮其理，因乃主張「心即理」，期使認識主體與認識客體合而為一。再者陽明高揚「心」的地位，視其具有無限的創造力與活動力，因又強調心外無物、心外無事、心外無理、心外無義。觀陽明之義，並非否定心外有物、事、理、義的存在，而是強調唯有透過人心的感應，物、事、理、義方能如實呈現出來。由此看來，王陽明對於物的界定總是與心緊密關聯，對存在的考察亦總緊扣著主體意識。至於熊十力雖亦以本心良知作為一知是知非

---

[229] 《朱子語類》卷十五，《朱子全書》第拾肆冊，頁472；〈答江德功〉，《晦庵先生朱文公全集》卷四十四，《朱子全書》第貳拾貳冊，頁2038。

的先驗原理，而其《新唯識論》的旨趣，也在於把境來從屬於心，心可以運用一切境而為其主宰，但究不宜將熊十力納為主觀的唯心論者，因為熊十力曾如此進一層辨明：

> 陽明說無心外之物是也。……【自本心而言，一切物皆同體，言無心外之物是也。若自發用處說，則心本對物而得名，心顯而物與俱顯，不可曰唯獨有心而無物也。……】夫不承有物，即不為科學留地位，此陽明學說之缺點也。
>
> 朱子說理在物，陽明說心即理。二者若不可融通。其實，心物同體，本無分於內外，但自其發現而言，則一體而勢用有異，物似外現。而為所知，心若內在，而為能知。能所皆假立之名，實非截然二物。心固即理，而物亦理之顯也，謂物無理乎，則吾心之理，何可應合於物？謂理非即心乎？則心與理不可判為二也，固甚明。[230]

強調心物均出於本體妙用，是本心起用所形成的兩種不同現象，名相反而實相成，心即理而物亦不外為理之顯，「理者本無內外，一方面是於萬物而見為眾理燦著；一方面說吾心即是萬理賅備的物事。」[231] 如若偏說理即心，則求理將專求於心而不徵之於事物，貽害固大；如果偏言理在物，則心流於被動，如何能裁制物？因此固不可捨心而言理，也不可離物而言理，說理即心也應說理即物。熊十力以理無內外，來泯除心物的對待區分，也化解了朱王兩派壁壘分明的對峙關係。

---

[230] 《讀經示要》卷一，《熊十力全集》第三卷，頁666-667。
[231] 〈唯識上〉，《新唯識論》（語體文本），《熊十力全集》第三卷，頁44。

由上所申，當可見熊十力與陽明同賦予本體殊多義涵，如本心、明德、性、理等，二者的哲學中均側重良知本心的發皇，二者均申言「心即理」等。然其哲學內涵仍呈現出殊多差異，以「心即理」此課題為言：二者同樣反對割裂心與理，而陽明則更傾向反對世儒之捨心而言理，也因此遭來務內而遺外的抨擊，至於熊十力則顯然立基於陽明基礎上，而特為彰著「境識同體」、「心物同體」、「心物俱泯」「即活動即存有」等。[232]又綜觀二人的哲學本體論，陽明係以道德本心為主要根荄，熊十力則超越心物兩界，著力強調「吾人與萬物共有之本體」。再者二人均強調致知即是「復其心體之同然」，但「王陽明的復其心體之同然是指由道德實踐體悟並返歸道德本心，而熊十力則要通過反求實證達到對宇宙實體的把握。進一步說，雖然他們都認為『吾心之本體，即是萬物之本體』，但王陽明的物只是道德實踐的事，其本體也只是道德實踐宇宙的生發與統攝之源，而熊十力的物卻不僅指道德實踐之事，同時還指客觀的自在之物本身，而其本體也就不僅僅是道德本體，而是指客觀宇宙之實體了。」[233]可見在傳統儒學邁向現代的過程中，除了承襲之外更有其突破與改造，透過熊十力對朱子與陽明學的時代回應，可謂對此進行了最真切的詮釋。

---

[232] 林安梧：《存有‧意識與實踐》，頁70-78對熊十力「心即理」此一哲學課題有精詳的闡釋。

[233] 丁為祥：《熊十力學術思想評傳》（北京：北京圖書館出版社，1999年6月），頁206-207。

二、見體

（一）本體觀

　　欲深入解析宇宙生化的奧妙；欲真切探勘人性的根源；欲徹底窮索哲學的底蘊，凡此均有賴於本體論的建構與確立，所謂「本體」，即萬有的本源，而本體論，則主在探詢現象界包括宇宙、人生等的本原，並加以闡釋的學問，而熊十力畢生孜孜矻矻，傾注其全幅生命以研探此人類及宇宙的終極根源，欲借此重整現實、挽救文化。於其殊多作品中，對本體義涵屢發見地，而為行文之便及順俗故，於本體名稱，則不一其辭，或稱「本體」、「實體」、「體」、「實理」；或名「道」、「天道」、「天」、「誠」；或曰「理」、「性」、「命」、「真理」、「道體」、「真幾」、「性體」；或云「本心」；亦有稱為「能變」、「恆轉」、「功能」者；兼有名為「真如」、「法性」、「性智」者；更有逕稱「仁」、「仁體」或「良知」、[234]「明德」、「至善」、「太極」、「元」等。然而熊十力眼中的本體究為何種物事？何種性質？則須通觀其相關著作始能瞭然。熊十力曾於《體用論》中說以四義：

> 一、本體是萬理之原，萬德之端，萬化之始。二、本體即無對即有對，即有對即無對。三、本體是無始無終。四、本體顯為無窮無盡的大用，應說是變易的。然大用流行畢竟不曾

---

[234] 熊十力以「仁」、「良知」為本體之目，乃是就即用識體的角度稱之，因此《明心篇》，《熊十力全集》第七卷，頁237言：「但陽明有時候將良知說為本體，此乃大謬，蓋為禪宗所誤耳。」頁274：「仁是用，究不即是體，謂於用而識體可也，謂仁即是本體則不可。」

改易其本體固有生生、健動，乃至種種德性，應說是不變易的。[235]

　　熊十力於《新唯識論》及諸作中時或探及本體性質，綜述如下：其一，本體賅備萬理：本體圓滿至極，德無不全、理無不備、寂然無相、渾然至真、即靜即動、即止即行、即體即用，為萬理賅備的全體，因此涵具諸多潛能。[236]其二：本體具有複雜之性：萬變萬化的大原，倘為單純性，則其內部即無分化的可能，遑云變化發展？因此《易》以〈乾〉〈坤〉二卦明本體具複雜之性，而熊十力更時以「翕闢」闡說本體並非單純性。本體複雜性質中的對立統一、相反相成，正是變化發展的決定根源。[237]其三，本體具有變動之性：本體並非靜滯而係變動不居、剎那剎那捨故生新，無一時暫停的。更精確以言，本體兼具變易與不變易，若由不變角度觀之，本體清淨剛健、無染無滯，恆守自性而不變；若由變的角度以觀，本體隨時變動而顯為無量無邊的作用，因此稱本體為能變，是由功用而立名。[238]其四，本體空寂真常而能生化：熊十力認為本體沖寂無形，然而寂非枯寂，而是生生不住。易言之，體雖無形可睹，但卻含藏萬有，絕對真實，生化而不容已。而舉凡剛健、誠、生化等

---

[235] 〈明變〉，《體用論》，《熊十力全集》第七卷，頁14。另〈轉變〉，《新唯識論》（語體文本），《熊十力全集》第三卷，頁94則以「一、本體是備萬理、含萬德、肇萬化、法爾清靜本然。……二、本體是絕對的，……三、本體是幽隱的，無形相的，即是沒有空間性的。四、本體是恆久的，無始無終的，即是沒有時間性的。五、本體是全的、圓滿無缺的，不可剖割的。六、若說本體是不變易的，便已涵著變易了，若說本體是變易的，便已涵著不變易了。……」兩處相較，可見〈明變〉，《體用論》將本體絕對更為本體即無對即有對、即有對即無對，並刪去〈轉變〉，《新唯識論》六義中第三、五兩條。

[236] 詳參〈成物〉，《新唯識論》（語體文本），《熊十力全集》第三卷，頁359-360。

[237] 詳參《明心篇》，《熊十力全集》第七卷，頁162-163；〈廣義〉，《乾坤衍》，《熊十力全集》第七卷，頁505-506、567-568等。

[238] 詳參〈轉變〉，《新唯識論》（語體文本），《熊十力全集》第三卷，頁95；《明心篇》，《熊十力全集》第七卷，頁166。

均為本體真常諸德，因此得以肇萬化、成萬物。[239]其五：本體非離心而外在：各人的宇宙，均是本體直接的顯現，體非外在，吾人本心即是吾身與天地萬物同具之本體。其六，本體非理智所行境界：學問之途有二：一是科學一是哲學，科學憑以發展的工具，即是理智。理智惟向外探尋，且所言為客觀獨存的事物，而哲學所窮究的是本體，即在於闡明萬化的根源。單憑理智，難覓本體。[240]其七：本體唯是實證相應者：因本體是實證相應者，因名為性智。性智，即是真的自己底覺悟，離此覺悟，即無真己。

「中學歸極見體」，[241]此體既是生生不息的宇宙本體，亦是吾人道德行為內在的價值源頭，既是一切存在的基礎，亦是吾人的真宰。因此「見體」正是熊十力哲學的核心，也是其歸宗孔子的首要課題。然而體不離用，有用始有體，因此以下繼體而談用。

（二）作用觀

至於所謂「用」，係因「體」而得名，本體空寂而剛健，生化不息，即依實體的生生化化而說為流行，即依實體的變動不居、現作萬行，而明為功用或作用。熊十力於「用」，稱名亦不限一詞，或云「作用」、「功用」、「勢用」「變動」：或稱「功能」、「勝能」；亦有稱「法相」、「形下」、「器」、「氣」、「現象」等。用不孤起，必有二面，熊十力於書中或稱「乾坤」，或云「翕闢」，或曰「心物」，或言以「精神物質」等。

---

[239] 詳參〈功能上〉，《新唯識論》（語體文本），《熊十力全集》第三卷，頁210-211；〈功能下〉，頁237、274、279；〈佛法上〉，《體用論》，《熊十力全集》第七卷，頁50-52。

[240] 詳參〈明宗〉，《新唯識論》（語體文本），《熊十力全集》第三卷，頁13-14。

[241] 〈答謝幼偉〉，〈附錄〉，《新唯識論》（語體文本），《熊十力全集》第三卷，頁530。

以**乾坤**為言，乾，是乾元流行的主力。熊十力於《原儒·原內聖》及《乾坤衍·廣義》中，時以乾神及生命心靈稱「乾」，乾為神，神即指精神或心。神，並非超越天地萬物而獨在，而是周徧潛運於萬物之中，而恆不失其渾一的特性。又《易》之所謂乾，代表大生的強盛勢力，即依此勢力而稱為生命或心靈，生命心靈本不二，唯如就其生生不已之德言，則稱生命；如就炤明無闇之德言，則稱心靈。此外熊十力於「乾」又屢申其具有剛健、生生、炤明、升進、亨暢諸德，而剛健則為其根本。所謂剛健，指其至剛而不折、至健以趨前、進進不息、永不退墜；生生，指蕃然萬物，變化密移，於每一瞬間，捨故生新；炤明，指宇宙開闢，物質層成就時，生命力已運於其間，故無迷闇；升進，指生命心靈，同為向上以進，勇於創造；亨暢，指其和暢開通，無有鬱滯。[242]綜上可觀，由陽明、健動、開發無窮、升進不已，至精神、生命、心靈、心體等，熊十力的確活潑多元地拓展了「乾」的範疇。而「坤」，則為乾的對反，以〈坤卦〉六爻皆陰，因此稱為「坤陰」，又〈繫辭上傳〉第一章言「坤作成物」、「坤以簡能」，熊十力因而稱「坤」為物、為能。又言坤有柔順、迷闇、堅結、閉塞、下墜諸性，而以柔順為本。所謂柔順，指須順承乾剛健中正之德；所謂迷闇，以人生言，即是依軀殼作主，如臨財苟且貪得、臨難苟且避害，如此則無往而不迷闇。凡坤諸性，均與乾相對為言，如《讀經示要》中以心、理、公屬乾，而與此相對者，即以形、欲、私屬坤。[243]

倘就乾坤的關係言，則可由四點以觀：其一，**乾坤相對**：簡別之，乾陽為神、為心、為知、為大明；坤陰為質、為物、為能。

---

[242] 言「乾」之殊多德用，詳參《明心篇》，《熊十力全集》第七卷，頁158-159；〈廣義〉，《乾坤衍》，《熊十力全集》第七卷，頁502、538-539、647。

[243] 《讀經示要》卷三，《熊十力全集》第三卷，頁960：「形不可以役心。心，乾也，陽也。形，坤也，陰也。……欲不可以違理。違理之欲，邪欲也。邪欲，陰也，屬坤。理，陽德也，乾也。……私不可以背公。……以私背公，則陰犯陽。」

析言之，則乾性為健，而坤具墮性；乾主進，坤喜退；乾主創造，坤樂因循；乾知來，坤藏往，乾至精而常為未來開端，坤則藏往而載眾理；乾為精神、坤為材質。至於《易緯‧乾鑿度》卷下言「陽動而進，陰動而退。」熊十力則釋為乾上升而不沉墜，開發而不蔽錮；坤則分凝而閉錮，粗濁而沉墜。至於人之生，則稟乾以成性，資坤以成形，離乾坤無有萬物，離萬物亦無乾坤。[244]其二，**乾主坤承**：乾為乾元流行的主力，坤為乾元流行的翕斂；乾運坤，坤載乾；乾道主動以導坤，坤不獨化，須承乾起化而成物；乾以剛健中正之德統坤，坤以永貞之德順乾；乾化坤，坤承乾，陰陽和，萬物乃資受陰陽之德而成性成形、成始成終。熊十力又認為所謂「乾統天」，表心靈統御物質，唯有坤陰順承乾陽退居於後，奉乾陽為主，方能無往而不利，因此〈坤‧卦辭〉言：「君子有攸往：先，迷；後，得主，利。」然而乾坤變動，雖然以乾為主，坤承之，然所謂主，並非先時而動；所謂承，亦非後而有，二者實一齊同時俱有。[245]其三，**乾坤互含**：乾坤，名為相對，實為互含，〈乾卦〉中有坤象；〈坤卦〉中有乾象，熊十力藉乾坤互含定一元之義，並以此修正船山之乾坤並建。其四，**乾坤相反相成**：熊十力認為宇宙開闢，必因實體內部隱含矛盾，有此相反相對的性質，蘊伏動機，始能成其變化，因此乾坤互反以成變，此為必至之勢。然而乾元發用時內部所呈二方的矛盾失調，終非恆久，乾以健統坤，坤以順承乾，乾神以剛中之德開發坤物，坤物以永貞之德承乾神，終究相反而相成，臻至乾坤統一，保合太和之境。要之，乾元即是宇宙本體，乾坤大用則代表一元實體內部所涵載的複雜性，然其非可各自獨立，而是一體兩面，彼此相須，對立而又融合。

---

[244] 詳參〈原內聖〉，《原儒》，《熊十力全集》第六卷，頁691-692、699-700、702、703、711及〈廣義〉，《乾坤衍》，《熊十力全集》第七卷，頁504、589-590等。

[245] 詳參〈廣義〉，《乾坤衍》，《熊十力全集》第七卷，頁579、588、609、611、617、618、619等。

熊十力在《乾坤衍》中反覆論述此種「乾坤不二」的一元實體論，至於前此的《新唯識論》中，則多以「**翕闢成變**」表述，如翕闢的勢用相反，翕具成形及下墜的趨勢，闢則代表向上、伸張、猛進、剛健不物化的動勢。再者由於翕的勢用為凝聚，有成為形質的趨勢，即依此而假說為物；闢的勢用剛健，運行於翕中，即假說為心。又翕闢同時存在，有翕即有闢，有闢必有翕，有此二面方成變化，二者並非異體，而是不可剖析的一體二面。此外闢主施、翕主受；闢為主、翕為從，彼此對立融合、相反相成等。再者，乾坤不二、翕闢成變亦可推衍至**心物關係**上，如：

> 　　《易‧大傳》曰：「乾知大始，坤作成物。」據此，說乾為知，說坤成物。則心物同為乾元本體之功用。易言之，即心物同為乾元之流行，此是孔子《周易》宗要，學者須深切體認。
>
> 　　余宗《大易》乾坤之義，說心物是大用之兩方面，不是兩體。此兩方面元是生生不已、變動無竭之大流。從其性質不單純，說為心物兩方面；從其剎那剎那、捨故生新、無斷絕、無停滯，說為大流。[246]

　　以心物為言，乾心坤物，心性剛健，恆保本體之德；物性退墜，不守本體之性。心因具剛健之德，因此能認識物、解析物、體察物、改造物、統治物，而物則須順從心，以順從其德用，終至相反相成，歸於統一。所謂心物，即是精神物質，精神有統御天地萬物之德，精神運行於物，統御了吾人的五官百體。在易學作用觀上，熊十力由乾坤不二，靈活推擴至翕闢成變、心物統一、精神物質的統

---

[246] 〈原內聖〉，《原儒》，《熊十力全集》第六卷，頁688；〈佛法下〉，《體用論》，《熊十力全集》第七卷，頁97。

一等，他一方面強調二者的不可或離、彼此相須；一方面卻又高揚乾、闢、心、精神的主導地位，使健德成為一身之主，發揮生生不息的創新精神，如此方能和諧通暢、無往不利。

（三）體用不二觀

熊十力對體用問題的開發、闡述、闢析可謂不餘遺力，而代表其學術成就的體用不二觀係綜會宋明諸儒、借鏡中西、取捨佛道，歸宗於《易》而成。然而熊十力仍一貫地貼上孔子首創的標誌：

> 聖人作《周易》，反對古帝王所利用之天帝，而創明體用不二之論。此論既出，不獨天帝無可迷信，而古今哲學家談本體之種種錯誤，皆可避免。
>
> 孔子洞見體用不二，即實體不是離開現象而獨在。余在本書隨處重複說明此意。
>
> 余玩孔子之《易》，是肯定現象真實，即以現象為主。可以說是攝體歸用。
>
> 孔子作《周易》，創明體用不二之論，不許立一元以超脫於萬物而獨在以主統萬物。[247]

在孔子名義寄托下，他以全副心神開展出其體用不二說的豐富內涵，至於「體用不二」的實際義涵則可析之如下：

1 即用顯體　於用識體

本體無方所、無形相，求之而不可得，難以直揭，因此不妨由用以識體，即流行而識真宰，由現象而把握實體，此即是熊十力所謂「即用顯體」、「於用識體」之謂。其要旨依原著歸納如下：

---

[247] 〈廣義〉，《乾坤衍》，《熊十力全集》第七卷，頁500、546-547、547、574。

其一，體雖不可直揭，但體卻可顯為無量無邊的大用，用有相狀詐現，因此不妨即用顯體。其二，用，為體的顯現，無體即無用，離用則無體。其三，體雖至無而顯萬有，雖至寂而流行無滯礙，因此離萬有不可覓至無；離流行不得覓至寂，必須於萬有識至無，於流行識至寂。其四，用固然不即是體，然不可離用以覓體，因本體全成為萬殊的用，即在一一用上，都具有全體，因此即用顯體，即是推見至隱。其五，以心為本體，是即用而顯體；言恆轉之動而闢，此「動」即是舉體以成用，可知體非在用外，離用不得覓體。[248]此外熊十力更將即用顯體的思想遙寄於《大易》，認為「即用而識體，是故即於變易，而見不易，此《大易》了義也」、「即用而識體也，是《大易》之遺意也」、「《周易》不於功用或現象之外建立實體，而收攝實體以歸藏於功用或現象。易言之，即以實體為功用或現象之內在根源，故說即用顯體。」[249]用為體之顯、體為用之體、無體則無用、離用亦無體，此為即用識體之意，擴大而言，於流行而識主宰、於化跡而悟真實、於無常而識永恆、於變易而識不易、於相對而識絕對、於現象而識絕對等，均是於用識體之義。

2 攝體歸用

所謂攝體歸用，即是肯定現象真實，以現象為主，收攝實體而歸藏於現象中。熊十力認為昔賢多於用外求體、物外求道，不悟道在物中、體於用見，因此離析體用為二，而以實體為主，攝用而歸體、攝相而歸性、攝俗而歸真。[250]所謂攝用歸體，即是只求證會本

---

[248] 詳參〈唯識下〉，《新唯識論》（語體文本），《熊十力全集》第三卷，頁79、80、83；〈功能上〉，頁182；〈明心上〉，頁377-378。

[249] 詳參《讀經示要》卷二，《熊十力全集》第三卷，頁793、809；〈廣義〉，《乾坤衍》，《熊十力全集》第七卷，頁668-669。

[250] 攝用歸體，詳參〈功能下〉，《新唯識論》（語體文本），《熊十力全集》第三卷，

體、皈依本體，忘卻本體即是吾人自性，不悟本體無窮德用即是吾人自性德用，如佛家歸於寂滅、老子返於虛無，將實體由吾身外推而出，說為絕對等即屬之。有鑑於此，熊十力因言攝體歸用，認為實體自身全變為萬物或現象，萬物外無獨存的實體。換言之，道即一一物，一一物即是道，所以人生不應遺世以求道，而應於現實世界以闡道，其體用觀與人生觀係兩相密合為一。

3 體用可分而不可分

即指體用不一而不異。所謂體用可分，因體原無差別，而顯現為蕃然妙有的萬殊之用，萬化皆由真宰而來。體無差別，既現為用，則宛爾差別；體無形相，至現為用，即宛爾有相；體本至虛，至顯為用，則不可窮屈。體不得道說，用卻可言詮，因此言體用不一、體用可分。然體用可分，究為順俗假設耳！體用雖不妨分說，實際卻無可分，如二者可分，則用即是別於體而獨存的物事，而體亦將成為無用之體，因此體用實不異而無可分，熊十力更由即體而言用在體、即用而言體在用二義來申體用若一實不二的道理。[251]體用不一不異的關係，熊十力以冰水為喻：如水非堅凝，俟現為冰，即成堅凝，因此水與冰非一；而水即冰之體，冰即水之顯，非異於水之外而有冰的自性，因此二者不異。以漚水為喻，則大海水全成眾漚，非一一漚各有其體，因此眾漚與大海水不二；然雖不二，而有一一漚相可說，因此漚水畢竟有分。[252]體用不二的深蘊即在此體用可分而又不可分、體用不一而又不異的微妙關係上呈顯。

頁253-254；〈原學統〉，《原儒》，《熊十力全集》第六卷，頁352；〈廣義〉，《乾坤衍》，《熊十力全集》第七卷，頁547-549。

[251] 詳參〈功能下〉，《新唯識論》（語體文本），《熊十力全集》第三卷，頁239-240。

[252] 冰水及漚水之喻分見〈功能下〉，《新唯識論》（語體文本），《熊十力全集》第三卷，頁277；〈附錄〉，頁492。

4 證體知用

用,即於體的顯現而取名,如不證體即不識大用。何謂證體?當本體呈露時,即自明自證,此即是證體。用由體變現,終將回歸本體自身,而回歸方法即在於透過證體工夫,即藉由本心的自明自覺,而付諸行動加以實踐,方能與本體合一。因此證體知用,當知「即工夫即本體」此一竅門。

5 作用見性

性即是吾人與天地萬物同具的本體,但以其為吾人所以生之理而言,則謂之性;以其主乎吾身而言,則謂之心。而作用即是本体的流行,凡見聞覺知等均屬之。性體渾然至真,寂然無相,不可言見聞覺知等作用,即是性體,因此僅稱「作用見性」,然亦非離作用外,別有性體,而必於作用見性。所謂作用見性,即於流行而直見性體,性體、流行,不一不異。[253]

6 即工夫即本體

禪家言作用見性,儒者闡揚即工夫即本體,二者實即體用不二義。工夫,自本性而出,非離本體而別有物,亦非離卻本體別有一心來用工夫,因而工夫即本體之發現。未知工夫即本體,則工夫皆屬外鑠者,如無工夫而言本體,則必不得實證本體。工夫誠至,則本體呈顯,唯有真切下過工夫,方能實證本體即是吾心。然工夫重在保任,並非於體外有所增益,而重在不被習染所縛,不順驅殼起念,使本心恆為主於中,炯然至明。如不能當下自識本心,即不

---

[253] 作用見性義詳參〈明心上〉,《新唯識論》(語體文本),《熊十力全集》第三卷,頁385-393。

能回歸主體；如失卻道德實踐工夫，即未能見得真宰，因此人能弘道，而非道弘人。

　　熊十力說：「吾平生談本體，原主體用不二。」[254]自謂體用不二論係觸發於《周易》，淵本於孔說，而實由諸家說法簡別蘊釀而成，至於其申言體用不二，則由於用顯體、即用識體、攝體歸用、稱體起用、體用不一不異、即用即體、即體即用、證體知用、全體成用、全用即體、用外無體、體外無用、作用見性、即工夫即本體等多重面向反覆申說。《原儒》一書為其宇宙論括以十六句義，首四句為「一為無量，無量為一，全中有分，分分是全。」並自注云：「一、謂本體，無對故名一；無量謂用，用乃萬殊故名無量；全與分，亦謂體用。」[255]如加以轉換即是「本體為用，用為本體，體中有用，用中是體。」體用不二之旨已於此中簡賅彰顯。《體用論》亦曰：「本論以體用不二立宗。本原、現象不許離而為二，真實、變異不許離而為二，絕對、相對不許離而為二，心物不許離而為二，質力不許離而為二，天人不許離而為二。」[256]「體用不二」的相關內涵，正是代表熊十力哲學的最鮮明標誌。**再者**，熊十力言本心，乃立基於前人的智慧成果上，沿循孔子之仁、孟子盡心之學及程明道「仁者渾然與物同體」、陸象山「先立乎其大」、陳白沙重反求諸己，尤其是王陽明言良知等宋明儒一路所開築的內聖傳統，外加柏格森生命哲學的創化觀等，靈活汲取、改造，薈萃成其「本心觀」，而熊十力再三強調的返本之學，亦不外指重建本體或求識吾人本心。熊十力認為：本體不離吾心而外在、吾心即是吾身與天地萬物所同具的本體，因此所謂見體，亦不外為本心的自覺自證，當自見本心時，亦即洞見宇宙本體。由此可知重建本體與求識本心是同轅同轍、同軌同徑，而其本體論、宇宙論、心性論等也彼

---

[254] 〈明心上〉，《新唯識論》（語體文本），《熊十力全集》第三卷，頁416。
[255] 〈緒言〉，《原儒》，《熊十力全集》第六卷，頁323-324。
[256] 〈成物〉，《體用論》，《熊十力全集》第七卷，頁143。

此渾融、蔚為一體。又復，就其體用觀點的前後期遷變或差異言，《新論》中盛言「攝用歸體」，強調離識無境、境不離識，認為此一具體外顯的宇宙世界，皆不離此本心；蕃然萬殊的宇宙萬有，無非為本心之所變現，及至《乾坤衍》則強調「攝體歸用」、「即用顯體」，以本心為真實不虛，宇宙萬有亦是真實不虛，換言之，將一元實體攝歸於萬物之中，以現象為主，用真而體亦真，強調人生的一切，乃一活生生實存而有的生活世界，指點出一條回歸真實存在的道路，在其體用不二、用真體亦真的理念下，開鑿出一套內聖與外王兼重的哲學理論。

結語

由年少至年邁，熊十力始終與庶民、與歷史、與文化同其憂患。在值處西學凌侵、態勢猛烈、銳不可當之際，傳統文化失卻招架能力，中土無盡藏在一片撻伐聲中，已顯氣息奄奄、闇而不彰。面對此等深沉危機，熊十力一則嚴厲批判西學奴化者的照單全收，一則肯定實事求是、取精用宏的西方科學精神；既積極進行中國文化的詮釋，更用心致力於學術根柢的重建。在其重新打造學術廟堂的過程中，有來自於西學、佛學及本土中學的各式建材，而宋明儒學便是撐持其間的重要鷹架，至於其對宋明儒學的思考與回應亦堪稱多端。再者熊十力筆下的內聖外王理想、體用不二理念、天人不二觀等，全繫乎孔子一身，在革新的孔子風貌下，寓托了熊十力深入自得的思想創獲，亦羅織出縝密完備的學術體系。熊十力透過托始於孔子的方式，對儒家的義理勝境重新進行開鑿、索探與開發，而其對歷代學術的評價，亦以孔子的真精神——或稱其理想中的原儒為標竿，切合者為是，疏離者為非，此為探究熊十力宋明儒學觀時應備的理念。

首先，就熊十力對宋明儒學的綜合評價言：為學規模宏闊、學風自由、關注人生社會問題，是熊十力盛讚晚周學風的主因。相對於漢代學術界思想停滯枯竭、以繁瑣考據為務、淪為帝制護符、墮為封建禮教附庸；魏晉六朝的衰亂；唐代佛法盛行，風氣淪於枯靜；清代務零碎考證、排擊高深學術，宋學則能上追孔孟、排斥佛法，索探心性義理之學，以尊崇人道，然缺失則在未貼切掌握孔孟大本，識量狹隘、落於偏枯，且短於致用、疏於事功。此外就宋明儒學的分期言，《讀經示要》中分為肇創期、完成期、宋學初變時期、宋學再變時期、宋學衰落時期，而各以北宋五子、朱子、王陽明、王船山等晚明諸子、閻若璩等為代表，此間熊十力對宋學再變時期，亦即晚明時期的學風最為肯定，贊其能崇尚實測、發揚民族思想、具備民治思想、反佛教、關心國計民生，而就宋明儒家言，則多及陽明、船山、朱子等。

　　其次，就熊十力對宋明諸儒的思想評議暨擷取言：其一，熊十力擅於靈活取資融會朱王，除對朱子的氣魄與願力表達欽服，對別開生面的陽明心學引為知音外，《讀經示要》中詮解《大學》而言，係主採陽明之說，如關於「明明德」、「止於至善」、「致知」的推闡等即屬之；另亦酌納朱子見地，如說解「新民」、「格物」即推崇朱說；再者更有跳脫前人說解窠臼，而獨闢新見者，如詮說「正心」、「誠意」處即是，終而力求體系統整、說解一貫、立論合宜。**其二，熊十力與船山思想深心契應**：除船山的孤往精神撼動熊十力外，船山作品中對《易》生生之理的廣為弘揚，提出「珍生」觀念，強調充擴天之生德，關懷庶民福祉等，亦影響熊十力步循後塵，由宇宙論至人生論，著力於《易》生生之學的表彰，其積極實踐的人生態度，正是對天地之德的最佳回應；再者王船山肯定宇宙為一活潑、真實、富有的存在，強調天地真實的化育流行，熊十力也呼應宇宙為真實的彌滿、本體為絕對的真實、乾元性海的無所不在、生化流衍蔚為大有，並強調躬行實踐、力戒逞臆

談玄；而王船山為救宋明儒末流之弊及對治佛老空寂虛幻，特申
《易》健而動的精神，由「太虛本動」而至「君子日動」，熊十力
盡人合天、強調裁成輔相的昂揚進取精神，亦與其密合無間；至於
批評宋明儒「人欲盡淨，天理流行」觀點，主張以性率情，使情從
性，強調情欲的中節、合度、當理，熊十力亦與王船山取得一致共
識。以上「尊生而不可溺寂」、「明有而不可耽空」、「健動以起
頹廢」、「率性而無事絕欲」四大綱要，正是熊十力在王船山的
《易》學精義中所覓獲的最珍貴思想資產。至於船山的乾坤並建、
陰陽十二位嚮背說、道大性小觀等，熊十力則分別提出質疑。**其
三，熊十力廣納宋明各家**：由「濂溪而後我重來」，看出熊對周濂
溪的偏愛，而〈太極圖說〉《通書》中的太極觀與動靜說，熊十力
各有揚棄與擷取；程明道〈識仁〉一文，熊十力體會再三；對張橫
渠的體用之說各有認同與評議，雖然船山奉橫渠為希企之正學，而
熊十力又深知船山宗主橫渠，但仍認為船山之學宏闊，究非橫渠可
比。程伊川《易傳》及言「理在物」等熊十力各有褒貶及修正；陸
象山「六經注我」的精神，強調發明本心、先立乎其大成，成為熊
十力學說的珍貴資源；陳白沙的〈禽獸說〉，對年輕時期的熊十
力，其震盪力道既猛又烈；至於對陽明後學的流於狂禪，則詆斥毫
不留情。

　　**最後，就熊十力對宋明心性之學的現代闢拓言：首先，就明心
言**：熊十力「明心」之學的成形，王陽明扮演了牽引助成的角色，
王陽明的良知即熊十力筆下的本心、仁體、真宰、明德、性智、明
幾，它是陽明指謂的「天然無盡藏」，也是熊十力哲學的靈魂所
在。熊十力承續陽明，認為心、性、天、命等所表達的不外一事，
而其動源即是吾人的本心良知。「致」良知始終是陽明所著力的緊
要課題，而熊十力也屢強調操存工夫不懈，以常保吾昭明本心。由
於熊十力對王陽明本心良知的全力發揚，鮮明且具體點出反求自
我、明心見性的重要，因此其《新唯識論》體系作品被奉為現代儒

家哲學中的「新心學派」或「新陸王派」，賀麟則遞予指出「對陸王本心之學，發揮為絕對的本體」、「用性智實證以發揮陸之反省本心，王之致良知」、「為陸王心學之精微化系統化最獨創之集大成者」，[257]雖然熊十力執守本心，講求反求實證的見體之路，與王陽明側重由道德實踐而證得真體的路向基本一致，但熊十力對王陽明思想並非全然生吞，亦不受囿於陽明一隅，而能勇於進行揀擇與改造。首先，王陽明主要以道德本心言本體，強調經由道德實踐以返歸本心，而熊十力卻不僅止於此，更強調本體是吾人與天地萬物所共有；王陽明言心即理，熊十力則強調心物同體、不分內外；王陽明「致知」說雖為熊十力所稱揚，在「格物」觀上卻佐以朱子見地，並試圖打破尊德性與道學間的對立，力申良知須發用於事物而開展為知識，因此在《讀經示要》中並言致知與格物；在《新論》中兼言性智與量智；在《明心篇》中強調以智主識。**其次，就見體言**：熊十力體用不二觀的形成，除宋明儒學外，亦借鏡中西、取捨佛道、歸宗易學而來，強調即用顯體、於用識體、攝體歸用、體用可分而不可分、證體知用、作用見性、即工夫即本體等，由體用不二更推擴開展以言道器不二、天人不二、心物不二、理欲不二、動靜不二、知行不二、德慧知識不二、成己成物不二，熊十力的內聖思想即在此一體兩面的系統框架中完整呈現。

---

[257] 賀麟：〈論熊十力哲學〉，《附卷上》，《熊十力全集》，頁667。原出〈陸王之學的新發展〉，《建國導報》第1卷第17期，1945年4月，亦見《當代中國哲學》，頁9-10。

第三章

馬一浮對宋明儒學的圓融思維
與續承課題

　　相對於宋明儒學的志承孔孟、認肯心性之學、著力於形上學的
論證與體系的建構，現代新儒家亦企圖通會儒釋道，透過心性與本
體、倫理與天道的接續索探，以期重覓儒學靈魂、開創儒學體系，
並適應時代新局。而由周濂溪始其端，朱熹匯其要，陽明殿其後，
所激盪出的殊多課題及播植出的豐富成果，諸如理氣、心性、格
物、致知、主敬、涵養、知行、天理人欲、已發未發、道心人心等
經典問題，仍然持續發酵，在現代新儒家的不同詮釋下各有特出的
開展。此間馬一浮同於梁漱溟、熊十力，在其獨到的學術視角下，
對宋明學術亦展現出高度的關注。

　　宋明儒學的分系，或有濂、洛、關、閩（周、程、張、朱）、
邵雍、陸九淵、王陽明、王船山等主流派及其他非主流派之分；或
有程朱理學、陸王心學、張（載）王（船山）氣學；以及程朱、陸
王、五峰蕺山等三系之分；而程朱、陸王二脈尤為鮮明，是為大
宗。至於馬一浮思想歸趨究竟何屬，學者見地殊異：首先，有將其
納歸於理學一派，視其思想偏趨程朱者：如戴君仁尊其：「謂之現
代之朱子可也」；[1]宋志明判其：「應當屬於『新程朱』型的『新
儒家』學者」；[2]林安梧則稱：「馬氏之學絕不同於陽明學，他乃

---

[1]　見徐復觀：〈如何讀馬浮先生的書──代序〉，《爾雅臺答問》（台北：廣文書局，
　　1973年11月），頁3。
[2]　宋志明：《現代新儒家研究》（北京：中國人民大學出版社，1991年6月），頁19。

是朱子學調適而上遂的發展。」[3]其次，有將其歸併於心學一派，視其思想偏向陸王者：如徐復觀認為其「至其學問歸宿，則近陽明而不近朱子。」[4]如滕復言：「陸王心學所代表的傳統的內省道德哲學，構成了馬浮哲學的基本框架。」[5]再者，亦有折衷二者，認為其學問歸宿兼有朱王二派者，如賀麟即言：「其格物窮理，解釋經典，講學立教，一本程、朱，而其返本心性，祛習復性則接近陸、王之守約。」[6]劉又銘言：「他的學術思想，調和程朱、陸王，而以陸王為歸宿。」[7]則其對宋明儒學究為沿承一方？或兼綜二者？甚至攝納多方？再者其所延續、闡發或會通的實際內涵為何？凡此均有待捫索探勘。

　　本章分為三節，首及馬一浮對宋明儒學學術定位的評估；次釐馬一浮對宋明諸儒的評騭，及其學術內涵中的圓融思維；末探馬一浮對宋明儒學中重要課題的續承與發揮。

第一節　宋明儒學的學術定位

　　有「一代儒宗」之譽的馬一浮，舉凡講學、辦學或著述，無不以宏揚儒學為本務。此中宋明儒學在其所標幟的學術體系中，究竟如何定位？姑由以下數點觀察：

---

[3]　林安梧：〈馬一浮心性論的義理結構──從「理氣不一不二」到「心統性情」的核心性理解〉，《當代新儒家哲學史論》（台北：文海學術思想研究發展文教基金會，1996年1月），頁147。
[4]　徐復觀：〈如何讀馬浮先生的書──代序〉，《爾雅臺答問》，頁3。
[5]　滕復：〈馬浮的儒學思想初探〉，收入方克立、李錦全主編：《現代新儒學研究論集》（二）（北京：中國社會科學出版社，1991年12月），頁182。
[6]　賀麟：《當代中國哲學》，頁16。
[7]　劉又銘：《馬浮研究》，政治大學中研所碩士論文，1984年5月，頁127。

一、聖賢血脈的通渠

值處憂患時代、動盪環境，馬一浮所念茲在茲者，即在聖賢血脈的延續，透過多次自白，得見其衷心所寄：「吾行如得免溝壑，當思如何綿此聖學一綫之傳。」[8]此乃其避寇入蜀、顛沛流離之際的發聲；「三十年來，學絕道喪，世之所以為教者，拾異邦殊俗之土苴以為寶，後生小子幾不知聖賢為何人、經籍為何物。今因寇亂之餘，當路諸賢一念之發，因得於現行學制之外，存此書院。思藉此略聚少數學子；導以經術，使返求諸義理，冀續先儒之墜緒於垂絕之交。」[9]此道出其創辦復性書院之所由；「某今在病中，並無雜念。只是今世聖學衰微，人心陷溺，……只是這一念尚放不下。」[10]此為其病中一心之所懸繫；「余自度餘年無幾，猶冀聖賢血脈不從此中斷。」[11]此則是其殘年向晚的傾吐。面對當代棄如土梗、收拾不住的淡薄儒學與衰微聖學，馬一浮力挽墜緒，而發皇宋明儒學即是其致力方向之一。在馬一浮眼中，歷代學術中以宋明最能承續聖學精神，因言：

> 為學必先治經，治經必先四書。讀四書必以朱子《章句》《集注》為主，……康成、仲達持簀土於耆宗，何晏、皇侃亂淄澠於異學。比而觀之，則略知存古義之功，不敵濫入玄言之失。不有洛學導其先河，考亭揚其墜緒，則聖學之要曷由而明哉。趙岐致力《孟子》，遠勝何晏，而於道性善之

8　盧萬里校點：〈政事篇〉，《語錄類篇》，《馬一浮集》（全三冊）（杭州：浙江古籍出版社、浙江教育出版社，1996年10月）第三冊，頁1067。
9　〈趙熙一〉，《書札》，《馬一浮集》第二冊，頁665。
10　〈問學私記〉，《馬一浮集》第三冊，頁1171。
11　〈教學篇〉，《語錄類篇》，《馬一浮集》第三冊，頁1099。

旨，不能有所發揮。蓋漢儒論性多出荀卿，魏晉以下涉入佛老，至濂洛繼興，始宗孟氏，洙泗之業，因以大明。故謂直接孔孟，信為不誣，特未聞道者難與共喻耳。近世若戴震、阮元、劉寶楠、焦循之徒，所謂碎義難逃，便辭巧說，而毛奇齡尤嫥事詆諆。類此，雖其書充棟，何益於學。大抵明人好汎濫，務懸解，近二氏之奢；清人矜家法，習嫥固，成博士之陋。[12]

對於先秦、兩漢、魏晉、宋明及清之代表學者及學術風氣略有品評，認為其或淆於二氏，或濫入玄言，或滯於固陋，或捨本逐末，唯宋代濂洛及朱閩之學，能上承洙泗，故特為彰贊，而馬一浮的時代慧命，亦即在通過宋明諸賢，以承接孔孟，接續儒家道統。對於宋學的突出地位，馬一浮再三表述，既曰：「濂、洛、關、閩諸儒，深明義理之學，真是直接孔孟，遠過漢唐。」又曰：「儒家六藝之旨，得濂、洛、關、閩諸賢而大明。後儒但讀其遺書，加以思繹，自知窮理盡性之要，無假他求，終身由之可也。」再曰：「濂洛關閩諸賢所以直接孔孟者，為其窮理盡性，不徒以六藝為教，敷說其義而止也。」[13] 而復性書院的成立旨趣，即在斬絕浮慕虛聲，斷除利祿誘引，而一以接續聖賢血脈為務，至於通讀諸儒大作，自為規劃要項，因言：「書院簡章『通治門』以《論語》、《孝經》為一類，孟、荀、董、鄭、周、二程、張、朱、陸、王十一子附之。」[14] 十一子中隸屬宋明者有七，則其地位自不可等閒視之。另馬一浮於閩刻《屏山集》二十卷中錄出《聖傳論》，並作〈聖傳

---

[12] 〈「四書纂疏」札記跋〉，《序跋書啟》，《馬一浮集》第二冊，頁73。
[13] 〈橫渠四句教〉，《泰和宜山會語》，《馬一浮集》第一冊，頁7；〈答劉君〉，《爾雅臺答問》卷一，《馬一浮集》第一冊，頁533；〈重刊盱壇直詮〉序，《序跋書啟》，《馬一浮集》第二冊，頁37。
[14] 〈通治羣經必讀諸書舉要〉，《復性書院講錄》第一卷，《馬一浮集》第一冊，頁144。

論序〉曰：「按《聖傳論》十篇，舉堯、舜、禹、湯、文王、周公、孔子、顏、曾、思、孟之道以為說。於堯舜明一心，於禹示一體，於湯言日新，於文王言不已，於周公極推無逸為持謙之功，於孔子特舉踐形明生死之說，於顏子發不遠復之幾，於曾子示本敬之旨，於子思則約性以明中，於孟子則指歸於自得。實皆有以得其用心，……屏山之所得，吾今日亦可得之。而知明道、伊川之所得，朱子之所得，固與屏山不殊，與諸聖亦不殊也。」[15]於此已標舉堯、舜、禹、湯以下，迄二程乃至朱子的聖學脈絡。此外復性書院擬先刻諸書簡目中，《儒林典要》部分首重《周子全書》《二程全書》《張子全書》《朱子大全集》《朱子語類》及象山與陽明《全集》，則七鉅子的地位益彰。向以程、朱、陸、王為孔子的嫡傳兒孫的馬一浮，其用力於宋明，彰然可見。

二、迴向六藝的要津

舉網者必提其綱；振衣者當挈其領，六藝之教即是馬一浮的為學綱領。馬一浮除認同《詩》《書》《禮》《樂》《易》《春秋》中溫柔敦厚、疏通知遠、恭儉莊敬、廣博易良、絜靜精微、屬辭比事等古來教義；肯定六藝對道德與智識的全幅提升，並強調「此是孔子之教，吾國二千餘年來普遍承認一切學術之原皆出於此，其餘都是六藝之支流。故六藝可以該攝諸學，諸學不能該攝六藝。今楷定國學者，即是六藝之學，用此代表一切固有學術，廣大精微，無所不備。」[16]視六藝為國學之精髓，從而全力闡揚六藝義理、融通六藝精神，以六藝作為其學術思想體系的核軸，而馬一浮視野之迴異於他人、心志之所堅持者亦即在此。

---

[15] 〈聖傳論序〉，《序跋書啟》，《馬一浮集》第二冊，頁35-36。
[16] 〈楷定國學名義〉，《泰和宜山會語》，《馬一浮集》第一冊，頁10。

馬一浮闡發六藝，除以之為聖人教化外，並力申六藝之道與吾人心性實互為一體：

> 須知六藝本是吾人性分內所具的事，不是聖人旋安排出來。吾人性量本來廣大，性德本來具足，故六藝之道即是此性德中自然流出的，性外無道也。從來說性德者，舉一全該則曰仁，開而為二則為仁知、為仁義，開而為三則為知、仁、勇，開而為四則為仁、義、禮、知，開而為五則加信而為五常，開而為六則並知、仁、聖、義、中、和而為六德。就其真實無妄言之，則曰「至誠」；就其理之至極言之，則曰「至善」。故一德可備萬行，萬行不離一德。[17]

　　此強調六藝之道係由性德中自然流出，非刻意安排所得，性德包蘊萬有，舉一德以言，則為仁德，此為總相，亦可二德、三德，乃至六德、多德分疏以觀，此為別相。換言之，六藝文本其背後所潛藏的本質，所具有的關鍵作用，即是「心性」，因言：「有六經之迹，有六經之本。六經之本是心性，六經之迹是文字，然六經文字亦全是心性的流露，不是臆造出來。」[18]換言之，六藝之道即是人人自性本具之理，是人之所以為人的根本屬性，透過此種心性之學的識取與抉發，方能切己體究，進而指歸自己、迴向生命。

　　至於馬一浮所言的六藝之學，除傳統儒家六經外，就廣義言，尚及諸子各家，尤其宋明諸儒，因其對恢復性體本然之善，發揮最為透徹完備，而研探宋明學術，亦正是回歸六藝、掌握人心根本的最佳途徑。馬一浮透過宋明儒學內在而超越的心性路線，往上銜承

---

[17] 〈論六藝統攝於一心〉，《泰和宜山會語》，《馬一浮集》第一冊，頁18-19。
[18] 〈問學私記〉，《馬一浮集》第三冊，頁1158。

六藝之學、聖人之教，企圖融通過道德文章、身心性命乃至書院教育，以達成文化的賡續使命。

三、因應時勢的劑帖

因應西學洶湧東來、攻勢凌厲，傳統鷹架搖搖欲墜，民初學術思潮即在保守與激進、本位與西化、傳統與現代、人文與科學、尊孔護孔與去孔詆孔、回歸與西進、重振與斬絕中展開競拔。而馬一浮和梁漱溟、熊十力及多數現代新儒家學者一樣，在與西方文化的對話、論戰中，肯定儒學復興思潮及價值取向，力圖重構儒家文化的思想秩序，同時取徑宋明儒學的致思路向，注重對心性、道體涵義及此間關係的釐探，強調個人道德的反躬自省等，其對傳統資源的運用，較諸其他同儕更趨堅毅篤定、全面深入。

馬一浮對西學的反思，不是盲目的跟進，而係建立於長期的西學接觸、深厚的西學基礎之上，所進行的判斷與抉擇。在戊戌維新浪潮之後，為索中國出路，並探西學柢奧，即與好友謝無量，齊赴上海學習英文、法文，以便直接閱讀西方著作。1902年，與馬君武、謝無量共同創辦《20世紀翻譯世界》，評介西方的社會思潮、學說理論，翻譯文章廣及哲學、政治、經濟、法律、教育、宗教等領域。1903年旅美，遍閱西方政治學、社會學、倫理學、心理學、文學、美學、歷史及語法修辭學，而盧梭《民約論》與馬克思《資本論》等，更觸發其對自由平等博愛理想的嚮往，及對中國獨立富強之路的冀求。1904年歸國途中轉道日本，在自費留學中，日本流亡者及留學生的革命氣氛，則激發其熱血豪情。由崇尚西學轉而契心儒學，是馬一浮歸國後，面對紊亂時局，遍歷煎熬後所下的必然抉擇。──因為依西洋模式建立的民國，並未步上康莊大道，復辟稱帝、軍閥混戰、第一次世界大戰等接踵而至，帶來征戰、暴力、

掠奪，引發社會脫序與道德淪喪，促使馬一浮懷疑西方文明，轉而索探剖析人性之所由。弟子烏以風就此曾言：

> 先生目睹國事艱難，世道益苦，推求其根源，皆由於學術之大本未明，心性之精微難知，故欲挽狂瀾，轉移風氣，非自拔流俗，窮究玄微，不足以破邪顯正，起弊振衰。於是益加立志為學，絕意仕進，遠謝時緣，閉門讀書。[19]

在馬一浮眼中，西方文明雖然發展出民主、科學，然而在務求宮室車服之美、遊樂之娛外，亦使人陷於草昧而不自知，以致上下凌夷、劫奪鬥爭，有強權而無公理、有陰謀卻無正義。又其主體與客體、人與自然互相對立、彼此割裂，人類理想由是日益淹沒。至於儒家思想系統，則側重人與自然的和諧，注重天人一性的主客圓融，同時強調透過主體的生命體驗、篤行實踐、直覺證悟，在人倫日用間加以證成。倘東西文化相較則關鍵在：「東方文化是率性，西方文化是循習，西方不知有個天命之性，不知有個根本，所以他底文化只是順隨習氣。」[20]此等體悟促其轉移焦點，傾力於儒家心性之學的探研，欲圖由心性本源緩解中西文化的緊張與對立。面對時人「捨棄自己無上之家珍，而拾人之土苴緒餘以為寶，自居於下劣，而奉西洋人為神聖」的普遍現象，[21]馬一浮一則將希望繫於六藝之再興，藉之會通中西精神；一則由宋明學術入手，以體究自性為歸。「我有明珠一顆，久被塵勞封鎖。今朝塵盡光生，照遍山河萬朵。」馬一浮援引唐萬回和尚詩偈，這顆心性明珠，正是以宋明為道路，所展開的尋索之旅。

---

[19] 烏以風編述：《馬一浮先生學贊》（編者自印，1987年），頁2。
[20] 〈問學私記〉，《馬一浮集》第三冊，頁1150。
[21] 〈論西來學術亦統於六藝〉，《泰和宜山會語》，《馬一浮集》第一冊，頁24。

第二節　宋明儒學的圓融視角

　　朱陸門戶之見、漢宋之爭、經今古文之歧、夷夏之判、玄學科學之競、思想派別之左，此等千差萬別的異同爭鳴與論戰，常促成歷史之亂，並導人陷於不拔之淵。在當代新儒家中，泯除分別是馬一浮人格中的鮮明特色，「斯人信吾與，萬物將畢同，胡為異肝膽，愛惡成相攻。」[22]點出萬物畢同畢異，倘執著於差別，則限制、阻礙、糾葛隨之衍生，也因此馬一浮對於各家思想，素抱持兼容並蓄、融會通貫的立場，而其對宋明理學之相關人物或議題，亦向來執持折衷、兼綜與調和立場。本節將探論馬一浮兼攝朱王及相關宋明學者之內涵，並及其對經今古文、漢學宋學乃至儒釋道三教的圓融觀點。

一、兼攝宋明諸子

（一）和會朱王二脈

1 涵養與察識並納

　　就宋明儒學的道德修養論言，其工夫多端、內容豐富，如「操存」、「存心」、「存養」、「養心」、「主敬」、「持守」、「克己」、「主敬」、「省察」等均屬之。而馬一浮對宋明儒學的多種工夫指點，最看重「涵養」與「察識」二環。涵養係直接培養心性本原，藉由培育主體至善的道德意識，使其達到自覺；省察則是隨時

22　〈行野〉，《避寇集》，《馬一浮集》第三冊，頁90。

隨事察識心中之理，著重於檢視、修正及消除蒙蔽心體本原的物欲或不良習氣。涵養多著眼於心體未發前的超越的道德體驗；察識多側重於心體既發後，主體能隨時隨事洞察心性。一般而言，省察為涵養的工夫，涵養則為省察的前提。然二者仍隨理學家立論重點的殊異，而具不同意義與作用。

（1）學脈發展

關於朱王異同，應由溯源入手，由溯源得窺其學脈歸屬，而後方得見彼此殊異。若專就宋明理學中涵養與察識的學脈發展言，馬一浮曾數度語及：

> 程門以龜山、上蔡為鉅子，龜山重涵養，上蔡重察識。龜山再傳為延平，上蔡再傳為五峯。朱子親受業於延平，及見南軒而盡聞湖南之學，晚乃繼述伊川，實兼紹楊、謝二脈，故極其醇密。象山獨稱伯子，其專重察識，實近上蔡。白沙靜中養出端倪，亦龜山之別派，下啟甘泉，至陽明而益大，復與上蔡、象山相接，彌近直指矣。深寧，朱子之後學也，入理則疏，而涉學至博，下開亭林，遂為有清一代考據之祖。[23]
>
> 問程、朱、陸、王異同。答云：象山學本自悟，不假師承，直指人心，重在察識，其資秉近於上蔡。上蔡初見明道，說史事背誦如流，明道責之云：「賢卻記得許多，可謂玩物喪志。」上蔡為之汗流浹背。又語之云：「即此便是惻隱之心。」不云羞惡而曰惻隱者，以惻隱之心失，則麻木無所覺也。上蔡從此悟入，故遂以覺言仁。孟子之說四端，明道之講識仁，陽明之說良知，皆是重在察識。朱子初宗延

---

[23] 〈通治群經必讀諸書舉要〉，《復性書院講錄》第一卷，《馬一浮集》第一冊，頁144。

平，延平教以觀喜怒哀樂未發以前景象。延平出於羅豫章，
豫章出於楊龜山，龜山之學近於伊川，重在涵養。所謂「涵
養須用敬，進學在致知，未有致知而不在敬者」也。朱子當
時未甚得力，及見南軒，其學一變。南軒出於胡五峯，五峯
出於文定，而文定出於上蔡。南軒於上蔡為三傳，所重亦在
察識。朱子因之，繼而又返於側重涵養一路。故論湖南之學
有云：「發強剛毅之意多，寬裕涵泳之意少，遇事不免失之
粗豪」，於延平有「辜負此翁」之語。晚年教人，惟拈「涵
養需用敬」二語。[24]

今辨朱陸同異，先須察其源流。程子門人以龜山為最篤
實，以上蔡為最高明。龜山之學傳羅豫章，羅豫章傳李延
平，朱子初受學於延平，延平教人先涵養而後察識，朱子親
聞其說。上蔡之學一傳胡安國，再傳胡五峯，三傳張南軒，
其教人先察識而後涵養。朱子受教於延平，未久延平歿。其
後朱子赴湘訪南軒，又聞先察識後涵養之說，曾與南軒返復
辯論。最初朱子亦信服其說，後卻不以為然，於是又歸延
平，用伊川「涵養須用敬，進學在致知」二語提示學者。[25]

茲依上列所述，配合學者生卒及字號，歸納馬一浮所言有關涵養與
察識的宋明學脈走勢如下：

---

[24] 〈四學篇〉，《語錄類編》，《馬一浮集》第三冊，頁961-962。
[25] 〈問學私記〉，《馬一浮集》第三冊，頁1138-1139

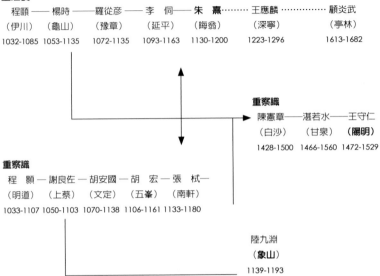

重涵養

程頤 — 楊時 — 羅從彥 — 李 侗 — 朱 熹 ……… 王應麟 …………… 顧炎武
（伊川） （龜山） （豫章） （延平） （晦翁） （深寧） （亭林）
1032-1085 1053-1135 1072-1135 1093-1163 1130-1200 1223-1296 1613-1682

重察識

陳憲章——湛若水——王守仁
（白沙） （甘泉） （陽明）
1428-1500 1466-1560 1472-1529

重察識

程 顥 — 謝良佐 — 胡安國 — 胡 宏 — 張 栻 —
（明道） （上蔡） （文定） （五峯） （南軒）
1033-1107 1050-1103 1070-1138 1106-1161 1133-1180

陸九淵
（象山）
1139-1193

　　依其所述，宋明儒學似可趨為二脈三系，所謂二脈，即重涵養與重察識者；所謂三系，一是伊川、龜山以下，此系偏重涵養，二是明道、上蔡以下，此系偏向察識，至於白沙、陽明等於前二系各有汲攝，然仍偏趨察識。以下茲彙為涵養與察識二脈，鱻觀其要：先就**重涵養**一脈言：**伊川**提出「涵養須用敬，進學則在致知。」[26]強調若一味涵養而不致知，則易遺於外；若專事致知而不涵養，則易遺乎內，因此察識物理與涵養本心，二者應同時並進。其所謂涵養，乃是體驗於未發前的自我修養，一則涵養需要察識，無察識則難以持守；一則欲格物窮理，亦須涵養此心。再者涵養之道莫善於寡欲，此為去人欲、存天理的重要方法。至於伊川「涵養於未發之前」的體驗方法，自此一路傳衍，由龜山、羅豫章、李延平乃至朱熹，均強調之，且以主靜為宗，如**龜山**曰：「學者當於喜

---

[26] （宋）程顥、程頤撰：《二程全書》（上），卷之十九，頁549。

怒哀樂未發之際，以心體之，則中之義自見。」[27]李延平曰：「羅
先生令靜中看喜怒哀樂未發之謂中，未發時作何氣象，此意不唯於
進學有力，兼亦是養心之要。」[28]又朱子曰：「李先生教人，大抵
令於靜中體認大本未發時氣象分明，即處事應物，自然中節，此乃
龜山門下相傳指訣。」[29]凡此得見龜山之教豫章、豫章之教延平、
延平之教朱子，均強調體認於未發。次就重察識一脈言：明道提出
「敬以直內，義以方外，合內外之道也。」[30]此係以「敬」為涵養
功夫；以「義」為省察工夫。又主張「學者須先識仁。仁者，渾然
與物同體。義、禮、知、信，皆仁也。識得此理，以誠敬存之而
已，不須防檢，不須窮索。若心懈則有防，心苟不懈，何防之有？
理有未得，故須窮索。存久自明，安待窮索？」[31]強調以識仁為首
要工夫，向內省察，學者如能在仁體流行處識得此心此理，以誠敬
存之，即能體會自己的本心仁體，即不須防檢與窮索，向外另作工
夫。再者本心即是天理，盡心即是知性，知性即是知天，吾人應
向內反省，而不應向外體認。至於上蔡之學，兼師二程，然其學則
近於明道。雖然上蔡強調「學者且須是窮理」，[32]似近於伊川，然
其又曰：「所謂格物窮理，須是識得天理始得。」[33]其所欲窮者，
乃欲窮其大者，而所謂「大」者，即是指作為本體的天理，識得天
理，即是覺此仁。又上蔡曰：「敬是常惺惺法，心齋是事事放下，

---

[27] （宋）楊時：〈答學者其一〉，《龜山集》九（台北：台灣商務印書館，1973年，
《四庫全書珍本四集》1997），卷二十一，頁3。

[28] 〈延平答問〉，〈豫章學案〉，《宋元學案》第三冊，卷三十九，頁1286。

[29] （宋）李侗：《李延平集》（北京：中華書局，1985年，《叢書集成初編》2047）卷
三，頁51。

[30] 《二程全書》卷之十二，頁375。

[31] 《二程全書》卷之二，頁128。

[32] （宋）謝良佐撰　朱熹編：《上蔡語錄》（台北：中文出版社，1972年5月）卷之
中，頁46。

[33] 《上蔡語錄》卷之上，頁9。

其理不同。」[34]所謂「敬」，並非指伊川之收斂放縱義之「敬」，敬之應「常惺惺」，強調應時時自我提醒、警覺，側重於對本體的察識，故其工夫論仍傾向明道。另**胡宏**之學，發展明道「先識仁體」，提出「欲為仁，必先識仁之體。」[35]唯有先識仁體，方能存養，此即是先察識、後涵養的修養方法。至於**南軒**亦同乎此，主張學者先須察識端倪之發，然後方可加存養之功，並強調透過心的發用呈露，以察知此本然性體。如此觀來，胡安國、胡宏、南軒等湖湘學者的最大特色即在於主張「先察識後涵養」。

（2）朱王異同

由上述涵養與察識二脈，得略窺二脈之代表學者及立論梗概。至於朱熹與王陽明之歸趨為何？馬一浮答問如下：「問：竊意程、朱教人在仁上用功夫，王學教人在智上用功夫，不知是否？仁智不可如是分說，不成教人遺却一邊，但一重涵養之意多，一重察識之意多耳。」[36]亦即指朱子偏向涵養，陽明偏向察識。

先就朱子言：馬一浮就朱子之交游、師承及思想遞嬗，簡述曰：

> 朱子早年學禪，亦從察識來。後依延平，承龜山一派，乃與南軒交，盡聞胡氏之說，則上蔡之緒也。晚年舉伊川「涵養須用敬，進學在致知」二語教學者，實兼楊、謝二家法乳。然其所自得，則楊、謝未足以盡之，故其為說最醇密。後儒不知源流，又不明古人機用，妄生同異，只是瞎漢賍誣古人，自己全不曾用力，安能知古人造詣邪？[37]

---

[34] 《上蔡語錄》卷之中，頁67。

[35] （宋）胡宏：《胡子知言疑義》（北京：中華書局，1985年，叢書集成初編0627），頁55。

[36] 〈示張伯衡〉，《爾雅臺答問續編》卷二，《馬一浮集》第一冊，頁600。

[37] 〈答任君〉，《爾雅臺答問續編》卷一，《馬一浮集》第一冊，頁542。

就朱子思想的發展言，曾歷多次遷變：年少時嘗留心於禪，求之
至切；年二十四至三十四，從游延平，歸於儒學，竟日危坐以驗
所謂喜怒哀樂未發氣象，而求所謂中者，然領略有限；繼而往問
南軒，南軒學承胡宏，主張「學者先須察識端倪之發，然後可加存
養之功。」[38] 所謂「察識端倪」，即強調應世接物間，本心當下自
然呈現，透過日常生活的省察，即可發現良心之苗裔，然後續予操
存涵養之。此等先察識後涵養的方法，初為朱子所膺服，朱子並於
年三十七提出「心為已發，性為未發」的思想，此即「丙戌之悟」
或「中和舊說」，此期多沾染明道以來的湖湘學色彩。然朱子於丙
戌後仍感糾紛難明、冥迷難喻，則丙戌之悟究屬未定之論，其後幾
經曲折，於明道五年即年四十時，提出「己丑之悟」、「中和新
說」，確立主敬工夫的重要，得「靜養動察，敬貫動靜」的結論，
並盛讚伊川之「涵養須用敬，進學則在致知」及橫渠之「心統性
情」，此外並將原來未發為性、已發為心之說，轉為未發為心之
體、已發為心之用，同時將涵養於未發、省察於已發，視為相互絪
合、繫連的一套工夫，因言：「大抵未發已發，只是一項功夫，未
發固要存養，已發亦要審察。遇事時，時復提起，不可自怠，生放
過底心。無時不存養，無事不省察。」[39] 朱熹雖則主張先存養、後
察識，以涵養為先、以察識為次，然而二者乃交互交養、交互運
用，未可截然區隔，亦即無時不做工夫，未發時固要存養，已發時
亦要存養；已發時固要察識、未發時亦要察識，故言：「有涵養者
固要省察，不曾涵養者亦當省察。不可道我無涵養功夫後，於已發
處更不管他。若於發處能點檢，亦可知得是與不是。今言涵養，則
曰不先知理義底，涵養不得。言省察，則曰無涵養，省察不得。二
者相捱，卻成檐閣。」[40] 由此觀來，朱熹對涵養、省察，固有次第

---

[38] 〈答張欽夫〉，《晦庵先生朱文公文集》卷三十二，《朱子全書》貳拾壹，頁1420。
[39] 《語類》卷六十二，《朱子全書》拾陸，頁2041。
[40] 同前註，頁2045-2046。

意義上之先後、方法上的區別，然就生活中的實況言，二者乃是不斷交互操作、交互流動。也因此朱熹雖側重涵養，亦未輕忽察識，兼攝龜山與上蔡二脈而更為圓融，是以馬一浮曰：「然其所自得，則楊、謝未足以盡之，故其為說最醇密。」[41]

次就陽明言：唯欲言陽明，當先及**象山**。象山之學雖無明顯師承，看似自得，而其實接近明道、上蔡一脈，如象山褒貶二程：「伊川蔽錮深，明道卻疏通。」[42]而象山稱其工夫為「減」的功夫，此亦源於明道：「學者今日無可添，唯有可減，減盡便無事。」[43]至於《宋元學案》亦曰：「上蔡之說一轉而為張子韶，張子韶一轉而為陸子靜。上蔡所不敢衝突者，子韶盡衝突；子韶所不敢衝突者，子靜盡衝突。」[44]象山提倡簡易工夫，以發明本心入門，強調「先立乎其大者」，[45]此亦明道「學者先須識仁」之意，通過體認本體之明以見乎工夫之大，此實近同於上蔡、明道，即重察識一脈，然其實亦未完全輕忽涵養，故馬一浮比較朱陸曰：「朱子之意是涵養與察識並重，但須從涵養中察識，重涵養。至於象山，則仍承上蔡之意，先察識而後涵養，重察識。故朱陸異同，此是綱領。」[46]至於**陽明**主致良知，側重察識，然其亦兼重察識與涵養，認為初學者心猿意馬，因此應靜坐涵養，俟其心意稍定，則應教其省察克制。此省察克制之功乃無時可間，無事時將好色、好名、好貨等私欲逐一追究，拔除病根、如去盜賊，陽明的省察之功，側重於意念上用功、在本源上用力、在心體上用功，側重於意

---

[41] 〈答任君〉，《爾雅臺答問續編》卷一，《馬一浮集》第一冊，頁542。

[42] （宋）陸九淵：《語錄》上，《象山全集》卷三四，頁14。

[43] （宋）朱光庭：《程氏外書》（台北：台灣商務印書館，1975年9月，四庫叢刊三編）卷十一，頁1。

[44] （清）黃宗羲著　全祖望補修：〈附錄〉，〈上蔡學案〉，《宋元學案》卷二四，頁931。

[45] 《語錄》上，《象山全集》卷三四，頁5。

[46] 〈問學私記〉，《馬一浮集》第三冊，頁1139。

念萌動之際克盡私欲，方有一念萌動，即斬釘截鐵，即刻克去，未可窩藏、未可姑息。在陽明眼中，涵養與省察並非二事，即如居敬與窮理，實為一事。因言道：「居敬亦即是窮理。就窮理專一處說，便謂之居敬；就居敬精密處說，便謂之窮理；卻不是居敬了別有個心窮理，窮理時別有個心居敬：名雖不同，功夫只是一事。」[47]心即理，窮理即在窮此心之理，涵養即在養此心之理，察識中有涵養，涵養中有察識，均側重於心上用功。而馬一浮亦強調陽明兼及察識與涵養：「陽明教學者致良知，要於一念發動處用力，是察識；然又常謂必有事焉，正是戒慎恐懼工夫，是涵養。」[48]至於象山弟子楊慈湖，以「不起意」為宗旨，將「意起」視為使心喪失靈明的礙塞，陽明認為其遠過於象山，而龍溪亦以「澄然、瑩然、易簡、和平」褒譽之。又提倡四無說、現成良知說的王龍溪，及提出樂學說、安身說，主張良知現成的王心齋，承陽明之後，其影響自未可小覷。

綜上重涵養、重察識二脈，得見朱子重涵養亦兼主察識；陽明重察識亦不廢涵養，至於朱王及其末流發展，馬一浮評曰：

> 象山「先立乎其大者」與陽明「致良知」之說，皆是察識邊事。然象山、陽明教人雖重察識，其涵養工夫均甚深。但門人相傳，便不免有偏重察識而遺涵養之病。象山門人中如楊慈湖，一生行履，朱子稱其齋明儼恪，自是少見。至於陽明門人如心齋、龍溪，接人最多，宣揚師說亦最廣，然而涵養不足，病痛卻不在小。及其後學，推波助瀾，流弊益多。大抵重察識者，亦未嘗無綽見天理之處，天資高者尤易悟入，但不能持久，或者察識不精，即鹵莽承當，必致廢書不觀，

---

[47] 〈傳習錄上〉，《王陽明全集》卷一，頁33。
[48] 〈問學私記〉，《馬一浮集》第三冊，頁1166-1167。

狂妄自肆。陸、王末流及禪學均有此病。然朱子亦嘗謂象山
門人能立得起，而自己門下則多執言語、泥文字。此亦是朱
學末流之病痛，學者當知。[49]

點出重察識適合資優賦高之上材，然未能持久、察識不精為其缺，
更有流於狂妄自肆之弊，至於重涵養一脈，則有拘泥、執著於語言
文字間之缺失。

（3）朱王兼攝

馬一浮指點學者工夫入處，不外察識與涵養。其關於二者之發
語多端，如專言**察識**者：

> 無事時體認自心是否在腔子裡，有事時察識自心是否在
> 事上，如此方是思……。思如濬井，必當及泉，亦如抽絲，
> 須端緒不紊，然後引而申之，觸而長之，曲暢旁通，豁然可
> 待。體認親切時，如觀掌紋，如識痛癢；察識精到處，如權
> 衡在手，銖兩無差，明鏡當臺，毫髮不爽。[50]

> 若念念是覺，安得有凶？《壇經》所謂「真如自性起
> 念」，乃專指聖人之幾耳。近溪先知覺後知、兩個合成一個
> 之說，亦別無奇特，即謂背塵合覺，前念後念不異而已。來
> 問如何方能使兩個合成一個，答云：若念念之中不思前境，
> 唯此一念炯然現前，自不見有兩個矣。[51]

> 學者於一念發動處能切己省察，克去私欲，便是良知之發
> 露，正須從此用工，切不可輕輕放過。過去不可留戀，未來
> 不必希冀，惟現在一念不可輕於放過。[52]

---

[49] 同前註，頁1165-1166。
[50] 〈復性書院學規〉，《復性書院講錄》第一卷，《馬一浮集》第一冊，頁115。
[51] 〈示劉公純〉，《爾雅臺答問續編》卷一，《馬一浮集》第一冊，頁553。
[52] 〈問學私記〉，《馬一浮集》第三冊，頁1156。

首則強調有事無事均應察識，及察識之功；次則強調隨時察識吾心動念之幾，使念念是覺、念念炯然；末則亦強調在一念發動時，即應細加省察，未可輕放。

亦有專就**涵養**言，如：

> 伊川曰：「涵養須用敬，進學則在致知。」又曰：「未有致知而不在敬者。」此漸教之旨也。[53]

> 大約每日治事之餘，總須有一二時放教閑靜，令可從容涵詠體味此理，久久自覺氣定神凝，雖酬酢萬變而方寸自然寧帖，所謂氣質清明，義理昭著。……吾觀今人通常病痛，只是太忙。終日膠膠擾擾，即無事時亦是忙，此心念念起滅不停。無主則不定，孟子所謂氣蹶則動志也，法家之失煩，煩則亂矣。道家勝之以簡，儒家持之以敬，本領皆在虛靜處，此仲弓所以可使南面也。[54]

所謂涵養，即是心中常念義理，馬一浮視其近於佛家漸教，與察識屬於頓教不同。隨時持之以敬、體味涵泳，則是此間實際工夫。關於馬一浮對察識與涵養的發揮論述，此僅略及，而其提出主敬涵養與窮理致知的工夫論，即是繼承宋明儒學重涵養與重察識的傳統，將申之於下節。

又馬一浮亦頗**強調察識與涵養必須交相運用、未可偏忽**，因言：

> 某嘗謂讀書而不窮理，只是增長習氣；察識而不涵養，只是用智自私。[55]

---

[53] 〈涵養致知與止觀〉，《泰和宜山會語》，《馬一浮集》第一冊，頁81。

[54] 〈吳敬生一〉，《書札》，《馬一浮集》第二冊，頁885。

[55] 〈說忠信篤敬〉，《泰和宜山會語》，《馬一浮集》第一冊，頁56。

人不必馳求、歆羨、躁妄方是欲境界，只散漫、怠忘、急迫便是欲境界，便是不敬。當此之時，若能一念猛自提警，此心便存。佛氏所謂一念迴機，便同本得，固自不妄。但人心昏雜過久，雖乍得迴機，不免旋又放失，故須持敬功夫，綿綿不間斷，久久純熟，方得習氣廓落，自然氣質清明，義理昭著。到此田地，方可說到不違仁，才有默而識之、不言而信氣象，才是涵養深厚，才可明倫察物。理無不明，物無不格，故察識即在涵養之中，不可分為二事也。[56]

雖然如此，但如實說來，馬一浮對於察識與涵養雖強調靈活運用，未可遺卻一端，惟透過其多次發語，仍得見其對二**者尚有輕重主從之判**，姑援引數則以觀：

涵養於未發之前，察識於事為之際，涵養愈醇厚，則察識愈精密。[57]

察識從涵養得來者，其察識精而持守無失。若離涵養而專言察識，其察識多疏而持守不堅者有之。漸中有頓，頓中有漸，不可截然分為二也。[58]

功夫無間動靜，若只此動處察識，靜處却放倒，其察識亦不得力。……但能心緣義理，不言涵養而涵養在其中。只是收斂向內，義理浹洽，自然不起雜慮，爾時心即常存，所謂「敬是常惺惺法」也。有走作始要提撕，未能觸處洞然，自須察識始見。缺卻涵養一段功夫，察識總有未精。[59]

---

[56] 〈張立民一〉，《書札》，《馬一浮集》第二冊，頁819。
[57] 〈說忠信篤敬〉，《泰和宜山會語》，《馬一浮集》第一冊，頁56。
[58] 〈示張伯衡〉，《爾雅臺答問續編》卷二，《馬一浮集》第一冊，頁591。
[59] 同前註，頁592。

此強調頓中有漸，察識中有涵養；漸中有頓，涵養中有察識，二者
難以驟然切割，惟察識固然重要，但缺卻涵養則察識難以精到，涵
養愈醇，察識愈精。

> 禪家悟處，即是察識。淨除現業流識，即是涵養。察識
> 是隨緣薦得、忽然瞥地，此有時節，不假用力。學者用力處
> 只在涵養，涵養熟，自能悟，悟後仍要涵養，故徹頭徹尾只
> 是一個涵養，而察識自在其中。[60]
> 或問：學者用工，專就事上察識如何？先生曰：固好。
> 但恐涵養不足，不但不能明辨是非，反而易被物欲所蔽，難
> 免不以人欲為天理。人之氣稟不同，利根者不事讀書窮理，
> 專就事上察識，自有悟處。至於根鈍之人，不教他從讀書窮
> 理上用工，將從何處入手？能讀書窮理，而又能返躬體會，
> 兩者兼顧，最為妥當。如此用力既久，則習氣自然漸漸消
> 除，性體自然漸漸顯露。如此涵養，則察識自在其中，始無
> 流弊。[61]
> 涵養與致知，朱子雖說要齊頭作，然仔細體會「涵養須
> 用敬，進學則在致知」兩句語氣，似乎又不是平看。蓋朱子
> 之意重在涵養，能涵養則察識自在其中。[62]

此強調上根者，持察識固能悟入，然就常人言，循涵養切入最為紮
實，能涵養則察識自來，涵養熟自能悟，若由讀書窮理與返躬體會
兼入，最為妥適。
又曰：

---

[60] 同前註，頁610。
[61] 〈問學私記〉，《馬一浮集》第三冊，頁1148。
[62] 同前註，頁1168。

但察識不能一悟便了，悟後亦必有涵養工夫以保任之，然後察識方能精純。若只察識而不涵養，則本源未清，物欲夾雜，其弊至以人物為天理，故王學末流，多成狂禪。不如先事涵養，察識自在其中，工夫穩當，蓋未有有涵養而無察識者。故朱子教人從涵養入手，真是千了百當，學者不可不知。[63]

此強調察識而不涵養，易有狂禪流弊；若先事涵養，工夫穩當，察識自在其間，因此對朱子重察識極為推崇，以「千了百當」加以稱許。

至於馬一浮本人，則以**涵養**的未發工夫為入路，其明確申言道：

龜山教人觀喜、怒、哀、樂未發以前氣象，僕亦因此得入。入後便親見龜山、延平矣。賢今日大好於此用力。此心本是鑑空衡平，著一物不得，方能發而中節，安有哀樂過人之弊哉！……觀未發自須綿密下功夫，豈能直下便了？[64]

以涵養為始基，以敬為入德之門，綿密下工夫，此乃本於馬一浮自己真切的體驗而發。雖然如此，但馬一浮仍然試圖通會涵養與察識，主張：「程、朱、陸、王，豈有二道？見性是同，垂語稍別者，乃為人悉檀，建化邊事耳。禪語謂之『雲月是同，溪山各異』」、「涵養、察識，皆就學者自心直下功夫言。」[65]強調無論

---

[63] 同前註，頁1139。

[64] 〈示王伯尹〉，《爾雅臺答問續編》卷二，《馬一浮集》第一冊，頁628。

[65] 〈答任君〉，《爾雅臺答問》卷一，《馬一浮集》第一冊，頁542；〈示王紫東〉，《爾雅臺答問續編》卷二，《馬一浮集》第一冊，頁618。

心學、理學；無論程朱陸王，雖入路不同、教法有別，然而見性的目的相同，透過見性是同，將兩派的根本分歧加以溝通融合。

2 朱王散評

　　朱子學宗伊川，承伊川之意，特為強調《大學》係做人的入德之門，《四書》中應首閱《大學》，並窮其畢生心力從事章句之重訂，《大學章句》中自謂「竊取程子之意」，為「格物致知」之義，作有一百三十四字的格物補傳，將格物提升為《大學》的核心概念。何謂「格物」？朱子訓為「至」或「盡」，即達到極至，窮盡事物的本然之理。何謂「致知」？致為推致之意，即推致吾心固有之知。朱認為格物致知，是《大學》第一義，修己治人之道，無不從此而出。至於王陽明則異於朱子的「移其文，補其傳」，而信用古本《大學》，其對《大學》精神的掌握，具現於〈大學問〉中。陽明並繼承明道「萬物一體之仁」的說法，將仁視為人的道德本性，其乃根源於天命之性者，即所謂「明德」，亦即「良知」。陽明特為重視「誠意」，而格物致知則是實現誠意的具體工夫。所謂「格物」：「格者，正也，正其不正以歸於正之謂也。正其不正者，去惡之謂也。歸於正者，為善之謂也，夫是之謂格。」[66]格物即是為善去惡；所謂「致知」，「致」為「至」，「知」為「良知」，良知即是所謂「是非」之心，致知即是依良知去為善去惡。就朱、王之闡釋《大學》言，馬一浮偶發評語，作點睛之論，如：「陽明是就自家得力處說，朱子卻還他《大學》元來文義，論功夫造詣是同，論詮釋經旨卻是朱子較密」、「格致之說向來多門，吾自宗朱子。然須識得格物致知只是一事」、陽明「為善去惡是格物，亦是好話，講《大學》便非。要建立宗旨，便是敗缺處」、「朱子一生學問，盡在《四

---

[66]　（明）王守仁：〈大學問〉，《王陽明全集》卷二十六，頁972。

書集註》，尤以〈大學章句〉為最精。所補格物一章，字字稱量而出，不可易也。蓋朱子解經，不存成見，先虛心涵泳，切己體會，必文義精熟，脈絡分明，然後下筆，故能深得聖人之用心，而與經義相合。至陽明相信古本《大學》，不以朱子為然。陽明以『知善知惡是良知，為善去惡是格物』，則是格物在致知，非《大學》之原意也。……故象山、陽明教人，多將自己得力處提示學者，固多精到語，但解經則不如朱子細密，故自當以朱子之說為諦當。」[67]陽明語多精到，朱子解經細密；陽明多自家發揮，朱子則解經較切《大學》原旨，能得聖人用心，兩相較論，馬一浮對朱子的認同多於陽明。

又朱子主性即理，陽明主心即理；朱子主即物窮理，陽明主識本心以致良知，二者之觀點與眼界顯有不同。陽明於正德十三年，年四十七時，收朱子信簡三十三通，刻《朱子晚年定論》，序曰：「喜朱子之先得我心之同然」，[68]強調此乃朱子晚年定見，而朱子之體驗與己無別，世之學者徒守朱子中年未定之說，未曉其晚年既定之論。其後一百五十餘年間針對陽明此說，批判者多、認同者少。或言其斷章取義，強取之以就己意；或言其誤以朱子中年之書為晚年所編，……僅王門劉宗周與李紱，護衛師說。針對此事，馬一浮認為「《朱子晚年定論》之作，亦是未審對機之義，不免猶有個我在也」、「以風問陽明《朱子晚年定論》如何。先生曰：此是陽明對於朱子學說未暇深究之處。王懋田《朱子年譜》辯之甚詳。就陽明本分上說，此文可以不作，作出來反引起許多爭端。陽明所以要作此種文字，恐怕他還有個異同心在。」[69]一則評陽明對朱學究之未

<hr>

[67] 〈復性書院學規〉，《馬一浮集》第一冊，頁111；〈張立民〉，〈書札〉，《馬一浮集》第二冊，頁818；〈四學篇〉，〈語錄類編〉，《馬一浮集》第三冊，頁961；〈問學私記〉，《馬一浮集》第三冊，頁1192。

[68] 〈附錄　朱子晚年定論序〉，〈傳習錄下〉，《王陽明全集》卷三，頁128。

[69] 〈四學篇〉，《語錄類編》，《馬一浮集》第三冊，頁961；〈問學私記〉，《馬一浮集》第三冊，頁1155。

深，亦即對所謂晚年定論提出質疑，一則對陽明之動機與境界發出評論，因為陽明在意同異，欲取異為同，終不免落入有我之境。

（二）汲納宋明諸儒

在宋明諸儒中，除朱子、象山、陽明屢為馬一浮所及外，他如周濂溪、邵康節、二程、龜山、上蔡、劉蕺山等，亦偶有引述或發議，姑舉數家略言之：

1 周濂溪

作為程朱理學先鋒的周濂溪，其要著〈太極圖說〉與《通書》，熊十力係側重於〈圖說〉中動靜陰陽之說的批判，及對《通書・動靜》立論的認同。至於馬一浮於庚辰夏講學樂山時，曾以周濂溪此二作為軸，並藉華嚴六相義為說，輔引朱子、黃宗羲諸說，開講示生，而弟子張立民鑑於其內容玄奧，聞者多未喻，乃錄而存之，以俟後來玄解之士，此即今《全集》中《濠上雜著初集》之〈太極圖說贅言〉一文。文中推崇周子及其著作曰：

> 繼六藝而作，有以得《易》教之精微，而抉示性命之根本者，其唯周子之〈太極圖說〉《通書》乎。昔朱子嘗於郵亭間見人題梁上云「天不生仲尼，萬古如長夜」，因謂：伏羲、文王後，若不生孔子，後人亦無處討分曉。孔子後，若無孟子亦不得。後孟子千有餘年，乃有二程先生發明此理，而為二程之先導者，則濂溪也。儒家之有周程，亦猶佛氏之有馬鳴、龍樹。天竺人頌二大士曰：「智慧日已瀆，斯人令再曜。世昏寢已久，思人悟令覺。」其在中土，宜移此語以頌周、程。[70]

---

[70] 〈太極圖說贅言〉，《濠上雜著初集》，《馬一浮集》第一冊，頁710。

一則贊周子此二作乃續承六藝，得《易》教要妙；一則標示出伏羲、文王、孔、孟、周子、二程、朱子以下的學脈正統；再者並以印度大乘佛法的著名論師，即《大乘起信論》作者馬鳴，及創立佛教中觀派，提出緣起性空論此兼容並蓄學說的龍樹譽比周濂溪，則其對周濂溪評價之高，已然得見。

「太極」一詞源出《易‧繫辭傳》，亦即〈禮運〉：「夫禮必本於太一」之「太一」，以此明萬事萬物同出於一原，同歸於一致。馬一浮援引華嚴宗思想以說闡〈太極圖說〉，以所謂「一真法界」，申言「太極」、「太一」，並發揮〈圖說〉中所謂「太極動而生陽，動極而靜；靜而生陰，靜極復動。……」之理，馬曰：

> 太極即法界，陰陽即緣起，生陰生陽，乃顯現義，生生為易，故非斷非常。義學家判此為邪因無因，乃知二五而不知十也。又法界有四種義：一、事法界，界是分義，一一差別有分齊故。二、理法界，界是性義，無盡事法同一性故。三、理事無礙法界，具性分義，性分無礙故。四、事事無礙法界，一切分齊事法，一一如性融通，重重無盡故。《易》教所顯如此，〈太極圖說〉所示正屬後二義也。[71]

就「事法界」與「理法界」比較，一現象，一為本體；一為萬法，一為真如；一為形而下，一為形而上；一為氣，一為理。「事法界」強調一切眾生色心諸法，各有差別、各有分齊，此即是因氣之流行而產生事物差別分齊的現象界，凡一切有生有滅有差別的事物現象，無論精神或物質，均統攝於事法界中；「理法界」言一切眾生色心等法，固有差別，然其體性為一，同於一理，因此理法界即是佛性、法性、實相，即是無差別的宇宙真理。「理事無礙法

界」，強調實相之理由事而顯，千差萬別的事物由理而成，理事交融，互為依緣。又理即氣、氣即理，理氣互依，融通無礙，本體不離現象、現象不離本體，理體與事相，乃互融互具、相即相攝，形上形下未可分離。「事事無礙法界」，言一切事法表面雖有差別，然由一心所顯的角度以觀，則性質實一，大小高下等差別實無意義，得隨心所欲，事事圓融，諸法互攝，一多相即、大小互融，彼此不相妨礙。馬一浮認為〈太極圖說〉既能掌握生生之理，抉示性命之理，而得易教精髓，至於其所揭示的要妙即是法界中的後二者──「理事無礙法界」與「事事無礙法界」，透過〈太極圖說〉，馬一浮領略了氣從乎理、氣中見理、理在氣中、理氣一元、體用一如之理。

至於〈太極圖說〉「無極而太極」一詞，「無極」、「太極」所指謂者何？一如本書第一、二章所敘，此語朱陸間屢有爭辯，朱熹以「無極」申太極之為無形之義，並以此展開其理氣說，而象山則認為「無形」一語難通，以此句為周子年少之作或後人之竄文。熊十力亦不認為太極之上復有一無極，牟宗三則釋太極為實體辭、無極是狀辭。至於馬一浮則頗認同朱子觀點，並引述曰：「朱子謂『無極而太極』只是說無形而有理，說得卻好。……上極字訓盡。『無極而太極』，謂此理無始無終、無邊無際，在《中庸》便曰『至誠無息』。」[72]換言之，「無極」乃是針對太極本體申述其為無形存在者，透過「無極」一詞，以明太極係「無形而有理」，而此理乃是無端無涯、無終無始、無蹤無跡、無欠無餘者。由此觀來，馬一浮對「無極而太極」的詮解，不視太極之上復有一無極，此與熊十力、牟宗三等觀點頗相切近。

---

[72] 同前註，頁715。

2 張橫渠

    1938年4月至1939年2月，馬一浮講學於泰和之浙大，講稿編為《泰和宜山會語》，而其於宣講國學之前，首先提出「論國學者先須辨明四點」，並拈出橫渠四句教，認為「依此立志，方能堂堂的做一個人」，而四句教的核心義旨，即是「以仁為榜樣」。[73]另馬一浮對四句教的重視，透過1938年6月26日，浙大於肖氏宗祠舉行第十一屆畢業典禮時，諸生合唱四句教，而此歌則係馬一浮囑豐子愷覓人作歌譜者，得窺端倪。[74]所謂「四句教」，一是「為天地立心」：《易》〈復·彖〉：「復，其見天地之心乎」，天地之心由何而見？即見之於人心一念之善，因此〈禮運〉言：「人者，天地之心也」，一人之心即是天地之心，人心的善端，即是天地的正理。天地以生物為心，人心則以惻隱為本，人心的全德為仁，人能識仁求仁，好仁惡不仁，即是能「為天地立心」。二是「為生民立命」：強調萬物一體，萬物同一生命，聖人當吉凶與民同患，而不能獨樂獨安，凡鰥、寡、孤、獨、殘、疾者，皆視為顛連無告之兄弟，此即孔子「老者安之，朋友信之，少者懷之」的政治抱負與無私襟懷，因此馬一浮強調「儒者立志，須是令天下無一物不得其所，方為圓成。」三是「為往聖繼絕學」：值彼人心晦塞、人欲漫肆之際，馬一浮以繼絕學為首務，並強調人人可以為堯舜，鼓勵「學者立志，必當確信聖人可學而至，吾人所稟之性與聖人元無兩般。」至於濂、洛、關、閩的義理之學，實續承聖學、直接孔孟，而馬一浮即接承宋儒，以發明義理之學為務。四是「為萬世開太平」：馬感慨今日論治，多以歐美為極、為法，實則太平並非虛幻的烏托邦，如堯之治、文王之盛世，均為歷史事實。至於孟子提出

---

[73] 〈橫渠四句教〉，《泰和宜山會語》，《馬一浮集》第一冊，頁5。

[74] 劉操南：〈浙江大學校歌釋疏〉，《中國當代理學大師馬一浮》，頁73。

王霸之治，析辨深切著明，霸者乃以力服人、王者則以德行仁，當貴德而不貴力。再者「為萬世開太平」，不言「致」而言「開」，以「致」有實現義、「開」有期待義，果能循持德治之道，則太平治世亦必有實現之時。[75]

馬一浮除大力表彰橫渠四句教外，並效習朱子，對橫渠「心統心情」多方引論，結合《大乘起信論》「一心二門」，以申說其「心統性情，即該理氣」之見地。此外馬一浮尚對張橫渠學說發出零星論評：如讚譽「橫渠《正蒙》文字，直是精醇。」又引橫渠之言：「某所以使學者先學禮者，只為學禮則便除去了世俗一副當〔世〕習熟纏繞。譬之延蔓之物，解纏繞即上去，上去即是理明矣」等，強調此正是橫渠喫緊為人處，欲識橫渠，須由學禮以除當世習著實用力。另對橫渠闢佛則言曰：「《程氏外書》云：『佛氏以天地萬物為妄，何其陋也？張子厚所深闢者此耳。』橫渠闢佛氏以山河大地為見病，程子正指此說。此橫渠說道理大頭腦處，至一切不用佛語，却未必然。」[76]可見馬一浮對橫渠並不盲從，雖覺其闢佛能掌握樞要，但亦對橫渠有意避佛語不用，落於作意安排而略發微詞。

3 二程

被視為天生完器，教導後學如「春陽之溫」、「時雨之潤」的**明道**，其學術立場持守以本體屬工夫，即工夫即本體，而〈識仁篇〉：「學者須先識仁。……以誠敬存之而已，不須防檢，不須窮索」此立論要義，亦廣為後學汲納引述。所謂「識仁」，即是體認本體，而欲體認本體亦無須遠求，無須另作工夫，端在「誠」、

---

[75] 以上引文及要義詳參：〈橫渠四句教〉，《泰和宜山會語》，《馬一浮集》第一冊，頁5-8。

[76] 三段引文詳參〈示張德鈞〉，《爾雅臺答問續編》卷二，《馬一浮集》第一冊，頁575-576。

「敬」而已。馬一浮亦頗認同明道此等觀點，因此其針對後學馬君問疑，回覆曰：「所舉程子〈識仁篇〉疑處，謂誠敬究竟不是此理，以『如何能識得此理』為問。此語未是。當知未識此理，只緣誠敬工夫欠缺之故，唯誠敬乃能識得此理。既識得此理之後，仍須以誠敬存之，誠敬工夫不容間斷。果能誠敬，自不須防檢，不須窮索也。仁是本體，誠敬是工夫。體用一原，即工夫，即本體，如何說誠敬不是此理？賢者如欲識仁，但實下居敬存誠工夫，必可達到，決不相賺。」[77]對於明道即工夫即本體，居敬存誠的識仁工夫，體認既深，馬一浮因以之開示後學。此外明道尚有「學者今日無可添，只有可減，減盡，便沒事」語，[78]此極類似《老子》「為道日損，損之又損，以至無為」的意旨，強調以減為工夫以化除私欲，馬一浮詮解之曰：「『減法』云者，祇是閑邪，祇是克己。克己則禮自復，閑邪則誠自存，非是別有一個誠可存，別有一個禮可復也」。[79]另明道：「吾學雖有所受，『天理』二字卻是自家體貼出來」語，[80]天理即是本體，欲識本體必須由體貼、體悟入手，唯有歷經自家體貼的靜心內省工夫，方能識得天理，而以誠敬存之即是一種內心體貼的工夫，通過此種內心體貼，才能達到仁的境界。而馬一浮則感慨其時講義理之學者，病在只圖口耳，講了便修，全不用力，所領會之天理多來自他人說與，自家卻少有用力，因此乃援引前述明道語以示後學。此外更引明道示弟子謝顯道、游定夫語：「公等在此只是學其言語，何不自己用力去」，以及伊川〈明道行狀〉所載明道為學歷程：「未知其要，氾濫諸家，出入釋老者幾十年，返求諸六經而後得之。明於（人倫）〔庶物〕，察於（庶物）〔人倫〕，知盡性至命必本於孝弟，窮神知化由通於禮

---

77 〈答馬君〉，《爾雅臺答問續編》卷五，《馬一浮集》第一冊，頁679。

78 〈明道學案〉上，《宋元學案》卷十三，頁566。

79 〈教學篇〉，《語錄類編》，《馬一浮集》第三冊，頁1122。

80 《程氏外書》卷第十二，頁6。

樂。……」等，[81]由明道其初「未知其要」，繼而「返求自得」，終乃「知盡性至命」的悟道歷程，以及標示「自己用力」句等，凡此均反覆申言義理之學不從人得，要在自家著實體究，方有入處。由以上識仁、減法、自家體貼及至返求自得等要言，此既是明道的捫索心得，也是馬一浮體悟甚深的共鳴之語，可見馬一浮在修養工夫上，既多方以明道為師，而對後學的指引之道，亦多有取資於明道者。

倘明道開示學者以頓教為主，則**伊川**係以漸教為本，明道識仁工夫在乎「誠敬」，伊川則歸結為一「敬」字，其《遺書》卷十八之「涵養須用敬，進學則在致知。」不但影響朱子，拈為重要教義，亦鮮明影響馬一浮，由《泰和宜山會語》之〈居敬與知言〉〈涵養致知與止觀〉〈復性書院學規〉諸文中，均可見其以「敬」為成德的不二法門，此另申於下節。又伊川年十八，遊太學，時胡安定為直講，胡以「顏子所好何學」試諸生，伊川應以「學以至聖人之道」，並以正心養性為聖學之道，獲胡安定賞識延見，伊川此文見《伊川文集》卷四〈雜著門〉。馬一浮則專就此文加以闡釋，發為〈顏子所好何學論釋義〉，並析全文要義為三：其一在「標宗趣」，示學以至聖人之道；其二為「顯正學」，明學聖之功為何；其三則「簡俗見」，辨析俗學之失。而其目的則在引領諸生思考：伊川年未及二十，已明聖學如此，而我何以不及？當思學之正俗，而吾人所學者究屬何等？視聽言動之際，應隨時克己復禮，惟克己當由何做起？自己是否能用力依之而行？[82]藉茲惕勉諸生為學之道。另馬一浮並時引謝顯道往見伊川的對談，強調「矜」為吾人大病痛所在，滿腔驕吝，如身染瘡疣，必務求抉除而後快。[83]若

---

[81] 〈告書院學人書〉，《爾雅臺答問續編》卷六，《馬一浮集》第一冊，頁696；〈禮樂教上〉，《復性書院講錄》第二卷，《馬一浮集》第一冊，頁170-171。

[82] 詳參〈顏子所好何學論釋義〉，《泰和宜山會語》，《馬一浮集》第一冊，頁63-71。

[83] 〈去矜上〉，《泰和宜山會語》，《馬一浮集》第一冊，頁89-90；〈答許君〉，《爾

專就易學領域言，馬一浮則賦予伊川易作極高評價：「伊川作《易傳》，重在玩辭，切近人事，而後本隱之顯之旨明，深得孔子贊《易》之志，故讀《易》當主伊川」。[84]易著或偏趨義理、或偏趨象數，而伊川《易傳》宗歸義理，最為馬一浮所推崇。

4 邵康節及其他

如上所申，就宋代理學的四大學派言，閩派的朱熹固為馬一浮思想之大宗，他如周濂溪為首的濂學、以二程為首的洛學、以張橫渠為首的關學均為馬一浮所關注，亦為其思想之所從出。馬一浮曾就四大學派發出品評：「濂洛關閩諸賢所以直接孔孟者，為其窮理盡性，不徒以六藝為教，敷說其義而止也。其兼綜條貫，為羣經傳注，有近於義學，視漢唐說經之軌範為進。若乃酬機接物，不主故常，其言行足以動天地、通神明，則與禪宗大德同功而異位。」[85]贊其學真能窮理盡性，接續孔孟精神。又曰：「五先生氣象亦似，按，所記謂百源逍遙，濂溪灑落，橫渠謹厚，明道溫粹，伊川儼肅。論其學造詣處卻未可輕為論量。」[86]於此比較邵康節、周濂溪等五位學者的特質，而其為學則各有功力與造詣，難遽下定論。

倘專就易學言，伊川《易傳》繼王弼之後，將義理學派推向高峰，亦為宋明儒學奠立理論基礎。而邵康節易學則側重探討天地萬物的運動變化，及陰陽消長之道，其易學既體現象數學派之特徵，又以先天圖為說，而被稱為先天易學。馬一浮雖對伊川《易傳》屢發譽辭，然對邵康節亦時有美評：「《易》教至宋而始大明，一為周程之義理，一為邵氏之數學，皆探賾索隱，鉤深致遠，豁然貫通，非漢魏諸儒所及」、「邵子雖學於李挺之，後來須是自得者

雅臺答問》卷一，《馬一浮集》第一冊，頁518。

[84] 〈通治群經必讀諸書舉要〉，《復性書院講錄》第一卷，《馬一浮集》第一冊，頁141。

[85] 〈重刊盱衡直詮序〉，《序跋書啟》，《馬一浮集》第二冊，頁37。

[86] 〈示張德鈞〉，《爾雅臺答問續編》卷二，《馬一浮集》第一冊，頁582。

多。」[87]檢視《馬一浮集》，對宋明諸儒時有援引，亦偶發論評，如象山、上蔡、龜山、劉戢山等，唯多零碎語，不逐一引論，然馬一浮對宋明學術的嫻熟與融會通貫，亦由是顯見。

二、勘破古今及漢宋執著

先就經今古文問題言：經學係兩漢思想的主流，然以其內部分化，遂形成今古文之爭。今文經係漢初由儒生口傳，並以當時流行的隸書記載下來的經籍；古文經則指漢代前期由民間徵集或孔子故宅壁間所發現，以先秦古籀文寫成的經籍。今古文的差異，除二者在經書的字體、文字、篇章等形式上，在經書中重要的名物、制度、解說等內容上均見殊別。又今文經學主張六經皆孔子所作，視孔子為托古改制的素王，多側重先秦經典的微言大義的發揮、引申與創造，近於哲學強調經世致用；古文經學崇奉周公，視孔子為述而不作，信而好古的先師，以先秦經典的文義與史實義理的研究為主，近於史學，講究考據、偏重訓詁，與現實政治問題聯繫較弱。經今古文之爭，由原先對書籍觀點的差異，擴為學術思想、學派體系、政治觀念及社會地位等的競立對峙，貫穿了漫長的封建社會，既左右經學的實際發展，亦對歷史走向產生重要影響。

由西漢哀帝開始的經今古文之爭，歷經東漢爭鋒，直至鄭玄續馬融之後，注釋群經，折衷調和，不拘家法，門戶之見略息。清末，以皮錫瑞、康有為為代表的今文經學，與以章太炎、劉師培為代表的古文經學，再度形成了近代的經今古文之爭。康有為自1888年起，「既不談政事，復事經說，發古今文之偽，明今學之正。」[88]其歸趨今文經學，在於今學具以學論政、援政論今的傳

---

[87] 〈太極圖說贅言〉，《濠上雜著初集》，《馬一浮集》第一冊，頁710。

[88] （清）康有為：《康南海先生自編年譜》，收入蔣貴麟主編：《康南海先生遺著彙刊》（台北：宏業書局，1976年9月）二二，頁19。

統；又不甚求史實，而著重師徒口頭傳授，側重微言大義；再者
今文經學篇幅短，易於發揮，不似古文經之碎義難逃，今文經學
最終則成為康有為推動變法維新的理論依據。而與康有為有別，
章太炎則強調六經皆史，提出經者古史，史即新經，並強調為學應
求真、徵信。至於馬一浮的知交熊十力，其辨析經典真偽、追溯孔
子面貌、運用三世之說等，亦部分承襲自譚嗣同、康有為以來《春
秋》公羊家的路徑，而**馬一浮**則迥異於熊十力，在學術態度上力求
持平、公允、客觀與圓融。馬一浮認為西漢治經，成為博士之業，
然而末流弊端叢生，僅務求碎義，便辭巧說，說數字之文，常衍為
二三萬言。又漢初說《詩》者，常專主一經，持守師說，各執一
義互不相通，及至「武帝末，壁中古文已出，而未得立於學官，
至平帝時，始立《毛詩》、《逸禮》、《古文尚書》、《左氏春
秋》。劉歆〈讓太常博士書〉，極論諸儒博士不肯置對，專己守
殘，『挾恐見破之私意，而亡從善服義之公心』，『雷同相從，隨
聲是非』。此今古文門戶相爭之由來也，此局過之一例也。及東漢
末，鄭君承賈、馬之後，遍注群經，始今古文並用，庶幾能通者，
而或譏其壞亂家法。迄於清之季世，今文學復興，而治古文學者亦
並立不相下，各守封疆，仍失之局。而其為說之支離破碎，視說
『曰若稽古』三萬言者猶有過之，則又失之煩。」[89]以上係簡述由
漢迄清，今古文之爭的歷史、現象及弊端，「失之局」，即是執一
而廢他；「失之煩」，即是語小而近瑣，對於向來主張讀書要通而
不局、密而不煩的馬一浮而言，經今古文之爭導致的局、煩之失，
正是其亟力所欲避免者。馬一浮認為今古分之分，導源於經學家說
經立場不同、詮釋有別，與其困陷門戶之見，不如回歸經文本身，
純以義理為判斷準據，因曰：

---

[89] 〈讀書法〉，《復性書院講錄》第一卷，《馬一浮集》第一冊，頁131。

今古文之分，乃是說經家異義，於本經無與。今文出口授，古文出壁中，偶有異文，非關宏旨。……《春秋左氏》《公羊》義最碩異，然本經異文亦不多見。故必以經為主，而後今古文之見可泯也。大抵今文多為博士之學，古文多為經師之學。……古文後出，不立學官，於是乃有經師之學。然今文家亦有精處，古文家亦有駁處，當觀其通，不可偏執。如鄭君今古文並用，或疑其壞家法，然鄭君實通博可宗，非博士所及也。今文家如董生，實為醇儒，亦不同博士之陋。清代經學家今古文各立門戶，多不免以勝心私見出之，著述雖多，往往乖於義理。廖君最後出，善言制度，然以六經為俟後之書，幾同預言，則經文與讖緯何別？無乃為公羊家「為漢制作」一語所誤乎？若章實齋以六經皆先王政典，則孔子刪述之業為侵官，其蔽一也。總之，六經皆因事顯義，治經當以義為主，求其當於義而已，不必硜硜於今古文之別。[90]

　　點出今古文根源不同，亦各有專擅，然末流務於攻伐，弊端叢生，因此不應偏執一方，而最佳解套之道在於以經文為本，本經雖有偶見異文，然而未影響核心要義的掌握。另對於鄭玄與董仲舒，則譽以通博、許為醇儒。相形之下，清代經學家門戶鮮明，多出以勝心私見，馬未予認同。「以義為主」、「不硜硜於今古文之別」，道出馬一浮祛除門派歧見，強調回歸單純、掌握原義的學術理念。

　　次就漢宋門戶問題言：漢儒治經，偏向訓詁考訂、章句注釋，其末流傾向逐求經文真實，忽略義理探求，在繁縟學風、瑣碎細節的風尚下，弊端四起，故《漢書・藝文志》曰：「後世經傳既已乖離，博學者又不思多聞闕疑之學，而務碎義難逃，便辭巧說，破壞

90　〈答池君〉，《爾雅臺答問》卷一，《馬一浮集》第一冊，頁511-512。

第三章　馬一浮對宋明儒學的圓融思維與繼承課題 | 235

形體；說五字之文，至於二三萬言，後進彌以逐馳，故幼童而守一藝，白首而後能言，安其所習，毀所不見，終以自蔽。此學者之大患也。」[91]其後唐儒治經，上承漢習，多沿漢注作疏，思想桎梏益深。及至宋儒治經，捨傳研經、疑經改經，一以義理為歸趨，漢宋學風殊異可見一斑。至清乾隆年間，以惠棟、戴震為首的吳、皖二派，標榜東西兩漢，強調經書考證，引領學術風潮，惠棟首揭漢學之名，「漢學」遂成為考據之學的代名詞，漢學派既盛之後，力詆宋學，清代漢宋之爭於焉展開。及至乾嘉之世，考據學更趨興蔚，然流弊亦漸深。漢宋往來爭鋒，各築壁壘，判如水火。大抵漢學家詆宋學空言窮理，墮入禪學、玄學；而宋學家則斥漢學家徒重考據訓詁，陷入瑣碎餖飣之箋注。鴉片戰後，因時勢所致，兼綜漢宋、會通二者漸有其人，如曾國藩即以宋學為主、兼採漢學，指出「周、程、張、朱，在聖門為德行之科也」、「許、鄭、杜、馬、顧、秦、姚、王，在聖門則文學之科也。」[92]就言道觀以宋師為大，就言藝觀則漢師為勤，復指陳漢學末流雖有變更古訓、破碎害道之病，然其博稽名物、考證事實，亦有助於糾理學空疏之病。另如張之洞則主張宗漢學而不廢宋學，強調讀書當宗漢學，制行則宗宋學。

　　至於**馬一浮**則續今古文問題的兼綜並攝，對於漢宋問題亦力求泯除門戶之見，雖然其作品顯受宋明諸儒的深刻影響，然其仍執持調和立場，強調言經學絕不存今古、漢宋之門戶，強調義理之學最忌立宗派，認為「為漢學者，詆宋儒為空疏，為宋學者，亦鄙漢儒為錮蔽。此皆門戶之見，與經術無關，知以義理為主，則知分古今漢宋為陋矣！」又曰：「儒家既分漢宋，又分朱陸，至於近時，則又成東方文化與西方文化之爭、玄學與科學之爭、唯心與唯物之

---

[91] （漢）班固撰（唐）顏師古注：〈藝文志〉，《漢書》（北京：中華書局，1997年11月）卷三十，頁443。
[92] （清）曾國藩：〈聖哲畫像記〉，《詩文》，《曾國藩全集》（長沙：岳麓書社，1994年12月），頁250-251。

爭，萬派千差，莫可究詰。」[93]凡此皆局而不通所致。要之，各派互有側重，各派均有可觀，當去除成見，掌握樞機，以六經義理為主脈，所見即不致偏斜狹隘。

　　思想上的論爭，程朱也罷、漢宋也罷、經今古文也罷，究屬儒學內部的歧異、爭競，然而儒釋道的紛爭，則擴及三教的糾葛。馬一浮由漢宋古今之爭，進言三教之爭：「推之儒佛之爭、佛老之爭，儒者排二氏為異端，佛氏亦判儒家為人天乘，老、莊為自然外道；老佛互詆，則如顧歡〈夷夏論〉，甄鸞〈□道論〉之類；乃至佛氏亦有大小乘異執、宗教分途，道家亦有南北異派：其實與佛、老子之道皆無涉也。」[94]亦即無論三教之間的派別紛爭，或儒佛之間、佛老之間的思想較論，多無涉於孔、老、釋等創立者，而在於後學的刻意分判。其實各家各派，陸王、漢宋、經今古文、儒釋道，雖各有分齊，然就其宗極言，則唯是一心，均自吾人心性自然發出，均屬發明自心義理之學；而天下事務其種類固多，然而皆此一理所攝，彼此可以互通不礙，只要能去除思想上的局、雜、煩、固，了悟「儒佛禪道總是閒名，自家心性却是實在。」[95]掌握統類，由別至總，由博返約，則必能會通彼此、圓融三教。關於馬一浮圓融儒釋道三教的理念與內涵，於下章中合梁漱溟與熊十力二者，另行申述。

第三節　宋明儒學的課題續承

　　馬一浮承接宋明儒學餘緒，其論學課題以道德實踐為依歸，至於其形上學、認識論、心性論與工夫修養論等則又緊密繫聯、驟

---

[93] 〈讀書法〉，《復性書院講錄》第一卷，《馬一浮集》第一冊，頁131-132。
[94] 同前註，頁132。
[95] 〈示鮮季明〉，《爾雅臺答問續編》卷四，《馬一浮集》第一冊，頁669。

難切割，因此本節將以探討心本來具足的種種特性及其相關問題的「心性論」，以及涵攝心理修養活動的「工夫論」為主，並兼及馬一浮以理氣為主的本體論、知能為主的認識論等概念，藉窺其對宋明學術課題的關注、詮釋或發揮，以及其對各家說法的判斷、取捨與融攝。

一、本體論

自宋明儒學的開山周濂溪提出太極、理、氣、性、命等課題後，屬於本體論或形上學的理、氣問題的索探即在宋明持續展開。有主張**理本論**者，如二程、朱子屬之；二程強調氣的往來運動，有支配其運行的內在規律與依據，此即「道」、即「理」；朱熹認為，宇宙萬物係由理與氣二方面所構成，氣是構成一切事物的材料，理是事物的本質與規律，在現實世界中，理、氣不能分離；若由本源言，則理先於氣而存在。有趨向**氣本論**者，如張橫渠、羅欽順、王廷相、王船山屬之。張橫渠視天地間一切有形的物質與無形的虛空，均隸屬「氣」的範疇，均為「氣」的不同表現，萬有由氣而來，並且終將回歸為氣；羅欽順開啟明代氣論思維的先聲，反對朱熹理氣二分之說，強調理為氣之理，主張理於氣中認取；至於王廷相亦以氣為本，視氣為造化的根本與樞紐，氣是萬物的潛能，氣是形體的種子。換言之，氣是道體，氣載乎理，理出於氣。明末清初的王船山，則發揮張橫渠氣化一元論的思想，以氣為宇宙本體，為天地萬物化生的終極依據，無論是實然存在的萬物，或是應然存在的心、性、理，均為氣化現象，倘離氣，便不可說存在。在宋明理、氣旗幟各張之下，馬一浮也提出己見、加以回應。

馬一浮常結合傳統典籍，以詮解其理氣關係及概念，**首先**，如追溯「理」、「氣」詞源：「『易簡而天下之理得矣，天下之理

得而成位乎其中矣。』『聖人之作《易》也，將以順性命之理。』
此用理字之始。『精氣為物，游魂為變。』魂亦是氣。『同聲相
應，同氣相求。』聲亦是氣。此用氣字之始。故言理、氣皆原於孔
子」。[96]援引〈繫辭傳〉及乾九五〈文言〉等四段文字以標誌理、
氣之始，而《易傳》在馬一浮眼中係孔子所作。**其次**，將理、氣
與「易」之三義──「變易」、「不易」、「簡易」加以綰合：[97]
「氣是變易，理是不易。全氣是理，全理是氣，即是簡易。只明變
易，易墮斷見；只明不易，易墮常見。須知變易元是不易，不易即
在變易，**雙離斷常二見**，名為正見，此即簡易也。」[98]此一則強調
氣乃從乎理、理為氣之主宰，即所謂「變易元是不易」；理即在氣
中，非離氣而別有一理，即所謂「不易即在變易」；理氣合一，即
所謂「全氣是理，全理是氣，即是簡易。」一則強調氣本論與理
本論的偏趨之失：若只明變易，將易墮「斷見」，而僅見及宇宙運
動、氣化流行的現象層面；若只明不易，則易墮「常見」，而僅觀
得宇宙運動中虛靜常在的本體部分，因此應兩方兼及，二者合一以
觀，方能正確掌握宇宙運動之要妙。**再者**，馬一浮又接受《易緯·
乾鑿度》有關宇宙演化歷程，並結合理氣發揮之：「太易者，未
見氣也。太初者，氣之始也。太素者，質之始也。太始者，形之
始也。」[99]藉茲以言凡有形必有質、有質必有氣、有氣必有理。至
於太易之未見氣，此即是理，亦即是伊川所言「沖漠無朕，萬象森
然已具」的狀態，其所謂「沖漠無朕」係指理氣未分，純乎理、
未見氣、氣隱然卻並非無氣的階段。原為寂然的理，及動而後見
氣，而後由細漸粗、由微至著，由氣而質、由質而形，氣見而理已

---

[96] 〈理氣　形而上之意義〉，《泰和宜山會語》，《馬一浮集》第一冊，頁38。

[97] 《易緯·乾鑿度》云：「易一名而含三義，所謂易也，變易也，不易也。」見（魏）
王弼（梁）韓康伯注（唐）孔穎達正義：《周易正義》（台北：藝文印書館十三經注
疏本，1989年1月）卷首引。

[98] 〈理氣　形而上之意義〉，《泰和宜山會語》，《馬一浮集》第一冊，頁38。

[99] 同前註。

行乎其中。**又復**，援邵康節「流行是氣，主宰是理。不善會者，每以理氣為二，元不知動靜無端，陰陽無始，理氣同時而具，本無先後，因言說乃有先後。」[100]以申理氣可分而實不可分、似有先後而實無先後的關係，若以言說加以區分，則流行之用為氣、流行之體為理，然實際則未可區分之。**另外**，並大量引用《易傳》以申說理氣關係，如「有天地然後有萬物，有萬物然後有男女」、「天尊地卑，乾坤定矣。卑高以陳，貴賤位矣！……在天成象，在地成形，變化見矣！」凡此均由上而下，道出宇宙萬物的發展環節，天地萬物均是形而上的理，逐次推衍發展的結果；又如「乾坤毀，則無以見《易》。」強調離氣則無法見理，反之，「《易》不可見，則乾坤或幾乎息矣！」則強調若無此理，則氣亦難存，又太極未形以前，氣在理中，「萬象森然」，則可言理在氣中，凡此均強調在宇宙變化運動過程中，理氣之未可分離。無論形上或形下階段，理氣均相互依存，圓融統一。**最後**，馬一浮並反對「理之乘氣，猶人之乘馬，馬之一出一入，而人亦與之一出一入」之說，以為如此則人為死人，馬為死馬，亦反對「以理馭氣」的觀點，以為如此仍將理、氣分為二物，精準而言，理、氣係一物而兩名，並非兩物而一體。[101]

對於理、氣概念，馬一浮偶或以源出《易·繫辭傳》：「形而上者之謂道；形而下者之謂器」的「道、器」或「形上、形下」等詞組加以表述：如言：

> 器者，萬物聚散之目。道者，此理流行之稱。道無定體而器有成形，二名無所不攝。……器即氣也，道即理也。合則曰氣，散則曰器。萬物散殊，皆名為器，流而不息，合同而

---

[100] 同前註，頁39。
[101] 詳參〈太極圖說贅言〉，《濠上雜著初集》，《馬一浮集》第一冊，頁717。

化，以氣言也。寂則曰理，通則曰道，其實一也。立二名而
義始備，從而二之則不是。然以道望理，則理隱而道顯；以
器望道，則道隱而器顯。[102]

強調道即理、器即氣，唯一通一寂、一顯一隱及一合一散，觀察角
度略有別耳，其實質則同，之所以別立名稱，在求意義的完整呈
現，但不可區隔為二。若以例言之，如水火山澤是「器」，燥濕止
聚則是「氣」，其所以能燥濕止聚者是「理」，水火山澤各順燥濕
止聚之理以成其用，則是「道」，四者同一事，唯申釋角度有別，
故有「理」、「氣」、「道」、「器」之名。馬一浮又曰：

> 天人一理，故道器不二。器者，道之所寓也。凡民見器
> 而不見道，故心外有物。聖人見器莫非道也，故道外無事，
> 器之所在，道即在焉。[103]
>
> 而理之行乎氣中者，不能無消息、盈虛、屈伸、往復、
> 升降、浮沉、聚散、闔闢、動靜、幽顯而成相對之象，唯盡
> 性者能一之。故形而上之謂道，此理也；形而下之謂器，亦
> 此理也。於氣中見理，則全氣皆理也；於器中見道，則離道
> 無器也。[104]

馬一浮雖沿襲傳統，以道器、形上形下等概念申說理氣，然而卻強
調理氣為一、道器不二，理、道之所在，氣、器即隨之，反之亦
是，無論形上或形下，理、氣均通貫終始。

綜上所申，得略見馬一浮在宋明理學的基礎上，對理氣課題所
進行的回應。要言之，其楷定二者關係如下：其一，理、氣為一物

---

[102] 〈釋器大道大〉，《復性書院講錄》第六卷，《馬一浮集》第一冊，頁483。
[103] 同前註，頁484-485。
[104] 〈別釋五行〉，《復性書院講錄》第五卷，《馬一浮集》第一冊，頁337。

兩名、而非兩物一體，因言說需要，始別立二名；其二，兩者同時而具，無先後區隔；其三，理為不易，氣為變易，全氣是理、全理是氣，此即簡易，藉理氣一元得闡釋宇宙生生不息的運動模式。其四，理為體、為主宰、為君、為父；氣為用、為流行、為臣、為子，理氣雖不離不二，然其地位仍有殊別，氣從乎理，理仍立居主導地位，理是此變化流行之所以可能的準據及主宰；其五，理氣關係亦可別釋為道器、形上形下，然而無論形上形下，均貫穿著理、氣運動的終始，氣中見理、器中見道。由此觀來，馬一浮的理氣觀各汲納理本論與氣本論的精神，唯張橫渠等以氣為本體，馬一浮則以理為本體；又與二程、朱熹雖同趨理本論，然二程、朱熹強調理在氣先，而馬一浮則強調二者乃同時而具，無論形上或形下階段，理氣都彼此依存、未可或離。馬一浮極力化解理本論與氣本論的思想對立，欲圖超越常見與斷見，以融通二者的企圖，透過下列闡述，尤鮮明可見：「有、無相齊，體、用不二，根本上並無先後之分，惟說出則有個先後。……後人不明一體圓融之義，心中自起分別，以為無在有先，有在無後，非老氏之本旨。理氣之說亦然，理為氣之體，理即在氣中，氣為理之用，氣不能離體，故曰理、氣只是一事。」[105]泯除分別之心、門派之競，則體用究竟一體圓融，同為一事耳。

二、心性論

當代新儒家，側重心性之學，以之為傳統學術思想的核心，而各有續承與開鑿，至於馬一浮更是此間先發。他標舉心性旗幟，在前賢基礎上續予推進，以心性開展六藝之學；以心性貞定文化主體；以心性賅攝各家各派，也以心性融通中外學術，輻射出豐富的思想內涵，也因此賀麟道其學說旨要：「他的文化哲學的要旨是

---

[105] 〈問學私記〉，《馬一浮集》第三冊，頁1142。

說，一切文化，皆自心性中流出，甚至廣義講來，天地內萬事萬物，皆自心性中流出。」[106]在他看來，即縱各家學術內容不同、方法有別，然究其本則均為發明自心義理的學問，因言：「須知教相多門，各有分齊，語其宗極，唯是一心。從上聖賢，唯有指歸自己一路是真血脈。」又言：「從來雲月是同，溪山各異，並不相礙也。無論儒佛，凡有言教，皆以明性道為歸。……唯有指歸自己是真血脈。故凡學道人，必以見性為亟。」[107]無論程朱陸王、無論漢學宋學、無論儒釋道，均以洞徹心源為本，均以發明心性為先，因為心是萬事萬物的根本，總賅萬有，均不出此心。

馬一浮亦汲取傳統儒家心本體論的若干觀點，強調心為宇宙萬物根本。曰：「一切唯心造」、「是心能出一切法，是心遍攝一切法，是心即是一切法。」[108]又曰：「虛靜無欲乃心之本然」，[109]點出心處於未發之前的原始本然狀態；再曰：「與天地萬物一體，乃心之本然。」[110]道出心對宇宙萬物的直觀把握，及主客體交融下的和諧、舒緩、平等的物我關係。然而心由於氣稟而有知覺活動，此知覺若逐於物便流盪於貪著、見惑，而陷於迷，因此心有迷、悟，悟則聖、迷則凡，迷悟均在此心，悟是此心悟、迷是此心迷，如何轉迷為悟，正是工夫所在。至於馬一浮言「性」，則屢及「性德」一詞，所謂性德，即性中之德，是自性中所具的實理，乃先天所具，故曰：「吾人性德本自具足，本無纖毫過患，唯在當人自肯體認」，又曰：「德是自性所具之實理，道即人倫日用所當行。德是人人本有之良知，道即人人共由之大路，人自不知不行耳。知德即

---

[106] 賀麟：《當代中國哲學》，頁13。
[107] 〈答張君〉，《爾雅臺答問》卷一，《馬一浮集》第一冊，頁526；〈答黃君〉，《爾雅臺答問續編》卷五，《馬一浮集》第一冊，頁682。
[108] 〈釋五孝〉，〈孝經大義〉，《復性書院講錄》第三卷，《馬一浮集》第一冊，頁237；〈釋器大道大〉，《復性書院講錄》第六卷，《馬一浮集》第一冊，頁488。
[109] 〈張立民一〉，《書札》，《馬一浮集》第二冊，頁819。
[110] 〈示楊霞峰〉，《爾雅臺答問續編》卷三，《馬一浮集》第一冊，頁646。

是知性，由道即是率性，成德即是成性，行道即是由仁為仁。德即是性，故曰性德，亦曰德行。」[111]性為德之主，性德既是其六藝之教的根源，在其心性論中亦立居要位。

馬一浮心性論內涵雖稱多端，綜其要義則略如下端：

其一，心兼理氣：理氣關係是馬一浮形上思想的核心，若落於心性論言，馬則提出「心兼理氣」的創見。所謂理、氣，馬曰：

> 須知知覺、運動、見聞皆氣也。其所以為知覺、運動、見聞者，理也。理行乎氣中，豈離知覺、見聞而別有理？但常人之知覺、見聞全是氣之作用，理隱而不行耳。……知覺、見聞，仍是只在氣邊，未有理在。須知聖賢之學乃全氣是理，全理是氣，不能離理而言氣，亦不能離氣而言理。所以順是理而率是氣者，工夫唯在一「敬」字上，甚為簡要。[112]

所謂「氣」，指身體及感官的功能活動；所謂「理」，則指身體感官活動的內在理則。當吾人的感官知能活動，受到本能或欲望的支配或制約，此時理固在氣中，但卻隱而未行，因此不能體現出「全氣是理」，唯有以理率氣，感性活動受道德自覺掌握，即理常行於氣中，方能確保理之明朗昭彰。馬又曰：

> 心兼理氣而言，性則純是理。發者曰心，已發者曰氣，所以發者曰性。性在氣中，指已發言；氣在性中，指未發言。心，兼已發未發而言也。[113]

---

[111] 〈序說〉，《孝經大義》，《復性書院講錄》第三卷，《馬一浮集》第一冊，頁211；〈釋至德要道〉，《孝經大義》，《復性書院講錄》第三卷，《馬一浮集》第一冊，頁220。
[112] 〈答徐君一〉，《爾雅臺答問》卷一，《馬一浮集》第一冊，頁525。
[113] 〈問學私記〉，《馬一浮集》第三冊，頁1143。

於此馬一浮以「氣」表述所有已發的感性活動；以所以發的「理」，表述感性活動所應持循的道德法則；復以兼已發未發的「心」，涵括吾人整體的意識活動，此心正是理與氣的統合，是理氣之全。馬一浮強調應通過對氣的涵養與調節，即孟子所謂「養氣」工夫，以化解私我，從而使「理為氣之體，理即在氣中，氣為理之用，氣不能離體，故曰理、氣只是一事。」[114]馬一浮在此基礎上進而言道：「視聽言動，氣也，形色也，用之發也。禮者，理也，天性也，體之充也。……以理率氣，則此四者皆天理之流行，莫非仁也；徇物忘理，則此四者皆私欲之衝動，而為不仁矣。」[115]主張以禮導循視聽言動，亦即透過人人本具的理性來主導感性活動，此即所謂以理率氣，能以理率氣則凡所發用皆當，皆能順性合體。[116]

其二，心具理：陸王以心為本體，強調心即是理，此心無私欲之蔽時，即是天理，是以學，在乎學此心；求，在於求此心，並以心外無理否定外在客觀之理的可能。至於程朱則以理為最高本體，否認心與理為一，雖然理發用之妙不外繫乎此心，然而以環境的駁雜外染所致，天理與心究竟未能等同，是以提出心具眾理之說，並強調「性即理」、「性是吾心之實理」等觀點。[117]馬一浮針對二家之說，提出個人見地：

> 陽明「心即理」說得太快，末流之弊便至誤認人欲即天理。心統性情、合理氣，言具理則可，言即理則不可。

---

[114]〈問學私記〉，《馬一浮集》第三冊，頁1142。

[115]〈說視聽言動〉，《泰和宜山會語》，《馬一浮集》第一冊，頁72-73。

[116]關於「心兼理氣」，詳參許寧：《六藝圓融——馬一浮文化哲學研究》（北京：中國社會科學出版社，2008年3月），頁116-119。

[117]〈盡心上〉，《孟子》，《朱子語類》卷60，《朱子全書》拾陸，頁1934、1936。

心統性情，即該理氣。理行乎氣中，性行乎情中。但氣
　　有差忒，則理有時而不行；情有流失，則性隱而不現耳。故
　　言心即理則情字沒有安放處。[118]

馬認為「天也，命也，心也，性也，皆一理也。就其普遍言之，謂
之天；就其稟賦言之，謂之命；就其體用之全言之，謂之心；就其
純乎理者言之，謂之性。」[119]點出天、命、心、性均是理的彰顯，
然而心乃就體用之全以言，心兼理氣，此心亦有可能出現虧損而
不能為全。心的意義層面多方，就先驗的本心言，逕言心即理固無
不可，然此說究竟只能關照理與性的層次，對於氣與情的層次則易
疏漠，亦即未能同時攝納現實上的物欲之雜與氣稟之殊。因此，心
與理不即是一，但亦不是二，其間具有涵攝關係，以「心具理」言
之，顯見此等包容與被包容的關係，亦可見理並非等於心之自身，
而是心之所具之理，此較諸「心即理」一說，更為妥適，也因此馬
一浮主張「心具理」或「性即理」，而不言「心即理」。尤其朱子
注《孟子》「盡心知性知天」，強調「心者人之神明，所以具眾理
而萬事者也。性則心之所具之理，而天理之所從以出者也」，最為
馬所認同，由於心具眾理，因此盡心即可致理，盡心可窮其理，若
不窮理則心有所蔽，則難以盡此心之量。倘扣合前述理氣關係言，
則全理是氣即全性是情，此時理隱微不彰，唯有全氣是理，此時氣
的發用流行莫不切理、莫不中節，此時天理昭彰、情氣剗除，達極
高明而道中庸之境，如此方能臻至陽明「心即理」之境。換言之，
明儒言心即理，說得太易，應在全氣是理時，方得如此說，兩相比
較，則性即理之說仍較為允當，[120]由此觀來，在心與理的課題上，

---

[118] 〈示張伯衡〉，《爾雅臺答問續編》卷二，《馬一浮集》第一冊，頁592-593；〈示袁
　　竹澗〉，《爾雅臺答問續編》卷四，《馬一浮集》第一冊，頁672-673。
[119] 〈復性書院學規〉，《復性書院講錄》第一卷，《馬一浮集》第一冊，頁113。
[120] 馬曰：「明儒謂心即理，須是全氣是理方能如此說」、「宋人性即理之說最為諦當，

馬一浮顯然趨近程朱觀點。

其三，**心統性情**：「性即心之體，知性方見心之本體，然後能盡其用。天命即此本體，故曰性外無天，知性則知天矣！」[121]馬一浮繼承王陽明「心之本體即是性」的觀點，[122]於此規定性為心之本體，即類似吾人所認知的「良知」。又進而言性與情的關係曰：「性即心之體，情乃心之用。離體無用，故離性無情。情之有不善者，乃是用上差忒也；若用處不差，當體即是性，何處更覓一性？」[123]點出性、情具體用關係，性立於體的層面、情位處用的地位，前者寂然不動，後者隨感而應，離體則無用、用外亦無體，而性理之體得以主宰情氣之用。馬一浮並就程伊川〈顏子所好何學論〉，發揮「性其情」之義：「情皆順性，則攝用歸體，全體起用，全情是性，全氣是理矣！」[124]如此即喜怒哀樂、動靜語默均切於自心義理的發顯。除性體情用外，馬又將性情集中於人心此一主體結構中，亦即所謂「心統性情」，此與「心兼理氣」成為其心性論的主要邏輯架構：「心統性情，兼理氣。性為純理，無有不善，情雜氣質，有善有不善。」[125]此係其接續橫渠：「心統性情者也，有形則有體，有性則有情。發於性則見於情，發於情則見於色，以類而應也」的觀點而更加推擴，[126]人心既具此一超越的理性本體，亦表現為感性的氣質存在。性情均由一心發出，吾心能主宰、駕馭性及情，因此吾人應致力於存心養性、以理制欲、以性統情的工夫。

若陽明心即理，未免說得太易了。」語出〈問學私記〉，《馬一浮集》第三冊，頁1149、1166。

[121] 〈示王子游〉，《爾雅臺答問續編》卷四，《馬一浮集》第一冊，頁667。

[122] 〈傳習錄〉上，《王陽明全集》卷一，頁24。

[123] 〈示張德鈞〉，《爾雅臺答問續編》卷二，《馬一浮集》第一冊，頁572。

[124] 〈顏子所好何學論釋義〉，《泰和宜山會語》，《馬一浮集》第一冊，頁65。

[125] 〈問學私記〉，《馬一浮集》第三冊，頁1149。

[126] （宋）張載：《性理拾遺》，《張載集》（台北：漢京文化事業有限公司，1983年）頁374。

此外，馬一浮更援《大乘起信論》之「一心開二門」，佐釋其「心統性情」說。《起信論》言二門云：「依一心法有二種門，云何為二？一者心真如門，二者心生滅門。是二種門皆各總攝一切法。此義云何？以是二門不相離故。」[127]許寧釋一心二門云：「一心即宇宙之心，指出世間一切物質和精神現象的總和與內在本質以及眾生本來具備的成佛依據。對它的分析可以從實體與緣起兩個維度展開，區分為心真如門和心生滅門。心真如門顯示了心作為宇宙萬性的本原具有無量功德，蘊藏無限創因，自身卻非生非滅，非染非淨，無差別相，真實恆常。心生滅門屬於世界的現象層次，變現為真如本體的相，自身因緣生滅，變動不息。」[128]點出真如是眾生心平等不生不滅本性之一面，生滅是眾生心流轉還滅差別現象之一面；前者可視為真常心，後者則為汙染心。而馬一浮即藉一心開二門的理論鷹架，來詮釋其心統性情的概念，曰：「要知《起信論》一心二門方是橫渠本旨。性是心真如門，情是心生滅門。心體即真如，離心無別有性，故曰唯一真如」、「依《起信論》一心二門，性是心真如門，情是心生滅門，乃有覺與不覺二義。隨順真如，元無不覺，即是性其情；隨順無明，乃成不覺，即是情其性。」[129]凡所舉措，能發而中節，即全情是性、全氣是理，若顛倒錯亂，則全性是情、全理是氣，馬一浮以一心二門與其心統性情、心兼理氣綰合，開展出一套完整的心性論說。

其四，心外無物、心外無事、心外無理：如前所申，馬一浮的心性論點雖多有取源於程朱或橫渠者，然而以心為萬事萬物所從出的心本論，仍是其所執持者。「從來學者，都被一個『物』字

馬鳴造　真諦譯：《大乘起信論》（台北：新文豐出版股份有限公司，1992年6月，《佛教大系》1），頁63-66。

[128] 許寧：《六藝圓融—馬一浮文化哲學研究》，頁127。

[129] 〈示張立民〉，《爾雅臺答問續編》卷一，《馬一浮集》第一冊，頁560；〈示張德鈞〉，《爾雅臺答問續編》卷二，《馬一浮集》第一冊，頁571。

所礙，錯認物為外，因而再誤，復認理為外」、「世人迷執心外有物，故見物而不見心，不知物者是心所生，即心之象。汝若無心，安得有物？」[130]點出唯物論者時執迷於心外有物，常見器不見道、見物不見心，而馬則認為物僅是心在具體外境牽引下產生的意念，物僅是主體意識所觀照及把握的對象，其實理、物、事均在心內，如若無心，安得有此物事？此同於佛教之心生則法生、心滅則法滅、一切唯心造等概念。馬進而指出理事乃相互融合，但為一心所攝，心外無物、心外無事，心存則理存：「今明心外無事，事外無理，事雖萬殊，不離一心。一心貫萬事，即一心具眾理。即事即理，即理即心。心外無理，亦即心外無事。理事雙融，一心所攝，然後知散之則為萬殊，約之唯是一理。」[131]心貫萬事、心具眾理，萬行不離一心，所當掌握者，唯此一心。馬一浮透過心本論，進而闡明文化、思想、真理、信仰均根源於此心，由於萬事根於心，因此通觀歷史的遞變，其實亦僅是心理的表現耳，也因此一人的謬誤，可以影響萬千；一人的正確思想，亦可導引千萬，馬一浮以心性為歸宿，強調不明心性即是俗儒，此實有鑒於一切是非善惡，均源乎此心，良知未泯，公理正義方在。

三、工夫論

（一）工夫論的依據

　　知能合一論是馬一浮認識論中的基本概念，與其本體論理氣一元的精神前後通貫，而知能課題又與知行、性修等主題相涉，成為其工夫論的重要依據。由馬一浮所言：「性以理言，修以氣言。知

---

[130] 〈復性學院學規〉，《復性書院講錄》第一卷，《馬一浮集》第一冊，頁111；〈觀象卮言〉，《復性書院講錄》第六卷，《馬一浮集》第一冊，頁436。

[131] 〈復性學院學規〉，《復性書院講錄》第一卷，《馬一浮集》第一冊，頁111。

本乎性，能主乎修。性唯是理，修即行事，故知行合一，即性修不二，亦即理事雙融，亦即『全理是氣，全氣是理』也。」[132]已賅要道出各課題中的緊密關係。

首先，就知能合一言：關於知能的來源，常人多以之出自孟子的「良知」、「良能」，馬一浮則將其歸本於孔子，同時提出孔孟的差別：

> 孟子曰：「人之所不學而能者，其良能也；所不慮而知者，其良知也。」其言知、能，實本孔子《易傳》。在《易傳》謂之易簡，在《孟子》謂之良。就其理之本然則謂之良，就其理氣合一則謂之易簡，故孟子之言是直指，而孔子之言是全提。何謂全提？即體用、本末、隱顯、內外，舉一全該，圓滿周遍，更無滲漏是也。概單提直指，不由思學，慮即是思。不善會者便成執性廢修。全提云者，乃明性修不二，全性起修，全修在性，方是簡易之教。[133]

由其所申，得見：其一，馬一浮將本體論中與理氣相關的「易簡」說，延伸至其知能課題中，加以發揮扣合。其二，孟子以良知良能指謂人天生賦與的道德知識與能力，而在馬一浮看來，「良知」、「良能」為人心所固有，為吾人之「性」，為「理之本然」，馬稱孟子之言是直指，只顧及「理」的層面，如此對於不善會者，即易流於空言心性，而忽視具體的道德修養與實踐，而有以理廢氣、執性廢修、思而不學之弊。其三，執性不能廢修，知能必由思學，如此方能體現理氣一元的本體特質，而孔子言易簡，[134]屬全

---

[132] 〈知能〉，《泰和宜山會語》，《馬一浮集》第一冊，頁41。
[133] 同前註。
[134] 〈繫辭上傳〉：「乾以易知，坤以簡能，易則易知，簡則易從。」

提，能兼及體用、理氣、本末與隱顯，即所謂性修不二、思學並用、知行合一。

倘就知能的義涵言：馬一浮賦予其定義為：「知是本於理性所現起之觀照，自覺自證境界，亦名為見地。能是隨其才質發見於事為之著者，屬行履邊事。」又曰：「此『知』若是從聞見得來，總不親切，不親切便不是真知，是自己證悟的方是親切，方是真知」、「此『能』若是矯揉造作，隨人模傲的，無功用可言；必是自己卓然有立，與理相應，不隨人轉，方有功用。」[135]則其所謂「知」，雖有「思」之義，但此「思」並非聞見之知，或對認識對象或事物的思考，而「主要含有自我反省、觀照、自證自覺的涵義」；其所謂「能」，雖有「學」之義，然卻「包含自我踐履、親身體驗之內容」，可見「『知』必須是親知，同時必有待行事，即有待於親身踐履與親自體驗，如此方能『卓然有立、與理相應』，也方能做到自證自悟、獲得『真知』。這也就是理不離氣，理不離事。」[136]透過滕復之言，可適切掌握馬一浮言知能的核心精神，首重自我踐履與證悟，先天的良知良能固然重要，而後天的親知及體驗尤不可忽。

在儒家典籍中，馬一浮認為最能發揮「知」、「能」大義者為《易傳》與《中庸》，而由此亦凸顯聖人之學的內容，先就《易傳》言「知」觀之：凡「知幽明之故」、「知死生之說」、「知鬼神之情狀」、「通乎晝夜之道而知」、「知變化之道」、「窮神知化」、「知幾」、「知微知彰」、「知柔知剛」均屬之，則聖人所知何事略可觀知。次就《中庸》言「能」觀之：凡「唯天下至誠，為能盡其性。能盡其性，則能盡人之性。能盡人之性，則能盡物之性。能盡物之性，則可以贊天地之化育」、「唯天下至誠為能

---

[135] 〈知能〉，《泰和宜山會語》，《馬一浮集》第一冊，頁42。
[136] 滕復：〈馬一浮的哲學思想〉，《馬一浮思想研究》（北京：中華書局，2001年10月），頁196-197。

化」、「唯天下至誠，為能經綸天下之大經，立天下之大本，知天地之化育」等均屬之，則聖人所能為何亦可觀見。此外馬一浮更強調聖人之事即在盡知盡能，盡知即是「明倫察物」，亦即要在成就自我德性，並認識人生及自然的道理；盡能即是「踐形盡性」，[137]亦即訴諸躬行，達成道德的自我踐履，如吾人之視、聽、言、動均能切於禮，此即屬踐形之事，而以「踐」名之，即強調須步步踏著理前進，方不致有須臾疏失。除聖人之道在求盡其知能，學問之道亦復如是，如：「『博學、審問、慎思、明辨、篤行，弗能弗措，弗知弗措，弗得弗措，弗明弗措，弗篤弗措』，『人一能之，己百之；人十能之，己千之』，盡知盡能之術也。」[138]通過盡知盡能，方能達盛德大業之境。反之，如固守聞見之知，或睨視義理為無用，或詆毀心性為空談，則難以進於知；或略有小成即自矜自足，則難以進於能。由此觀來，馬一浮將知能論與其本體論、心性論、修養論緊密聯繫，又與本體功夫合一、理氣合一，以及以下之性修不二、知行合一等課題相互結合，同時亦將先秦延伸至宋明的儒學議題，繼續在民初統整及發酵。

　　其次，就性修不二言：「性修不二」源出佛家語，馬一浮以「性」、「修」分指道德本性及道德修養，一為本體、一為工夫，所謂性修不二即強調道德本性需透過道德修養方能顯現，而道德修養亦必以道德本性為依歸，前者即全性起修，後者即全修在性；前者為即本體即工夫，後者為即工夫即本體。二者中如僅側重道德本體而略道德修養，即有淪於執性廢修的可能，此即前申孟子單提直指良知良能，而不兼及思與學，不善會者即易固守於良知良能卻不事修證，而有執性廢修之虞，如馬一浮對莊子之學即評其有此弊，而「禪師家末流亦然，此病最誤人。」至於荀子雖重視道德修養，

---

[137] 詳參〈知能〉，《泰和宜山會語》，《馬一浮集》第一冊，頁42-43。
[138] 同前註，頁43。

卻主張人性本惡，如此則落入「蔽於修而不知性」，亦即所謂「執修廢性」，[139]因此當性修兼重，故曰：「學者當知有性德，有修德，性德雖是本具，不因修證則不能顯。故因修顯性，即是篤行為進德之要。全性起修，即本體即功夫；全修在性，即功夫即本體。修此本體之功夫，證此功夫之本體，乃是篤行進德也。」[140]雖然如此，然倘執性廢修與執修廢性二者相較，馬一浮鑒於為學歷程中，前病尤多、危害亦大，因此在性修不二的基礎上，更積極強調因修顯性，而勿執性廢修。

第三，就知行合一言：知行論題為一認識論概念，包含理論與實踐意義，而朱、王則扣緊道德實踐而發。就朱子言，強調「知行常相須，如目無足不行，足無目不見。論先後，知為先；論輕重，行為重。」[141]可見二者密切關聯、彼此促進。就進程言，知在先、行在後；就地位言，行重於知；就關係言，知行相須，知之愈明，則行之愈篤；行之愈篤，則知之益明。至於王陽明言知行，強調「知是行的主意，行是知的功夫；知是行之始，行是知之成」、「知之真切篤行處即是行，行之明覺精察處即是知，知行工夫本不可離」、「真知即所以為行，不行不足以謂之知」、「我今說個知行合一，正要人曉得一念發動處，即便是行了。」[142]由吾人之主體意志與工夫言，為一事之二面；由過程言，知行兩相結合，不能切割，因此陽明反對知先行後之說，而強調知行合一、即知即行。朱王相較，馬一浮較認同陽明觀點，因言：「見性者合下便行，行得圓滿，方名盡性」、「唯見性而後能行道，行道即盡性之事也。陽

---

[139] 〈釋德大位大〉附語，《復性書院講錄》第六卷，《馬一浮集》第一冊，頁475；〈問學私記〉，《馬一浮集》第三冊，頁1191。

[140] 〈復性書院學規〉，《復性書院講錄》第一卷，《馬一浮集》第一冊，頁121。

[141] 《朱子語類》卷九，《朱子全書》拾肆，頁298。

[142] 分見〈傳習錄上〉，《王陽明全集》卷一，頁4；〈傳習錄中〉，《王陽明全集》卷二，頁42；〈傳習錄下〉，《王陽明全集》卷三，頁96。

明『即知』『即行』，亦以見性為亟，何不可融通之有？」[143]強調
即知即行，乃是一種自反之學，須由見性上入手，工夫即在自心上
證悟，又由行得知、知必能行，知行不可分為兩事。由知行合一推
擴以言，則強調內外本末之一貫，主張體用一源，工夫即由本體上
來，本體即在工夫上見，亦即前述之性修不二、理事雙融、理氣合
一、知能合一。

（二）工夫論的進路

　　以道德修養領域中的知能合一、性修不二、知行合一為理論
基礎，馬一浮進而提出多種工夫論的門徑、入路及相關概念，而其
內容多載見於《宜山會語》之〈說忠信篤敬〉〈說視聽言動〉〈居
敬與知言〉〈涵養致知與止觀〉〈說旨〉〈去矜〉及《復性書院講
錄》之〈學規〉〈讀書法〉諸文。其間《復性書院講錄・學規》
言：「今為諸生指一正路，可以終身由之而不改，必適於道，只有
四端：一曰主敬，二曰窮理，三曰博文，四曰篤行。主敬為涵養之
要，窮理為致知之要，博文為立事之要，篤行為進德之要。四者內
外交徹，體用全該，優入聖途，必從此始。」[144]此間所及的四綱，
交奏為一完整的修養方法，而涵養與致知二者的交發互養，尤為其
工夫論的要領。以下即綜攝〈學規〉與諸文要義，略闡馬一浮工夫
論的方法所在。

1 涵養之要──主敬

　　草木若無雨露，則漸見枯槁；萬物如無涵濡潤澤，則難以生
長，人心原本明覺廣大、虛明不昧，然受習氣影響，乃致流失遮
蔽，因而昏闇不明，此時即應透過涵養工夫，亦即孟子的持志工

---

[143] 〈示王星賢〉，《爾雅臺答問續編》卷一，《馬一浮集》第一冊，頁557、558。
[144] 〈復性書院學規〉，《復性書院講錄》第一卷，《馬一浮集》第一冊，頁107。

夫，以恢復吾心的本然生機、重返性德的原有狀態，主敬與涵養可謂為直接體認及培養心性本原的修養方法，而「涵養」係寬泛言之，若具體切實而言之則稱為「主敬」，或稱敬、居敬、持敬。至於與察識、致知對舉時，馬多稱之為「涵養察識」或「涵養致知」。主敬並非克制，而是以志率氣，向內悟識反省本心，使氣順於理，氣清明則理自顯，自心即可成為主宰。是以馬一浮曰：

> 人心虛明不昧之主體元是如此，只為氣稟所拘，故不免褊小而失其廣大之量；為物欲所蔽，故不免昏暗而失其覺照之用。氣奪其志，則理有時而不行矣。……孟子曰：「持其志，毋暴其氣。」「志者，氣之帥也。」「志至焉，氣次焉。」心之所之謂之志。帥即主宰之義。志足以率氣，則氣順於理，而是氣固天理之流行也。何以持志？主敬而已矣。伊川曰「涵養須用敬」，即持志之謂也。以率氣言，謂之主敬；以不遷言，謂之居敬；以守之有恆言，謂之持敬。心主於義理而不走作，氣自收斂。精神攝聚則照用自出，自然寬舒流暢，絕非拘迫之意。故曰「主一無適之謂敬」，此言其功夫也。[145]

雖然先秦已言及「敬」、「存養」等相關概念與範疇，然宋明儒學中以之為修養方法，則由伊川的「涵養須用敬」及明道的「識得仁體，以誠敬存之」揭其端，另所謂「主一無適之謂敬」，亦源自伊川：「所謂敬者，主一之謂敬；所謂一者，無適之謂一。且欲涵泳主一之義，一則無二三矣。……至於不敢欺，不敢慢，尚不愧於屋漏，皆是敬之事也。」[146]此言所謂「敬」，即是主一、無

---

[145] 〈復性書院學規〉，《復性書院講錄》第一卷，《馬一浮集》第一冊，頁108。
[146] （宋）程顥、程頤撰：《二程全書》上，卷十六，頁499。

適，就內言：主一即是收斂精神、凝聚心思，即是心不雜亂、無所偏倚，專志於誠；無適即是心不外馳，心不散亂無定，亦即孟子所言之求放心、程子所言之心常在腔子裡，倘若吾心能向內收斂，一心於敬，如此精神自然寬舒流暢。就外言：則端指整齊嚴肅、謹慎敬畏的道德態度，能如是，則心便能一，由動容貌、整思慮入手，內心誠敬之意自可體現。至於朱子言主敬，亦常與「主一」、「居敬」、「持敬」等詞通用，並強調內無妄思、外無妄動，亦即心思應專一集中、清醒冷靜，就外言衣冠得宜、舉措莊重，謹畏而不放逸。馬一浮言主敬為涵養之要，受程伊川「涵養須用敬」、「主一無適」及朱子居敬以立其體等觀念的影響極大。程、朱言主敬，就內言強調主一無適，就外言強調整齊嚴肅，而馬一浮亦以「攝心」與「攝身」分言內外之敬：「敬以攝心，則收斂向內，而攀緣馳騖之患可漸袪矣；敬以攝身，則百體從命，而威儀動作之度可無失矣。……外貌斯須不莊不敬，則慢易之心入之；心中斯須不和不樂，則鄙詐之心入之。」[147]所謂攝心之敬，係就內心之敬言，即前述之「主一無適」，即是心不走作、主於義理；所謂攝身之敬，則為外貌之敬，外在整齊端莊，視聽言動均切於禮。反之，若內或外不敬，則鄙詐慢易即侵凌入內，因此主敬要在外發合禮、內心主理。而言忠信、行篤敬，非禮切勿視、聽、言、動，均是主敬工夫的入手處。

馬一浮對於主敬工夫的闡揚，除上述以「主一無適之謂敬」為之定義；以「主敬」、「居敬」、「持敬」為之分類；強調「持志」之要在「主敬」外，其對「敬」的闡揚尚賅見多處，例言之，如：「須知『敬』之一字，實為入德之門。」[148]點出入德之方無他，唯敬而已；「唯敬可以勝私，唯敬可以息妄。……尊德性而道

---

[147] 〈復性書院學規〉，《復性書院講錄》第一卷，《馬一浮集》第一冊，頁109。
[148] 同前註，頁110。

問學，必先以涵養為始基。及其成德，亦只是一敬，別無他道。故曰：敬也者，所以成始而成終也。」[149]點出敬貫穿於各種道德修養，亦為成聖之學的不二法門；「所以順是理而率是氣者，工夫唯在一『敬』字上。」[150]點出全氣是理，心主於義理而不走作的關鍵即在「持敬」；「儒家不言養生，只言養心，不事靜坐，而事存養。又問存養之道如何。先生曰：敬。」[151]道出存養工夫即在維持「敬」之心態；「有人貌似恭敬，而心實散漫，謂之自欺，謂之不誠，便不是敬，敬必以忠信為本，心主忠信方是信。如無忠信之意，徒在外表矯飾，則是作偽，為君子所深戒。人未有心存忠信而不敬者。」[152]具體指出忠誠信實即是敬；「誠敬工夫不容間斷。果能誠敬，自不須防檢，不須窮索也。仁是本體，誠敬是工夫，體用一原，即工夫，即本體。」[153]以誠敬並舉，作為工夫入處；「嘗聞心主乎身，而敬為一心之主宰，既須更加提撕，不知又將何物來提撕？答云：所謂『提撕』，祇是才見有私意萌，便屏去，正是主宰處，正是此心常存。若放過，便昏卻，便是空言持敬。」[154]強調「敬」須不斷自我提撕，以免吾心放逸、昏卻；「敬即是慎獨否？先生曰：慎獨者，敬之一事，言居敬則慎獨在其中矣。敬兼始終、內外、動靜而言。慎獨只在不睹不聞之間，故曰敬之一事。」[155]此言敬與慎獨之差別，而慎獨為主敬之一環；「敬、靜互根，敬則自然虛靜，卻不可將虛靜喚作敬。」[156]此言敬可致靜，但敬與虛靜有

---

[149] 同前註。

[150] 〈答徐君一〉，《爾雅臺答問》卷一，《馬一浮集》第一冊，頁525。

[151] 〈問學私記〉，《馬一浮集》第三冊，頁1188。

[152] 同前註，頁1190。

[153] 〈答馬君〉，《爾雅臺答問續編》卷五，《馬一浮集》第一冊，頁679。

[154] 〈教學篇〉，《語錄類編》，《馬一浮集》第三冊，頁1104。

[155] 〈問學私記〉，《馬一浮集》第三冊，頁1192。

[156] 〈教學篇〉，《語錄類編》，《馬一浮集》第三冊，頁1111。

別。或強調敬之重要，或及敬之意涵，或言敬之存養，或涉敬與其他德相，範疇寬廣、內容多端。

此外馬一浮亦以佛教天台宗的止觀，結合主敬為涵養之要的內涵加以發揮：「今謂止者有二義：一是寂滅義，二是不遷義。前義是就息妄說，後義是就顯真說。蓋妄心不息，則真心不顯，息妄顯真，非有二事，所謂閑邪則誠自存，但欲詮義，亦可說為二。」[157] 凡人心思散亂、妄心橫生，本心蔽而不顯，因此要息妄，停止息心的妄動，亦即要克己去矜，使真常本體再現，此即寂滅義。至於不遷義，則由正向的敬以觀，亦即前述的身合乎禮、心主乎理。要之，一「敬」字，正是馬一浮工夫論的核心概念。

再者馬一浮之所以倡導主敬，實鑒於當時肆慢學風之惡劣：「今時學者通病，唯務向外求知，以多聞多見為事，以記覽雜博相高，以馳騁辯說為能，以批評攻難自貴，而不肯闕疑闕殆。此皆勝心私見，欲以矜名譁眾，而不知其徇物忘己，墮於肆慢，戕賊自心。故其聞見之知愈多者，其發為肆慢亦愈甚，往而不返，不可救藥。」[158] 所謂「肆」，包含「怠」與「慢」，放逸自己即是「怠」；驕慢他人即是「慢」，一切惡德即在怠與慢中產生。此外馬一浮亦強調「去矜」，「矜」為「矜伐」之「矜」，亦即誇耀自我、鄙薄他人，心中存有勝心，即所謂私吝心者，務求勝人、不見己惡，乃墜入佛教所言之癡慢等煩惱中，馬一浮提出主敬工夫，即是希望對治當時的肆慢學風，化解揚己矜眾的惡習。

2 致知之要——窮理

馬一浮於工夫論「主敬為涵養之要」之後，續提出「窮理為致知之要」，此即《大學》「致知在格物」義。馬認為歷來釋《大

---

[157] 〈說止〉，《泰和宜山會語》，《馬一浮集》第一冊，頁86。
[158] 〈復性書院學規〉，《復性書院講錄》第一卷，《馬一浮集》第一冊，頁109-110。

學》此句者，不外趨向朱子或陽明。朱子釋「格物」為窮至事物之理，「致知」為推極吾心之知；陽明釋知善知惡為「良知」，為善去惡為「格物」，針對二說，馬評以「陽明是就自家得力處說，朱子卻還他《大學》元來文義，論功夫造詣是同，論詮釋經旨卻是朱子較密。」[159]表象上欲調合二者而略傾向朱子，然就其對此課題的實際發揮言，卻又偏趨陽明：因為朱子強調即物而窮其理，側重主體對客體的把握，著重於對事物規律與本質的探求，馬一浮雖不排斥讀書格物，亦不排斥外在聞見與知識，然而對當時朱子格物致知式的學風卻未能認同：「今時學者每以某種事物為研究之對象，好言『解決問題』、『探求真理』，未嘗不用思力，然不知為性分內事，是以宇宙人生為外也。自其研究之對象言之，則己亦外也。彼此相消，無主可得，而每矜為創獲，豈非虛妄之中更增虛妄？以是為窮理，只是增長習氣；以是為致知，只是用智自私：非此所謂窮理致知也。」[160]鑑於當時學風多向外探求，而實淪於增長習氣與用智自私，因此馬一浮特為申言致知係以向內反求為本，馬曰：

> 今言窮理為致知之要者，亦即是「致知在格物」也。何以不言格物而言窮理？只為從來學者都被一個「物」字所礙，錯認物為外，因而再誤，復認理為外。今明心外無物、事外無理，事雖萬殊，不離一心。
>
> 今明心外無物，事外無理，即物而窮其理者，即此自心之物而窮其本具之理也。此理周遍充塞，無乎不在，不可執有內外。[161]

---

[160] 同前註，頁114。
[161] 同前註，頁111。

馬認為「致知在窮理」，即「致知在格物」，然其選擇以「窮理」
取代「格物」，實因學者易錯認所謂「物」乃在外，係一外因，為
息此歧見，乃慎以「窮理」一詞取代，藉此說明心外無物、心外無
理、一心具眾理、即事即理、即理即心，窮理即是究極吾心本具之
理，致知則是對道德本性的一種體究與證悟，而致知又是窮理的結
果，真實工夫則在窮理。其「窮理」觀，除受陽明心學影響外，亦
見《易傳》與《孟子》的啟迪：

> 孟子曰：「盡其心者，知其性也，知性則知天矣。」……
> 《易·繫辭》「窮理盡性以至於命」，「窮理」即當孟子所
> 謂「知性」，「盡性」即當孟子所謂「盡心」，「至命」即
> 當孟子所謂「知天」。天也，命也，心也，性也，皆一理
> 也。……故格物即是窮理，窮理即是知性，知性即是盡心，
> 盡心即是致知，知天即是至命。程子曰：「理窮則性盡，性
> 盡則至命。」不是窮理了再去盡性，盡性了再至於命，只是
> 一事，非有三也。《大學》說「致知在格物」，不是說欲致
> 其知者，先格其物。故今明窮理為致知之要者，須知合下用
> 力，理窮得一分，即知致得一分。[162]

由此觀來，其所謂「理」，為內在的道德本性，為天、為命，亦為
心、為性，此內在的道德本性與超越的宇宙本體乃相通互達，亦即
心、性與天、命實相通貫，因此其所謂「理」，乃成為既內在又超
越的本體，由其屢引象山「宇宙內事即吾性分內事，吾性分內事即
宇宙內事。」亦可見此特質。再者，理與外在的物、事相通，物、
事均為理的發用與流行，心外無物，因此即物而窮裡，乃是即此自
心之物而窮究其本具之理，而窮理與致知，並非有先後之分，窮

---

[162] 同前註，頁112-113。

理當下即已致知。至於窮理的具體方法究竟為何，馬一浮則提出「思維」或「用思」、「致思」二字：「至窮理之方，自是要用思維」、「無事時體認自心是否在腔子裡，有事時察識自心是否在心上，如此方是思，方能窮理」、「今不避詞費，丁寧反覆，只是要學者合下知道用思，用思才能入理」、「義理雖為人心所同具，不致思則不能得，故曰學原於思。」[163]此所謂「思」，是一種反身向內的道德體認與察識，致思即是體究、體認、體會或曰察識，即前節所申者。

　　上述之涵養與致知二者，正是馬一浮修養論的兩種重要方法，此二種認識方法彼此相依互存、未可偏廢，致知窮理應以涵養為基，及其成德，亦在於一敬耳，而致知窮理、識取自性後，尤應藉涵養主敬長養之。關於二者相須不離的關係，馬一浮言之曰：

> 主敬集義，涵養致知，直內方外，亦如車兩輪，如鳥兩翼，用則有二，體唯是一。……故謂伊川此言略如天台所立止觀法門，主敬是止，致知是觀。彼之止觀雙運，即是定慧雙修，非止不能得定，非觀不能發慧。然觀必先止，慧必由定，亦如此言涵養始能致知，直內方可方外，言雖先後，道則俱行。[164]

於此可見馬一浮的涵養、致知，除汲攝朱王及《孟子》《易傳》等思想外，又擷取天台宗止觀雙運及定慧雙修，大抵「止」為靜，是定相；「觀」之能持，專注不散，即是「慧」，止觀雙運即是定慧雙修，其為涵養致知一體二用的另一種表述方式。

---

[163] 同前註，頁114、115；〈舉六藝明統類是始條理之事〉，《泰和宜山會語》，《馬一浮集》第一冊，頁26；〈說忠信篤敬〉，《泰和宜山會語》，頁54。

[164] 〈涵養致知與止觀〉，《泰和宜山會語》，《馬一浮集》第一冊，頁82。

3 立事之要──博文

馬一浮既立主敬涵養與窮理致知為工夫論的雙軸，何以更添「博文為立事之要」一項，馬釋曰：「已明心外無事，離體無用，更須因事顯理、攝用歸體，故繼窮理致知而言博文立事也。」[165]意指格物窮理之後，尚須由體起用、因事顯理，透過見諸行事，全面通達的把握宇宙人生的規律與真理，由知及行，兼顧吾心本體與外在世界，由內聖而擴及外王。

何謂「文」？何謂「事」？又「博」為何？「立」為何？馬言道：「《論語》朱注曰：『道之顯者謂之文』今補之曰：『文之施於用者謂之事』博者，通而不執之謂。立者，確乎不拔之稱」，又曰：「足以盡天下之事相而無所執礙者，乃可語於博矣；足以得舉措之宜而不疑其所行者，乃可語於立矣！」[166]再曰：

> 凡言文者，不獨前言往行布在方策有文史可稽者為是。須知一身之動作威儀、行業力用，莫非文也；天下萬事萬物之粲然並陳者，莫非文也。凡言事者，非一材一藝、一偏一曲之謂，自入孝出弟、愛眾親仁、立身行己、遇人接物，至於齊家治國平天下，開物成務、體國經野，大之禮樂刑政之本，小之名物度數之微，凡所以為因革損益、裁成輔相之道者，莫非事也。[167]

綜上所述，博文係指包括閱讀典籍在內的各種天下間事相的學習，且能通達而無所偏狹地把握此種宇宙人生的真相、實理或規律者；

---

[165] 〈復性書院學規〉，《復性書院講錄》第一卷，《馬一浮集》第一冊，頁116。
[166] 同前註，頁115、117。
[167] 同前註，頁117。

立事則指能合宜處理一切事務，而所謂事則涵括日常生活、待人接物及各種社會實踐等，至於立事的基礎則在博文，事之立必須透過博文所得的經驗知識或理性觀念，方得以建置。馬一浮例舉〈學記〉之「不學操縵，不能安弦；不學博依，不能安詩」，以及《論語・季氏》：「不學詩，無以言；不學禮，無以立」，此間「操縵」、「博依」、「學詩」、「學禮」，均是博文，「安弦」、「安詩」、「言」、「立」，均為立事，可見未能博文則事難立，立事之要端在博文。

雖然博文範圍寬廣，天下間一切事均為「文」之範疇，然而透過讀書，透過典籍閱讀卻是核心，亦是基礎所在。馬一浮認為天下之事，莫非六藝之文，因此「博文為立事之要」，亦可稱之「通經為致用之要」。《詩》以道志、《書》以道事、《禮》以道行、《樂》以道和、《易》以道陰陽、《春秋》以道名分，能明六藝之文，即可應天下之事。至於讀書亦是博文的具體工夫，馬一浮繼承朱子精神，對於讀書亦極為側重，且多發心得，在〈讀書法〉此一專文中，強調讀書應先調心，持以散心，則不能入；持以定心，事半功倍。此外更應「虛心涵詠，切己體察，切不可以成見讀書，妄下雌黃，輕言取捨。」[168]而源出朱子的「虛心涵詠，切己體察」八字，正是馬對朱子的直接承繼。此外又提出讀書之道有四：

> 一曰通而不局。二曰精而不雜。三曰密而不煩。四曰專而不固。局與雜為相違之失，煩與固為相似之失。執一而廢他者，局也；多歧而無統者，雜也；語小而近瑣者，煩也；滯跡而遺本者，固也。通則曲暢旁通而無門戶之見；精則幽微洞徹而無膚廓之言；密則條理謹嚴而無疏略之病；專則宗趣明確而無泛濫之失。不局不雜，知類也；不煩不固，知要

[168] 〈讀書法〉，《復性書院講錄》第一卷，《馬一浮集》第一冊，頁126。

也。類者辨其源流,博之事也;要者綜其指歸,約之事也。
讀書之道盡於此矣。[169]

以局、雜、煩、固為讀書四蔽;以通、精、密、專為讀書四要,闡
義賅要、發語簡潔、條理井然,具現其個人獨到的讀書心得。至於
所讀何書,舉凡四書、六經、四部無不在列,[170]而六合之內,即是
一部大書。能通讀此部大書,即可達臻其所謂博文,亦自然可以立
事矣!

　　最後馬一浮並就博文與窮理的關係,申述之曰:「窮理主於思
之意多,博文主於學之意多。……蓋不求諸心,則昏而無得;不習
其事,則危而不安。此見思學並進,亦如車兩輪,如鳥兩翼,致力
不同,而為用則一,無思而非學,亦無學而非思也。」[171]強調博文
主於學、窮理主於思,思學並進,未可偏廢,而讀書目的亦不外乎
窮理,亦即在畜德,僅博文而不窮理,則豈能立事?因此當先之以
窮理致知,而後方能語博文立事。

4 進德之要——篤行

　　首先,德、行、篤、進其義究竟為何?馬規範之曰:「自其
得於理者言之,則謂之德;自其見於事者言之,則謂之行,非有
二也。充實而有恆之謂篤,日新而不已之謂進。」[172]德、行,一為
內、一為外,在心為德,乃得之於理;在身為行,係見之於事。
至於「篤」則意指能充實持久,既無欠缺,亦無間斷;「進」則是
指能日新不已,既無限量,亦無窮盡。例言之,如《論語》九思:

同前註,頁130。

[170] 〈通治群經必讀諸書舉要〉,《復性書院講錄》第一卷,《馬一浮集》第一冊,
頁136-147。

[171] 〈復性書院學規〉,《復性書院講錄》第一卷,《馬一浮集》第一冊,頁116。

[172] 同前註,頁119-120。

「視思明，聽思聰，色思溫，貌思恭，言思忠，事思敬，疑思問，忿思難，見得思義」均屬於行，其中明、聰、溫、恭、忠、敬、問、難、義，則是行之篤者，九思即屬篤行之事。至於德之相甚廣，仁、義、禮、智、信、中、和……等均屬之，類雖有萬，而以「仁」統之。此外馬一浮又將德區分為二：一是**性德**，一是**修德**，「性德雖是本具，不因修證則不能顯。故因修顯性，即是篤行為進德之要。全性起修，即本體即功夫；全修在性，即功夫即本體。修此本體之功夫，證此功夫之本體，乃是篤行進德也。」[173]性德本無虧欠，然仍須進而不已，因天地之道原是至誠無息，性德雖無虧，但仍須篤行到極至處方能體驗，所謂全性起修，即本體即工夫者是；至於修德，強調透過學問之道變化氣質，所謂「時習」者是，氣質不善者固當變化，氣質善者亦須變化，如此由偏、而兼、而全，因修顯性，即工夫即本體。

關於篤行進德，何處入手？馬一浮強調視、聽、言、動是最佳入處：「視聽言動皆行也，四者一於禮，則是仁之德也。人生所日用不離，最切近而最易體認者，孰有過於四事者乎？……視聽言動四事。知此便知篤行之道，合下當從非禮勿視、聽、言、動入手。纔有非禮即是不仁，到得四事全是禮，則全體是仁。」[174]由日用不離的視、聽、言、動做起，視能明、聽能聰、言能從、貌能恭，四者一於禮，如此則視聽言動之理盡，並能得耳目口體之用，此即可稱之為盡性，亦可稱之為踐形，由此視聽言動四事，即可見篤行之道。

關於主敬涵養、窮理致知、博文立事與篤行進德四者，其關係如何？馬曰：「又此門總攝前三，如主敬須實是主敬，窮理須實是窮理，博文須實是博文，此便是篤行，一有不實，只是空言。涵

---

[173] 同前註，頁121。
[174] 同前註，頁123。

養得力，致知無盡，應事不惑，便是進德。若只言而不行，安能有得？行而不力，安望有進？故言雖分三，事唯是一，總此四門，約為一行。」[175] 由此觀來，篤行進德是其工夫論的總相，而前三者則是其工夫論的別相，其具體工夫仍落在涵養、窮理、博文，而此三者相較，又以主敬涵養為始基，乃行之首要。再者通觀四者，析之為四，實則其理通貫一體，此為其體驗得來的自性法門，欲識聖賢血脈，捨此無由。

倘就馬一浮工夫論的四要目言，馬一浮取源多端，有來自《論語》《孟子》《大學》《中庸》《易傳》、六藝、程頤、朱子、陸象山、王陽明及佛教等的啟迪，其中受朱子影響尤甚，朱子於白鹿洞書院學規，強調為學之序有五：「博學之、審問之、慎思之、明辨之、篤行之」，又強調「主敬以立其本，窮理以致其知，反躬以踐其實」，三者並以主敬為本，而馬一浮工夫論之「主敬為涵養之要」，即源取朱子之「主敬以立其本」；「窮理為致知之要」，即源取朱子之「窮理以致其知」、慎思、明辨；「博文為立事之要」，即源取朱子之「窮理以致其知」之博學、審問；「篤行為進德之要」，則源取朱子之「反躬以踐其實」、篤行。惟就其實際發論言，則又立基於針砭時弊，對當時之揚己矜眾、專力外求知識、鮮少探求本心的時風，提出對策。因此其四大修養工夫並非朱子立論的翻版，而多見省思、修正或創見。如主敬涵養側重敬以攝心、心主於理，又強調身合於禮；窮理致知則表象上承朱子，實則多汲攝於象山、陽明以修正朱子，強調心外無物、事外無理，萬事不離一心，因此窮理特重思維，而博文立事則特重六藝，並擴大「文」及「事」範疇，至於篤行進德則賅攝前三者，以約統博，而其本體論、心性論與工夫論復能彼此絪縕，體系通貫，蔚成一體。

---

[175] 同前註，頁123-124。

結語

馬一浮與梁漱溟與熊十力相同，在一面汲攝宋明學術作為其學術根柢的同時，亦同時擔任宋明儒學的續承者與改造者，而對宋明所關注的課題更嘗試進行釐清、調停或通會。本章就馬一浮所關注的宋明學術課題，劃為三節釐探：

首節探馬一浮眼中的宋明學術地位：首先，馬一浮對歷代學術略有品評，認為或淆於二氏、或濫入玄言、或滯於固陋，唯宋明諸賢，如濂、洛、關、閩等，知窮理盡性之要，得以上接聖賢血脈，更視程、朱、陸、王為孔子的嫡傳兒孫。**其次**，馬一浮以六藝賅攝諸學，六藝為其學術思想體系的軸心，而探研宋明學術，正是回歸六藝、掌握人心根本的最佳途徑。**再者**，值彼西學凌厲東侵之際，馬一浮與其他當代新儒家學者相同，肯定儒學復興思潮與價值取向，取徑宋明儒學的致思路向，欲藉心性本源的發皇，以緩解中西對立之勢。

次節論馬一浮對宋明儒學的圓融視角：馬一浮企圖破除歷史上一切宗派門戶之見，**首先，其能兼攝宋明各家之學：**若就宋明儒學學脈言，有伊川、龜山等重涵養一系，有明道、上蔡等重察識一系，而白沙、陽明於二系各有汲取，而仍偏趨察識，至於朱子則以涵養為先、察識為次，陽明則側重察識，亦兼及涵養，而馬一浮則強調察識與涵養必須交相運用、未可偏忽或遺卻一端，然而二者相較則更重涵養，認為缺卻涵養則察識難以精到，涵養愈醇，察識愈精。又就常人言，循涵養切入最為紮實，能先事涵養，工夫穩當，則察識自在其間。若就朱王二家言，強調朱王造詣工夫均屬上乘，陽明解經多精到語，而朱子解經，虛心涵詠、切己體會、文義精熟、脈絡分明，深得聖人用心，仍以循朱為諦當。除朱王二家外，

馬一浮對周濂溪、張橫渠、二程、邵康節、龜山、上蔡等亦各有汲取及論評。**其次，其能勘破經今古及漢宋執著**：馬一浮對經今古文之爭的歷史現象與弊端知之甚明，而對其爭論所導致的局、煩之失亦深有慨觸，因此其主張回歸經文本身，純以義理為判斷準據。至於漢學家詆宋學空言窮理，墮入禪學、玄學；而宋學家則斥漢學家徒重考據訓詁，陷入瑣碎餖飣之箋注，馬一浮亦力求泯除門戶之見，然就實際影響言，馬一浮顯然接收較多來自宋學的影響。

末節究馬一浮對宋明儒學的課題續承：**先就本體論言**，馬一浮強調理、氣係一物兩名，因言說需要，始別立二名；又兩者同時而具，無先後區隔；此外理為不易，氣為變易，全氣是理、全理是氣，並藉理氣一元闡釋宇宙生生不息的運動模式。再者理為體、為主宰，氣為用、為流行，理氣雖不離不二，然氣從乎理，理仍立居主導地位，理則是變化流行之所以可能的準據及主宰；此外理氣關係亦可別釋為道器、形上形下。馬一浮的理氣觀各汲納理本論與氣本論的精神，並嘗試化解理本論與氣本論的思想對立。**次就心性論言**：馬一浮提出「心兼理氣」，以「氣」表述所有已發的感性活動；以所以發的「理」，表述感性活動所應持循的道德法則，復以兼已發未發的「心」，涵括吾人整體的意識活動，此心正是理與氣的統合，是理氣之全。又倡言「心具理」，以理並非等於心之自身，而是心之所具之理，因此「心具理」較諸「心即理」一說，更為妥適。復主張心統性情、兼理氣。性為純理，無有不善，情雜氣質，有善有不善。性情均由一心發出，吾心能主宰、駕馭性及情，因此吾人應致力於存心養性、以理制欲、以性統情的工夫。再者又強調心貫萬事、心具眾理，萬行不離一心，所當掌握者，唯此一心。馬一浮透過心本論，進而闡明文化、思想、真理、信仰均根源於此心。**再就工夫論言**：首先，知能合一、性修不二與知行合一，成為馬一浮工夫論的重要依據；其次，就工夫論的實際進路言，則提出主敬為涵養之要、窮理為致知之要、博文為立事之要、篤行為

進德之要。又篤行進德是其工夫論的總相，而前三者則是其工夫論的別相，至於其具體工夫仍落在涵養、窮理、博文，而此三者相較，又以主敬涵養為基礎。再者雖析為四目，其理實通貫為一，此係馬一浮親自體得的自性法門，欲識聖賢血脈，捨此無由。又馬一浮工夫論的四要目取源多端，而朱子為最，並汲攝於象山、陽明以修正朱子，觀其說並非宋明儒立論的翻版，而多見個人的省思、修正與洞見。

第四章
現代儒家三聖的佛道關注

　　宋明儒學的興起，其主要動機在求復先秦儒家哲學，並蘊含對風行於當時的佛老之學的對抗，在對抗的過程中，又大量借鏡或汲納釋道的理論體系、結構方法等，以期建構出能包容或超越佛老的新儒學內涵，也因理學家對佛學老莊思想的濃厚興致，相對促進佛教道家學說的興蔚，而宋明儒學即是在此還本儒學、兼採釋道之長、揚棄其短的路向上，所開展而出具備新體貌、新精神的時代產物，是以胡適言：

> 理學掛著儒家的招牌，其實是禪宗道家道教儒教的混合產
> 品。其中有先天太極等等，是道教的分子；又談心說性，是
> 佛教留下的問題；也信災異感應，是漢朝儒教的遺跡。但其
> 中的主要觀念卻是古來道家的自然哲學裡的天道觀念，又叫
> 做「天理」觀念，故名為道學，又名為理學。[1]

由是可以略觀宋明學術複雜多端的成因，另陳寅恪亦言：

> 宋儒若程若朱，皆深通佛教者，既喜其義理之高明詳盡，足
> 以救中國之缺失，而又憂其用夷復夏也。乃求得而兩全之
> 法，避其名而居其實，取其珠而還其櫝。采佛理之精粹以之
> 注解四書五經，名為闡明古學，實則吸收異教。聲言尊孔辟

---

[1]　胡適：《胡適文存》三集（上海：上海書店，1989年10月，《民國叢書》第一編95）卷二，頁112。

佛，實則佛之義理，已浸漬濡染。與儒教之宗傳，合而為
一。[2]

此賅舉程朱之汲納佛學為言，實則宋明諸大家於著書立論過程中，
多泛濫於諸家、出入於佛老，如周濂溪與禪師往來密契，自稱「窮
禪之客」，而其「靜虛動直說」即飽含道家與禪家色彩；而邵康節
「養心」、「慎獨」的修養理論亦呈現宗教理論與儒家思想的雜
揉；張橫渠雖對佛教「性空」、「幻化」、「寂滅」進行猛烈抨
擊，然其思維模式與修養方法，卻頗得力於佛學的啟益；及至二
程，在詆斥佛家的出世思想及抨其玄遠迂闊之際，其思想卻又融
攝、汲取於佛，如言「靜坐」、「用敬」、「致知」，即受佛教
「戒、定、慧」三學的啟導；朱熹雖認為禪學害道，然其釋理氣、
無極、太極、心性及性理，以及註四書、論學等，無不蘊具禪理；
而與程朱理學相較，陸王心學更趨禪學化、佛教化：象山之性行、
思想及教學模式，既深受禪學影響，而陽明良知之說，流於禪之跡
象尤為鮮明。[3]至於宋明諸儒所運用的核心概念、哲學結構、思想
方法，亦多有吸收或借鑒道家哲學者，大抵以言，理學派多受《老
子》暨王弼學說影響；心學派則多取法於《莊子》《列子》及向
秀、郭象之《莊子注》。[4]要之，辟釋老，既是宋明諸儒長期致力
的課題，而融釋老以補益儒學，亦是其未嘗間歇的功課。在與佛老
相抗衡的過程中，卻又借鏡與佛老相近的思想理路，汲取有關的理

---

[2]　轉引自吳學昭：《吳宓與陳寅恪》（北京：清華大學出版社，1992年12月），頁
　　10-11。
[3]　關於宋明理學與佛學關係，得參熊琬：《宋代理學與佛學之探討》（台北：文津出版
　　社，1991年5月）；賴永海：《佛學與儒學》（台北：揚智文化事業股份有限公司，
　　1995年4月）；徐洪興：《思想的轉型──理學發生過程研究》（上海：上海人民出
　　版社，1996年12月）；陳少峰：《宋明理學與道家哲學》（上海：上海文化出版社，
　　2001年1月）等作品。
[4]　關於宋明理學與道家關係，得參陳少峰《宋明理學與道家哲學》一書。

論思維與成果，無論心性論、本體論或思想方法，均明顯取益於彼，是以錢穆言：

> 北宋理學崛起，儒術復興。理學家長處，在能入虎穴，得虎子。兼採道、釋兩家有關宇宙真理、人生原則方面，還本儒學，加以吸收或揚棄。遂使孔子思想嶄然以一新體貌、新精神，超然卓出於道、釋兩家之上，而又獲一新綜合。[5]

另徐洪興亦言：

> 在佛學與道學的挑戰與衝擊下，儒學亟需強化其統攝人心的作用。理學正是由此應運而生，它的出現，按杜維明的說法，就是儒學對佛、道學說挑戰的「一個創造性的回應」。理學家汲取佛道思想和方法，把本是日用倫常的「心」、「性」、「理」、「道」等範疇拔高和升華，賦予其宇宙論、本體論的意義。並立足「此岸」，以「超越」而不離世的方式，對釋、老兩家所提出的各種涉及人生「終極關懷」（ultimate con-cern）的宗教和哲學問題，作出了新的、儒學化的回答與再解釋。[6]

透過二者的述評，得窺隋唐以來釋、道哲學的充分發展，確然為宋明儒學提供多重養分。及至五四以降，此等現象仍持續呈現，本章姑由三聖續承宋明對儒釋道三教的關注、汲攝及批判出發，以比觀三者持論之異同。

---

[5] 錢穆：《孔子與論語》（台北：聯經出版事業公司，1998年5月，錢賓四先生全集4），頁318。

[6] 徐洪興：《思想的轉型──理學發生過程研究》，頁59。

第一節　儒佛思想的衡度與會通

　　自兩漢之際佛法東來後，東方兩大文化的思想激盪、交融，即因勢展開，儒佛融攝，遂衍為中國文化史上的重要課題。而宋明儒學續承先秦，打破漢代以來所鑿立的枯沉學風，建構出龐大的心性之學體系，他們一面持正統儒學與東來佛學抗衡；一面卻又援佛入儒，藉以煥發儒學的生命活力，在意識壁壘與實際汲納的衝突交揉中，儒佛交攝的進行式始終未嘗或歇，已略如前述。及至近現代佛學再度復興，並繼續發展宋明以來儒釋道三教會通，天臺、唯識、華嚴、淨土、禪宗並融的趨勢，如康有為借助佛教的慈悲救世，眾生平等，以抨擊封建綱常，宣揚政治主張；譚嗣同的《仁學》兼揉中西古今，而其中心理論明顯攝佛；章太炎亦頗認同佛學中「自貴其心」、「依自不依他」的勇猛與無畏精神；梁啟超對佛教的「業力」與「唯識」說甚為推崇。他如歐陽竟無於法相唯識學的造詣直越前賢；其生呂澂著力於內學院的實證、考正與校勘之學；而太虛則致力於佛學院之開辦；印順、巨贊等亦譽盛一時，……至於以志承孔孟、再樹宋明，專力儒學現代化、抗衡西學浪潮的當代新儒家，更接續宋明儒學及近代康、譚、章、梁等攝佛的臍帶，展開儒佛的取攝與融合，尤其現代儒家三聖——**梁、熊、馬**的起步極早，他們一則投入佛教哲理的研究，汲取佛學的邏輯思維及方法，以作為建構當代新儒學的重要資源；一則由自己的思想體系出發，對佛學提出多方省思與批判。不管其取涉方式與內涵如何，佛學在其學思乃至生命歷程中均扮演要角，居立鮮明且不容抹煞的地位。

一、儒佛同構　內佛外儒的梁漱溟

一生致力於儒學理論索探與實踐活動的梁漱溟，其行為活動與內心底層卻又與佛學牽繫難解，融儒佛為一體，先佛後儒、亦佛亦儒、儒佛同構，標誌出當代新儒家第一位先鋒的思想特色。

（一）儒佛交遞的思想歷程

就梁漱溟的思想發展言，大抵歷經由入世而出世、由出世而入世的遞嬗過程，然而入世中又交疊著出世、出世中又含蘊著出世，出世與入世兩相交織，未可剝離為二。早年在父親梁濟影響下，其人生哲學趨向實際的利害得失，認為人生即在去苦就樂、趨利避害，其後參與辛亥革命，面對窮形盡相的黑暗政局，及動盪不安的社會人心，無奈與虛幻之感油然而生，因糾結於人生苦樂問題，轉而傾心於佛教出世思想，乃閉門深居、日日研佛，現存〈談佛〉一文曰：「所謂年來思想者，一字括之，曰佛而已矣！所謂今後志趣者，一字括之，曰僧而已矣！」[7]正是該階段其志佛親佛的寫真。由二十至二十九歲，深扣釋典、潛研佛經，此蔚成其人生學思歷程的第二期，而1916年發表的《究元決疑論》，正是其早期佛學思想的經典代表：此文區分為二部分，「究元」為「佛學如實論」，「決疑」為「佛學方便論」。「究元」屬本體論，重在揭示佛法根本，由本體論論證佛教的出世間法，揭明世間與人生的虛妄，強調諸法無性論與諸行無常論，亦即現象實無自性可言，現實世界均係因緣和合而生。至於究元途徑，又分立為性宗與相宗，關於性宗，梁持法國哲學家魯滂（Le Bon）探討世界本源的作品——《物質新論》加以比合，並以《大乘起信論》《楞嚴正脈疏》等作品加以旁

---

[7]　〈談佛〉，《散篇論述》，《梁漱溟全集》第四卷，頁491。

證；關於相宗，梁舉三無性義，並引真諦譯《三無性論》《佛性論》等著作加以說明。透過究元考察宇宙人生的根本後，梁進而針對人生問題進行「決疑」，「決疑」屬人生論，重在以究元所得的真諦解決人生問題，而苦樂觀的探討尤為此間重點，欲決疑必先究元，究元的目的則在於決疑，探得人生終極意義，方能解決人生問題，因此究元、決疑二者密切關聯，未可驟離。在《究元決疑論》中梁漱溟雖推崇出世間義，認同佛教徹底的否定精神，然其目的卻在藉此面對現實的人生，欲圖解救失卻常度的社會，充分呈現其責無旁貸的救世使命。透過此文，使其聲名雀起，結識熊十力、林宰平等良師益友，並見重於蔡元培、陳獨秀等學界要角，執教北大的契機亦牽繫於此。倘《究元決疑論》為梁初表心志之作，則於1919年出版的《印度哲學概論》即是其系統表述佛教學理的學術專著，此書簡介彌曼善派、吠檀多派、僧法派、瑜伽派、吠世史迦派、尼耶也派等正統六宗，並索探各宗與宗教、哲學的關係。另就本體論、認識論、世間論三重點，議探不同專題，成為梁漱溟研究印度文化及哲學的重要作品，而其目的則在「為釋迦說個明白」，除開啟學院派研究印度哲學的先河外，其結論亦成為日後建構文化哲學體系的重要依據。至於1920年的《唯識述義》，主探唯識學的來歷，唯識學與佛教、西學關係，唯識學方法論等。書中極推崇唯識學於佛教的價值，強調其可代表佛教全體的教理，又認為印度佛教哲學成就了形而上學，而形而上學唯一的方法即是唯識學。其後在梁漱溟的學術活動中，佛學中的唯識學成為其觀察及分析問題的基本方法。

在梁漱溟對世間悲苦、人生無常進行感性體認，並引出世為解決人生問題的唯一歸向之際，目睹時艱、慨歎民困、關心民瘼，欲期振衰起敝的知識份子良知亦開始震盪翻攪，1917年〈吾曹不出如蒼生何〉一文，體現一介書生對天下興亡捨我其誰的強烈使命，其後梁漱溟則擺盪於中國與人生兩大問題上，當中國問題居上風，則參加辛亥革命，當新聞記者，進北大教書；當人生問題佔上風，

梁便不結婚，吃素，欲出家。在兩相矛盾衝突中，中國問題逐步佔主導地位，人生問題逐步退居次要地位。究其因，在於面對西學逼侵、反傳統勢力壓迫，在火灼肌膚、刀臨頭頂的意識危機中，終究選擇向順應自然法則、活潑流暢地生活的儒家哲學靠岸，透過歸趨儒家、志切孔子，使其重新體會生命價值、重新安立人身。1921年《東西文化及其哲學》的出版，標誌出其對儒家的正式回歸，然而其間「現量」、「比量」、「非量」——相當於感覺、邏輯思維、直覺的認識論，即是在具佛學義涵的成分中，所進行的轉化與改造。而在中西印三大文化路向中，中國文化被視為現階段最具體可行的道路，至於印度文化則被奉為最高型態與歸宿的文化模式，其立足現實，而又典存理想，在現實與理想間，在儒與佛間兼愛難捨的心態似又隱然浮現。雖然梁漱溟選擇向儒家靠攏，然而佛學方法仍是建構其學術思想的重要工具，因言：「我只是本著一點佛家的意思裁量一切，這觀察文化的方法，也別無所本，完全是出於佛家思想。」[8]其後，《鄉村建設大意》《鄉村建設理論》諸作續出，透過鄉建運動的落實，在社會實踐中表述出其對儒家的貼近，然而即縱熱血滾滾、傾力辦學的同時，佛學的能量仍含蘊其間，如1932至1935年對山東鄉村建設研究院歷屆研究部學生，時常舉行朝會，進行精神淨化，如同佛法對於我執的蕩除。又其後對日抗戰期間於重慶創辦勉仁書院，並以張橫渠「為往聖繼絕學，為萬世開太平」為自我使命，在積極從事社會運動與教育志業的同時，在效習泰州學派大眾化學風的當下，當代新儒家的特徵已躍然紙上，然而其深心透顯的，又豈非佛家的悲憫情懷？及至1949年出版《中國文化要義》，企圖藉由歷史文化根源的索探，以認識中國問題；1986年《人心與人生》則窮索孔子的心理學，其內容主要在運用心理學以重新詮釋儒家思想，欲藉儒家對「人心」的看法，以了解儒家思想

---

[8] 《東西文化及其哲學》，《梁漱溟全集》第一卷，頁376。

的根本所在，此外該書亦對大乘及小乘佛教關於出世間與世間的義法重行闡述，認為出世為佛家小乘，偏而未圓，大乘菩薩不捨眾生，出世後仍重回世間，弘佛法、濟群眾，出而不出，不出而出，如此方能稱之圓滿、圓融。強調世間與出世間不一不異、現象與本體亦不一不異，視世間問題為真真切切的存在。由《東西文化及其哲學》及至《人心與人生》，儒家的濟世精神始終擺立於顯性位置，然而即縱在其二十九歲決定放棄出家，宣稱回歸世間，選擇以儒家生活為其生命住世的生活路向時，卻依然對佛學推崇備至，並將佛法視為人生的最高境界，因此當美國學者艾愷於1980年來華專訪梁，梁仍強調其思想的根本即是儒家及佛家，其後轉向儒家是因為佛家是出世的宗教，與人世間的需要未能相侔，而其實內心仍然執持佛家精神，並未改變。在理智上，梁漱溟選擇以儒家精神濟世，因為孔子的態度最為平正實在，最切於動盪中國的需求；在情感上，梁漱溟則願持佛家精神安身，因為宗教可以解決人的存在困境。也因此理性與宗教、入世與出世的矛盾始終交盪在梁漱溟心中，最後他選擇走入人間、親向儒家，循儒家路徑，作為入世憑藉，在實踐中、在理智上提倡儒學，而將佛家置於其思想底層，其內心深處以佛理為高，視之為人類文化發展的最高層次，因此佛家是其安身立命的終極歸宿。

（二）儒佛通會的圓融理境

在出世與隨順世間的交織遞進、複雜糾結中，梁漱溟的晚年作品〈儒佛異同論〉三篇、《人心與人生》、〈東方學術概觀〉等，堪稱為研究東方文化的綜結，其間所透顯的圓融理境與純熟程度，更勝《東西化及其哲學》等早期作品，而究其旨要，則在探究及論證儒佛的異同與會通。

〈儒佛異同論〉開門見山曰：「儒佛不相同也，只可言其相通耳。」就其**不同**之處言，首先，儒家係以人為立足點，凡其所云

終究歸結至人身上，而佛家則立於遠高於人處說話，凡其所云終究歸結至佛身上。其次，儒家屬世間法，佛家則為出世間法，以其有此不同，因此應世的途徑、策略、步驟亦有別，如就人生問題言，儒家強調人生之樂，因此宋儒屢申「尋孔顏樂處」、明儒強調「樂是樂此學，學是學此樂。」欲期尋求精神上的自我滿足，而佛家則看重生命之苦，因此《般若心經》力申「度一切苦厄」，欲期解救眾生脫離苦海。就修養實踐方面言，儒家篤於五倫，強調孝悌慈愛，佛家主張靜心修養，摒除百務；儒家盡力於世間，主張積極不息，佛家則超脫於人世，以解消問題為法門。就社會生活言，儒家立足於現實人生，強調自覺自律；佛家闢拓超絕世界，欲期撫慰人心；一循道德之路，一沿宗教之路。雖然儒佛不同，然二者間仍有其**相通處**，先就學術方法以論，以儒佛為代表的東方學術，側重在自家性命上真修實證、進德修業，而西洋學術則側重知識、發揮理智，發展自然科學、社會科學，乃至「愛智」的哲學等。換言之，雖然儒釋為說不同，但「其所說內容為自己生命上一種修養的學問則一也」，亦即二者「同是生命上自己向內用功進修提高的一種學問」。[9]同是一種反躬修養之學，同樣致力於生命的自我體認，同在為吾人的精神提供一安身立命的寄托與歸宿。其次，就生命的濡化或改造成效言：儒佛均能解放生命，使生命通而不隔。人類生命常因陷入所取、能取二取，我執、法執二執，而致失卻清淨本然圓滿自足之體，生命因而陷溺，滯而不通。我執有二，一是生命與生俱來的我執習氣，稱「俱生我執」，一是後天生活中所培植而出的我執勢力，即見於意識分別者，稱「分別我執」，儒家強調世間法，特重人倫，因此不主張破除俱生我執，但儒佛均強調分別我執的破除。儒家孔門所言四毋——毋意、毋必、毋固、毋我，實即破除分別我執之意，唯有如此方能達到廓然大公、物來順應，而佛家則強

---

[9]　〈儒佛異同論〉之一，《梁漱溟全集》第七卷，頁154。

調破二執、斷二取，從現有生命中解放出來，由此觀來，儒佛固然宗旨不同，卻又能彼此會通。然梁漱溟並不過於強調二家之相通，以免混淆世間法與出世間法的界限，亦不特別強調二家之差異，以免思想偏執、拘泥一方，難以通達。要之，就儒佛異同言，梁曰：

> 儒佛兩家同以人類生命為其學問對象，自非徹達此本源，在本源上得其著落無以成其學問。所不同者：佛家旨在從現有生命解放出來，實證乎宇宙本體，如其所云「遠離顛倒夢想，究竟涅槃」（《般若心經》文）者是。儒家反之，勉於就現有生命體現人類生命之最高可能，徹達宇宙生命之一體性，有如《孟子》所云「盡心、養性、修身」以至「事天、立命」者，《中庸》所云「盡其性」以至「贊天地之化育」、「與天地參」者是。[10]

「同以人類生命為其學問對象」，正道出儒道二家共有的本源，然二家所異者，在佛家欲解脫生命之苦，直證此宇宙本體，達究竟涅槃；儒家則側重由現有生命中去體現人類生命的最高可能，因人的本性源自宇宙本性，因此實行人道即是奉行天道，人道即是本體的體現。倘若由宇宙生命的一體性觀之，則佛儒之間似又通貫而無二。

梁漱溟對儒佛的判別與會通，除上述所申外，更廣泛應用於其思辨模式與概念系統中，梁擅於借重唯識學的知識方法論，以平章東西文化及其哲學：例如強調生活即是沒盡的意欲，是在某範圍內事的相續，而其「意欲」觀即揉合了佛教唯識學的「萬法唯識」概念，並由此引發人生三種問題，產生向前要求、調和持中、轉身向後等三種人生路向；如持唯識的現量、比量、非量，詮解三種不同的人生哲學以及文化進化觀，並將「非量」改造為柏格森的「直覺

---

[10] 〈儒佛異同論〉之二，《梁漱溟全集》第七卷，頁161。

認識」；如採行佛教的判教方法，以界定東方文化的意義與價值；如將大乘佛學的佛性說與儒家的仁心相互溝通等。其運用佛學的名相分析方法，融鑄西哲諸說，藉茲重新詮釋傳統學術，並由此闢拓出其獨特的文化哲學。[11]再者，梁漱溟溝通儒佛，致力於二者的互補、互攝，其間雖不免有牽強或附會處，然卻是當代新儒家中，接續宋明融合儒佛學風的第一人。

二、由佛轉儒　出入空有的熊十力

　　熊十力與梁漱溟同處亂世，同樣勤習佛學，同具亦佛亦儒的特質，同樣歸本儒家，然梁致力於由文化哲學與人生態度發皇孔家精神，熊則持體用不二論奠立現代新儒家的心性基礎。在儒佛交織同構、透迤曲折的治學歷程中，梁漱溟選擇以儒家作為積極入世的憑藉，而內心卻執持佛家為安身立命之所本，呈現內佛外儒、儒佛交兼的特色，至於熊十力則在長時間的探佛歷程後，選擇融攝儒佛、由佛轉儒，歸宗《大易》，而建立一己的思想體系，是以佛學地位固居要津，然而僅是輔翼其學思趨向成熟的一個過程，並非最終歸宿。熊曾數度闡述其學術遞嬗歷程，曰：

> 余平生之學，本從大乘入手。清季，義和團事變後，中國文化崩潰之幾兆已至。余深有感。少時參加革命，自度非事功才，遂欲專研中國哲學思想，漢學宋學兩途，余皆不契。求之六經，則當時弗能辨竄亂、屏傳注，竟妄詆六經為擁護帝制之書。余乃趨向佛法一路，直從大乘有宗唯識論入手，未

---

[11] 關於梁漱溟的儒佛會通，得參徐嘉：〈參佛歸儒──梁漱溟與佛學〉，《現代新儒家與佛學》（高雄大樹：佛光山文教基金會，2001年6月，中國佛教學術論典38），頁19-78；曾議漢：〈梁漱溟思想辨析──從唯識學的角度看梁漱溟的學術性格〉，《東吳哲學學報》第七期，2002年12月，頁57-81。

幾捨有宗，深研大乘空宗，投契甚深。久之，又不敢以觀空之學為歸宿。後乃返求諸己，忽有悟於《大易》而體用之義，上考之《變經》益無疑。余自是知所歸矣！歸宗孔子。然余之思想確受空有二宗啟發之益。倘不由二宗入手，將不知自用思，何從悟入《變經》乎？[12]

又曰：

平生探窮人生宇宙人生諸大問題，……苦參實究，老夫揮了許多血汗。求之宋明，不滿；求之六經四子，猶不深契；求之老莊，乍喜而卒捨之；求之佛家唯識，始好而終不謂然；求之般若，大喜，而嫌其未免耽空也；最後力反之自心，久而恍然有悟，始嘆儒家《大易》，佛氏《般若》，皆於真實根源甚深處確有發明。儒者窮神，而不深體夫寂然處，將慮滯有之患；佛法歸寂，而過喻幻化，反有耽空之累。於寂而識夫生生健動之神，於生生健動之神而見其湛然沖寂，反求諸心，理實如是。自此，復探《華嚴》、《楞伽》、《涅盤》等經，更回思無著、世親之學，以及此土晚周諸子、逮於宗門大德、宋明諸老、眾賢群聖，造詣不齊，而皆各有得力處，乃至西哲所究宣者，亦莫非大道之散著，析其異而會其通，去所短而融所長，則一致而百慮之奇詭，殊途而同歸之至妙，乃恢恢乎備有諸己。[13]

透過上述兩段精詳細膩的表白，交代了他不依傍一門、不專效一家，輾轉多變、峰迴路轉的捫索及潛研歷程，由「苦參實究」知其

---

[12] 〈贅語〉，《體用論》，《熊十力全集》第七卷，頁7。
[13] 〈新論平章儒佛諸大問題之申述〉，《十力語要初續》，《熊十力全集》第五卷，頁142-143。

為學工夫之深；由「析異會通」知其為學方法之活；由「各有得力」知其為學資源之廣。雖然其最終歸趨於《大易》，並提煉出個人獨到的一家之言，然而來自於佛學的陶冶、滋潤與提煉，卻是其學思歷程中極其重要的一環。以下即專就其習佛遞嬗歷程及出入空有二宗發為二端：

（一）習佛歷程的遞嬗多變

回觀熊十力與佛學締結因緣，其啟端甚早，而後幾經遞嬗，漸臻成熟，終而出佛入儒，姑以四階段略述其遷變歷程如下：

首先是崇佛依傍期，特點為游移儒佛，尚無專主：三十四歲前的熊十力，曾輯有筆札一冊，即以「黃岡熊繼智子真撰」署名的《心書》，其間自序云：「實我生三十年心行所存」，另有〈翊經錄序言〉等單篇作品。此時為學四方窮索，或經學、子學、道家之學或時人作品，無所專主，思想混雜，徘徊於儒佛之間，然均未深契。倘專就佛學言，雖略有涉獵，然尚無體系，多依傍他人之說，其間有依恃於章太炎者，如《心書》中回覆張君有關「斷證」之問：「〈大疏〉云：照惑無本，即是智體。照體無自，即是證如。謂迷時說悟，悟時說智。惑體智體，無二體故。……外道與佛之關係散見諸經論中。繼智牽於人事，未遑博考，良亦自愧。然餘杭〈大乘佛教緣起考〉所徵論，可謂扼要。」於是其下詳為抄疏徵引章太炎之說。[14]另熊十力閱章太炎〈建立宗教論〉後，興致甚濃，曾謂：「余曩治船山學，頗好之，近讀餘杭章先生〈建立宗教論〉，聞三性三無性義，益進討竺墳，始知船山甚淺。」[15]因此巨贊法師認為《心書》談佛「大都是依傍章太炎的學說」。[16]此外亦有依恃於梁漱溟者，如《心書》中錄述梁漱溟《究元決疑論》

---

[14] 〈復張君〉，《心書》，《熊十力全集》第一卷，頁9。

[15] 〈船山學自記〉，《心書》，《熊十力全集》第一卷，頁6。

[16] 巨贊：〈評熊十力所著書〉，《熊十力全集》附錄（上），頁338。

有關魯滂一段：「頃見梁漱溟引法博士魯滂之說，比合佛旨，融相入性，科學家執心外有物，庶開其蔽爾。按魯君說：……」[17]亦顯見熊對梁氏佛學主張的關注及服膺。另透過《心書》中所言「夫古今言哲理者，最精莫如佛，而教外別傳之旨，尤為卓絕。自達摩東度，宗風獨盛於蘄黃。蘄水三祖、蘄春四祖、黃梅五祖，迭相授受，獨成中國之佛學。黃梅傳慧能神秀，遂衣被南北，永為後世利賴。」[18]充分顯現此期他對佛學精湛義理的傾心及肯定。由上述線索略可窺知三十四歲前的熊十力，為學方向多端，對佛學執持崇仰心態，然僅初有接觸，偶有蜻蜓點水式的若干發論，然多依傍章、梁等人之說，個人洞見或心得大抵尚付之闕如。

其次是研佛登堂期，特點為漫遊佛學，恪守師說：1920年秋，歷經辛亥創痛及親人死別的熊十力，透過梁漱溟引介，赴南京支那內學院，向歐陽竟無問習佛法，開啟了他正式登堂入室勤探佛法奧蘊的階段，在此期間內他探討佛學淵源、釐清佛學脈絡，深扣唯識經典，追尋玄奘、窺基宣揚之業，並由護法諸師以上索無著、世親，悉淵源，通脈絡，綜體要，對於大乘有宗的掌握尤為精切。「有宗所據之《楞伽》等六經和《瑜珈》等十一論，他均有涉獵，對本土唯識宗巨典《成唯識論》及《述記》尤為稔知。他不但熟習唯識學義理，還格外留心其分析名相和邏輯思辯的方法，深研《五蘊》《百法明門》二論和窺基的《因明入正理論疏》，對佛家邏輯方法有了相當切實的了解和掌握」、「這種嚴格的邏輯訓練對培養他的思辯能力和分析問題的方法，以及細密的哲學構造，無疑起了至關重要的作用。」[19]上引景海峰之言，已明晰勾勒出他在內學院潛心研究兩年的主要方向及內容。1922年，年三十八的熊十力由南京赴北大教授唯識學，1923年，唯識學講稿印成《唯識學概論》，

[17] 〈記梁君說魯滂博士之學說〉，《心書》，《熊十力全集》第一卷，頁25。
[18] 〈問津學會啟〉，《心書》，《熊十力全集》第一卷，頁23。
[19] 景海峰：《熊十力》（台北：東大圖書股份有限公司，1991年6月），頁51。

書分二部，部甲稱〈境論〉，部乙稱〈量論〉，〈境論〉下又有〈識相〉〈識性〉兩篇，〈識相〉篇下又分〈唯識〉、〈諸識〉、〈能變〉、〈四分〉、〈功能〉、〈四緣〉、〈境識〉、〈轉識〉等八章，餘處下均空缺。此書深受歐陽竟無判法相、唯識為二宗說法的影響，以護法學說為軸，內容則主據《成唯識論》加以取捨，較忠實於唯識學原旨，歐陽竟無讚以「體大思精」。[20]這是他在內學院的成果小結，也是日後遞嬗為《新唯識論》的根基所在。1920-1925年期間，熊十力漫遊於寬闊的佛學領域中，傾注心力於空有二宗的探尋，奠定了渾厚的佛學根基，是其歸佛向佛時期。

　　第三是論佛蛻變期，特點為改造佛學，攝佛入儒：1926年，《唯識學概論》第二種版本由北大印出，結構近同1923年第一種版本。唯〈識相〉〈識性〉各改名〈法相〉〈法性〉，〈量論〉下增列〈分別篇〉〈正智篇〉，全書實際內容僅有〈唯識〉、〈轉變〉、〈功能〉、〈現色〉等章。序言中道：「頃為此書，乃於前師特有彈正，蓄意五載，乃敢下筆。」此書開始對護法之說提出疑議，呈現欲改造舊唯識學的跡象，至於《新唯識論》中「心體本善」、「冥悟返本」的思想亦萌芽於此，且書中已涉《易經》中固有體用思維，申言「闢而健行，翕而順應，生化萬物。」強調本體即是功能等。雖然如此，但全書仍以大乘有宗思想為主軸。同年《因明大疏刪注》出，此係熊研究唯識學繼《概論》後的另一著作。1930年《唯識論》印本出，多循1926年《唯識學概論》第二種版本之思路，因此亦可名之為第三種版本，書中否定有宗立種現、建賴耶、說三性，改造講究業果輪迴的說法，內容已偏向空宗，並逐步汲取華嚴、禪宗等思想。[21]而此中言破境執，已援心學思想闡釋之，合璧陸王心學與佛學，故曰：「象山悟心外無宇宙，陽明

---

[20] 楊玉清：〈關於熊十力〉，載《玄圃論學集——熊十力生平與學術》（北京：三聯書店，1990年2月），頁64。
[21] 有關《唯識學概論》三種版本的詳細內容，詳參景海峰：《熊十力》，頁50-71。

亦云心外無物。此皆深窮實性,與梵方大乘若合符契。」[22]由上述《唯識學概論》三種印本,得見熊十力由恪守師說迄自闢格局的遞嬗歷程。至於1930年夏印行的《尊聞錄》,其間蒐集了熊1924-1928年間的論學札記,更可輔窺其由舊唯識學脫胎為新唯識論的漸進過程。1932年10月,《新唯識論》文言文本出,藉一「新」字除表述其與唯識宗的承繼關係外,並意指其重點在改造唯識舊說,批評上自無著、世親,下至玄奘、窺基的虛妄唯識舊說,強調真常唯心立場,闡明「境識俱泯,唯有真心」。本書就理論規模言,雖多資取於佛家,然融攝孟子、陸、王、船山及《大易》等於其間,由佛轉歸儒家,並以體用不二、翕闢成變、反求自識為立論大綱,強調實體即是本心、見心即是見體。其間多有汲納宋明儒學者,如景海峰言其將「張載、王夫之易學的『神化』思想和佛家的剎那生滅義緊緊融合起來,作為往後詮釋本體變化的主要理論依據」、「又引據船山『大化流行,如藥丸然,隨拋一丸,味味俱足』的比類相觀說,來論證『變』之圓滿交遍,並用來解釋生機體的『進化密機』」、「而其回答『如何是變』的翕闢義,更是直接地源自橫渠、船山。」[23]此外並將《中庸》「合內外之道」、孟子「萬物皆備於我」、明道「仁者渾然與物同體」、象山「宇宙不外吾心」、陽明「心外無物」等,與唯識宗的境不離識相互扣合,視之為見體之談,他如楊慈湖、陳白沙、羅念庵之說亦時見援引。此書既出,成為熊十力哲學的主要代言著作,與內學院唯識學已然歧異殊離,乃接踵引發喧騰一時的佛學論戰,除歐陽竟無、劉定權、陳真如、王化中等師友外,他如太虛、印順、巨贊等亦先後發文批駁,至於蔡元培、梁漱溟、馬一浮等則賦予高度認肯及讚賞。另1937年出版《佛家名相通釋》,於北大講課期間已擬初稿,全書

---

[22] 《唯識論》,《熊十力全集》第一卷,頁517-518。
[23] 景海峰:《新儒學與二十世紀中國思想》(鄭州:中州古籍出版社,2005年1月),頁87。

計四十六條目，綜述法相及唯識體系相關名詞，既是一本佛學辭典，亦可作為研究熊十力佛學思想遷變的輔翼之作。1944年，時熊十力年六十，《新唯識論》語體文本由重慶商務印書館印行，文言本已融《易》入佛，語體文本則宗主在《易》；文言文本係以佛為主來吸收儒學，而文言文本則側重彈正佛法，歸本於儒；文言本猶存「境論」之名，語體本則予以刪除，內容較文言本廣博，思想也更趨純熟，此書在全面斥破傳統唯識學的基礎上自成完整體系，雖以「唯識」為名，卻儒佛思想交織，儒學趨向堅定且鮮明。其後諸作即在此思想要領下加以開展，而透過此作亦掀起與呂澂的「現代世紀儒佛之爭」。約言之，此期可稱為熊十力改造佛學、亦佛亦儒時期。

第四是出佛成熟期，特點在淡出佛學，專主於儒：此後宗主在《易》的熊十力，1944年起開始寫作《讀經示要》，1945年由重慶南方書局印行，又其後《十力語要》《論六經》《原儒》《體用論》《明心篇》《乾坤衍》等陸續成書，尤其是1958年的《體用論》，解決宇宙論中的體用問題為樞要，思想更趨圓融精到。本書大力刪節《新唯識論》的繁蕪枝節，以精萃的語言、扼要的說辭，眩括《新論》要義，因此《體用論・贅語》中稱：「此書既成，《新論》兩本俱毀棄，無保存之必要。」熊十力此時力圖淡化學術體系中的佛學色彩，或者應稱書中呈現的是幾經錘鍊過後的新佛學精神，此期的熊學可謂已由佛向儒，歸本儒家。

綜上四期所述，可知佛學是熊十力資源思想中至為關鍵的一環，若缺乏此間波折起伏的索探歷程，便無法順勢展開出其深具原創性的學術架構；若缺乏大乘佛學的滋潤，熊十力所建置的哲學體系便頓失支拄其間的穩固鷹架，因此熊雖已歸趨於《易》，仍在《體用論・贅語》中強調空有二宗對其啟益匪淺，以下即由此出發，藉觀空有二宗對熊十力思想的啟迪，及熊十力對空有二宗的批判概要。

（二）空有二宗的靈活出入

1 空宗的遙契與批判

　　推究佛學宗派，除原始佛家思想外，則不外空有二輪，熊十力於小乘論述較乏，重心多置於空有二宗，《新唯識論》《體用論》二書載述尤詳。先就大乘空宗言：其對大空之學至為投契，亦有細緻的領受與理解，在其作品中主**以「破相顯性」概括空宗哲學要點**，熊十力道：「空宗密意唯在顯示一切法的本性。所以，空宗要遮撥一切法相，或宇宙萬象，方乃豁然澈悟。即於一一法相，而見其莫非真如。」[24]由是得知空宗乃欲人掃盡一切知見、染習，直下明空，如此方能妙顯本體。對於其講究破相以滌除知見，而悟入法性，熊十力亦至表首肯，他說：「空宗這種破相顯性的說法，我是甚為贊同的」、「空宗把外道，乃至一切哲學家，各各憑臆想或情見所組成的宇宙論，直用快刀斬亂絲的手段，斷盡糾紛，而令人當下悟入一真法界。這是何等神睿、何等稀奇的大業！」[25]此外空宗的真俗二諦義也啟迪他應隨機立說、靈活融會。空宗後來成為他破斥有宗的依恃，及導向《新論》的樞機，良有以也。雖然如此，熊十力仍入而後出，提揭空宗與其論點的主要差異，係在於「真如即是諸法實性」與「真如顯現為一切法」的不同，由前者言，見諸法都無自性，應說為空，由後者言，諸法雖無自性，但並非無法相可說，法相即是真如的顯現；前者強調本體與現象均空無所有，後者指本體可顯現為一切現象；前者是破相顯性，後者是攝相歸性。空宗對於一切法相形見均予以破斥，藉由蕩相遣執的工夫，遮撥一切對象化、執著性的存有，其原意在欲人脫然悟諸法實相，然以其

---

[24]　〈功能上〉，《新唯識論》（語體文本），《熊十力全集》第三卷，頁170。
[25]　同前註，頁170。

力道太猛，掃相而終歸破性，落入用空而體也空、相空而性亦空此只破不立的後果，此便是熊十力批判的主因。**再者，熊十力認為空宗對性體寂靜領會甚深**，熊亦同意以至寂、至靜描述本體，然而觀空同時**又易流於耽空**，歸寂同時常易流於滯寂。滯寂，則不悟生生之盛，耽空，則不悟化化之妙，因此他又以神化、譎變等充擴本體義涵：「至寂即是神化，化而不造，故說為寂，豈捨神化而別有寂耶？至靜即是譎變，變而非動，故說為靜，豈離譎變而別有靜耶？夫至靜而變，至寂而化者，唯其寂非枯寂而健德與之俱也，靜非枯靜而仁德與之俱也。」[26]因此在其哲學系統中，至寂非曠然之寂，而有仁德以運寂；至靜並非沒有變化，而有譎變運乎其間。其言體已非空無寂然、無所生化的本體，而係生生不息、流行不已的本體。

2 有宗的汲攝與改造

　　大空惟見法性空寂，而大有則欲令人識法性真實。為匡正大乘空宗末流之弊，無著、世親兄弟遂張大有之論，如再予嚴嚴，無著倡法相學，世親倡唯識學，由無著、世親一系，經陳那、護法到戒賢，又由戒賢傳玄奘，玄奘一系的唯識思想，具體呈顯於其所編譯的《成唯識論》中，而熊十力的《新唯識論》即以此間有宗學說的汲取與改造為軸，他基本上接受了唯識宗「萬法唯識」的理論，而對於本體的性質、心與物的關係等論述亦無不烙上有宗印記，然而有宗視一切外物均由內識變現而來，萬物其實是一種假有，所謂「實無外境，唯有內識似外境生」，此即所謂的「唯識非境」，而熊十力則認為此說仍未盡妥貼，改言「只不承認有離心獨存的外境，卻非不承認有境。」[27]強調境非離心而獨在，亦即「離心無境」，為強化此一觀點，熊十力將原來窺基「唯」字的「唯獨」

---

[26] 同前註，頁171-172。

[27] 〈唯識上〉，《新唯識論》（語體文本），《熊十力全集》第三卷，頁41-42。

義，改為「特殊」義：「識者，心之異名。唯者，顯其特殊。即萬化之原而名之以心，是最特殊。言其勝用，則宰物而不為物役，亦足徵特殊。《新論》究萬殊而歸一本，要在反之此心，是故以唯識彰名。」[28]指出「識」即是「心」或「本心」，為宇宙之原、萬化之本，欲人把握此最為特殊、為宇宙萬象本體的本心。換言之，熊十力是透過本心去究極真實，而不是藉由向外求索的方式，先設立一形而上的本體，「其為書也，證智體之非外」，[29]馬一浮之言確能窺其要蘊，熊十力探究本體的活動即是強調要回歸自家身心，以道德實踐為中心，也因此林安梧認為熊十力哲學是一種「道德的形而上學」。[30]

此外，熊十力對有宗尚有殊多修正或評騖，如《成唯識論》在認識論上，提出「四分」說──相分、見分、自證分和證自證分，和「三性」說──遍計所執性、依他起性和圓成實性，熊十力除加以批判外，進而提出「反求本心」、「反求自識」的認識理論，此係以孔孟與宋明諸師學說為淵本。[31]再者其亦否定佛家的根本立論──輪迴信念，雖然輪迴業報之說最能迎合大眾心理，但堅信輪迴，常至厭離人間、導向出世。其次又將矛頭指向唯識學的核心──阿賴耶識，大乘有宗建立八識，其間第八識阿賴耶識是根本識，含藏有能生起現行識的一切種子，個體雖有生滅，而它卻無生滅。熊認為唯識宗雖斥破外道神我，但有宗立耶識，墜入靈魂不滅的窠臼，如此實又含神我意味。此外認為有宗的誤謬尚有種、現對立為二界；將緣起說變為構造論；以阿賴耶裡面所藏的種子為諸行之因，又認為真如是萬法的實體，形成二重本體，產生理論的混淆等。[32]

---

[28] 〈新唯識論全部印行記〉（語體文本），《熊十力全集》第三卷，頁3-4。

[29] 馬浮：〈序〉，《新唯識論》（文言文本），《熊十力全集》第二卷，頁7。

[30] 林安梧：《當代新儒家哲學史論》，頁70。

[31] 熊十力對有宗認識論的批判詳參高振農：〈試論熊十力對印度佛學思想的批判與改造〉，《玄圃論學集──熊十力生平與學術》，頁289-297。

[32] 〈功能下〉，《新唯識論》（語體文本），《熊十力全集》第三卷，頁217-234。

整體而言，熊十力詬病空有二宗，在於**談體遺用**，不悟盛化之神而拘泥寂滅；在於其所證會的本體，係無相無為、無造無作，而有求體廢用、耽空滯寂之病。因此他進而提出即體即用、即用顯體的「體用不二」論，亦即在現實中識本體、本體即呈顯於現實界中。又佛家主張攝物歸心，稱為「唯識」，係因境非離心獨在，心能了別境，至於熊十力則進而倡言心境渾融、心物合一。就人生問題而言，佛家各派均認為人生的終極目的，在超脫生死苦海、求得菩提正果、悟入涅槃寂靜，因此其思想究竟歸原於趨寂、超生、出世，逆遏宇宙大生廣生的洪流，而熊十力則特為強調天道之「健」與「仁」，及生命的自強不懈。若就知識論而言，佛家雖講求邏輯，頗精於解析，惜不尚徵驗，且過任冥思，不免失之空幻。總之，熊十力一則針砭佛學、辯破謬說；一則救其偏弊，並資佛融佛以證成其說，如其悟入「體用不二」，有受於空宗破相顯性「以空寂顯本體」的觸發，並且改造「耽空滯寂」而為空寂、生化雙顯；融般若之空與《易》之健動於一爐，以救治大空趨寂之弊；又如佛家言剎那生滅、滅滅不住，熊十力則納入《易》傳「不疾而速，不行而至。」並強調生生不測的一面。此外，在本體論上，熊十力更靈活擷採了天台宗強調主客觀統一的「三諦圓融」；華嚴宗思維模式中的「理事圓融無礙」、「一多相即」等，而禪宗觀點中的「當下即是」、「頓悟本心」、「明心見性」等，也在在啟益了熊十力，至於王陽明的「即體即用」及船山的「道不離器，體用相涵，體以致用，用以備體」等，更是構成熊十力體用哲學的靈魂。要之，熊十力超越了佛教內部宗派之論爭，其理論的建構既不拘於一家一派，其概念的詮解尤為大膽創新、深具創造性，《新唯識論》語體文本既出，熊於彈正、改造、融攝唯識學之際，終歸本於儒，建立具現代新儒家特徵的理論體系。至於其評騭佛學，亦如棒喝般衝激、震盪了其時的學術界及宗教界，而引發殊多迴響，在兩造不同語境、不同思維範式、不同學術路向下的刀槍舌戰，便衍為學術界的難解公案了。

三、儒佛互攝　生活入禪的馬一浮

　　馬一浮與梁漱溟、熊十力一樣，大抵在儒佛同構、儒佛會通、由佛返儒的學思歷程中，開展出其學術體系。倘稱熊十力對佛教出世法的判別，係沿承宋明儒家闢佛的批判精神，則馬一浮的融佛入儒，則是宋明思想的延展與超越；倘稱梁漱溟在內心執持佛家精神，以佛家為其安身立命之所，則馬一浮的佛學特質則周遍於其生活模式，映顯於其交游、創作、學術乃至辦學等；倘與近代佛教學者如歐陽漸、呂澂等著力於理論思維的建構相較，則馬一浮顯然偏向透過詩文以呈現其對佛學的體驗與領悟。在儒佛交織並汲下，他一面是儒宗，一面卻又呈現十足的隱士特質。

（一）浸潤佛禪的生活型態

　　現代儒家三聖中，生活入禪最深者當屬馬一浮。姑由其人生經歷、交游及題辭詩文等三端窺其梗概。

　　先就其局部的人生歷程以觀：馬一浮留意於佛法可謂甚早，1903-1904年赴美留學之際，即曾向摯友謝無量索寄《楞嚴經》，並關注中國其時的佛教發展與現實環境，1905年回國，與謝無量潛居鎮海焦山海西庵一年，返杭後，寄居西湖廣化寺三年，復轉永福寺，後移居延定巷、寶積觀巷等，在長時的隱居生活中，居陋巷，服布衣，專力為學，探研大量佛典，訪名山古剎，與高僧相互唱和，遠謝時緣、不屑世務，呈現出由禪歸淨的佛學取向，而其潛光含章、抱持蟬蛻塵埃之志，亦垂老弗改。除潛研佛學外，馬並曾以在家居士身分，與同道於杭州創設佛教義學的民間組織——般若會，於1924年所擬〈般若會約〉中，規範會眾身分「皆以中華國人在家居士發心趣向大乘者為限」，並倡導學修並重、福慧雙行，明確要求應行十善、持五戒等福德行，修發四弘誓願、四無量心、觀

四念處等智慧行，同時嚴格恪遵在家居士的修行規範。1939年，馬一浮籌創復性書院，沿承宋明儒者的實踐活動方式，透過書院講學模式實現育才理想，而書院之管理及制度既別於舊時書院，亦迥異當時的研究院，而係效仿佛教叢林制度，強調純粹求道，斷絕功利考量，不問學子出路。雖然不免陳義過高，脫離現實，然其理想的教育制度亦無法脫軌於佛，由是可見。

　　次就其日常交游以觀：馬一浮廣結群賢，友朋中多不乏方外之士，或具佛禪信仰及學術專長者，如摯友謝無量即精研佛學，並著有《佛學大綱》，而謝無量胞弟謝希安，法名萬慧，亦與馬交誼匪淺，時相題詩或函往，藉以寄意發感。至於友人彭遜之於馬一浮召感下，亦傾心向佛，然求證過速，遂出家為僧，馬規之以佛門靜修與內省哲學，勸其修慈忍辱，彭終因未能調適空門而返其初服。至於另一友人李叔同的出家，雖是理性的自覺抉擇，然馬一浮亦居指路引領、長期薰陶的關鍵地位，由其作品中自述：「余於戊午七月出家落髮。其年九月受比丘戒。馬一浮居士貽以靈峰《毗尼事義集要》，並寶華《傳戒正範》，披翫周環，悲欣交集，因發學戒之願焉」得窺端倪，[33]甚者馬一浮還親送李叔同赴靈隱寺受戒。另有杭州高僧如靈隱寺慧明法師、高旻寺楚泉法師、香積寺肇安法師，馬一浮與三者時相唱和、彼此啟益，僅其詩集中與肇安的詩作，即有三十二題六十一首，而透過與杭城禪僧的往來切磋，其對禪學的知見亦大幅精進。

　　末就其詩文題辭等內涵以觀：以題辭言，多飽含佛禪氣息，如年二十時自題像「自身生惑惑生業，當如是觀泡影滅」、「煩惱相，怨賊身。究竟滅，何嘗生。此是浮，若分明。無機體，有形神。人生觀，宗教心。骨肉為石魂為星，挂之寶鏡光英英。」[34]如題六十四歲時攝影作：「此亦非吾，吾亦非彼。太極之先，於穆不

<hr>

[33] 蔡念生彙編：〈四分律比丘戒相表記序〉，《弘一大師法集》（一）（台北：新文豐出版公司，1994年9月），頁365。

[34] 〈二十餘歲時自題像〉，《記傳銘讚》，《馬一浮集》第二冊，頁268。

已」即屬之。[35]以**詩作**言，亦多飽含佛禪義理，隨意擷拾之如「大地本來無寸土，現前何法可當情？寒巖古木忘緣住，萬水千山任意行。雁來雁去非有跡，花開花落總無生。藤蘿一覺安然足，誰見浮雲點太清。」[36]係與方外友人贈答之作，「一真法界，事事無礙。金翅飛空，牯牛逐隊。蚊蝱過前，日月相代。當生不生，成即是壞。優哉遊哉，無乎不在」為1957年作品，[37]而1967年辭世前的自我告白「乘化吾安適？虛空任所之。形神隨聚散，視聽總希夷。漚滅全歸海，花開正滿枝。臨崖揮手罷，落日下崦嵫。」[38]更流露窮神知化、洞澈生命的寂靜與自在。至於與**佛學相關之作品**亦夥，**塔銘書序跋文**如〈印光法師文鈔序〉（1920年）〈楞嚴正脈科會序〉（1920年）〈楞嚴開蒙小引〉（1927年）〈重修祥峰禪師塔銘〉（1927年）〈護生畫集序〉（1928年）〈新唯識論序〉（1931年）〈跋弘一大師華嚴集聯墨蹟〉（1937年）〈大乘起信論疏序寫本自跋〉（1944年）〈大智度論序、中論序、百論序、十二門論序寫本跋〉（1950年）等；**書寫佛典**如《支道林詩寫本》（1942年）《華嚴經·淨行品》（1943年）《唯摩詰所說經》（1944年）等；復撰有〈偈語一首〉，係據《大方廣佛華嚴經·淨行品》中偈語刪節改動而成；**專著**如《法數鉤玄》五卷，「法數」為佛經術語，意指法門之數，如三界、五蘊、五位、七十五法、四諦、六度、十二因緣等。「鉤玄」意指採行簡明扼要方式，詮解佛經術語的法數奧妙，此書主據佛典要籍如《阿含經》《佛遺教經》《法華經》《華嚴經》《圓覺經》《大莊嚴經》等大小乘佛典，以及《天台四教儀》《法華文句》《法華玄義》《涅槃經玄義》等中土論著，進行佛家教理名相的簡釋，另《泰和宜山會語》

---

[35] 〈題六十四歲時攝影〉，《記傳銘讚》，《馬一浮集》第二冊，頁269。
[36] 〈落葉再和〉之四，《蠲戲齋詩前集下》，《馬一浮集》第三冊，頁44。
[37] 〈法界頌〉，《蠲戲齋詩編年集》，《馬一浮集》第三冊，頁598。
[38] 〈擬告別諸親友〉，同前註，頁758。

《爾雅臺答問》《復性書院講錄》諸作中更時引佛家名相術語、佛書，並融會佛理進行闡述。

要之，由1917至1927年十年間，馬一浮幾通讀佛學典籍三藏十二部，並廣結方外之友及研佛名士，撰寫碑銘序文，組織佛教民間團體，闡發佛學思想，而透過「平生耽義學，早悟如來禪。」[39]以及「今年已耆艾，雖不為僧，然實自同方外」的自表，[40]得見其早年浸淫佛道，及至晚年仍近於僧人的生活型態。

（二）儒佛互攝的學術傾向

馬一浮雖學佛有得、浸潤佛禪，生命情調亦趨近於佛，然而其學術歸宗究不在佛，馬嘗自敘其學思歷程：「余初治考據，繼專攻西學，用力既久，然後知其弊，又轉治佛典，最後始歸於六經。」[41]歸本六經，成為粹然儒者，始終是馬一浮自省下的抉擇。又曰：「伊川簡二氏，自謂『窮神知化』而不足以『開物成務』，言為無不周遍而實遠於倫理。吾昔好玄言，深探義海，歸而求之，乃知踐形盡性在此而不在彼」、[42]「故伊、洛諸賢所以不可及者，乃在文字之外別有事焉，然非參禪習定之謂也。往者亦嘗疲精於考索，致力於冥思，久乃悟其無益，而於諸儒用處似微有以窺其一端。」[43]凡此均可見其對儒學的認肯及儒學對其饒有啟益的一面。又曰：「聖人以天地萬物為一身。明身無可外，則無老氏之失；明身非是幻，則無佛氏之失」、「治經，仍是『窮理盡性至命』之學。儒者不明『性命』之理，決不能通六藝。而二氏之徒乃盛談『性命』。末流滋失。於是治經者乃相戒不談『性命』。棄金擔

---

40 〈詩學篇〉，《語錄類編》，《馬一浮集》第三冊，頁1010。

41 〈問學私記〉，《馬一浮集》第三冊，頁1191。

42 〈示王子游〉，《爾雅臺答問續編》卷四，《馬一浮集》第一冊，頁664。

43 〈答徐君〉，《爾雅臺答問》卷一，《馬一浮集》第一冊，頁541。

麻,買櫝還珠,莊子所謂『倒置之民』也。」[44]在進行儒佛分判之際,其歸趨於儒已然顯見。

馬一浮固好佛理,然多資借之耳,亦即有意識的加以援引以便闡述義理,以其認為儒者說經,往往不及義學家之精密,因此如能兼明義學,則較易通悟。大抵以言,馬一浮的儒佛會通係將佛家五教——小乘教、大乘始教、終教、頓教、圓教,與儒家六藝——《詩》《書》《禮》《樂》《易》《春秋》加以通會互攝,以見二者實為本同跡異。在其〈童蒙箴〉中已言及:「何名為儒,動靜一如;何名為佛,不留一物。……如何是禪,息慮忘緣;如何是道,但莫倶倒。禪不可傳,道不可道,開口便非,動步即到。」[45]顯見此時即呈現儒佛禪道互通並詮的傾向。馬一浮早年嘗研探佛教名相義理之學,於禪家宗門處致力尤多,而於佛教經論亦多有涉獵,曾撰《大學玄疏》並於四川樂山開講〈太極圖說贅語〉,援華嚴六相義比附之。至於其運用義學的方法,**或援佛義以喻說儒家義理**,如「五孝之義,當假佛氏依、正二報釋之。佛氏以眾生隨其染淨、業報所感,而受此五陰之身,名為正報。此身所居世界國土,淨穢苦樂不同,亦隨業轉,名為依報。依正不二,即身土不二,此義諦實。以儒家言之,即謂『禍福無不自己求之』者。」[46]又如「佛說《華嚴》,聲聞在座,如聾如啞,五百退席,此便是無感覺,便可謂之不仁」均屬之;[47]**或將佛教解經的模式,移用於解釋儒經**,如:「將釋此文,約義分四科。一、總顯君德。二、別示德相。三、明德用。四、歎德化」者是,[48]**或持儒理以詮釋佛理**者,如

---

[44] 分見〈序說〉,〈孝經大義〉,《復性書院講錄》第三卷,《馬一浮集》第一冊,頁212;〈釋教大理大〉,〈觀象卮言〉,《復性書院講錄》第六卷,《馬一浮集》第一冊,頁465。

[45] 〈童蒙箴〉,《濠上雜著》,《馬一浮集》第一冊,頁723。

[46] 〈釋五孝〉,〈孝經大義〉,《復性書院講錄》第三卷,《馬一浮集》第一冊,頁233。

[47] 〈詩教〉,〈論語大義〉,《復性書院講錄》第二卷,《馬一浮集》第一冊,頁161。

[48] 〈孔子閒居釋義〉,〈詩教緒論〉,〈孝經大義〉,《復性書院講錄》第四卷,《馬

「《洪範》言福極，猶佛氏言佛土淨穢也」即是。[49]此外**援佛釋儒**
者尚多有方：如以禪宗三句：一為涵蓋乾坤句、二為截斷眾流句、
三為隨波逐浪句，以釋《中庸》：「天命之謂性」、「率性之謂
道」、「修道之謂教」及《周易》「神無方而《易》無體」、「吉
凶者，貞勝者也。天下之動，貞夫一者也」、「仰以觀於天文，俯
以察於地理」；在〈顏子所好何學論釋義〉中以標宗趣、顯正學、
簡俗見賅其要；又將《易》之三易，即變易、不易、簡易與佛之體
大、相大、用大加以對應等。馬一浮多方進行儒佛互攝，以儒融
佛、以佛證儒，成為其學術方法中的重要特質。

　　關於馬一浮對儒佛的會通模式，今人如李明友、許寧、李國
紅、滕復、陳永革等多已發專文索探。[50]而在《復性書院講錄》及
相關著作、信函中，馬一浮援引佛學資源以協調儒佛的例證處處可
見，倘專就理學與佛學思想的融會言：例如馬一浮強調理事雙融：
「事物古今有變易，理則盡未來無變易，於事中見理，即是於變易
中見不易若捨理而言事，則是滯於偏曲；離事而言理，則是索之杳
冥。須知一理該貫萬事，變易元是不易，始是聖人一貫之學。佛氏

　　一浮集》第一冊，頁270-271。

[49] 〈別釋五福六極〉，〈洪範約義〉，《復性書院講錄》第五卷，《馬一浮集》第一
　　冊，頁414。

[50] 如李明友：〈馬一浮的『三教』圓融觀〉，《大陸雜誌》第88卷第2期，1994年2月，
　　頁50-53由「其一，理一分殊：理事雙融，一心所攝」、「其二，義理名相：性相通
　　融」、「其三，本體工夫：性修不二」、「其四，主敬致知：止觀雙運」、「其五，
　　生知學知：頓漸一也」等五端以言馬一浮之儒佛會通；又許寧：〈馬一浮佛學解釋學
　　芻議〉，《普門學報》第37期，2007年1月，頁151-165，提出「語詞格義、六離合釋、
　　句型解析、釋經程序、邏輯同值、框架融和、文本轉換、思惟擬議」等八種「解釋範
　　式」，以見馬一浮採佛學以釋經的基本方法；另許寧：〈馬一浮的文化判教〉，《六
　　藝圓融——馬一浮文化哲學研究》，頁65-75；李國紅：〈淺析馬一浮以禪釋儒〉，
　　《蘭州學刊》2007年第2期，頁34-35、63；滕復：〈默然不說，其聲如雷〉，〈第四章
　　馬一浮的哲學思想〉，《馬一浮思想研究》，頁204-222；陳永革：〈淺析馬一浮的般
　　若會及其『知性佛學』取向〉，見吳光主編：《馬一浮研究》（上海：上海古籍出版
　　社，2008年7月），頁148-167均涉此話題。此處言馬之儒佛會通，除參引馬集外，亦酌
　　納上述李明友與許寧等相關意見。

華嚴宗有四法界之說：一事法界，二理法界，三理無礙法界，四事事無礙法界。孔門六藝之學實具此四法界，雖欲異之而不可得，先儒只是不說耳。」[51]此乃視理事雙融之說，為聖人一貫之言，並將之與華嚴宗「四法界」相互通會。又如理學強調萬物一太極、物物一太極，此等「理一分殊」之說，馬一浮亦援華嚴宗思想加以溝通：「已知法界緣起一多相，即更須明六相一相義，然後於〈太極圖說〉方可洞然無疑。六相者，總、別、同、異、成、壞也。一含多德為總相，多德非一為別相，總為別之所依，離總無別，亦為別之所成，離別無總。」[52]太極與陰陽、理與萬物、總與別、一與多的關係，即如同華嚴宗的「六相圓融」觀點——強調總相、別相、同相、異相、成相、壞相，六種相狀係相互依存、彼此制約，圓融無礙。再者如張載言「心統性情」，馬一浮亦以佛理扣合：「《起信論》『不生不滅，與生滅和合，非一非異，名為阿賴耶識』，張子『心統性情』之說，及《通書》『無極之真，二五之精，妙合而凝』三者可同會。」[53]《大乘起信論》言心有真如門與生滅門，儒家言性情為心之體用，馬即將佛所謂「一心二門」與儒所謂「心統性情」，加以綰合。又如前申馬一浮主性修不二：全性起修，即本體即工夫；全修在性，即工夫即本體，以此源自佛教「性修不二」說，強調知行合一、本體與工夫合一。而伊川的「涵養須用敬，進學在致知。」馬一浮則以天台宗所立之「止觀法門」通會之，亦即主敬是止、致知是觀，而觀必先止，涵養始能致知，此亦已申說於前。倘就宋明諸儒的治學歷程言，馬曰：「先儒多出入二氏，歸而求之六經。佛老於窮理盡性之功，實資助發。自俗儒不明先儒機用，屏而不講，遂始聖道之大，若有所遺。墨守之徒，不能觀其會

---

[51] 〈舉六藝明統類是始條理之事〉，《泰和宜山會語》卷四，《馬一浮集》第一冊，頁25。
[52] 〈太極圖說贊言〉，《濠上雜著初集》，《馬一浮集》第一冊，頁713-714。
[53] 〈四學編〉，《語錄類編》，《馬一浮集》第三冊，頁967。

通，漸趨隘陋而儒學益衰。」[54]所謂「先儒」，即指謂宋明諸儒，而馬一浮續承先儒腳步，資佛揚儒，以光聖學，其心跡宣之甚明，而由上舉例，亦得窺馬一浮確傾其力，於理學思想中融會佛學成分，誠如李明友所言：「馬一浮的心性論，既是理學的，又是佛學的，他將理學中的佛學成分揭示出來，又使理學更富有佛學色彩；如果說，宋明儒者通過融合佛學將儒學變成理學，馬一浮則是通過融合佛學使理學進一步佛學化。」[55]馬一浮因熟稔傳統儒學——尤其宋明儒家學統，亦精詳佛學法脈及流變，故能融會二家，了無窒礙。而其所以打破門戶，強調融佛入儒，儒佛互攝，主因其認為儒佛二者乃「同本跡異」：「蓋跡異，故緣起有殊；本同，故歸致是一。就跡，則不奪二宗；依本，則不害一味，若跡同者，二俱不成；若本異者，一亦不立。今雙立儒佛，正以同本異跡。」[56]儒佛途跡雖異，唯理會則同，二者其實均以明性道為歸，在洞澈心源、得意忘象的前提下，即能體悟千聖所歸、無不一致，菩提涅盤同是一性，堯舜禹湯同為一人，則儒佛彼此互攝實為理之當然。倘就三聖比較，馬一浮以儒融佛、融佛入儒，會通彼此的工夫最為到家、最為普遍，亦最趨自然。

第二節　道家思想的判別與抉擇

以老莊為代表所開展而出的道家思想，在諸子百家爭鳴的黃金時代，無疑是極耐人冥會尋思且影響匪淺的一支。老子樸質切實的五千之言，既有幽深玄妙的形上哲學，亦有正言若反、進道若退

---

[54] 〈張立民〉，《書札》，《馬一浮集》第二冊，頁830。

[55] 李明友：〈馬一浮的『三教』圓融觀〉，《大陸雜誌》第88卷第2期，1994年2月，頁53。

[56] 馬一浮著　陸寶千整理：〈與蔣再唐論儒佛義〉，《馬一浮先生遺稿初編》（台北：廣文書局，1992年12月），未編頁。

的人生哲學；莊子透過寓言、重言及卮言，藉以探求生命的超拔提升，表達物我的同體肯定及天人的通貫契合。道家豐富的思想內涵，非但啟迪了先秦諸子、魏晉玄學、佛學及宋明理學等；甚至於其後的政治、文學及宗教等，都萌生廣泛影響。而十九世紀末及至五四，研探老莊之名家輩出，其間別具特色者，如王國維、嚴復將西方哲學引入老莊研究，並融會貫通、相互詮釋；劉師培側重道家民主思想的探勘；譚嗣同發揮無為而治思想，藉茲宣傳自由平等觀；魏源將老莊納入經世致用的理論範疇；章太炎早年融會佛、道與西學，建構依自不依他的學術思想，晚年力申莊子之自由平等觀等。五四之後的當代新儒家仍多留意於道家之學，熊十力、馬一浮均側重儒道思想的會通，梁漱溟亦偶及之，唯立論未若前二者之深刻，姑分述之如下：

一、梁漱溟對道家思想的認知及掌握

美國學者艾愷稱梁漱溟為「最後的儒家」，[57]此係就繼往言；倘就開來說，則可稱為現代第一個新儒家，此既強調其對傳統儒學的續承，亦觀見其對時代課題的關注。融儒佛為一體，援西學以論說，透過文化哲學與人生哲學的倡導，捍衛東方學術價值，使其在當代新儒家中居立開山之功。然在儒釋道三者間，梁漱溟顯然側重前二者，對於道家學術僅初有涉獵，發議有限，其觀點大抵見諸〈中西學術之不同〉〈東方學術之根本〉〈東方學術概觀〉等文中。其間〈東方學術概觀〉一文初作於五六十年代，及至1975年完成《人心與人生》，其中第十三章為〈東西學術分途之說〉，即據此章復加以改寫而成文，分就儒家、道家、佛家之學進行闡述。梁

---

[57] 詳參（美）艾愷著　王宗昱、冀建中譯：《最後的儒家——梁漱溟與中國現代化的兩難》（南京：江蘇人民出版社，2004年9月）。

認為人生問題多端，歸納之不外有三：第一為人對物的問題，第二為人對人的問題，第三為人對自己的問題，由是而形成不同特質、漸次推進的三期學術文化。第一期為人對物問題的學術，係立於人類生活立場向自然界爭取生存以至更高自由的學術，如自然科學、工業技術屬之，西洋學術即隸屬於此期；第二期為人對人問題的學術，是人生自勉向上之學，儒家之學即隸屬於此；第三期則為人對自己問題的學術，是打通世間與出世間的學問，即澈究乎宇宙生命的學問，佛家之學即隸屬於第三期，道家之學則介於第二、三期之間。儒釋道三家東方之學共同特徵有三：一是心力之用向內而不向外，二是學者志願懇切，有不容已；三是為學要在親證離言，其真髓在「使生命成為智慧的非智慧為役於生命」。[58]倘專較儒道二家，則所同者為「儒家道家同於人類生命有所體認，同在自家生命上用功夫」，就其相異處言，則「儒家為學本於人心，趨向在此心之開朗以達於人生實踐上之自主、自如。道家為學所重在人身，趨向在此身之靈通而造乎其運用自如之境。」雖然一從乎心、一從乎身，然而「兩家學問功夫入手處又無不在人心內蘊之自覺」，[59]也因之儒家不妨稱為心學，道家則可稱之為身學，前者側重人的社會生命，後者著重於人的個體生命。倘就身與心的關係言，則身統於心、身在心中，此即明儒所言：「心也者包乎天地之外而貫乎天地萬物之中者也」、「識得身在心中，則膚髮經絡皆是虛明。」[60]又若與佛家之出世間法相較，則儒道均屬世間法。

　　梁漱溟對道家的關注焦點不在哲理的研探及拓闢，而由道家「身學」出發，闡述其攝生養生的相關內涵，如《老子》五千餘言中，「身」字凡二十三見，而《莊子》「養生主」，欲人養其生之

---

[58] 〈東方學術概觀〉（昔年未完舊稿），《散篇論述》，《梁漱溟全集》第七卷，頁385-386。

[59] 〈東方學術概觀〉，《散篇論述》，《梁漱溟全集》第七卷，頁339。

[60] 同前註，頁344。

主，復強調心齋、坐忘等，均與養生有關。此外並強調中醫即源自
道家，中醫的理論及治療方法，均本於道家對生命生活的體認，此
中如針灸療法，即是古道家對於身內氣血往復周流路徑之認識而應
用於醫治疾病的方法之一；又如氣功療法，則透過止絕思慮，使神
經系統諸功能得修復損傷、恢復正常運行。此外如形意拳、八卦
拳、太極拳等內家拳亦淵本道家，而梁漱溟則特好於太極拳，數十
載間勤練時習，援為健身之道，其對道家的關注著意於健身療疾、
保養生命的實用價值，強調道家乃養生之學，為傳統醫學、體育及
武術淵源所自，此與熊十力或馬一浮可謂大異其趣。

二、熊十力對道家哲學的冥會與轉化

　　歸本儒學的熊十力，在其迴環周折的學思歷程中，時有來自
道家的點機與觸悟，而在其作品中亦屢就道家哲學提出見地，同時
也涉及儒道學術體系的異同、《易》道思想之通會與殊別等，並在
《讀經示要》《原儒》中針對〈天下篇〉詳加疏解，又欲人體會老
子思路及博大深微的體系，因此於《十力語要》也擇《老子》數章
詳為解說。[61]他雖對道家有不少「異」見，但對道家的重視，及其
來自於道家的若干影響，殊可謂具體且鮮明。

（一）情感的諧契冥會

　　由年少輕狂及至暮年晚境，道家思想始終居處熊十力生命
一隅，發揮輕重不等的影響。就早年言，1918年，時熊十力年
三十四，正是其凡所觀察，均無好感，決志捨革命專志務學的失意
時期，其時熊一度以道家之學作為安身立命之所繫，除了心嚮受道

---

[61] 疏解〈天下篇〉詳參《讀經示要》卷二，《熊十力全集》第三卷，頁768-770；〈原學
　　統〉，《原儒》，《熊十力全集》第六卷，頁350-360。說解《老子》各章詳參熊十
　　力：〈答馬格里尼〉，《十力語要》卷二，《熊十力全集》第四卷，頁203-222。

家濡沫頗深的周濂溪外，他在初完成的《心書》中也透顯著來自於道家的影響。因此蔡元培在該書序文中如是申說：

> 今觀熊子之學，貫通百家，融會儒佛。其究也，乃欲以老氏清靜寡欲之旨，養其至大至剛之氣。富哉言乎！遵斯道也以行，本淡泊明志之操，收寧靜致遠之效，庶幾橫流可挽，而大道亦無事乎他求矣！[62]

就後期言，熊十力自述年六十上下讀及《老子》第四章：「道沖而用之，或不盈」忽有體會，往昔每遇難題，即強力探索，自此以後，則「遊心於虛，未嘗以疑問置胸際。」所謂「善用思者不須竭盡心力，……強探力索之功有時固不可少，而神解煥發恆在沖虛之時。使用心力而務滿盈，此際正是粗心浮氣乘權而神已喪，粗心浮氣何可周察事物而得其理乎？」[63]沖虛澹然，不務盈滿，則神解煥發；強索力探，刻意營運，反浮氣侵陵、心神斲喪，此等恰恰無心用、恰恰用心時的妙會真可謂體察細膩、神解獨特的經驗之語。由是觀來，《老子》的智慧之言對熊十力的為學歷程，的確發揮了一語驚夢的警醒功效。

另如1948年，時熊十力年六十四，應聘至浙江大學講學，張其昀、謝幼偉等為其築一小舍，熊命其名為「漆園」，並作〈漆園記〉一文以表明此時心境，其後為文則間或署名為「漆園老人」。試觀〈漆園記〉中如是自我剖析：

> 石君曰：先生之為學，先生之用心，皆異乎莊生，此天下有識所共知也，何取於漆園？其以隱於庠序，托蒙吏之迹耶？

---

[62] 蔡元培：〈熊子真心書序〉，《熊十力全集》第一卷，頁3。
[63] 〈通義〉，《明心篇》，《熊十力全集》第七卷，頁197。

余曰：非此之謂也，吾有痛也，吾有警也。人類方趨於自毀，無可納之正覺，而吾族勇於自亡，甘於鄙踐，使余所深痛也。痛而無以自持，因思莊生之言曰：「知其無可奈何而安之若命」，吾時念此以自遣，故有契於莊生。然吾以是緩吾痛則可，若姑安乎是，則將負吾平生之心與所學而不免為莊生之徒，是又吾之所以自警也。[64]

透過此文可窺得其複雜的心曲，在理想上他仍然熱切秉持儒家積極有為的人生觀；仍然不捨其宏願與強力；仍然維繫著民胞物與、捨我其誰的活力；仍然以《大易》為依歸。但面對道之不行，面對族類衰微，面對理想與現實的急遽衝突，在煎熬痛楚之餘，他選擇以莊子緩解錐心之痛，選擇以莊子作為解脫之道。卻又以莊子隨時自我警醒惕勵，勿效道家委心任化，遂致一切無可力致，有負平生之所學。但不管如何，道家思想得以撫慰失衡的心緒，對熊十力而言是如此，對殊多失意的中國知識份子而言亦是如此。

（二）理智的抉擇轉化

素來主張「夏蟲井蛙，學者宜戒」的熊十力，於儒、道、佛及西學之間參稽互校、析異觀通、捨短取長、靈活出入。對於道家思想，熊十力多有溢美之辭，且對道家的摯愛亦可由書中多處窺其端緒。如稱揚《老子》一書，「文辭雖約，而理趣奧博，廣大如天，博厚如地」、「其理趣深遠，其文高渾」，又「老莊觀測人群蠱壞之一面，洞微燭遠。其言永為人類寶鑑」、「道家之學可以益人理趣」等，[65]褒譽〈天下篇〉「評判諸家，見高而識遠。文奧而義豐」、「天才卓絕，慧解極高」、「雖寥寥數語，而提控綱要，抉

---

[64] 〈漆園記〉，《十力語要初續》，《熊十力全集》第五卷，頁46。
[65] 《十力語要》卷二，《熊十力全集》第四卷，頁222；〈原內聖〉，《原儒》，《熊十力全集》第六卷，頁584、598

發幽微，罄無不盡」，[66]誇稱王弼「究極道體，最有深致」等。[67]雖然時或稱美譽揚，然而熊十力更著力於道家思想的詮解、論衡、省思、融鑄與轉化等工夫，茲簡述之並略舉數例以觀：[68]

1 有納老於《易》、攝道於儒，並轉為己用者

首先，熊十力認為先秦諸子中學說完備，巍然成為大國者僅儒道二家，倘就思想源流言，則主張「道家之學本出於孔子《易經》」、「《老子》者，《易經》之支庶也。」[69]由《讀經示要》至《原儒》，熊十力一貫地將晚周諸子歸本儒家，視之為六經的支脈發展，凡道家言道及陰陽變化均自《易》出，如《老子》第四十二章即在闡揚《易》三卦成爻之旨：

---

[66] 《讀經示要》卷二，《熊十力全集》第三卷，頁776；〈原學統〉，《原儒》，《熊十力全集》第六卷，頁350、359。

[67] 《讀經示要》卷二，《熊十力全集》第三卷，頁780。

[68] 關於熊十力哲學與道家思想的內在聯繫，今人多有探究者，得逕參之：如郭齊勇：〈熊十力的道家觀〉，《熊十力思想研究》（天津：天津人民出版社，1993年6月），由「老莊之道體與熊氏之本體」、「老莊之獨體與熊氏之個體」、「老莊之玄覽與熊氏之澄觀」三部分加以發揮。李維武：〈重建本體論：熊十力與道家哲學〉，見陳鼓應主編：《道家文化研究》第十輯（上海：上海古籍出版社，1996年8月），頁400-415，強調道家哲學給熊十力重建本體論以智慧的啟迪；且熊十力在建構本體論中融入了道家哲學的思想資料。陳少峰：〈熊十力對道家哲學的繼承與發揮〉，《宋明理學與道家哲學》，頁235-257，分由「概說」、「實體」、「體用」、「功能」、「體證」、「結語」等申說熊十力哲學與道家哲學之間結構性的對應特徵。郭齊勇：〈熊十力與道家〉，見陳鼓應主編：《道家文化研究》第二十輯（北京：三聯書店，2003年9月），頁245-274，論述重點有三：其一，熊十力「本心」本體論與老莊自然本體論的聯繫與區別；其二，熊十力「個體——整體」觀與老莊玄學「獨體」、「獨化」論的同一與差異；其三，比較熊十力的「性智澄觀」與老莊之「滌除玄鑒」。楊丹荷：〈熊十力哲學本體論、宇宙論中的道家思想資源〉，見陳鼓應主編：《道家文化研究》第二十輯，頁275-287，強調在哲學本體論和宇宙論的建構上，熊十力吸收了老子有無相生、相反相成的辯證思想和老莊「深於察變」、大化流行的宇宙觀。

[69] 〈原學統〉，《原儒》，《熊十力全集》第六卷，頁360；《讀經示要》卷二，《熊十力全集》第三卷，頁728。

《老子》說:「一生二、二生三。」這種說法,就是申述《大易》每卦三爻的意義。本來,《大易》談變化的法則,實不外相反相成。……每卦列三爻,就是一生二,二生三的意思,這正表示相反相成。從何見得呢?因為有了一,便有二,這二就是與一相反的。同時,又有個三,此三卻是根據一,而與二相反的。因為有相反,才得完成其發展,……所以,每卦三爻,就是表示變化之法則,要不外相反相成一大法則而已。[70]

熊十力援《老子》「一生二、二生三」與《周易》每卦三爻結合,揭示相反相成的變化法則,而其目的則在進層扣合其「翕闢成變」的宇宙運動發發展規律。熊十力以本體為能變,亦稱恆轉,恆轉至無而善動,相續而不已,因其變動不居,進而顯現為萬殊的大用流行,此大用流行即所謂的「翕闢」,翕與闢二者相反而相成,才說闢即涵蘊翕;才說翕即涵蘊闢,二者雖相互對立,卻又彼此融合,由相反而歸統一,即可完成全體之發展。熊十力巧借老子一、二、三之言,說恆轉(本體)為一,恆轉繼現為翕,翕是本體自身的異化,與本體呈現矛盾互反的關係,此翕即二,亦即所謂「一生二」者。然恆轉畢竟常如其性、絕不物化,因此當翕勢既起,即見闢勢亦起,即所謂「二生三」,此闢雖不是本體,卻是本體的代表,即名為三,三實據一而有。[71]在熊十力的本體論中,翕闢相反相成,本體即消隱於翕闢二勢之中,亦即本體全部顯現為大用流行,因此體不離用、即用識體。

熊十力體用觀申言變化法則,除融老說以言翕闢之勢外,亦屢藉佛老觀點以言生滅之理:凡法本無有,而今突起者,即名為

---

[70] 〈轉變〉,《新唯識論》(語體文本),《熊十力全集》第三卷,頁97。

[71] 詳參〈轉變〉,《新唯識論》(語體文本),《熊十力全集》第三卷,頁97-101。

「生」；凡法已生，絕不留住，環復成無，即名為「滅」，一切法均在剎那間起滅，無一息暫住，生時亦即滅時，如仍執持一二三之理以言此法則，則前一剎那新有所生，即是一；而此新生法，即此剎那頃頓滅，此滅即是二，二與一適反。後一剎那頃，復新有所生，此即三也。生滅滅生，由是無有窮極。[72]此與《莊子·齊物論》之「方生方死，方死方生」，頗見異曲同工之妙，而熊十力亦時舉《莊子·大宗師》：「夫藏舟於壑，藏山於澤，謂之固矣！然而夜半有力者負之而走，昧者不知也。」及郭注所云：「夫無力之力，莫大於變化者也」一例，讚以「宏闊深遠」，[73]並結合《易·繫辭傳》「不疾而速，不行而至」、「不可為典要，唯變所適」之義，強調無物暫住的剎那滅義，其主要目的在強調天地趨新、物無暫停之理，揭顯宇宙剛健、創進的變化本性，從而帶出生生不已、新新不息──即《易·繫辭上傳》第五章之「日新之謂盛德」的積極義。

其次，熊十力亦針對老莊之論道、說有無、言無為而無不為等，加以汲取改造。如引《莊子》「道在屎尿」，[74]申言一切萬有，均以道為其體，而紛繁相對的現象世界，亦即絕對的本體世界，道並不超越於萬有而獨在，即如冰以水為體，而水卻非離冰而別有他物。復強調道的空寂特質：「其所謂道，即虛神質混然為一，所謂混成是也。維神與質並由虛而生，故雖混成，而實以虛無立本」、[75]「老氏言無，猶云空寂，乃直顯本體無形無象，無作意，無迷闇，故說名無。非謂空無也」、[76]「夫無者，言乎宇宙本體，所謂太極或太易是也。體則寂然無形，故說為無，非空無之

---

[72] 同前註，頁123-124。

[73] 〈明變〉，《體用論》，《熊十力全集》第七卷，頁51-53。

[74] 詳參《十力語要》卷二，《熊十力全集》第四卷，頁204。

[75] 〈原內聖〉，《原儒》，《熊十力全集》第六卷，頁623。

[76] 《讀經示要》卷二，《熊十力全集》第三卷，頁785。

無。有者，言乎本體之顯為大用，所謂乾元是也」、[77]「無者，無形，非是空無。無形故絕待，絕待故至真至實，真實故健。無形而健，故生化無窮。……惟無形而實不空者，其德至健，而生生化化，無有窮竭。」[78]透過系列推論，表達道體以虛無立本的特質，以其虛無空寂、虛而不虛、虛而涵實、無而涵有，故能涵蘊無限、妙藏萬有。由此觀之，熊十力對道體的理解，正是汲取了道家的「無」、佛家的「空」與儒家的「有」渾而為一，從而建構出「至寂而善動」、「至無而妙有」的本體觀，[79]及即體而言用在體、即用而言體在用、體用若不一而實不二的體用觀，也跳脫了老子言「無」易耽於虛無的流弊。

再者，如《老子》第四十八章：「為學日益，為道日損。」原指為學促使知欲日增，為道則使知欲日減，《明心篇》中則借稱日益之學為科學，日損之學為哲學，其言曰：

> 老子平章學術，有日益、日損之分，余據此以衡定古代哲學與近世科學各為一類，庶幾允當。古學如道、如佛諸大派，雖其思想各有獨到處，不可混同。而兩家皆為日損之學，則於不同之中仍有同處。此無可否認也。日損之學，其精神所注，唯在人生之修養與改造，故專致力於內心之自緣與克治雜染。……科學肯定物質為實在，其研究的對象是大自然，唯用純客觀的方法，即以主觀從屬於客觀。此與日損之學信任內心炯然大明、感物斯通者，乃極相反。由科學言之，可說知從物發，不是因心成知。[80]

---

[77] 《讀經示要》卷三，《熊十力全集》第三卷，頁952。

[78] 〈成物〉，《新唯識論》（語體文本），《熊十力全集》第三卷，頁239。

[79] 詳參〈功能下〉，《新唯識論》（語體文本），《熊十力全集》第三卷，頁239-245。

[80] 〈通義〉，《明心篇》，《熊十力全集》第七卷，頁169-171。

《明心篇》中日損、日益之學，亦即《讀經示要》所云「經學」與「科學」；《論六經》所謂「道」、「藝」二科。科學日益之學，其根柢在物；哲學日損之學，其根柢在心；熊十力雖也重視講求精嚴、細密、正確、分明的科學，雖對科學能直奪天工也敬表佩服，但對科學的迷於逐物、喪失自我本心亦感憂心忡忡，人類如一意發展科學而廢反己之學，其流弊將難以衡估。因此他由《老子》「為學日益，為道日損」之語，體悟到自家本有的虛靈之主非但未可拋卻，更應積極地透過反己的工夫、自省的智慧，來抗衡並挽救日漸淪喪於物質世界中的知識理性。

2 有批判老莊、抑佛揚儒，並彰顯己見者

　　熊十力對儒道的異同進行了多方比較，同時也指出道家的偏蔽所在，並提出一己的獨到見解：

　　首先，就體用觀而言，熊十力認為道家倡攝用歸體，儒家主於用識體，「攝歸體用，將只求證會本體、皈依本體。將對本體起超越感，而於無意中，忘卻本體即是吾人自性。」而「孔子之學要在於用而識體，即於萬變萬動而逢其源。夫萬變逢原即萬變而皆不失其正，是乃稱體起用。」[81]攝用歸體的結果，將道超越乎萬物之上，從而將體孤絕化，易淪為無用之體。而孔門講求於用而識體，即是體用不二，即於萬化萬變萬物，而均見為實體呈現，實體即是吾人或物的自性，此和攝用歸體的不悟一源說自是不同。熊十力對體用問題的開發、闡述、析闢可謂不遺餘力，在孔子名義寄托下，在諸家簡別醞釀下，他以全副心神開展出其體用不二的豐富義涵，即第二章所言之：即用顯體、於用識體，攝體歸用，體用可分而不可分，證體知用，作用見性，即工夫即本體等。相對於西方哲學強調實證實證精神與迷而逐物的現象，熊十力強調「即體而言用在

---

[81] 〈原學統〉，《原儒》，《熊十力全集》第六卷，頁352。

體」，強調此用即是體的顯現，並非有別異體而獨在的用；相對於佛道陷於滯寂耽空、談體遺用的流弊，熊十力則強調「即用而言體在用」，即體不異用，用外不可覓體，認識用即能把握體。

其次，就宇宙論而言，老子以道為宇宙基源，以虛無為本，固是老學宗趣所在，但究與《大易》所強調的乾元宇宙實體未能相侔：「惜乎老氏不悟乾元而迷執有太虛，……若徹悟乾元，則周遍於六虛之一大環者，乃是真真實實，乾元性海，何有空洞處，可名虛空乎？」[82]在此一層上，他轉而汲取船山宇宙實有的觀點，融會明末清初學術的實測精神，斥幻有、重真實，強調宇宙本體的無只是寂然無形，並非無有，將宇宙萬變、萬化、萬事、萬物，視為真真實實、活活躍躍，並時徵引《周易·大有卦》以彰顯實有之論，肯定世界的真實無幻，再者又借助《易》〈乾·象〉及〈坤·象〉中的「乾元」、「坤元」，建立其一元本體論的思想。此乾元或乾元性海，若即用顯體言，即是產生健動妙用的宇宙本體，亦是萬物的內在根源。再者熊十力又比較儒道二家之宇宙論：「儒家宇宙論，則依健動之勢用，而示其原，道家則探原於幽冥，此根本上不相容也。」[83]就此一層言，熊十力仍捨道尊儒，認同船山太虛本動的宇宙觀、學術四綱目中的「健動以起頹廢」，[84]並時援《周易》〈無妄·象〉「動而健」、〈乾·象〉「天行健」等，以申說其變化日新的宇宙發展論。

第三，就知識論而言，老子強調「絕聖棄智，民利百倍」、「智慧出，有大偽」、「民之難治，以其智多。」而孔子則強調「知周萬物」；一欲無知而民始利，一以濟天下之道本於知。熊十力不認同道家的反知棄智，認為「民之多智不可說為難治之因；民之難治決不是其智多之果。孔子見之甚明，是故智慧不可錮蔽」、

---

[82] 詳參〈原內聖〉，《原儒》，《熊十力全集》第六卷，頁623。
[83] 〈原內聖〉，《原儒》，《熊十力全集》第六卷，頁584。
[84] 詳參《讀經示要》卷二，《熊十力全集》第三卷，頁838-839。

「老氏反知之論，褊淺而不可為訓。」[85]其知識論如第二章所言，係以陽明立本、以朱子為輔，攝清儒聞見之知及西方科學知識，於《明心篇》中賅括知識論的範疇為「智」與「知識」；於《新唯識論》中暢言「性智」與「量智」；於《讀經示要》中申說「致知」、「格物」，發揮其重哲學而不廢科學；言智而不偏棄知識；申良知而不遺物；論性智而不捨量智；倡反己之學而猶尚博物；重德行之知而未忽聞見之知的見地，欲期使一切意念、一切事業均合於本心而不偏曲，精神與物質得以並驅而不違，並享而不悖。除此之外，復側重《周易》格物之學，多引〈繫辭傳〉「知周萬物」、「範圍天地」、「曲成萬物」、「富有之謂大業」、「制器尚象」、「備物致用」、「開物成務」、「仰觀天文」、「俯察地理」、「彰往察來」、「微顯闡幽」、「裁成輔相」等，賦舊說以新詮，藉茲證明「孔子倡導格物之識解可謂深遠至極。」[86]由是觀來，熊十力的知識觀顯與道家明顯殊別、未能相契。

最後，就天人觀或人生論言，熊十力對於道家主張委心順化、耽於虛靜，蔽於天而不知人，及強調返虛、篤靜、守弱、退後等思想提出批判。再者，道家雖厭嫉統治階層，但由於以弱為用，採避世態度而不敢為天下先，未能行革命，導致後學益加腐化，如漢初道家思想，一變而擁護皇帝專制，完全叛其本宗。[87]此外又以為「儒家人生論，仁義以原其生。……老氏不達仁義之髓而妄非之；不通禮樂之原而妄薄之；不解自強之義而求復於嬰兒，以嬰兒柔弱，不用智故。」[88]熊十力的天人觀與道家儼然分判，在其《原儒》《明心篇》詳為表述，首先強調人得天而生，人與萬物的性命稟受天道的命賦而來，是以人性的內涵，遂由天道所全幅規

---

[85] 〈原外王〉，《原儒》，《熊十力全集》第六卷，頁461、464。
[86] 同前註，頁467。
[87] 詳參〈原外王〉，《原儒》，《熊十力全集》第六卷，頁551-552。
[88] 〈原內聖〉，同前註，頁585。

定，而人性自亦兼具天道的內容與意義，熊十力並引揚雄「人不天不因」，[89]以明無天則吾人無所因而生。其次強調天恃人而成，引《論語》「人能弘道」等，揭示惟有人方能即物以窮理，反己以據德，實現天道，發揚天道，此即揚雄之「天不人不成」。[90]由是觀來，天道不存，則人失卻生存依據，而天道之存亦繫乎人，天道賴人道以為徵驗，人能廢則天道亡，天人不二於焉得見。天人雖不二，而熊十力所致力的，則在凸顯為人的價值，賴我以凝道、盡人而合天。其以人為主的天人觀，強調主體的能動功能與改造力量，以人為宇宙的主宰，倡導積極入世的人生觀。

由上所述，得知理趣深遠的道家思想，對熊十力人生各階段，都適時發揮了引領、啟導及警醒作用。其間尤能靈活出入、融會通貫並斟酌損益於道家的體用觀、宇宙論，至於知識論、人生論、治化論等則影響相對有限，熊十力多予逐予批判、改造，並選擇以儒孔等為依歸。

三、馬一浮對道家思想的詮釋與發揮

倘就儒道二家關係言，馬一浮認為老子出於六藝之《易》，《易》以道陰陽，故長於變，老子即深得《易・象》之「消息盈虛，無平不陂，無往不復」之理。又佛教心性論分破相、顯性二宗，破相宗以破相為主，破相所以顯性，顯性宗以以顯性為主，性顯即能破相，破顯不二，性相亦不二，馬一浮判別老子屬破相宗，孔子為顯性宗，佛老以破相為能事，立言紛繁、典籍浩夥，而儒家則言語簡要，直顯實理，不脫日用倫常、不離視聽言動，均為道之流行，因此毋需破相，諸相即是性體的顯現。又老子主張以靜制

---

[89] 同前註，頁569。唯「人不天不因」句，（漢）揚雄：《法言》（北京：中華書局，1985年）卷七，頁30，原作「人不天不成」。

[90] 同前註，揚雄原作「天不人不因」。

動，強調無為而無不為，尚存有機心，究與儒家主靜之旨有別，另老子又主張「弱者道之用」、「反者道之動」，因有「吾有三寶：曰慈，曰儉，曰不敢為天下先。慈故能勇，儉故能廣，不敢為天下先故能成器長」、「曲則全，枉則直，窪則盈，敝則新」、「將欲翕之，必固張之。將欲取之，必固與之」等言，[91]凡此均為後世權謀術數之所從出，如商鞅、韓非、李斯之流，即以任術用智自喜，是以馬一浮道：「法家之不仁，不能不說老子有以啟之。」[92]有鑑於老子思想貽後世之患，馬一浮因作有〈論老子流失〉一文，起首即曰：「周秦諸子以道家為最高，道家之中又以老子為最高，而其流失亦以老子為最大。」[93]一則譽褒先秦諸子除儒家為根源外，其餘各家以道家老莊為最高，以其體大觀變最深；一則亦逕直道出其流弊之深。

倘就佛老二家關係言，1920年，馬一浮鑑於「老子義印合般若、方等，於禪則與洞山為近，觸言玄會，亦似通途寥廓，無有塞礙。」亦即老釋之間，頗能玄會溝通，雖則《老子》之旨未必盡以佛驗證，然而兩者間「理既冥符，言象可略。」[94]因此乃著手注《老子》，惟僅成上篇三十二章，下篇闕如。其《老子注》通篇係以佛解老，在馬一浮眼中，老子以「道法自然」為歸趨，其根本精神仍在於明性道，此與儒、釋殊無二致。關於馬一浮對佛老的會通，今人如李明友、許寧、滕復等亦索探甚詳。[95]如大乘般若學

---

[91] 參〈論老子流失〉，《泰和宜山會語》，《馬一浮集》第一冊，頁45-46。

[92] 同前註，頁47。

[93] 同前註，頁44。

[94] 《老子注》，《蠲戲齋雜著》，《馬一浮集》第一冊，頁769。

[95] 李明友：〈馬一浮的『三教』圓融觀〉，《大陸雜誌》第88卷第2期，1994年2月，頁53-56由「道與實相」、「谷神與真如」、「自然與法界」三面向析探；許寧：〈老子注中的名相圓融〉，《六藝圓融──馬一浮文化哲學研究》，頁95-106，分由「本體論：實相與大道」、「認識論：三諦與有無」、「修行論：止觀與虛靜」、「辯證論：圓融與和同」四要項加以分析；另如滕復：〈儒、佛、道哲學的分別〉，《馬一浮思想研究》，頁208-222亦及之，此處所及馬一浮之會佛老，以參酌前二家為主。

說的基本理論為「緣起性空」，視世界所有事物與現象，均為因緣聚合所生，並無自法得以決定自身、主宰自身或規範自身，而《老子》以「道」為宇宙萬物之本源，為最高的永恆存在，道無形、無狀、無物，道是實相，而實相本空，馬一浮乃將般若學的性空、無自性，與《老子》的無加以貫通，如注老子第一章：「道，可道，非常道；名，可名，非常名。」曰：「諸法實相，緣生無性。以緣生，故可道；無性，故非常道。一切言教，假名無實。以假名，故可名；無實，故非常名。真常之體，不可名邈。可者，許其暫立，實無可立。非常者，責其終遣，亦無可遣。」即強調世上事物與現象，均無其自性，係因緣聚合而生，而非永恆存在。又以般若學的「空」觀和「假」觀，印證《老子》的「無」與「有」，如注第一章：「故常無，欲以觀其妙；常有，欲以觀其徼」曰：「常無者，會極之深談；常有者，隨流之幻用。色不異空，故常無，真空不礙幻有，故言妙；空不異色，故常有，幻有不礙真空，故言徼。妙即觀空，徼即假觀。」此以般若心經色空不異的思想，論證有與無的互動與互涵；其他如藉「真如佛性」以說明《老子》的道或谷神；以華嚴宗的「法界緣起」說明《老子》的「道法自然」；以佛教的「三諦說」詮解《老子》之有、無及其互動關係；以佛教之「止觀」融通《老子》之「虛靜」；以佛教之圓融詮釋《老子》之和同思想等，形成一套體系嚴明的佛老會通、以佛解老系統。

然當之知者，馬一浮持佛解老，其目的不在判別二者高下，而在證成佛老的實質精神相通，而儒佛亦是同本異跡之學，如儒家的盡心知性，佛教的法性平等，道家的道法自然，三者即有互通之妙。綜言之，儒釋道三教終在指歸自己、闡明心性，其旨可謂不二，三者實異曲同工，可彼此助發、相互圓融。然三教雖可彼此會通，而究以儒為宗，闡揚儒家思想仍為其實際歸趨所在。倘回歸其「六藝該攝一切學術」之總命題，則儒釋道的思想綰合，其目的最終仍在發皇及回歸六藝，因為六藝是性德本來具足，六藝統攝諸

子、六藝統攝四部、六藝亦統攝西學，乃至統攝儒釋道三學，而六藝價值系統的內在依據即是心性，此亦即其能統攝諸學之所以然。

結語

　　其一，就三聖對儒佛的取攝歷程與方式言：宋明時期，理學與佛學依中國文化特有的圓融思維進行融攝，此等藉佛學以建構儒學的方式，發展至當代新儒家，被**梁、熊、馬**等持續運用，進行多重會通，並以佛學的邏輯思維及方法作為建構其思想體系的重要工具。首先，**就梁漱溟言：**其學思歷程大抵為先佛後儒、由佛歸儒；就其生命色彩言，則顯現亦佛亦儒、內佛外儒、入世與出世兼存的特質，佛家是其安穩自我、清淨自守的的精神支柱；儒家卻是其關注社會、價值實現的依傍；就其學術特質言，則呈現儒佛同構、融佛入儒的特色，而透過〈儒佛異同論〉《人心與人生》〈東方學術概觀〉等，尤可見其儒佛異同及其會通模式。就儒佛不同之處言：儒家係以人為立足點，而佛家則立於遠高於人處說話，凡其所云終究歸結至佛身上；儒家屬世間法，佛家則為出世間法，因此應世之途徑、策略、步驟亦有別，就其相通處言，二者同是一種反躬修養之學，同樣致力於生命的自我體認；二者均能解放生命，使生命通而不隔。此外梁亦借重唯識學的知識方法論，以平章東西文化及其哲學：如以意欲的滿足作為人生三路向的分界；如持唯識的三量，詮解三種不同的人生哲學以及文化進化觀；如採行佛教的判教方法，以界定東方文化的意義與價值；如將大乘佛學的佛性說與儒家的仁心相互溝通等均屬之。**就熊十力言：**其心本論，係續承陸王心學暨揚棄佛教唯識學的結果，就其學思過程言，則歷經崇佛、研佛、論佛、出佛——亦即游移佛學、徜徉佛學、改造佛學、淡出佛學四大階段後，終乃由佛轉儒，歸宗《大易》。此外熊十力亦詬

病空有二宗，在於談體遺用，不悟盛化之神而拘泥寂滅；在於其所證會的本體，係無相無為、無造無作，而有求體廢用、耽空滯寂之病，因此他進而提出即體即用、即用顯體的「體用不二」論，亦即在現實中識本體、本體即呈顯於現實界中。又佛家主張攝物歸心，稱為「唯識」，係因境非離心獨在，心能了別境，至於熊十力則進而倡言心境渾融、心物合一等。《新唯識論》語體文本既出，熊於彈正、改造、融攝唯識學之際，終歸本於儒，提出體用不二與翕闢成變等中心思想，建立具現代新儒家特徵的理論體系。若梁、熊相較，梁漱溟的文化哲學係通過唯識學的邏輯衍生而出，並運用、改造佛家的「量論」以構築其認識論、宇宙論，至於熊十力則選擇由傳統唯識學出走，並築就出其體用理論，然其所表詮的內容與方式，仍未脫唯識學概念體系；梁漱溟雖選擇向入世的儒家思想靠岸，然皈依佛門卻是其真正的桃花源所在，至於熊十力則試圖透過佛學的改造，覓尋文化救亡的理論，卻不似梁漱溟般對佛教具有深層認同。**就馬一浮言**，其與梁漱溟、熊十力一樣，大抵在儒佛同構、儒佛會通、由佛返儒的學思歷程中，開展出其學術體系。唯三聖中，生活入禪最深者當屬馬一浮，由其人生經歷、交游及題辭詩文內涵觀之，無不浸潤佛禪，而其生命情調亦趨近於佛。馬一浮並將佛家五教——小乘教、大乘始教、終教、頓教、圓教，與儒家六藝加以會通互攝，以見二者實為本同跡異，而其所以打破門戶，強調融佛入儒，儒佛互攝，主因其認為千聖所歸、無不一致，菩提涅盤同是一性，堯舜禹湯同為一人，自心源言，儒佛實無別；既無別，則彼此互攝實為理之當然。概括以言，**梁、熊、馬**等第一代新儒家，雖入佛、攝佛、出佛的因緣不同、動機不一、重心有別，然其構造體系與醞釀思想的方式與途徑，大抵係通過以佛入儒、援佛會儒，乃至持佛構儒的模式進行；藉由佛學——尤其是唯識學的名相分析、邏輯推理，補強傳統思維的不足，並透過儒學為主、佛學輔翼的融鑄會通，以回應或抗衡沸揚東進的西方思想。至於第二代

新儒家如唐君毅與牟宗三等，[96]佛學對其思辨概念與方式的影響已較第一代降低，其對佛學的申闡更趨於客觀及平實，至於對西方哲學邏輯思維的汲攝則較第一代轉趨積極，並藉茲以彰闡儒家的義理之學。

　　其二，就三聖對道家思想的判別與抉擇言：梁漱溟強調儒家、道家之學所同係在自家生命上用工夫，唯儒家為學本於人心，道家為學所重在人身，梁漱溟即由此申言道家的養生之學，如針灸療法、氣功療法及內家拳等，其對道家的關注焦點鮮少落於哲理的研探及拓闢。至於**熊十力**對道家思想的洞微燭遠、益人理趣卻饒有興致，始終為其所樂道，由年輕時的嚮往、濡沫及至閱世較深、年歲較長時以「漆園記」呈現複雜心曲，以莊子撫慰傷痛而又藉以自警自惕，得以看出道家在熊十力思想中的特殊地位。此外熊十力更透過理智的揀擇轉化，或納《老》於《易》，或攝道於儒，或分辨儒道，強調道家之蔽在滯虛守靜、攝用歸體，蔽於天而不知人。熊十力尤能靈活出入、融會通貫並斟酌損益於道家的體用觀、宇宙論，至於知識論、人生論、治化論等則影響相對有限，多逕予批判、改造，並選擇以儒孔等為依歸。復就**馬一浮**言，馬係三者中，最用心於儒釋道三教之圓融者，秉持執彼教之卮言，證儒家之孤義的理念，馬一浮多方進行佛融互攝、以儒融佛、以佛證儒；又鑑於釋老理既冥符，乃有《老子注》之著，通篇以佛解老，蔚為系統。至於儒釋道三教的思想綰合，其最終目的仍在發皇及回歸六藝之學。馬一浮之所以能消除門戶、會通各家、灼見大義，除讀書浩博精通，故能異而知其類、睽而觀其通，以及見性是同的徹底了悟外，亦與其泯除差別、圓融無礙的人生境界相互契合、渾為一體。

---

[96] 第二代新儒家如唐君毅、牟宗三的佛學觀，得參徐嘉：《現代新儒家與佛學》，頁139-266。

要之，宋明知識份子對形上學的索探興味濃厚，在此一形勢下，釋老的衍生延續力道強勁，在三教相激互盪下建置起中國哲學的嶄新體系及特質，及至當代新儒家第一代如**梁、熊、馬**等，在更趨繁複的時代背景中，遙接此等風氣並加以抉擇、改造或拓展，釋、道成為彼等倡導新儒學的重要元素及有力支拄。

第五章

結論

　　本書聚焦於素有「現代儒家三聖」之譽的梁漱溟、熊十力、馬一浮三人，探論核心有二：上冊側重於索探三聖間饒富蘊味的論交歷程、學術辯難與辦學曲折。下冊著力於釐探現代儒家三聖的宋明理學觀，透過三者原典的披檢，相關文獻資料的勘察，後學觀點的參稽，捫索三聖續承於宋明儒學的課題、模式與內涵，以及其如何汲納、批判並轉化闢拓出為世所用的個人學術；另鑒於宋明儒學對釋道的抉擇與融會亦屬重要課題，遂旁探三聖對釋道的關注概況。

　　至於本章要點有三：其一、回顧前列各章要義，綜述三聖之學的特色，其二，略索三聖的學術迴響及影響，並發若干省思；其三，提出續進研究三聖之學的可能方向。

第一節　本書的回顧與綜結

　　自鴉片戰爭戰端掀起之後，中西、古今、新舊文化的衝激對撞即未曾或歇，及至民初，態勢猛烈，銳不可當的西學凌侵，尤使傳統文化難以招架，步步退卻，中土無盡藏於漫天撻伐聲中，已顯氣息奄奄、闇而不彰，面對此等深沉危機，學術現場自亦沸沸揚揚，各有主張、各執一隅，或偏趨全盤西化，或護持本土文化、或主張中土西用，而**梁**、**熊**、**馬**即交會於此時，其個性特質、生命格局、學術涵養等雖互有不同，然面對西學攻勢，同樣選擇以儒學為一己文化生命的歸宿，並致力於儒家義理的融合、普及、開發、轉化與創新，以期在儒學現代型態的轉進過程中，奉獻個人心力。在其

中、西、印多端的學術資源中，宋明儒學同是三者學術養分中未可或缺的一環，而三聖亦正是通過宋明儒學的豐沛量能，藉以遙契孔孟先秦儒學，並開展出饒具特色的學術內涵。

一、學行互動：篤交誼　互有激盪

梁漱溟誠懇篤實、自律謹嚴，熊十力樸野不羈、度越規矩，馬一浮沖和閑靜、潛光含章；梁為狷者，熊為狂者，馬為隱士；梁、馬內斂，熊則外放，除性格特質迥異外，三者的生命情調、致思趨向、學養內涵及待人接物等，均自樹一格、判然有別，然在因緣際會下，三者卻以文交會，行跡交織、候學頻繁，成為知深交篤的論學摯友，也成為開風氣、領群倫、承慧命的儒學菁英，並在中國現代思想史上鑴立出「現代儒家三聖」的名號，此既彰顯其為現代儒學的耕拓之功，亦暗蘊三者生命歷程間的緊密繫連。

透過《梁漱溟全集》八卷、《熊十力全集》八卷、《馬一浮集》三冊的披撿彙整，三者的候學行蹤，躍然具現於相關論著、專文、短語、信函、日記、訪談、讀書筆記、口述、書序、講詞、語錄及弟子筆記中。而藉由學行互動年表，得觀見在梁九十有六、熊八十有四、馬八十有五的人生行年中，鋪衍出三者間漫長而深刻的**人生交誼：就梁、熊**言：透過1913年熊十力於《庸言》雜誌發表的〈健庵隨筆〉，及1916年梁漱溟於《東方雜誌》發表的〈究元決疑論〉，牽繫出或合軌或道殊，或認同或批判的學術互動；**就熊、馬**言：自1929年熊透過《新唯識論》講稿就教於馬，開啟往後人生的密切交織；**就馬、梁**言，透過梁於1921年赴杭州造訪，在橫議古今、暢論儒佛下，也開展出疏而不斷、淡而久遠的交誼。三者間透過擇居共學、往來問學、魚雁往返、彼此共事等模式，發展出深篤交誼，援為學術知音，彼此欣賞、互動頻繁、時相切磋，以**梁、熊**間言：如1920年熊入南京內學院，1922年熊赴北大任教，繫乎梁之

薦引，1924年梁赴曹州辦學，1940年梁開設勉仁中學，熊均協助參與，乃至1923年同居北京西郊永安觀、1925年住北京什剎海東梅廠胡同、1926年住萬壽山大有莊勉仁齋等，共相砥礪學習等。以**熊**、**馬**之間言：如熊評馬「道高識遠」、「踐履純實，理解圓澈」等，馬譽熊《新論》「深於知化，長於語變」，贊其學思內容「極有精采」、「文字善達」、「確有悟處」等，均得以略窺彼此對對方學識的膺服，而由1930年馬函陳百年，薦熊代任北大研究院導師，時為其題簽、代序、贈聯，熊收次女仲光，徵馬意見等，均可見二者交誼匪淺。倘專就彼此的**思想影響**言，如20年代末期，熊十力養痾杭州，與馬密切往來，馬對《新論》文言本〈明心章〉等提供意見，多有資助；梁漱溟1922年發表《東西文化及其哲學》，另撰有〈唯識家與柏格森〉〈對於羅素之不滿〉，及其對陸王心學的推崇等，亦對熊十力萌生影響，另如馬贈宋儒楊慈湖之《先聖大訓》、明儒羅近溪之《盱壇直詮》予梁，引發梁對儒家居敬、慎獨等修身工夫的推求等，在候學往來、彼此取益之際，激盪出更深遂的反思，及更趨豐盈的學術內涵。

即縱如此，在學識各有專擅、文化關切殊異、性情動靜不一、應世態度有別下，三者間基於護道立場、理念堅持，亦歧見時出，難能和同，乃至時有交鋒、磨合與攻難。其間尤以**梁**、**熊**之間的學術辯難，**熊**、**馬**之間的辦學歧見，曲折時見、難能苟同，最堪釐索：就前者即**梁**、**熊**之間言：梁漱溟於1961年7月赴海拉爾避暑之際，擇取熊十力《讀經示要》《十力語要》精湛處，彙為〈熊著選粹〉一文，其後又撰〈讀熊著各書書後〉，提出熊著為文疏忽錯失、思路偽差缺欠、發論驚俗駭眾、立場偏側、癖好哲學卻不事修正實踐、玩弄佛法理論、宇宙本體論嚴重失敗等，針對熊十力的研究立場、方向與內容等言辭直抨，復對熊十力晚年作品不假辭色、厲言詆斥，直指墮落、自毀、惋惜與心痛；至於熊十力亦透過信函對梁漱溟《中國文化要義》中有關倫理本位、文化早熟、中西文化

偏勝、古籍中的民治觀、科學思想等，進行對談，提出商榷，當現實感特強、文化願力殊深、行動力至上、修身實踐為先的梁漱溟，遇上跳脫傳統、側重思辯、追求終極依托、創造力為先、理論見長的熊十力，扞格自是難免。就後者即**熊、馬**之間言，復性書院的辦學未契、軌轍不一，造成彼此疏離難諧：馬的辦學宗旨在深明經術、精研義理，以期復明善性，熊雖切近此旨，但卻扼重於儒家義理之哲學化與現代化的研究；馬的教學內容主以六藝為依歸，熊則中學為主、西學為輔；馬重承膺傳統、熊重開鑿新局；馬主取效佛教叢林制度，熊認為寺院教育與時代脫節、拘隘難行；馬主張不授學生資歷、不安排出路，熊主張為學生定資格、謀出路；馬主菁英制不欲擴大規模，熊主張充拓書院、網羅多方人才；他如師資延聘，亦各有定見、不相協同。經馬懇摯函邀，熊終來院，然歧見未消，終致分道揚鑣、交誼轉疏，此等履道堅持，實繫乎性格與理念的殊差、乃至時空環境的變異。至於就三者學術網路言，既各有其交游從學對象，亦多有互涉交錯的學術群體，在三者領軍、時相問學、彼此扶掖下，發展出結合生活、學問與道德的文化共同體，以及足堪後世捫玩的交游話題與學術課題。

二、學術養分：抉朱王　融採諸家

　　三聖雖各成一家之學，然其學思歷程中實多有來自儒、釋、道、西學或時賢等多脈資源的取益或濡化，於此專就來自宋明儒學的思想資源及學術判別以言。

　　首先，除先秦儒學外，三者對宋明儒學的評價均高於各代：梁漱溟強調宋明儒確能於身心性命上領會孔門之學，然亦有偏內遺外之缺；熊十力譽稱宋明學術能上追孔孟，排斥佛法，索探心性義理之學，缺失在識量狹隘，落於偏枯，短於致用、疏於事功；而馬一浮亦認為宋明最能承續聖學精神，而其時代慧命，亦在通過宋明諸

儒，以承接洙泗，由此觀來，宋明均是三者回歸孔孟的主要橋樑，而其針對宋明的學風評議亦大抵相近。

其次，三者均側重朱王學術的揀擇、掌握與會通：就梁漱溟言，強調陽明袪窮理於外之弊，而歸本直覺，「直覺」即陽明之良知，亦為梁漱溟初期思想的核心概念，又贊陽明能切實指點出吾人理性，「理性」衍為梁漱溟晚期思想的核心，至於其說解《大學》，對朱王則各有取益及批評，另明顯受襟兄伍庸伯的影響。就根柢處言，梁漱溟仍歸本於陽明，由其屢申言「儒家之學不外踐形盡性」、「人之所以為人者，其在人心乎？……內一面是自覺不昧，主觀能動，外一面是人與人之間從乎身則分而隔，從乎心則分而不隔，感通若一體」、「仁，人心也。心則主觀能動者也，不為身體血氣所主使，而主乎血氣身體者也」、「心有一息之懈便流於不仁」、「求仁之學即在自識其本心，而兢兢業業葆任勿失。」[1] 均得見其側重心學、堅守以心為主、強調保任吾心的立場，而其對於本心、良知、仁、性體、明德的認識基本上與陽明無二，均將吾人的本心良知視為頭腦與主體所在，透過對陽明思想的現代轉化，亦使其贏得「新文化運動以來，倡導陸王之學最有力量的人」的美譽。而對於朱子則有「缺少頭腦，不能歸一」之議，主因朱子強調即物窮理，不循自識本心之路，此為梁與朱子根本上不相侔者。就熊十力言：推尊朱子為宋學完成期的代表者，以其徧注群經、研尋曆算、博學多方、願力甚宏、氣魄極大，故堪任魁楚，唯朱學傳習日久，則日益狹隘拘執。至於陽明則為宋學初變期擔綱，承朱子而去其短，宗象山而宏其規，以續承孔門心法與血脈而加以發展，別開生面，尤其發人內在無盡寶藏，力用無窮，惜末流立本遺末、明體遺用。而熊十力的立志責志觀、體用不二觀，均有來自陽明的啟悟。至於熊十力《讀經示要》中詮解《大學》，係主採陽明之說，

---

[1] 凡前列各章已及之引言，本章再度援引，不復標明出處。

如關於「明明德」、「止於至善」、「致知」的推闡等即屬之；另亦酌納朱子見地，如說解「新民」、「格物」即推崇朱說；再者更有跳脫前人說解窠臼，而獨闢新見者，如詮說「正心」、「誠意」處即是。由於熊十力對陽明本心的全力發皇，彰顯反求自我、明心見性的重要，遂被奉為現代儒家哲學中的「新陸王派」，賀麟更譽其「為陸王心學之精微化系統化最獨創之集大成者」。**就馬一浮言**：強調宋明理學學脈，有伊川、龜山、豫章、延平、晦翁等等重涵養一系，有明道、上蔡、文定、五峰、南軒等重察識一系，而白沙、甘泉、陽明於二系各有汲取，唯仍偏趨察識，至於朱子則以涵養為先、察識為次，陽明則側重察識，亦兼及涵養，而馬一浮則強調察識與涵養必須靈活運用、未可偏忽或遺卻一端。然而二者相較則更重涵養，認為缺卻涵養則察識難以精到，涵養愈醇，察識愈精。又就常人言，循涵養切入最為紮實，能先事涵養，工夫穩當，則察識自在其間。若比較朱王之詮解《大學》，馬一浮強調朱王造詣工夫均屬上乘，陽明係就自家得力處說，朱子卻能還《大學》原來文義；陽明解經多精到語，而朱子解經，虛心涵詠、切己體會、文義精熟、脈絡分明，深得聖人用心，尤其所補「格物」一章，字字稱量而出，未可易也。至於陽明撰〈朱子晚年定論〉，實陽明未暇深究朱子學說，不免猶有個我在。朱王兩相較論，馬仍以循朱為諦當，而馬的學術方針，雖重在調和程朱、陸王，然審其思想歸趨，仍偏向程朱，是以戴君仁尊其為「現代朱子」，林安梧則強調馬學是「朱子學調適而上遂的發展」。倘**梁、熊、馬**三者並觀，梁偏王、熊兼取朱王而偏向王、馬調和朱王而偏趨於朱。

　　再者，除攝朱王為大宗外，三聖對宋明各家亦多有抱取、**關注或評議，就梁漱溟言**：師承陽明，強調人格意識的覺醒，側重知識分子務實的社會參與，注重心性道德與社會實踐的平衡，以王心齋為首的泰州學派，是啟導梁漱溟循往儒學路徑發展的關鍵力量。尤其《東崖語錄》中「百慮交鋼，血氣靡寧」八字指斥語，乍收棒

喝之效，促其選擇回歸孔學。至於強調自家真樂的發揮與掌握，與孔顏之樂遙契應和的〈樂學歌〉，由「樂是樂此學」、「學是學此樂」、「人心本自樂」、「人心本無事」，凡此樞機妙語，均重在啟發人心的自覺。他如王心齋論說天理良知，強調良知即天理，此等自然人性的發聲，亦為梁所認可；又心齋的淮南格物論與尊身安心說，提供梁漱溟後期思想中對身心關係的側重與思索；泰州學派入世化、生活化，深入民間的講學活動；及其鄉會組織之運作、推展，均為梁再創講學之風及鄉建教育的源頭活水。除泰州學派外，周濂溪的〈太極圖說〉《通書》、程明道的〈識仁〉〈復性〉，陳白沙的側重心覺，聶雙江的歸寂、羅念庵的歸寂主靜，羅近溪的「毫忽不能昧，斯須不敢瞞」，乃至王龍溪、錢緒山等，對梁漱溟的心學思想均有觸啟之功。就**熊十力**言：除融攝朱王外，熊透過「薑齋千載是同參」的自白，觀見船山為其生命的精神導師，熊自1908年讀船山作品，對其精思察識予高度評價，1913年的〈翊經錄緒言〉，已推崇濂溪、橫渠、船山三人對《易》道的發明，1916年《心書》中多及船山，而船山的孤往精神，及民族思想中的廣闊文化視野最為其所效習。至於「尊生而不可溺寂」、「彰有而不可耽空」、「健動而不可頹廢」、「率性而無事絕欲」等四大綱領，更是熊十力汲攝自船山的思想精義。唯熊十力對船山的「乾坤並建說」，多次質疑落入二元之嫌，而提出「乾坤互含說」加以修正，又船山的「十二位陰陽嚮背，半隱半現說」，熊十力認為每卦增益六爻，於經無據，然究實而言，熊十力強調〈乾卦〉中有坤象、〈坤卦〉中有乾象，與船山十二位陰陽嚮背說實互相通達。此外熊十力亦深得周濂溪動靜變化神妙之理，並強調一己翕闢說言動靜係掌握〈乾〉〈坤〉動靜，與〈圖說〉孤陰孤陽、難以語變並不相切。至於張橫渠「一故神，兩故化」，闡發體用相即之論，贏得熊十力認同，而〈太和篇〉體用觀，熊以為仍未通透，又船山的宏闊，究非橫渠可比，他如明道的〈識仁〉、伊川《易傳》等，熊亦

多有發揮。至於陸象山的「先立乎其大」，陳白沙的〈禽獸說〉，熊亦援為資源，而對陽明後學等，則偶發議論，譽詆兼而有之。

就馬一浮言：除朱王二家外，馬一浮〈太極圖說贅言〉推崇周濂溪，得《易》教之精微，能抉示性命之根本。馬並透過〈太極圖說〉，領略氣從乎理、氣中見理、理在氣中、理氣一原、體用一如之理。對於張橫渠「為天地立心」、「為生民立命」、「為往聖繼絕學」、「為萬世開太平」等四句教則大力表彰，強調其核心義旨即在於「仁」，並結合《大乘起信論》以申橫渠「心統性情，即該理氣」之說；另對於明道即工夫即本體、居敬存誠的識仁工夫體認尤深，他如明道的減盡便沒事、自家體貼、返求自得等要言，均引發馬一浮的共鳴；至於伊川的「涵養須用敬，近學則在致知。」馬一浮亦援為成德之法門，而伊川《易傳》，亦為馬所推崇。在其眼中，濂、洛、關、閩諸賢直接孔孟，程、朱、陸、王均是孔聖嫡傳，而邵雍、濂溪、橫渠、明道、伊川為學各有功力與造詣，未可輕為論量。倘**梁、熊、馬**並觀，除朱王外，梁漱溟對泰州王學獨有體悟，影響深鉅；熊十力對船山的肯定、承接與發揚最力，「垂老弗變」正道出對船山的獨鍾；至於馬一浮則著力融攝各家，乃至對經今古文及漢宋之爭、儒釋道三教等，均力圖綰合及會通。

三、學術闢拓：重心性　取向有別

尊崇宋明儒學，係當代新儒家的共同精神取向，而其所理解的儒學精神，實即以宋明儒學為主要範式。透過回歸孔孟、接續宋明、會通西學與佛學，重構思想體系，以促進儒學的現代化。至於宋明儒學的精神，實即以儒家心性之學為本源大流，無論梁漱溟、熊十力或馬一浮，其循源上溯之際，亦傾力勘探、汲引、闡述或轉化宋明學術精髓，試圖開鑿出一套宜世切用的心性理論。就**梁漱溟**言：初試啼聲之作《東西文化及其哲學》，衡論中西印的文化

差異，闡揚孔學的現代人生態度，及至《人心與人生》，著力於心理學的表彰釐辨，而觀其實質內涵，又切近陸王傳統的心性之學。倘考索其學術歷程與內涵，則「直覺」概念是其早期心性觀的重要元素，梁漱溟透過直覺論強調道德行為當下即是的自發性，它相當於與「理智」對立的求善「本能」，也與生活創造根源的「意欲」一詞切近；直覺是人的道德本性，一種無私情感，也是一種生活態度；直覺是獲取知識的三種工具——現量、比量、非量（即直覺）之一；直覺更是融合陽明、心齋自然現成的良知觀及孔子的「仁」、《中庸》的率性、《易經》的生，乃至西哲柏格森、麥獨孤、羅素等之說，所改造而出的多元概念。梁漱溟欲藉由道德上的直覺來承認人心的主體性，強調我欲仁、斯仁至矣，藉以抬高人的自主地位。然自《中國文化要義》起，梁提出「理性」一詞替代「直覺」，並將直覺概念進行修正與深化，對於人類心理由原「本能」、「理智」二分法，改而接受羅素《社會改造原理》一書中的「本能」、「理智」、「靈性」三分法，並以「理性」一詞替代「靈性」，又將原歸屬於「本能」的人類無私感情改納入「理性」之中，通過人類心理的發展史，梁確立本能、理智、理性的三分及其定位。及至《人心與人生》，續用「理性」一詞，側重理性觀念——即吾人道德良知的圓熟發展，並扣合吾心與宇宙本體來加以發揮，強調人心自覺則無隔於宇宙大生命，欲期由肯定當下生命進而體證宇宙生命，由下學而上達生命本源，由人身之有對進入宇宙生命之無對，此係梁沿承孔門、接續宋明，一脈共同致力的課題。

就**熊十力**言：熊十力的整體哲學架構中，「本心」居立基底與核心位置，或可言斯學歸趨，即在復其本心，即在求識本心的返本之學，如《新論》強調窮究萬殊而歸於一本，所謂「一本」無他，即所謂本心，另《明心篇》亦以弘大本心善端為依歸，本心即是良知，即是真的自己，即是孔子的仁、《大學》的明德、孟子的「幾希之心」。又本體不能離吾心而向外索求，所謂見體，即是

本心的自覺自證，當自見本心時，亦即洞見宇宙本體，由此可見重建本體與求識本心是同轅同轍，難以割裂。除先驗的本心外，尚有迷以逐物所形成的習心，如何保任本心、創起善習、轉化惡習，便成為熊十力繼陽明致良知後所致力的要點。雖則熊十力執守本心，講究反求實證的見體之路，與王陽明側重由道德實踐而證得真體的基本路線一致，但熊十力仍就陽明思想進行反思與改造：王陽明主以道德本心言本體，強調經由道德實踐以返歸本心，熊十力則更強調本體為吾人與天地所共有；王陽明言心即理，熊十力強調心物同體、不分內外；此外熊十力雖稱揚陽明的致良知，然在格物上卻輔以朱子觀點，試圖打破尊德性與道問學的對立隔閡。也因此在《讀經示要》中詳申「致知」與「格物」，既汲取陽明的致知說，傾力推闡良知本體，復兼重朱子的格物說，將科學納為格物一環，視致知為格物之本、格物為致知之用。而《新論・明宗》中則著力探究「性智」與「量智」，性智即良知、本心，名以「性智」，更著重於凸顯本心良知必須加上體認實證的工夫，即「致之」、「覺悟」的實工夫；量智則是習染與官能合而為一，在追逐境物中所形成，是後天所具，熊十力強調透過斷盡妄習、掃除雜染，使性智轉化為正向的量智，使量智成為性智的有效發用。另《明心篇》中致力探討「智」與「知識」的差異與融通，在以智主識、智識合一的觀點中，得見熊十力兼攝朱王，又能創發己見。雖然如此，就心性之學的開拓言，陸王仍是其主要歸宗，而陸王之學透過熊十力亦獲盛大發揚，也因此賀麟言熊：「對陸、王本心之學，發揮為絕對待的本體，且本翕闢之說，而發展施設為宇宙論。用性智實證以發揮陸之反省本心、王之致良知。」[2]

就馬一浮言：馬一浮標舉心性旗幟，於前賢基礎上續予推進，以心性開展六藝之學，以心性貞定文化主體，以心性賅攝各家各

---

[2] 賀麟：《當代中國哲學》，頁9。

派，由其名言：「須知教相多門，各有分齊，語其宗極，唯是一心。從上聖賢，唯有指歸自己一路是真血脈。」得見其以見性為亟的理念，也因此賀麟認為馬一浮的「文化哲學的要旨是說，一切文化，皆自心性中流出，甚至廣義來講，天地內萬事萬物，皆自心性中流出。」[3]至於其**心性論**之要義：一是心兼理氣，以「氣」泛指已發的感性活動，以「理」表述感性活動所應持循的道德法則，而此心正是理與氣的統合，唯有以理率氣，則凡所發用，均能順性合體。二則主心具理：一改陽明之心即理，而言心具理或性即理，因理並非等同心之自身，而是心之所具之理，由於心具眾理，因此盡心即可致理。三強調心統性情，性為純理，無有不善，情雜氣質，有善有不善。性情均由一心發出，吾心能主宰、駕馭性及情，因此吾人當致力於存心養性、以理制欲、以性統情的工夫。總之，馬一浮透過心本論，進而闡明文化、思想、真理、信仰均根源於此心。再就其**工夫論**言：馬一浮提出知能合一、性修不二與知行合一，作為其工夫論的重要依據；若就工夫論的實際進路言，則提出主敬為涵養之要、窮理為致知之要、博文為立事之要、篤行為進德之要四大要目。首先：主敬與涵養可視為直接體認及培養心性本原的修養方法，「涵養」係寬泛以言，具體切實言之則為「主敬」，鑑於當時肆慢的惡劣學風，馬一浮強調「主一無適之謂敬」，伸言主敬、居敬、持敬，欲化解揚己矜眾的時風惡習；其次：馬一浮以「窮理」替代「格物」，並提出思維、用思、致思，以為窮理的具體工夫，所謂「思」，是一種反身向內的道德體認與察識；再者：博文係指包括閱讀典籍在內的各種天下間事相的學習，且能通達而無所偏狹地把握此種宇宙人生的真相、真理或規律者；立事則指能合宜處理一切事務，而所謂「事」則涵括日常生活、待人接物及各種社會實踐等，至於立事的基礎則在博文，事之立必須透過博文所得的

---

[3] 同前註，頁13。

經驗知識或理性觀念，方得以建置；最後，馬一浮強調性德雖是本具，倘不修證則不能顯，能因修顯性，即是篤行為進德之要。全性起修，即本體即工夫；全修在性，即工夫即本體，修此本體之工夫，證此工夫之本體，此即是篤行進德。此四要目深受朱子白鹿洞書院學規的影響，而以主敬涵養為始基，篤行進德為總相，雖析之為四，其理則通貫一體。

四、學術立場：振儒學　兼攝釋老

自孔子言仁、孟子言求放心、周濂溪主無欲、程明道申識仁、程伊川主涵養須用敬，張橫渠主變化氣質，謝良佐言去矜，朱子主格物致知、象山強調先立乎其大、陳白沙提出靜中養出端倪、陽明主致良知，沿循儒家道統一路開展，及至民初，儒學在西勢猛峻侵凌下，面臨淡薄困境、剝極窘況，值此之際，**梁、熊、馬**挺身立興復儒學之志，並以孔子思想為文化本體與生命，以創發孔子儒家的真精神為致力方向。如**梁漱溟**在《東西文化及其哲學》中公開倡導走孔家的路、過孔家生活，強調孔家的學問即在自家生命和生活上，並透過東西文化的內在理路，及世界文化三期重現說，來申闡儒學何以能實現中國的救亡圖存，藉由柏格森生命哲學與陸王心學等所建立的新孔學，開展出現代儒學的第一道曙光。而**熊十力**則透過詮釋中國文化及闡發體用哲學兩大系列作品，由不同角度對儒學進行發揚，前者以經學為核軸，試圖開顯儒家內聖外王的整套學問系統；後者則透過佛家唯識學的析辨，以豁顯其取源自《易傳》的「翕闢成變」、「全體大用」等系統理論。熊十力在強烈的現實關懷中，托始孔子、改鑄孔子，對儒家的義理勝境重行開發與創造，透過「原儒」來凸顯其根源於本心所證會的理想原始。至於**馬一浮**鑑於學絕道喪，儒術方為世絀之際，如何綿此聖學一綫之傳，便成為其悲願之所繫，透過回向原典、貞守儒家義理、興倡六藝，以

期見性知命、去蔽復初，則為其著力所在。在重建中國文化，進行現代儒學復興之際，馬一浮呈現出典型傳統主義的性格，秉先儒遺規，原本經術，一以義理為依歸，再者其致力於破除歷史上一切宗派門戶之見，其學術的圓融特質，具顯無遺。

作為當代新儒家的先驅，**梁、熊、馬**視儒學為文化生命的歸宿，在儒學潮現代型態的轉進中作出個人貢獻。三聖在闡揚心性、各施其長的同時，亦續承宋明援佛道入儒的特色，他們一則投入佛道哲理的研究，汲取佛道的邏輯思維及方法，以作為建構現代新儒學的重要資源；一則由自己的思想體系出發，對佛道提出多方省思與批判，而釋道二家在其學思歷程中，亦影響鮮明，地位未可輕忽。

先就佛家思想的取攝與批判言：梁漱溟的思想是在儒與佛的衝突交織中，在入世與出世的矛盾交盪中，曲折開展而出的，在理智上，梁漱溟選擇以儒家精神濟世；在情感上，梁漱溟則願持佛家精神立身，因此在其《東西文化及其哲學》一書中，提出中西印三大文化路向，而中國文化被其視為現階段最具體可行的道路，印度文化則被奉為最高型態與歸宿的文化模式。在先佛後儒、以佛釋儒、儒佛同構的思想路向上，梁漱溟先後有〈儒佛異同論〉《人心與人生》〈東方學術概觀〉等作品，得見其儒佛異同觀及其會通模式。儒佛二學，儒探求人生之樂，佛講究生命之苦的解脫，方法不同，但都在人心之內用力，同是一種反躬修養之學，同樣致力於生命的自我體認，與西學側重知識、發揮理智不同。此外梁漱溟更廣泛應用佛學的思辨模式與概念入其思想體系，如借重唯識學的知識方法論，以平章東西文化及哲學；以意欲的滿足作為人生三路向的分界；將大乘佛學的佛性說與儒家的仁心本性相互溝通等。至於**熊十力**則依唯識學的思維，以佛構儒，出佛入儒，建立以體用不二為綱的哲學架構，在歷經游移於儒佛、無所專主；歸佛向佛、恪守師說；改造佛學、攝佛入儒的三階段後，終於由佛轉儒，歸本於

儒。至於其要著中，《新論》文言文本已融《易》入佛，以佛為主並吸收儒道思想；至語體文本則宗主在《易》，以儒為宗並彈正佛法；及至《體用論》思想更趨圓熟精要，呈現再三錘鍊過後的新佛學精神，或可稱其已由佛向儒、歸趨於儒。倘就其出入空有二宗言：熊十力對空宗的破相顯性極為認肯，然評其力道太猛，掃相而終歸破性，落入用空而體也空、相空而性亦空之弊。有宗則欲令人識法性真實，熊十力基本上接受唯識宗萬法唯識的理論，但對有宗視一切外物均由內識變現而來，即所謂「唯識非境」，認為仍未盡妥貼。綜言之，熊十力詬病空有二宗者，在於談體遺用，不悟盛化之神而拘泥寂滅；在於其所證會的本體，係無相無為、無造無作，而有求體廢用、耽空滯寂之病。因此他進而提出即體即用、即用顯體的「體用不二」論，亦即在現實中識本體、本體即呈顯於現實界中。又佛家主張攝物歸心，稱為「唯識」，係因境非離心獨在，心能了別境，至於熊十力則進而倡言心境渾融、心物合一等。《新唯識論》語體文本既出，熊於彈正、改造、融攝唯識學之際，終歸本於儒，提出體用不二與翕闢成變等中心思想，建立具現代新儒家特徵的理論體系。就**馬一浮**言：游心大乘，篤好般若，是其晚年的真誠自招；長期浸潤涵咏佛學典籍，深諳禪悟之理，是當代不可多得的研佛學者；而「執彼教之巵言，證儒家之孤義」，引入佛學義理以講論六藝，則是其用心所在。其日常生活，即飽浸佛禪氣息，遠謝時緣、訪名剎、和高僧外，亦於杭州創設佛教義學組織般若會，而復性書院則採行佛教叢林制度，另題辭、詩作、書序跋文義涵蘊佛義，專著如《法數鉤玄》係依據佛典要籍，著力於佛家教理名相的簡釋，其他著作亦時引佛書佛語，融佛理以言詮。至於其運用義學、會通儒佛的方式靈活多端：或援佛義以喻說儒家義理；或將佛教解經的模式，移用於解釋儒經者；或持儒理以詮釋佛理者等，此外尤致力於宋明儒學與佛學的通會互詮，其心性論，既是理學的，又是佛學的，馬將理學中的佛學成分揭示出來，使理學更富有佛學

色彩。由於其頗熟稔傳統儒學——尤其宋明儒家學統，亦精詳佛學法脈及流變，因能融會二家，了無窒礙。而其所以打破門戶，強調融佛入儒，儒佛互攝，主因其認為儒佛二者乃「同本跡異」，均以明性道為歸，在洞澈心源、得意忘象的前提下，即能體悟千聖所歸、無不一致。倘三者相較，熊十力終捨佛歸儒固不待言；梁漱溟雖深心好佛，而佛教唯識學亦是其研究文化的重要方法，然《東西文化及其哲學》的寫作根本仍在宣倡孔學及中國文化；真正能超越儒佛對立、實現儒佛會通者應屬馬一浮。

次就道家思想的分判與抉擇言：道家之學，祖述老聃，尊道貴德、輕物重生，主張反璞歸真，追求精神自由，民初研探老莊之名家輩出。在**梁漱溟**的人類三期學術文化中，儒家隸屬第二期，是人對人問題的學術，屬人生自勉向上之學；佛家隸屬第三期，為人對自己問題的學術，以澈究宇宙生命為本。至於道家之學則置於第二、三期之間，儒道二家同在自家生命上用工夫，然儒家為學本於人心、道家為學重在人身，梁漱溟即由道家身學出發，著重攝生養生內涵的闡述，如中醫針灸、氣功、太極拳等，對道家的關注，其哲理的申闡有限，多著力於健身療疾、保養生命的實用價值。至於**熊十力**其《新唯識論》實由印土唯識學嬗變而出，而以《易》為根柢，又融攝柱下漆園、宋明諸子等，道家哲學提供熊重建其本體論的思想資料與智慧啟迪。道家思想的洞微燭遠、益人理趣，始終為熊所樂道，由年輕時的嚮往、濡沫及至閱世較深、年歲較長時以「漆園記」呈現複雜心曲，以莊子撫慰傷痛而又藉以自警自惕，均可見道家在熊十力思想中的特殊地位。就思想源流言，熊十力認為道家之學，本出孔子《易經》，判道家為儒家支流，並援《老子》「一生二、二生三」與《周易》每卦三爻結合，揭示相反相成的變化法則，而其目的則在進層扣合其「翕闢成變」的宇宙運動發發展規律；而其對道體的理解，正是汲取了道家的「無」、佛家的「空」與儒家的「有」渾而為一，從而建構出「至寂而善動，

至無而妙有」的本體觀；復援《老子》「為學日益，為道日損」之語，轉發為科學日益之學及哲學日損之學，前者根柢在物；後者根柢在心。至於道家偏蔽，就體用觀而言，熊十力認為道家倡攝用歸體，儒家主於用識體；就宇宙論而言，老子以道為宇宙基源，以虛無為本，固是老學宗趣所在，但究與《大易》所強調的乾元宇宙實體未能相侔；就知識論言，道家反知棄智，孔子則強調「知周萬物」；就天人觀或人生論言，熊十力則對道家主張委心順化、耽於虛靜，蔽於天而不知人，及強調返虛、篤靜、守弱、退後等思想提出批判。**馬一浮**同於熊十力，亦認為道家出於六藝之《易》，倘儒道比較，老子主張以靜制動，強調無為而無不為，尚存有機心，究與儒家主靜之旨有別，另老子又主張「弱者道之用」、「反者道之動」，凡此均為後世權謀術數之所從出，馬一浮因作有〈論老子流失〉一文，逕直道出其流弊之深。倘就佛老二家關係言，馬一浮認為兩者間「理既冥符，言象可略」，因此乃著手注《老子》，形成一套體系嚴明的佛老會通、以佛解老系統，惜僅成上篇三十二章。馬之持佛解老，其目的不在判別二者高下，而在證成佛老的實質精神相通。

五、學術定位：勤耕耨　各有建樹

　　三聖面對共同的時代課題，處於相近的學術立場，亦同時身居其時的儒林領袖，然在不同的學術見解與文化思考下，雖然交誼篤厚，時有交會與激盪，然仍導向不同的發展路徑與建樹方向。**就梁漱溟言，堪稱為致力於儒學社會化的行動思想家**：在受其父梁濟學以致用的思想影響下，梁漱溟不為學問而學問，而以實踐為依歸，其一生切志於中國問題的解決，喜歡行動而力避空談，因此韋政通曾如是評論梁漱溟：「他是一個行動底人物，他為了行動而思考。在行重於知這一點上，他是當代新儒家中最能相應原始儒家精神的

人。」[4]其行動力的展現，尤其以結合儒學思想與民主科學、知識份子與農群眾民，所提出的鄉村改造運動，最具典型。梁漱溟鑒於中國具有倫理本位、職業分途的特殊社會型態，以及鄉村為中國文化的老根，因提出建設新中國的「路向」，須由鄉村入手，以教育為手段來改造社會，使老根上重發新芽。其鄉建目的有三：就教育面向言，期達全體受教、農民自覺的目的；就經濟面向言：期促興農業、發展工業；就政治面向言，藉由自衛組織，防止匪患橫行。至於其思想來源則借鏡於泰州學派鄉會組織與建構，以及講學教育的推行；呂氏鄉約中自主參與、德業相勸、禮俗相交、患難相恤的精神；以及丹麥民眾高等學校中民族精神的覺醒、實用能力的培育等。1931年，梁漱溟梁漱溟於山東開設鄉村建設研究院，並以鄒平及荷澤兩縣為實驗區，唯持續七年，以「創造新文化，救活舊農村」為口號的社會改造運動，終因對日抗戰、科學技術掌握不佳、理論與實施的落差、鄉民配合度不高等因素而落幕。然其對傳統教育體制的改造，對培育鄉村人才的努力，對引進西方科學技術的努力，均有其時代意義及價值。再者梁漱溟亦配合鄉建運動的推展，積極從事理論創作，先後完成〈中國民族自救運動之最後覺悟〉《鄉村建設論文集》《梁漱溟教育文錄》《鄉村建設大義》《鄉村建設理論》諸作。

就熊十力言：堪稱為致力於儒學哲學化的的理論建構者：熊十力畢生投注於返本開新之學，於心性論接棒陽明孔孟，著力彰顯吾心此一點靈明；於天人論強調體天道以成人能，即人能以實現天道；於知識論主張藉性智主宰量智、藉良知之明發展格物之學；於治化論則融《大易》《春秋》〈禮運〉《周官》以為說，倡民主革命，主張除階級、廢統治、行均聯，欲達天下為公、群龍無首、

韋政通：〈梁漱溟：一個為行動而思考的儒者〉，《儒家與現代中國》（台北：東大圖書公司，1984年7月），頁219。

萬國咸寧之境。至於最足資代表熊十力哲學內涵者，則不外其體用不二思想。在空有二宗與本土禪宗、船山義理學派傳統、孔孟以下迄陸王、老莊、西哲等——亦即以佛學、易學與心學三者為主的思想資源，激盪、交揉、揀擇下，終建構出其「體用不二」、「翕闢成變」觀。熊十力評斥西哲將本體與現象截然二分，實為根本迷悟，其實體用相即不離，即體而言用在體、即用而言體在用，體用雖若不一而實不二。熊十力並由即用顯體、於用識體、攝體歸用、證體知用、作用見性、即工夫即本體、全體成用、全用即體、體用可分而實不可分等多方面向，發揮體用不二思想，並時以大海水與眾漚無別無異為喻。倘由體以言，乾元必顯現為翕闢、乾坤兩大勢用，並恆率循相反相成法則以運動；倘由用以言，翕闢、乾坤或心物之變化，則是即用而識體。又就其體用觀點的主要遷變言，《新論》中盛言「攝用歸體」，強調離識無境、境不離識，認為此一具體外顯的宇宙世界，皆不離此本心；蕃然萬殊的宇宙萬有，無非為本心之所變現，及至《乾坤衍》則強調「攝體歸用」，以本心為真實不虛，宇宙萬有亦是真實不虛，換言之，將一元實體攝歸於萬物之中，以現象為主，用真而體亦真，指點出一條回歸真實存在的道路。熊十力言體用不二，上承伊川的体用一源、陽明的即體而言用在體、船山的體用相函等，於下則對牟宗三、林安梧等當代新儒家後繼者，萌生一定影響。

就馬一浮言：堪稱為致力於儒學六藝化的經學發皇者：任繼愈於《馬一浮集》序文中稱：「馬一浮的『六藝論』是他對中國文化的整體觀，也是他的學術思想體系。」[5]其擬撰之《六藝論》雖因戰亂難以竟功，然透過《泰和宜山會語》《復性書院講錄》《爾雅臺答問》諸書，仍得見其思想要義。首先，馬一浮判六藝為一切學術的本原，強調「六藝統攝一切學術」，進言之，六藝統諸子及

---

[5]　任繼愈：〈序〉，《馬一浮集》第一冊，頁1。

經史子集四部，六藝亦統西方學術文化，如自然科學、本體論統於《易》，社會科學統於《春秋》，文學、藝術統於《詩》《樂》，政治、經濟、法律統於《書》，認識論近於《樂》，經驗論近於《禮》。其次，六藝間可相互統攝，如《易》可統《禮》《樂》，《春秋》可統《詩》《書》；又六藝總在《孝經》，散在《論語》，因六藝主在明性道、陳德行，故以《孝經》總會之，而《論語》中亦隨處可見六藝之旨。再者，馬提出「六藝統於一心」的學理建構，強調六藝為吾人性分內所具之事，是性德本來具足，性德包蘊萬有，舉一全賅則曰仁；開而為二則為仁智、仁義；開而為三則為智仁勇；開而為四則為仁義禮智；開而為五則為仁義禮智信；開而為六則為智仁聖義中和；就真實無妄言則稱至誠；就理之至極言則稱至善，其六藝即一心之全體大用的思想，結合由孔孟發軔，及至宋明益趨成熟的程朱理學與陸王心學，而自成一套綿密又深具邏輯的理論體系。六經傳統在馬一浮的重鑄下，呈現多重價值，倘由心性角度觀：六藝既是自心本具之理，則六藝之道即可稱為復性之道，心性價值正是六藝的內在依據與根基；倘就文化角度言，馬一浮畢生致力整合及化解漢宋、經今古文、朱陸的差異，乃至進行儒釋道三教、中西間的融通，而其提出的六藝——《詩》《書》《禮》《樂》《易》《春秋》，亦大抵可分別代表道德、政治、制度、審美、科學、社會文化價值，通過六藝新詮，馬一浮為中西及傳統現代的文化，重謀秩序與定位；就人生價值觀言，六藝的最終目的在提升修養、圓滿人格、實現人生，具現人生價值。

第二節　三聖學術的迴響與反思

當代新儒學接續宋明儒學發展，並呈現出如下基本內涵：「以民族生存的關切情懷，以融攝西方文化之新，而歸宗為儒學的精神

價值，並以重建儒家形上學為理論核心，以重立儒家理想價值為職志，以開出現代新『外王』為標的，體現出對於文化危機的反思，意義世界的追求，終極關懷的尋覓。」[6]至於梁漱溟、熊十力與馬一浮等人，則為此間開路先鋒，而續其後者亦代有才人。另三聖學術雖各有局面，然立居時代風氣之先，思想特色固然鮮明，然亦不免有其偏限。

一、學術迴響：才人出　後先崛起

　　透過梁漱溟、熊十力、馬一浮、張君勱等的勤力耕耘，乃接續孔孟的第一期、宋明儒的第二期，發軔出第三期儒學，即所謂當代新儒家者，其後群雄並起、精銳輩出，馮友蘭、賀麟、錢穆、方東美、唐君毅、牟宗三、徐復觀、馬一浮、余英時、劉述先、杜維明、成中英等續有開展，當代新儒學的時流潮風乃更趨興蔚。倘專就當代新儒家所續承於宋明儒學此一角度觀之，雖多致力於程朱陸王的調和，然不免各有偏好，偏趨陸王心學者，如梁漱溟、熊十力、張君勱、賀麟、牟宗三等屬之；偏趨程朱理學者，如馬一浮、錢穆、馮友蘭等屬之。若就**梁、熊、馬**三者學術的影響言，則梁漱溟《東西文化及其哲學》的表發，揭櫫新儒學思潮的序幕，凸顯儒家心性之學，亦開啟宋明儒學的復興方向，對思想界的衝擊及影響最早；而熊十力則傾力創導與發揮儒家哲學，對當代哲學網路的播植之功與開創之力，最為具體可觀，至於馬一浮則繼承與發展儒學的人文精神與基本理論，根基渾厚、體系謹嚴，唯開新之功未若梁、熊。以下姑持劉述先對當代新儒家「三代四群」的劃分基準，並依生年為序，簡述各家對宋明儒學的主要立論與現代觀點，藉此

---

[6]　張立文：〈從宋明新儒學到現代新儒學〉，《中國哲學史》複印報刊資料1994年第3期，1994年5月，頁75。

麗觀三聖之後的儒學發展特色與梗概，又此間因第二代新儒家所續承於熊十力的軌跡最為鮮明，影響當代儒學的發展至鉅，因此闡論較詳，至於第一、三代則僅略及。

（一）其他當代新儒家第一代的踵繼

若以當代新儒家第一代為言，除梁、熊、馬外，尚有張君勱屬第一代第一群；另馮友蘭、錢穆、賀麟、方東美屬第一代第二群。首先，就**張君勱（1887-1969）**言，其對梁漱溟區分世界文化為中國、印度、歐洲三種，並析三者各有文化特色表示認肯，唯梁斷中國文化將續歐洲文化成為世界主流，張君勱則認為此等文化速斷論過於早計，重心當落於思考中國文化究竟應如何復興。張君勱除沿承梁漱溟重視人生問題，並嘗試建立形而上本體外，尚於二〇年代的「科玄論戰」中提出「復活新宋學」的口號，強調「心學之發展，為形上的真理之啟示，故當提倡新宋學」、「誠欲求發聾振聵之藥，惟在新宋學之復活。」[7]堅信中國文化前途捨復興宋學無他，又試圖會通西學，援柏格森、倭鏗等以溝通陸王心學，以實現心性之學的現代化。透過張君勱的努力，當代新儒學得與自由主義、馬克思主義分庭抗禮，亦對梁漱溟思想續有推進，唯儒學形上體系的建構仍俟諸熊十力方得完成。其次，就**錢穆（1895-1990）**言：其是否得列當代新儒家之林，見解分歧不一，如劉述先視其為此間的中堅人物，而余英時透過〈錢穆與新儒家〉一文，[8]主張錢穆並非新儒家，而係史學家。錢穆一則對以胡適、陳獨秀為首的新文化運動，提出過激、失衡與失其本心的批判，一則試圖通過歷史，尋訪文化的本根與價值，而其結論則是文化的復興繫於儒學的

7　張君勱：〈再論人生觀與科學并答丁在君〉，《科學與人生觀》（上海，上海亞東圖書館，1923年12月），頁94。

8　余英時：〈錢穆與新儒家〉，收入《錢穆與中國文化》（美國：八方文化企業公司，1996年9月），頁103-158。

復興，此外更闡發六經大義，提升宋明理學精神，並確立全球視野的政治、經濟、文化、社會等多方內涵的整體性概念，如此觀來，稱其兼備新儒家與史學家特質，亦無不可。就其對朱王之學的拿捏言，錢穆循馬一浮批判陽明「心即理」說得太快的路線前行，並指陳陸王後學之蹈空，傾向狂禪，流弊叢生，又於〈朱子心學略〉中申闡朱子心論，藉以糾補陸王心即理的缺陷，故錢穆雖重視程朱陸王的會通，更著重透過程朱理學以彌補陸王心學，也因此被納歸為新程朱理學一派。再者，就**馮友蘭（1895-1990）**言：馮友蘭以「新理學」為其哲學架構，透過《新理學》《新事論》《新世訓》《新原人》《新原道》《新知言》等「貞元六書」，構成由宇宙論至人生論的形上學系統，其所謂新「理」學，主由程朱理學中汲取「理」的概念，援以新柏拉圖主義、新實在論，以及西學的邏輯分析法，重行詮釋改造，晉升為其思想核心，並以理、氣、道體及大全四者為主要概念，推出四組命題，演繹為一完整體系，第一組命題強調「有某種事物，必有某種事物之所以為某種事物者」，亦即所謂「有物必有則」，此「則」即是「理」，其超越時空，先於具體事物而存在，為事物之所以的根據；第二組命題強調「能存在底事物必都有其所以能存在者」，亦即強調「有理必有氣」；第三組命題強調「存在是一流行」，亦即《易》之「無極而太極」、「乾道變化，各正性命」；第四組命題強調「總一切底有，謂之大全」，亦即「一即一切，一切即一。」[9]透過以「理」為核心的共相說，以「氣」為主體的大化流行論，及以「心性」範疇為歸宿的人生境界論，開展出體系之學。馮友蘭自稱其學術係「接著宋明以來底理學講底」，透過宋明理學為主的義理進路，表達出其對興復儒學的終極關切。又復，就**方東美（1899-1977）**言：不同於梁

---

[9] 參馮友蘭：〈新理學的方法〉，《新知言》，《三松堂全集》（鄭州：河南人民出版社，2000年12月）第五卷，頁194-201。

漱溟並申西方、印度與中國文化，方東美則將希臘、歐洲與中國三大精神並立，唯就其學問根柢言，則仍奠基於儒家，其本諸生命哲學、精神哲學與境界哲學三者合一的形上學體系，對儒學的哲學基礎進行考察及探究，而終建立其生命本體論的哲學系統，並強調哲學目的即在真、善、美、神聖四大範疇中，發揮生命的永恆價值。就其對宋明儒學的理解言，首先，方東美認為道統觀念易引發偏狹武斷的心理，使思想型態趨於孤立系統，因主張採行純學統精神，以觀察分析宋明儒家如何在傳統脈絡上旁通統貫、精思冥求。並本原始儒家的精神，揭發朱子對《周易》的錯誤認知，連帶對《通書》的錯誤註解，但其對朱註《四書》，及其學術卓見仍多予肯定。而對陽明論仁的精微則特表推崇，並在〈從歷史透視看陽明哲學精義〉一文中，採一元論機體主義，以言詮中國哲學的特色。整體而言，其對宋明儒能持平批判，並無門戶之見。[10]最後，就賀麟（1902-1992）言：賀麟的新心學，推崇陸王、發皇陸王，並在陸王心學的基礎上，主張朱陸、儒道釋與中西的調和發展，同時亦是在梁漱溟的意欲、張君勱的自由意志、熊十力的本心基礎上，更外援黑格爾絕對精神並加以修正與轉換，藉此闡揚其心學內蘊，改造陸王心學。在他看來，陸王向內反求的直覺方法，與程朱向外體認察識的方法，其目的無二，均在復其本初，因此應兩者並納，又打破梁漱溟前期直覺與理智的對立，規定感性直覺為前理智直覺，理性直覺為後理智直覺，提出唯理性直覺高於理智，復融合中西直覺方法暨理智分析方法，強調感性直覺、形式邏輯、矛盾思辨、理性直覺四者的相互為用。由其〈宋儒的思想方法〉一文，[11]得見其

---

[10] 得另參姜允明：〈方東美先生對宋明新儒家哲學的評價〉，《方東美先生的哲學》（台北：幼獅文化事業公司，1989年7月），頁247-263。葉海煙：〈方東美的新儒家哲學〉，《鵝湖月刊》第26卷第9期，頁21-28。

[11] 賀麟：〈宋儒的思想方法〉，《哲學與哲學史論文集》（北京：商務印書館，1990年2月），頁175-200。

會通朱陸、兼採西哲的新直覺方法；而由其《當代中國哲學》一書，則得見其對上自康有為、下迄馬一浮的思想評騭：如前文已申者，賀麟推舉梁漱溟為新文化運動以來倡導陸王最力者；譽評熊十力得陸王精意，融會儒佛，其《新唯識論》將陸王心學發揮為絕對本體，創翕闢之說發展為宇宙論，並以直覺實證發揮陸王的反復本心、陽明的致良知等；推崇馬一浮能會通程朱陸王，馬注重條理極似朱子，卻無其支離而更趨圓融等，倘陸王心學為近現代中國的哲學發展主軸，則賀麟的新心學地位，自亦不可小覷。[12]

（二）當代新儒家第二代的續承

若就當代新儒家第二代為言：則徐復觀、唐君毅、牟宗三堪稱此間翹楚，且三者均出自熊十力門下，無論生命歷程或學思氣象，均深受熊的啟迪與影響，另唐君毅亦曾師事梁漱溟。

先就**徐復觀（1903-1982）**言：素有「歷史文化的鬥士」、「人文主義的自由主義者」之稱的徐復觀，原名「佛觀」，其後乃師熊十力為之改名「復觀」，取義自《易》〈復・彖〉：「復其見天地之心乎」，蘊寄「剝極而復」的彌切厚望。熊、徐二人性格、氣質貼近，均具耿直、真率、坦誠、無畏及好辯特色，並同樣關心民瘼，同樣於歷經戎馬生涯後決志棄政向學，至於熊十力對徐復觀的影響多端，姑舉三點表述：**首先見諸於其為學決心的立定及為學方法的甄定：「我決心扣學問之門的勇氣，是啟發**

---

[12] 關於梁、熊、馬之後的現代新儒學發展，可詳參李道湘：《現代新儒學與宋明理學》（瀋陽：遼寧大學出版社，1998年5月），此書除三聖外，另就張君勱、賀麟、錢穆、馮友蘭諸家詳申之；另韓強：《現代新儒學心性理論評述》（瀋陽：遼寧大學出版社，1992年8月），除列舉梁熊外，另就馮友蘭、張君勱、唐君毅、牟宗三、杜維明、劉述先、余英時、成中英各家加以申言；而拙著〈熊十力學術思想的傳承開展〉，《熊十力學術思想中的一聖二王》，頁219-235亦列舉徐復觀、唐君毅、牟宗三等新儒家第二代，及杜維明、林安梧、劉述先等第三代學者加以申說，此處立論第二代新儒家，即以此為底本進行增刪。

自熊十力先生。對中國文化，從二十年的厭棄心理中轉變過來，因而多有一點認識，也是得自熊先生的啟示。」[13]這是來自於徐復觀的自招，而經過熊十力「起死回生的一罵」，徐復觀始洞悉讀書要先領受書中好處，先悟出書中意義，而不是一味批判或攻訐缺失。又歷經熊十力的錘鍊，徐復觀方能脫卻浮淺，了解讀書須立其主、不能漫無目標，此後徐復觀逐漸捫索出為學之道與心得──不讀第二流以下的書，強調摘抄是讀書的水磨工夫等，[14]終在正確的為學方法下開展出一己的學術成績：《學術與政治之間》是由政治轉入學術的第一部作品；《儒家政治思想與民主自由人權》探索了儒家思想的基本精神及民主政治與自由人權的關係；《中國人性史‧先秦篇》《中國藝術精神》《兩漢思想史》《周官成立之時代及其思想性格》《中國經學史的基礎》《中國思想史論集》《中國思想史論集續篇》《中國文學論集》《中國文學論集續編》等馳騁於文、史、哲、畫之間，為中國思想史的豐富內涵進行了深刻而生動的解讀；《徐復觀文錄》《徐復觀文錄選粹》《徐復觀雜文》《徐復觀雜文續集》等以時政雜文呈現其對文化與時代的省思；《無慚尺布裹頭歸──徐復觀最後日記》則是其人生與思想的真實記錄，在豐富琳琅的作品背後，實不應輕忽熊十力的導引啟蒙之功。**其次則見諸於深沉文化關懷與強烈民族意識的影響：**當徐復觀接獲熊十力辭世的訊息時，徐以「中國文化長城的崩壞」表達痛悼之意，因為「有誰人能像熊先生投出其生命的全部以為中國文化盡其繼絕存亡之責」，「他每一起心動念，都是為了中國文化。生命與中國文化，在他是凝為一體，在無數驚濤駭浪中，屹立不動。所以，熊先生的生命即是中國文化活生生地長城。」[15]此外徐復觀並強調《讀經示要》《十

---

[13] 徐復觀著　蕭欣義編：〈我的讀書生活〉，《徐復觀文錄選粹》，頁315。
[14] 同前註，頁311-319。
[15] 〈悼念熊十力先生〉，《徐復觀文錄選粹》，頁340。

力語要》二書確然「把握中國文化的核心」，為「研究中國文化
的鑰匙」，「先生每立一辭，立一義，銖秤寸度，精確分明，語
意上不能稍作左右前後之移轉，而古人之心，乃躍然於紙上，必
如此而言中國文化，始真有中國文化之可言。」[16]而對以書札方式
論文論學，文字既美、內容且富的《十力語要》，則與馬浮《爾
雅台答問》並列，譽為「可上比朱元晦、陸象山諸大儒而毫無愧
色。」[17]此外面對外侮日迫、族類危亡的熊十力，念茲在茲於民
族思想的激發，他引船山為同調、視船山為知音，並極力肯定船
山能融民族意識於文化意識之中，而不陷於狹隘種界觀念，凡此
在在啟迪了徐復觀。徐復觀承續了其師對文化的真切關注，強調
「中國的問題，最根本的還是文化的問題。」[18]力圖藉由傳統文
化中可用資源的發掘，挽救現代化運動下的諸多蔽端。他在其師
薦讀的《讀通鑑論》中領受了船山扶長中夏的苦心，也在其師推
崇的《春秋》中開啟了史學研究的門窗，欲圖釐清中國思想史的
遞嬗軌跡與發展脈絡。此外他更接踵其師反封建、反專制、申民
主的外王精神，認為封建專政阻遏了儒家思想的正常發展，在其
《兩漢思想史》專著中既考察了先秦以迄兩漢中國學術及社會的
巨變，亦充分表露了對專制政體的批判。他窮竭一生致力於中國
文化中民主精神的顯豁疏導，及對傳統與現實政治的尖銳批判與
全面反思，同時也繼承船山及乃師的憂患意識，並將此等深沉憂
患化為責任擔當，透過學術生命做出最具體的傳達與印證。**再者
則呈顯於對熊十力本心仁體的發皇及對《新唯識論》體系之學的
肯定**：徐復觀踵繼其師對孔子「仁」學的側重，認為「孔子對仁
的開闢，不僅奠定了爾後正統地人性論的方向，並且也由此而奠
定了中國正統文化的基本性格，這是了解中國文化的大綱維之所

---

[16] 同前註，頁340-341。

[17] 徐復觀：〈如何讀馬浮先生的書 代序〉，《爾雅臺答問》，頁2。

[18] 同前註，頁195。

在。」[19]而熊十力《新唯識論》《明心篇》中雖強調心物未可分割，但更強調心具主動性、創造性，視本心為萬化之原，以求識本心為返本之學等觀點顯然亦為徐復觀所認同，他言道：「中國文化最基本的特性，可以說是『心的文化』」、「中國文化認為人生價值的根源即是在人的自己的『心』。」[20]延續熊十力側重心學的路線，徐復觀開展出其對文化的深層索探。至於對《新唯識論》，他則下如此論評：「熊先生的體系之學，應以他的《新唯識論》作代表。陶鑄百家，鉗錘中外，以形成他創造性的哲學系統」、「儒家致廣大而盡精微之義蘊，固由先生而發皇；而其思辯組織之功，融會貫通之力，乃三千年中之特出。」[21]對其師《新唯識論》的條理密察、結構謹嚴而又能自成一家之學，表達高度推崇。

徐復觀的學術生命雖與其師熊十力緊密契連，亦多有承於熊十力而更予推擴發展者，**但其學術體系仍自成格局，殊多觀點亦迥異於其師**，如同樣言「心」，「熊十力講心，是通過重建哲學本體論來凸顯心的，賦予了心以強烈的形上的意味；而徐復觀講心，則是通過人的具體生命及所創造的人文世界來凸顯心的，力圖消解心的形上意味」、「熊十力視心為生命本體，通過重建哲學本體論來表達和凸顯心學路向，昭示中國文化意識；而徐復觀則以心為人的具體生命，通過探討中國人的人文世界來表達和凸顯心學路向，昭示中國文化意識。」[22]以上李維武之言，點出了徐復觀雖認同以心學路向來理解中國文化，也肯定熊十力在重建哲學本體論方面的成

---

[19] 徐復觀：《中國人性論史・先秦篇》（台北：台灣商務印書館，1994年4月）第四章，頁100。

[20] 徐復觀：〈心的文化〉，《中國思想史論集》（台北：台灣學生書局，1988年2月），頁242。

[21] 徐復觀：《中國人性論史・先秦篇》，頁100。

[22] 李維武：〈徐復觀對熊十力思想的闡釋〉，載《玄圃論學續集——熊十力與中國傳統文化國際學術研討會論文集》（武漢：湖北教育出版社，2003年3月），頁263。

就，但與熊十力、乃至唐君毅、牟宗三等之言心，或主「體用不二」，或言「心體與性體」，或論「生命存在與心靈境界」，側重本體的主動性、實踐性或創造性路向不同，徐復觀強調對於心學的闡揚，應是從上往下落、由外向內收，本於人民立場，與真實生活相結合，而非反其道而行，由具體生命層層往上推，終而高懸形而上的天命天道處，落於僅可觀想而未可實行之境。也因此他認為熊十力、唐君毅等雖對中國文化頗有貢獻，「但他們因為把中國文化發展的方向弄顛倒了對孔子畢竟隔了一層。」[23]強調對文化的理解應直接回歸孔子之思想性格，因求消解形而上學，將哲學拉回現實世界。[24]及至針對熊十力的晚期作品《乾坤衍》，徐復觀更抱持吾愛吾師、更愛真理的態度，在日記中不掩本色，逕直道出他的訾議。[25]

次就**唐君毅（1909-1978）**言：唐畢生致力於人文精神的闡揚，贏得「文化意識宇宙中的巨人」封稱，通過「對中心觀念的肯定與發展」、「對中西文化與人文精神的論述」、「對中國傳統哲學的考論」、「心通九境論系統的建立」四類作品，[26]會歸出龐大的人文精神體系，要著如《道德自我之建立》一書強調人有其內在而又超越的道德自我、仁心本性；《文化意識與道德理性》認為人類一切文化活動，係植根於道德自我；《中國文化之精神價值》《人文精神之重建》《中國人文精神之發展》呈現以道德自我為本的文化體系，並進行中西文化比較；《哲學概論》通貫中西印哲學思想，融知識論、天道觀、人道論、價值論等於一爐；《中國哲學

---

[23] 徐復觀：〈向孔子的思想性格回歸〉，《中國思想史論集·續編》（台北：時報文化出版事業有限公司，1985年11月），頁433。

[24] 詳參李維武：《徐復觀學術思想評傳》（北京：北京圖書館出版社，2001年2月），頁159-226、278-289。

[25] 詳參徐復觀：《無慚尺布裹頭歸──徐復觀最後日記》（台北：允晨文化實業股份有限公司，1987年1月），頁59。

[26] 詳參李杜：《唐君毅先生的哲學》（台北：台灣學生書局，1989年10月），頁5。

原論》採「即哲學史以為哲學」的態度，以〈導論篇〉〈原性篇〉〈原道篇〉〈原教篇〉等暢論中國各家各派哲學；《生命存在與心靈境界》以道德理性為本位，依心靈感通方式，分判人類知識、行為、哲學、宗教等所屬之境，構築出「心通九境」的哲學體系。

唐君毅關注中國文化哲學，並曾舉列馬一浮「六藝論」為代表作之一，曰：「近人馬一浮先生，則有《六藝論》之著，亦意在以六藝之文化與其精神，通天人之故，此亦中國文化哲學之流。」[27] 至於唐之哲學體系大抵立基於二師——即梁漱溟的《東西文化及其哲學》，與熊十力的《新唯識論》基礎上復加以開展，唐於北大曾聽梁講授「東西文化及其哲學」課程，其後唐亦作有《東西哲學思想之比較研究集》，與梁均擅析東西文化特色與分野，亦均稱體大思精。至於熊十力對其影響尤大：唐君毅就讀南京中央大學時，因熊十力開授《新唯識論》課程，在問學過程中開展出二人的師弟之誼。此時唐君毅尚執持應由科學以通哲學，始為正途的見地，未能通契《新論》所申宇宙有其大生命之說，其後二人曾於1936-1938年藉信函就心與性、論辨與體會、科學與玄學真理等課題展開討論，其間「君毅有才氣而能精思，吾所屬望至切」二語，[28]則賅要道出熊十力眼中的唐生特質及其殷切寄望，而二人觀點的異轍殊途於1942年始見轉折，唐如此省觀：「論文化最重要者，在所持以論文化之中心觀念。如中心觀念不清或錯誤，則全盤皆錯。余在當時，雖已氾濫於中西哲學之著作，然於中西思想之大本大源，未能清楚。當時余所謂天人合一之天，唯是指自然生命現象之全，或一切變化流行之現象之全。……對一切所謂形而上之本體，皆視為一種抽象之執著。故余於〈中國文化精神〉一文，開始即借用《易經》

---

27 唐君毅：〈第八章哲學之內容　四、文化哲學〉，〈第一部哲學總論〉，《哲學概論》（台北：台灣學生書局，1982年9月，頁161）上，頁161。

28 《十力語要》卷二，《熊十力全集》第四卷，頁179，並可參稽頁166-168、177-179、184-196之〈與周開慶〉〈答君毅〉〈答唐君毅〉等信函。

所謂『神無方而易無體』一語，以論中國先哲之宇宙觀為無體觀。此文初出，師友皆相稱美，獨熊先生見之，函謂開始一點即錯了，然余當時並不心服。……唯繼後因個人生活之種種煩惱，而於人生道德問題，有所用心。……遂知人之有其內在而復超越的心之本體或道德自我，乃有《人生之體驗》（中華出版）、《道德自我之建立》（商務出版）二書之作。同時對熊先生之形上學，亦略相契會。」[29]由上引述窺知，唐君毅的學術思想，由思辨的了解與自然宇宙論的觀點轉為以道德自我為核軸，除本於個人生活的體驗領受外，亦有源自於國外唯心論大師黑格爾及國內師友的影響，而熊十力正是其間顯著的一位。

大陸學者郭齊勇曾就熊、唐二人中心觀念、致思取向的一致，以及其差異進行比較：就其一致性而言，「唐君毅的中心觀念『形而上的自我』或『道德自我』，也即是熊十力的『本心仁性』『仁體』、心靈生命的『自我主宰』」、「從熊先生的『體用不二』到唐氏的『性道一元』，為建構道德理想主義的文化哲學體系奠立了基本的框架與模式」、「唐氏對熊氏『體用不二』也有發展，他的『體用渾合之論』將主體之用分殊為『由用返體之用』和『由體呈用之用』」、「就文化意識的核心而言，熊、唐二氏都認同儒家的人本主義」、「在理想人格的追求上，唐熊亦有一致性。這不僅表現在他們對道德本體、道德人格的高揚，尤其表現在他們做人與做學問的一致，智慧與生命的應合，真的生活、真的人格、真的知識的統一。」就其差異性而言，「在客觀地疏解人類文化各方面的成果，……熊遠不及唐廣博、細膩。即便是在『體』『本』『一』之側面，唐氏亦較熊氏豐富。」其次是「他們對『超越』的理解和強調程度的不同。總起來說，熊氏對儒家心性主體的盡性致命之超越

---

[29] 唐君毅：〈自序〉，《中國文化之精神價值》（台北：正中書局，1994年9月），頁叁－伍。

有所論及，但沒有突出強調，有時甚至把積極盡人能的陽剛特性與超越感對立起來，嚴辨儒家與宗教的界線。唐氏則不同，唐氏中年著作即肯定『道德自我』或『道德理性』的超越存在，晚年更以『超越』為主要範疇，以『超越』作為盡性立命，達到『天德流行境』的方式。有時候唐氏甚至借助宗教信仰，來詮釋心性天命等形上實體的內涵。」再者，「熊氏強調主體性，但是熊先生沒有對主體性的結構、功能、動力及其與客觀的相互關係作出具體、詳實的解析。在這一方面，由於有西方哲學的訓練，唐氏的探索則成功得多。」最後，「對儒學內部資源的理解和疏理，唐氏比熊氏也較為深透。」[30]透過郭氏多方位的比較，得窺唐君毅以儒家心性之學為根本，步趨乃師對「本心」的強調，以「道德主體」為骨幹，無論就體系的建構、主體的解析抑或是對儒學、西學、佛學及各家派的詮釋，均有所推展與超越。[31]

熊十力以體用不二、翕闢成變為其哲學主要論題，其間王陽明「即體而言，用在體；即用而言，體在用，是謂體用一源。」為其思想淵源之一；至於言「性修不二」，亦是王陽明「即工夫即本體」思想的進層發展；而強調本心，更是陸王「心即理」、「致良知」的推擴。至於唐君毅亦有得之於王陽明的思想精髓，如曾自言《道德自我之建立》中有關超凡入聖的理論，係承續孔孟之教、禪宗及陽明學派以下諸子學說；《文化意識與道德理性》除承自西方康德、黑格爾外，於中國則淵本朱子及陽明。王陽明的良知，即是吾人的道德主體，亦是宇宙生化的本體，為萬物的存在根據，良知一旦呈現，天地萬物即在此良知明覺的遍潤下而不能外，仁心

---

[30] 詳參郭齊勇：〈熊十力與唐君毅〉，《熊十力思想研究》第九章，頁330-341。

[31] 另如葉海煙：〈第二部　生命存在與道德理性──熊十力與唐君毅的哲學對比〉，《道德、理性與人文的向度》（台北：文津出版社，1996年1月），頁25-109，亦曾就熊、梁思想的原有架構，先進行脈絡疏理，再對比二者異同，分由「文化精神論」、「生命存在論」、「道德理性論」、「心靈境界論」四大面向詳闡並比較二者思想特色。

與萬物即感通不隔，也因此花之色、天之高、地之深、鬼神之吉凶災祥，都不能離心而外在，惟在良知明覺的感應下，諸物的性相方顯，因此陽明強調「心外無物」，孟子言「萬物皆備於我」，程明道則曰「仁者渾然與物同體」，當人與天地萬物感通不隔、互為一體，方是一生命之真實存在，因此唐君毅言：「何謂吾人之生命之真實存在？答曰：存在之無不存在之可能有，方得為真實之存在，而無不存在之可能之生命，即所謂永恆悠久而普遍無所不在之無限生命。」[32]唯有致力於德性之實踐，始能使個人生命的存在成為普遍永恆的存在，此亦即唐所申之「生命之真實存在」。另唐君毅言心境關係：「境與心之感通相應者，即謂有何境，必有何心與之俱起，而有何心起，亦必有何境與之俱起」，[33]強調二者係相涵相攝、俱存俱息、俱進俱退、俱開俱辟，此即陽明「天地鬼神萬物離卻我的靈明，便沒有天地鬼神萬物了。我的靈明離卻天地鬼神萬物，亦沒有我的靈明」、「夫物理不外於吾心，外吾心而求物理，無物理矣；遺物理而求吾心，吾心又何物邪？」[34]由此見知，唐君毅在陽明諸先哲及乃師心學理論基礎上，拓墾出更精微豐富的心靈境界與內涵。除陽明外，唐君毅對王船山思想亦有精確的把握與獨到的見解，於《中國哲學原論》中分就「天道論」、「天道性命關係論」、「人性論」、「人道論」、「人文化成論」詳加探論，彼此且相互聯繫。除對船山思想的整體結構進行系統邏輯的說明，並能掌握其以歷史哲學廣論事理的精神，而於船山性命之學更闡微顯幽，發一己慧見。此外亦點出船山近承橫渠，遠本《易》教，理氣並尊、德才並重、理欲同行的思想特色，並對船山致力於歷史文化統緒的保存、以發揚民族精神及昭蘇國

---

[32] 唐君毅：〈導論〉，《生命存在與心靈境界》（台北：台灣學生書局，1986年5月）上冊，頁26。

[33] 唐君毅：〈導論〉，《生命存在與心靈境界》上冊，頁13。

[34] 〈傳習錄下〉，《王陽明全集》卷三，頁124；〈傳習錄中〉，《王陽明全集》卷二，頁42。

魂為己任特為表彰。[35]此外唐君毅對宋明儒學及其他各家亦多有掌握與發揮，如強調宋明儒學特重性理，此係上承孟子德性心而加以開展；認為明道、伊川間係同質的發展引申，並無歧出問題，差別在明道重一本之論、伊川則重開分解之說，[36]此與牟宗三堅持伊川為歧出，且與朱子同路有別。要之，唐君毅續承熊十力之後，對宋明儒學的探研交出頗為亮麗的成績。

　　末就**牟宗三（1909-1995）**言：以「古今無兩」表述一己著作的牟宗三，其學術專著三十餘部：大學時代的處女作《從周易方面研究中國之元學與道德哲學》探討易學與玄學；《邏輯典範》《認識心之批判》《理則學》強調架構的思辨，為其入探西學的成果；《歷史哲學》《道德的理想主義》《政道與治道》此「新外王」三書，展現昂揚的文化意識，欲圖昭蘇國魂，體認孔孟精神；《才性與玄理》《心體與性體》《佛性與般若》《名家與荀子》等闡釋及疏理中國哲學；《智的直覺與中國哲學》《現象與物自身》《圓善論》融攝中西，進行哲學重鑄，完成道德的形上學論證。凡上諸作係在層層轉進、步步超越中開啟新境、臻向圓滿，終而建樹出一己精深浩博的思想體系。在後學所發有關牟宗三的殊多論評中，其間如蔡仁厚即標舉六點以言，其一，牟宗三對儒、釋、道三教義理系統進行通盤之表述，為古今第一人。其二，牟所著新外王三書，真能貫徹顧、黃、王三大儒的心願遺志，而開出外王事功的新途徑。其三，以一人之力，全譯並消化康德「三大批判」，為二百年來舉世第一人。其四，對中西哲學的會通，達至前所未有的精透。其五，對中國哲學蘊涵問題，進行全面通貫的抉發與討論，使中國哲學得入世界哲學之林。其六，正式著書歲月逾一甲子，古今稀

---

[35] 詳參蕭萐父：〈唐君毅先生之哲學史觀及其對船山哲學之闡釋〉，載《唐君毅思想國際會議論文集Ⅲ》（香港九龍：法住出版社，1991年11月），頁1-16。

[36] 詳參高柏園：〈論唐君毅先生對二程理學之理解態度〉（上）（下），《鵝湖月刊》，第28卷第11-12期，頁33-40、15-22。

有。[37]賅要點出牟宗三的學術成就,亦適切詮解牟以「古今無兩」表述一己著作之所由。

牟宗三與梁漱溟的學術淵源不似熊十力佔深,大抵係透過熊十力而輾轉聞識,牟對梁漱溟《東西文化及其哲學》中所蘊含的中國關懷、文化關切,及其文人風骨表達肯定,尤其民國初年逢章太炎、吳稚暉等虛無主義氾濫,欲以佛家空、無取消一切;又值胡適之、陳獨秀等倡行西化,而梁敢標舉文化大旗,進行有力抗衡,此為其一生最具意義者,然牟對梁之《中國文化要義》與《鄉村理論建設》則分別提出「哲學味太重」、「縱貫性不夠,在方法上『從果說因』」等缺失。[38]至於牟宗三之所以能成為哲學宇宙中的巨人,除源於個人充沛的學養、匪懈的耕耘外,師友間予以關鍵影響者,則首推熊十力。「我之得遇熊先生,是我生命中的一件大事。」[39]這是牟宗三所發的坦誠自白。由《新唯識論》署款為「黃崗熊十力造」;由拍桌自道「講晚周諸子,只有我熊某能講」;由截鐵論斷「良知是真真實實的」,而不是假定的,凡此脫離常軌、勇於呈現真我面目的諸多行徑,為牟宗三帶來振聾發聵的作用,也趨使他步步進入乃師的生命,其後歷經長期切磋問學、交游互動,熊十力的人格特質與學術內涵,更深鐫其心,影響匪淺,他再度表述:「熊師的那原始生命之光輝與風姿,家國天下族類之感之強烈,實開吾生命之源而永有所嚮往而不至退墜之重大緣會」、「惟大開大合者,能通華族慧命而不隔。在以往孔孟能之,王船山能之,在今日,則熊師能之。」[40]一則道出與熊十力師生緣會的積極意義,一則點出熊十力承接前賢復活了中國學脈。至於透過熊十力函湯錫予:

---

[37] 詳參蔡仁厚:《牟宗三先生學思年譜》(台北:台灣學生書局,1996年2月),頁90-91。

[38] 牟宗三:〈我所認識的梁漱溟先生〉,《時代與感受續編》(台北:聯合報系文化基金會,2003年4月),頁371-377。

[39] 牟宗三:〈我與熊十力先生〉,《中國學人》創刊號,1970年3月,頁106。

[40] 同前註,頁116、117-118。

「北大自有哲系以來，唯此一人為可造」的評語，[41]亦可觀見熊對牟的器重。就同屬熊十力門下的當代新儒家三大儒而言，徐復觀的為學路徑固受熊啟迪，然對熊晚年作品發以微詞，表達出殊異觀點；唐君毅思想來自於生活的體悟，除熊十力外亦有來自於方東美的影響；而牟宗三由西學研究轉向致力於中國文化的索探、專注於儒家人文精神的重建，熊十力實扮演了轉寰的關鍵角色。

　　對於牟宗三如何立足並沿循其師既有的學術走向；如何堅守繼而挺立其師心性之學的命脈要旨，現代多位學者針對此項課題提出相關見解：如林安梧言《新論》之區分性智、量智，其後引為牟宗三之兩層存有論等。[42]陳榮捷強調牟宗三所建構之「唯心論的本體——現象論的形上學」可補熊十力《量論》未及完成之缺憾。[43]姜允明認為牟宗三繼承熊十力性智顯現的宗旨，而提出「智的直覺」，「性智」與「智的直覺」可視為傳統現代化中別開生面的重大成果。[44]郭齊勇則詳為探討牟宗三如何在熊十力的基礎上發展性體與心體，並推進道德形上學的證成，完成熊十力未竟之業。雖然二者思路不異，但就理論的細密而言，尤其在疏理及融攝康德道德哲學，及宋明學術的縝密闡釋上，則大大超越其師。[45]至於在佛學研

---

[41] 同前註，頁111。

[42] 林安梧於「熊十力先生百年誕辰紀念座談會」中曰：「就整個體系來說，熊先生《新唯識論·明宗》所說性智與量智的區分，是展開的起點，……後來便引成了牟先生所構造的『兩層存有論』，……牟先生用了『良知的自我坎限以開出知性主體』這樣的方式來說中國文化如何面對現代化開出民主與科學，我以為這個思想可以溯自熊先生『性智』與『量智』的區分。」發言內容載見《鵝湖》第11卷第11期，1986年5月，頁12。

[43] 參稽陳榮捷原著、陳瑞深譯註：〈當代唯心論新儒學——熊十力〉(上)：「其中，尤以牟宗三先生所建構的『唯心論的本體（物自身）——現象論的形上學』，最能把握中國哲學唯心論系統的主流，並扣緊現代中國特殊處境——『現代化』問題，而彌補了熊先生的『量論』未及完成之缺憾，可說是善於紹述乃師之志的當代唯心論新儒家代表人物。」載見《中華文化復興月刊》第18卷第11期，1985年11月，頁51。

[44] 詳參姜允明：〈試論牟宗三先生的智的直覺說〉，《當代心性之學面面觀》（台北：明文書局，1994年3月），頁69-84。

[45] 詳參郭齊勇：〈熊十力與牟宗三〉，《熊十力思想研究》第九章，頁341-353。

究面向上，除牟宗三曾自謂其寫《佛性與般若》，係踵繼其師學問的精神外，[46]另林鎮國則認為熊十力造《新論》，以全體流行之本心為體，發揮體用相即不二之旨；牟宗三則以《大乘起信論》「一心開二門」的理論架構會通中西哲學。二人均有得於佛學，惟對話態度不同：熊崇儒抑佛；具由佛歸儒的明顯轉向；牟則善於會通，持佛學增補儒學。[47]裴春苓則認為熊十力、牟宗三循王陽明「儒佛融攝」路徑，採以佛學來建構儒學、以他者來彰顯自我的「新儒學」方法論。[48]上舉諸家，均由局部入探，然已可略觀牟宗三為學方向及學術淵源，並驗證熊十力對牟宗三學術生命的具體影響。

　　思索並融通古人慧解，以期開展出合於中國文化的現代型態，是牟宗三素所致力的重心。在中國文化的疏導工程中，儒道佛三者並兼，而以儒為本。專就其對宋明儒學的建樹而言，《心體與性體》可視為其對宋明儒學的總評，《從陸象山到劉蕺山》則實《心體與性體》的第四冊，又其以道德的形上學之完成定位宋明學術，並重新將宋明儒學的發展判釋為五峰蕺山系、象山陽明系、伊川朱子系等三大分系，其中前二系循《論》《孟》《易》《庸》的路線，可會通為一大系，名曰縱貫系統，較合先秦儒家的古義；後一系以《大學》為主，名曰橫攝系統，前者乃大宗，後者為別枝。其對宋明儒學的最大貢獻在於嚴格區別二程，獨立開掘胡五峰、劉蕺山一系，以及捨朱子原正宗地位，改判伊川、朱子乃「別子為宗」。而其對宋明儒者的義理梳理涵括：注重道德意識的豁顯的周濂溪、強調天道性命相貫通的張橫渠、建立儒家一本圓教模型的程明道、使宋明儒學義理轉向的程伊川、以心著性的胡五峰、繼別為

---

[46] 詳參「熊十力先生百年誕辰紀念座談會」牟宗三語，《鵝湖》第11卷第11期，頁15。

[47] 詳參林鎮國：〈現代儒家的佛教詮釋：以熊十力與牟宗三為例〉，《國立政治大學學報》第4期，1997年12月，頁19-36。

[48] 詳參裴春苓：〈當代新儒學「儒佛融攝」詮釋方法中「自我」與「他者」的關係探討——以熊十力、牟宗三為例〉，《鵝湖》第25卷第12期，2000年6月，頁55-67。

宗的朱子、直承孟子的陸象山、盛倡致良知的陽明、歸顯於密的劉蕺山。[49]

　　除此之外，在1948年〈重振鵝湖書院緣起〉一文中，牟並首提儒學發展之三期說：以孔孟荀至董仲舒為第一期；北宋至劉蕺山為第二期；現今則轉入第三期，將朝向健康的、積極的、建構的、綜合的、充實飽滿的、邏輯的方向發展。另牟宗三更繼熊十力的內聖外王之學，提出「三統並建說」──以「道統」的肯定，護持孔孟所開闢的人生宇宙本源；以「學統」的開出，融攝希臘傳統，開出真正的學術獨立；以「政統」的繼續，肯定民主政治之為必然。三統之說既立，方是儒家式人文主義的完成，儒學亦始克真正轉進至第三期的發展。在牟宗三的視野中，熊十力的重要意義在於儒家道統此一線命脈的沿承，而非僅是一家一派的開啟者，他強調「只有業師熊十力先生一生的學問是繼承儒聖的仁教而前進的，並繼承晚明諸大儒的心志而前進的。就我個人來說，自抗戰以來，親炙師門，目擊而道存，所感發者多矣。故自民國三十八年以來，……乃發憤從事文化生命之疏通，以開民族生命之途徑，扭轉滿清以來之歪曲，暢通晚明諸儒之心志，以開生命之學問。」[50]接續孔子、晚周及至晚明諸子的餘緒，以期慧命相續，這是牟宗三眼中的乃師角色，而繼承熊十力志業，則是牟宗三責無旁貸的歷史使命，熊牟師生二人強烈的承擔意識，由是可觀。此外牟宗三更指出：「儒家義理規模與境界具見於《易經》與《孟子》，而熊先生即融攝孟子、陸王與《易經》而為一。以《易經》開擴孟子，復以孟子陸王之心學收攝《易經》。直探造化之本，露無我無人之法體。」[51]具體點出熊十力學術思想的核心，在以孟子陸王的心性論融攝《易經》的

---

[49] 詳參顏炳罡：《整合與重鑄：當代大儒牟宗三先生思想研究》（台北：台灣學生書局，1995年2月），頁150-196。

[50] 牟宗三：《生命的學問》，頁38。

[51] 同前註，頁115。

宇宙本體論，通貫天人，承接宋明，重開內在中心的體證，復活中國學脈。而現代學者傅偉勳則對牟宗三的學術成就發出高度推崇：「牟先生是王陽明以後繼承熊十力理路而足以代表近代到現代的中國哲學真正水平的第一人。」[52]牟宗三試圖解開中國文化的癥結、試圖為現代人類提揭一嶄新方向，其心志、魄力、所付出的行動，及為人類哲圃所耕拓的成果，與其師熊十力相較，可謂青出於藍。

（三）當代新儒家第三代的接棒

　　以梁漱溟、熊十力、馬一浮等為代表的第一代新儒家，在民族的危機與時代的變局中，致力於儒學的重建，並回應西方文化的挑戰，在披荊斬棘中立下開創的汗馬之功；第二代新儒家如徐復觀、唐君毅、牟宗三等，承續既有的使命加以推擴發皇，對西方哲學的融會與汲納，展現更精深的功力，於儒、釋、道義理的疏通，也呈現更耀眼的成績。自1995年牟宗三辭世後，杜維明、劉述先、蔡仁厚、林安梧等新銳披掛接繼，所謂「當代新儒家第三代」的時代於焉來臨。相較於第一、二代，第三代學者仍以弘揚儒學為職志，其思想體系雖未儼然成形，卻能秉持更開放的心胸、更寬廣的視野、更多元的研究方法、更具批判性的態度，展現旺盛的思想活力，尤其對新儒家在新世紀中的精神本質與未來走向有更理性、平和、深邃的思考，並採用哲學人類學、文化心理學、社會心理學、民族心理學、現象學、解釋學等，試圖釐析傳統文化，賦予全新詮釋；與世界其他哲學、宗教、倫理、藝術等有更積極頻繁的互動；尤其對西方文化有更精準的把握與對話。姑略舉代表學者數名簡賅以言：

---

[52] 傅偉勳：〈哲學探求的荊棘之路〉，《從西方哲學到禪佛教》（台北：東大圖書公司，1986年6月），頁24。

先以**杜維明**為例：首先，杜透過生理、心理、社會狀態的人類學基礎來分析宋明儒學，著重於索探宋明儒學思想本身的內在價值，強調教化學習係自我修養引起質的變化的基礎，另主張王陽明的思想本源是來自於對朱子哲學的思考。其次，是肯定儒學的永恆價值，熱心於中國文化的弘揚，強調儒家的宗教性質，但淡化牟宗三等前輩的道統色彩，也不贊同牟對朱學「別子為宗」的立論，而強調朱熹的格物精神。此外並調整熊十力、牟宗三以來的內聖外王觀，由原強調內聖為根源、外王為發用，應由內聖開出外王的路線，轉而更側重「外王」與「用」的落實。同時，一改第一、二代新儒家對五四的全盤否定態度，認為透過五四知識份子對儒學的批判，有激濁揚清的正向作用與健康意義，並指出1958年由唐君毅起草的「宣言」，有過於美化傳統的流弊，對當代文化建設恐反為不利。再者，他將儒學思想的現代轉化分為文明對話、文化中國、儒學創新、啟蒙反思四大議題，並強調應以全球眼光使儒學的關懷普世化，同時透過多元文化的尊重，採積極對話方式以消弭各文化間的衝突與對抗，因此儒學既可與佛教、基督教、猶太教、伊斯蘭教對話，亦可與西方各家學派溝通。至於在研究方法上，則強調分析法、存在主義、現象學、解釋學、溝通理論、解構方法等的多方取資與得當應用。同時也指出可嘗試經由人類學、考古學、神話學、民族學、古文字學等，著手探究中國文明起源的豐富內容，此是儒學研究的另一嶄新動向。總之，杜維明側重於儒學的創造性轉化，及儒學與世界文明的積極溝通。[53]次以**劉述先**為言，劉強調以儒家「仁與生生」作為終極關懷，以挽救處身現代的生命空虛與價值迷失，同時側重對儒學基本概念範疇的精神意涵進行現代闡釋，並試圖以理一分殊的思想模式謀尋當代新儒學的出路，但和杜維明一

---

[53] 可另參魏彩霞：《全球化時代中的儒學創新：杜維明的現代新儒學思想》（北京：中國社會科學出版社，2004年12月）。

樣，堅持開展人類的多元文化，並進行交流與溝通，而不必強求定儒學於一尊，甚至強調新儒家、西方及馬列主義三者的健康互動、資源的良性循環才是未來希望之所繫。而**成中英**則認為宋明儒學與漢學相較，雖具補偏救弊意義，但仍有其封閉、軟弱一面，對文化缺乏創造力、對社會缺乏批判力，宋明儒學與心學「只是儒學形上學的縱深發展，而非儒學社會實踐面的橫貫展開。」[54]另其所建構的「本體詮釋學」，除強調本體與方法、知識與價值間的相對獨立性，更強調其內在統一性，在當代新儒家中獨樹一幟，其運用本體詮釋學，不僅調節程朱與陸王，亦借茲調節西方科學、哲學的各種學說。此外成亦認為牟宗三「德性優先」的立場，以及尊陸王為正統、判朱子為歧出的主張，不利於儒家生活世界的開顯，因而有轉趨「道問學」的傾向。他如**余英時**則將儒家心性論的內在自我超越，作為傳統價值系統的中心，並吸納西方歷史學、心理學、現代人類學，與以結合與重整。此外，他並不認同視宋明儒學為儒學的最高階段，而特重於清代儒學的研究與重新詮釋，強調現代儒學的新機運唯有往道問學的舊傳統中尋求方有著落。

第三代新儒家後起之秀除前申四位外，他如林安梧以所謂「後新儒家哲學」、「儒學革命論」角度開展其理論架構，側重由牟宗三返回熊十力，再上溯王船山的思考向度。至於堅信儒家思想為中國文化本質所在的**蔡仁厚**，積極致力於傳統儒學與當代新儒學的詮釋，而取得亮麗成績，與林安梧同系出鵝湖的王邦雄、楊祖漢、李明輝、曾昭旭等諸位學者，均各有所成。[55]如強調融攝儒道智慧的**王邦雄**，提倡以道家虛無的空靈智慧，成全儒家實有的道德生命，

---

[54] 成中英：〈現代新儒學建立的基礎：「仁學」與「人學」的合一之道〉，見周振群等：《當代新儒學論文集・內聖篇》（台北：文津出版社，1991年5月），頁114。

[55] 詳參李翔海：〈論後牟宗三時代新儒學的發展走勢〉；姚才剛：〈論第三代新儒家〉，見《玄圃論學續集——熊十力與中國傳統文化國際學術研討會論文集》，頁294-301、323-332。

同時提出「中學為用」的觀念，並以「究天人之際」、「通古今之變」、「成一家之言」為當代新儒學邁向二十一世紀的三大課題；**楊祖漢**則致力於宋明儒學、康德哲學及韓國儒學等的探究；**李明輝**著力於當代儒學的自我轉化與重新定位；**曾昭旭**致力於民間講學，強調儒學應活潑有用，循實踐進路而行。總之，第三代新儒家可謂蠭起輩出，風格殊異，然多以新觀念、新方法、新格局、新視野，敞開新的研究道路。

二、學術反思：植根柢 微疵難免

無論梁漱溟、熊十力或馬一浮，其學術各有特色與價值，然亦不免有其桎梏或侷限：

先就**梁漱溟**言：處於新舊交遞、中西會接，以及新文化運動高唱反孔、顛覆傳統之際，梁漱溟卻以復活儒學、闡揚真孔為務，通過泰州學派、宋明儒學、柏格森生命哲學、佛教唯識學等，遙契孔學、重構孔學，並通過生命投入與行動實踐，為當代新儒學的發展肇啟先頁，成為賀麟口中自新文化運動以來「倡導陸王心學最有力量的人」、「新陸王派」的創造者，以及牟宗三「獨能生命化了孔子」的讚譽，至於楊明則如是評價：「他開闢了『以洋釋儒』的新學風。梁氏用柏格森的生命哲學印證宋明儒學的天理流行說，以直覺主義論說陸王心性修養方法，這一思路是前所未有的，在一定程度上突破了近代儒學思想家『中體西用』的陳舊框架，對於深化中國傳統哲學的研究大有裨益。」[56]側重陸王心學，崇尚直覺主義，援西學、佛學與傳統儒家揉合，以意欲、直覺、生命等概念詮釋儒家思想，推動儒學的現代化轉換，定位並確立儒學在新時代、新階段的發展意義暨思想進路，是梁漱溟殊值著墨的原因，也因此宋志

---

[56] 楊明：《現代儒學重構研究》（南京：南京大學出版社，2002年5月），頁95。

明言：「梁漱溟的新孔學對後來的『新儒家』學者有較大的影響。馮友蘭、熊十力、賀麟都在不同程度上吸收了新孔學的某些觀點，進一步推進了『新儒家』哲學思潮的發展。」[57]此外他鑑於西方文化流弊以及社會價值斷裂，提出世界未來的發展路向與文化模式，以茲作為解決文化危機的治療方式，無論理論內涵是否成熟，然其關懷世界前景，勇於探索嘗試的勇氣，仍應賦予肯定，而其《東西文化及其哲學》對當代儒學引發革故鼎新的作用，《人心與人生》對人心自覺的討論，其哲學引用大量心理學與生理學材料等，乃至於透過具體實踐，帶領鄉村社會進行改造運動等，都標誌出梁漱溟學術的獨特性與其人的行動力。倘就其**學術侷限**言：作為行動儒者以及新儒學的開山者，梁漱溟的思想不免有淺薄、含糊乃至矛盾之失，其對傳統儒家哲學或柏格森生命哲學的根柢不深、掌握有限，專以宇宙本體論與人性論言，梁雖提出宇宙生命此一本體論概念，展現對儒家生命本體重建的要求，然僅初啟方向，尚無完整建構與論證，是以鄭家棟如是論評：「他在很大程度上混淆了柏格森所說的生命本體與儒家哲學所闡發的心性本體之間的界線，沒有認識到前者突出了主體生命中非理性的情欲方面，後者則旨在彰顯人的道德理性，二者之間具有質的差異。梁漱溟的道德哲學缺乏形而上學的堅實基礎，因為在其整個理論架構中缺少了對心性本體的闡釋和探究這一環節，而這一點又恰恰是陸王心學最核心的內容，舍此便無從說明道德之善和反求於本心的認識方法的內在根據。實際上，梁漱溟並沒有建立起嚴格意義上的形而上學，他所關心的是文化路向和人生態度。新儒家哲學本體論的真正奠基者是熊十力。」[58]對儒家思想超越層面的系統探究闕如，未能建立嚴格意義的形而上學，是梁學的缺陷，卻也是作為新儒家開路先鋒的必然。再者梁漱

---

[57] 宋志明：《現代新儒家研究》，頁84。
[58] 鄭家棟：《現代新儒學概論》（南寧市：廣西人民出版社，1991年9月），頁139。

溟於歷史條件下，重新顯發宋明心性之學的研探路徑，欲圖以此與近代思潮接軌或溝通，然未能克服宋明心性論重內聖輕外王的內在缺陷，此風由熊十力、賀麟承繼，及至第二代牟宗三等提出內聖開出新外王，第三代著重人文與科學、道德與知識的平衡，唯道德能否開出或如何開出民主與科學，以及如何進行創造轉化，均成為當代新儒家首當其衝的嚴峻考驗。

次就**熊十力言**：以孟子陸王心學為基底，汲納《易傳》的思想菁華，承續船山對尊生、明有、主動、率性四大旨要的重視並加以開展，局部吸收西學、大力改造佛學，間或取益時賢師友，而以孔聖為其內聖外王思想之依歸，形成其創造性的哲學體系，同時也為當代儒學的振興挹注一股活力。持陸王精義，將陸王本心之學，發揮為絕對本體，並本翕闢之說發展為宇宙論，持性智實證開展其學說，強調立其大本等，使其成為現代陸王的代言人，並贏得新陸王學，乃至新易學、新佛家或新法相宗等稱譽，至於其學術的創造性與建構力、義理規模與理論建構，較諸梁漱溟或馬一浮實更為耀眼。在新舊學及東西方交觸碰撞之際，傳統思想價值飄搖欲墜之際，其所倡返本開新之學，既迥異於西化派亦有別於國粹派，而在彼歷史關頭呈現了身為知識份子的責任、關懷與努力，而其以道德形上學和體用不二論所建構而成的當代新儒學，歷經第二代乃至第三代弟子慧命相續的承擔與推擴、發皇，展現出更為堅實的內涵及更趨亮麗的成績。然由於其思想性格的卓爾特異，與部分哲學觀點的超越常軌與大膽立論，亦招徠同時及後出學者的若干迴響，其間唇槍筆伐長達數十載的佛學論戰固不待言，若**專就熊十力思想進行全面反思而提出「異」見者**，如與其交游講習達四十餘年的梁漱溟，其〈讀熊著各書讀後〉是為代表；[59]至於翟志成的〈論熊十力

---

[59] 載見梁漱溟：《憶熊十力先生》（台北：明文書局，1989年12月），頁5-79，另收錄於《熊十力全集》附錄（上），頁715-777。

思想在一九四九年後的轉變〉〈長懸天壤論孤心——熊十力在廣州〉分就其前後期思想的變易及原因、其人格的「缺弱」與「毛病」加以論評，並引發劉述先、郭齊勇諸等的回應；[60]而研究熊學多年且有成的郭齊勇，則針對熊十力新儒學思想發出「道德主義的兩面觀」、「儒學價值與功能的再檢討」等兩點評價，[61]並針對其本體宇宙論中有關「攝用歸體與攝體歸用的矛盾」及「立體與開用兩不足」詳為申述；針對其佛學思想提出檢討；針對其政治觀中名詞運用的失當、未客觀考察中國的政治變遷及文化變遷的真正原因等提出說明。[62]另李道湘則就熊十力哲學理論的若干盲點，如本心的提出與其流行生生的根本精神相互矛盾、內聖外王並重的理性要求與反求自省和回轉內收的體系之間的對立、始終未能超越中體西用的思維模式等發出評議，[63]倘若就其內聖思想省觀，體用不二為其一貫主張，而藉本體論亦可重建道德自我，並彰顯人之為人的終極存在意義。但由《新論》強調本心、本性真實，言「一切物之本體，非是離自心外在的境界」，強調「攝用歸體」，及至《原儒》《乾坤衍》卻轉趨肯定現象、萬物真實、強調「攝體歸用」，呈現思想的前後矛盾，堅持本心觀卻又肯定現象真實，是其體用哲學中一處難以自圓其說的盲點。

　　復就馬一浮言：雖然其價值取向同於梁熊，均在復興儒學、重建儒學，並循宋明心性之學作為回歸儒學的主要橋樑，但其學術

---

[60]　瞿志成：〈論熊十力思想在一九四九年後的轉變〉一文原收錄於1988年《國際孔學會議論文集》，頁1121-1240；亦載見《當代新儒學史論》（台北：允晨文化實業股份有限公司，1993年5月），頁255-296；〈長懸天壤論孤心——熊十力在廣州〉收錄於《熊十力全集》附錄（下），頁1486-1574。另劉述先及郭齊勇各以〈如何正確理解熊十力——讀「長懸天壤論孤心」有感〉及〈為熊十力先生辨証——評「長懸天壤論孤心」〉分別為文回應，二文並收錄於《熊十力全集》附錄（下），頁1575-1598、1599-1663。

[61]　詳參郭齊勇編撰：《熊十力學案》，收入方克立、李錦全主編：《現代新儒家學案》（上）（北京：中國社會科學出版社，1995年9月），頁465-469。

[62]　詳參郭齊勇：《熊十力思想研究》，頁86-102、199-204、223-226。

[63]　詳參李道湘：《現代新儒家與宋明理學》，頁193-196。

路徑，卻與梁漱溟以直覺為體、理智為用，所建立的倫理心理學，及以文化三路向為主的文化哲學；或熊十力側重儒學形上思維的敞開，強調返本開新的致思理路不同，馬試圖以儒學統攝天下諸學，並持六藝之學作為主要理論架構與價值綱維，通過對傳統文化追本溯源的整理與開掘，建置詮釋出一套具有彈性的系統結構，而被梁漱溟譽為「千年國粹，一代儒宗」，被賀麟奉為「代表傳統中國文化的僅存的碩果」，亦被曾昭旭封稱「傳統之儒之最後典型」，[64]在見性是同的視界與原則下，透過講錄、會語、答問的主要運思論學模式，藉由本體論、認識論、工夫論，對理氣、知能、止觀等範疇的詳為梳理，試圖消弭漢宋之爭、經今古文之爭、朱陸之爭、理學與心學之爭，打破門戶之見、融合儒釋道三教，展現其一方為傳統色彩濃厚的現代醇儒，一方卻襟懷開闊，欲圖打破時空藩籬，超越歷史侷限，再者其亦能堅守宋明儒學的內在超越的心性路線，達致道德文章與身心性命的統一圓融，由此觀來，馬一浮文化哲學中的調和圓融精神，成為其最鮮明的特徵，其一面繼承宋明儒學所討論的本體、心性、認識論等主要課題，並在融會貫通基礎上，企圖超越宋明儒學各派的分歧。如若與梁熊相較，梁漱溟雖是開啟宋明儒學方向的當代先驅，然其並未建立新儒學的心性形上學，關注焦點落於文化哲學；而馬一浮則以宋明心性之學為儒家思想根荄，並將之提升至本體論層次，可稱為當代儒家心性之學的奠基者，及至熊十力則進層發揮本心、闡揚體用，為心性之學奠立更厚實完整的理論體系。倘就其**思想侷限**言，首先，首先在其高揚調和融會之際，形成理氣論主張遵程朱，心性論則歸宗於陸王，在兼顧兩面的同時，亦構成思想體系的矛盾，失卻其完整性、縝密性與邏輯性。再者，其以儒釋典籍為教材，以闡述經論為旨要，過度重視道德心

---

[64] 曾昭旭：《六十年來之理學》，見程發軔主編：《六十年來之國學》（台北：正中書局，1977年11月）第四冊，頁561。

性，使價值理性與工具理性形成失衡，輕知識、重道德的結果，亦面臨其學術內涵如何在當代社會發揮作用、獲得認肯、產生共鳴，面臨嚴峻考驗。又復，馬學偏重儒學精義的闡發，雖然體系嚴明、內容精到，但以其使用的基本概念與命題均趨向傳統，缺乏新的創造，因此與梁漱溟「新孔學」或熊十力「新唯識學」相較，影響相對有限。

要之，三聖既有生命交會，亦互有學術交鋒，唯究其學術特質則風貌各異：梁漱溟投注於文化哲學的索探，熊十力專力於儒學本體論的重建，馬一浮聚焦於六藝之學的梳理，三者開展的學術面向有別，然卻又同援宋明儒學為其思想要源，通過宋明儒學的反芻、汲攝與改造，促使其學術內涵更趨盈實，並在現代儒學的創造轉化歷程中各立下汗馬功勞。唯作為篳路藍縷的當代新儒家開路先鋒，其所樹體系或未盡充足圓滿，微疵難免，是以新局的敞開與續進，仍俟諸後起新秀，然而透過三聖的獨到言詮與傾力彰顯，宋明心性之學乃得以在當代儒林中重啟生機。

第三節　三聖研究的後續開展

三聖身居民初大儒、當代新儒家先驅，其學體大用宏，觸角寬廣，作品豐贍可觀，除宋明儒學外，先秦、兩漢、清代民初學術莫不兼及，經史子集各有涉獵，西學、佛學亦有旁觸，他如本體論、工夫論、知識論、天人觀、治化論、文化觀，以及心理學、生理學、詩歌、書法，乃至民初書院等課題莫不汲納，涵括兩岸及日本、韓國、香港學者，各方投入其相關領域探研者頗多，除專著外，發表於期刊、學報或輯入書籍、論文集之單篇文章者，態勢蓬勃，成績斐然。雖然如此，然而關於三聖其人其學尚可拓闢出多重研究面向：**首先**，是三聖學術思想的個別探研：本書上冊附錄中已

歸納出學界對三者學術的關懷重點與致力方向，如梁漱溟的新孔學、鄉建運動、文化觀、儒家將興說、唯意志論；熊十力的體用論、經學觀、內聖外王思想、思想遷變、義理規模；馬一浮的六藝論、心學理學、三教圓融、詩學、辦學考論等，唯前人耕植既勤，研探成果已豐，如何淵本原典，立基於現有成果，調整角度，再行切入，是為考驗。**其二**，三聖間其他相關子題的比較研究，如易學觀、經學觀、心性論、文化觀、直覺說、佛學觀、教育觀、儒學重建等屬之。**第三**，與當代新儒家相關之課題：如三聖與其他新儒家學者的思想較論、第一二三代學者間思想的進層比較、當代新儒家的形上學檢討、新外王理論的開展、發展遠景或侷限等。**第四**，儒學的縱向橫向研究或與其他學術的聯繫比較：如先秦儒學、宋明儒學乃至當代新儒家的發展理路與續承模式、民初學術與柏格森哲學、西化派與國粹派的思想異同等。以三聖為軸心，由茲推擴而出的學術風景，殊值攬勝者可謂多矣！

新銳文叢14　PA0058

新銳文創
INDEPENDENT & UNIQUE

現代儒家三聖（下）
──梁漱溟、熊十力、馬一浮論宋明儒學

作　　者	王汝華
責任編輯	林泰宏
圖文排版	楊尚蓁、楊家齊
封面設計	王嵩賀

出版策劃	新銳文創
發 行 人	宋政坤
法律顧問	毛國樑　律師
製作發行	秀威資訊科技股份有限公司
	114 台北市內湖區瑞光路76巷65號1樓
	電話：+886-2-2796-3638　傳真：+886-2-2796-1377
	服務信箱：service@showwe.com.tw
	http://www.showwe.com.tw
郵政劃撥	19563868　戶名：秀威資訊科技股份有限公司
展售門市	國家書店【松江門市】
	104 台北市中山區松江路209號1樓
	電話：+886-2-2518-0207　傳真：+886-2-2518-0778
網路訂購	秀威網路書店：http://www.bodbooks.com.tw
	國家網路書店：http://www.govbooks.com.tw

出版日期	2012年8月　初版
定　　價	440元

國家圖書館出版品預行編目

現代儒家三聖. 下, 梁漱溟、熊十力、馬一浮論宋明儒學 /
王汝華著. -- 初版. -- 臺北市：新銳文創, 2012.08
　　面；　公分. -- (新銳文叢14 ; PA0058)
　　ISBN 978-986-5915-02-5(平裝)

　1. 梁漱溟　2. 熊十力　3. 馬一浮　4. 學術思想　5. 新儒學

128.6　　　　　　　　　　　　　　　　　101014289

讀者回函卡

感謝您購買本書,為提升服務品質,請填妥以下資料,將讀者回函卡直接寄回或傳真本公司,收到您的寶貴意見後,我們會收藏記錄及檢討,謝謝!
如您需要了解本公司最新出版書目、購書優惠或企劃活動,歡迎您上網查詢或下載相關資料:http:// www.showwe.com.tw

您購買的書名:_____

出生日期:_____年_____月_____日

學歷:□高中 (含) 以下　　□大專　　□研究所 (含) 以上

職業:□製造業　□金融業　□資訊業　□軍警　□傳播業　□自由業
　　　□服務業　□公務員　□教職　　□學生　□家管　　□其它____

購書地點:□網路書店　□實體書店　□書展　□郵購　□贈閱　□其他

您從何得知本書的消息?

　□網路書店　□實體書店　□網路搜尋　□電子報　□書訊　□雜誌
　□傳播媒體　□親友推薦　□網站推薦　□部落格　□其他_____

您對本書的評價:(請填代號　1.非常滿意　2.滿意　3.尚可　4.再改進)

　封面設計____　版面編排____　內容____　文／譯筆____　價格____

讀完書後您覺得:

　□很有收穫　□有收穫　□收穫不多　□沒收穫

對我們的建議:_____

_____

_____

_____

11466
台北市內湖區瑞光路 76 巷 65 號 1 樓

秀威資訊科技股份有限公司 收

BOD 數位出版事業部

....

（請沿線對折寄回，謝謝！）

姓　　名：_____　年齡：_____　性別：□女　□男

郵遞區號：□□□□□

地　　址：_____

聯絡電話：(日) _____ (夜) _____

E-mail：_____